Texte détér

LYON

SOUS LA LIGUE.

1589-1594.

NOTES ET DOCUMENTS

POUR SERVIR A L'HISTOIRE

DE

LYON PENDANT LA LIGUE.

1589-1594.

Par Antoine Péricaud aîné,

BIBLIOTHÉCAIRE DE LA VILLE DE LYON ,

Des Académies de Lyon , Turin , Marseille , Dijon , Besançou , etc. , etc. ;

Correspondant du Ministère de l'Instruction publique

pour les Travaux Historiques , etc.

LYON,

IMPRIMERIE DE MOUGIN-RUSAND,

Halles de la Grenette.

1844.

A M. J.-F. TERME,

Maire de la Ville de Lyon,

MEMBRE DE L'ACADÉMIE ROYALE DE CETTE VILLE,

DÉPUTÉ DU RHÔNE, ETC.

Témoignage de ma profonde estime et de ma vive reconnaissance.

ANT. PÉRICAUD.

NOTES ET DOCUMENTS

POUR SERVIR A L'HISTOIRE DE LYON

Pendant la Ligue. (1)

Historia quoquo modo scripta delectat.
PLIN. JUN. *Epist.* V, 8.

---

24 *Février* 1589. — 24 *Mai* 1594.

SUITE DU RÈGNE D'HENRI III.

1589. — *Vendredi* 24 *février*, jour de *S. Matthias*. Les Lyonnais se déclarent pour la Ligue. Plusieurs citoyens notables sont arrêtés et emprisonnés dans le château de *Pierre-Scize* et dans le couvent des *Célestins ;* d'autres sont chassés de la ville. Voyez D. THOMAS, *Mémoire sur la Ligue* (tome II de la *Revue du Lyonnais*); COCHARD, *Calendrier pour* 1819, p. 45; J. MORIN, *Hist. de Lyon*, tome V, p. 319 et suiv., etc.; ci-après au 23 *mars* 1594. — Dans l'expédition des actes consulaires de cette année se trouve la note suivante : « Fault icy noter que le 24 du présent mois (de *février*), la ville print le party de l'Unyon des Catholiques de France, pour raison de quoy messieurs les Consulz eschevins d'icelle ville appelerent pour certain temps en leur Conseil certains notables des plus apparens habitans, tant des ecclesiastiques, magistratz, seculiers et aultres, soulz lesquels ont esté faictes plusieurs ordonnances et aultres actes qui seront transcriptz à la fin des présens actes consulaires de ceste année. » S.

1589. — *Dimanche* 26 *février*. Deux echevins à cheval accompagnés de *Benoist du Troncy*, secrétaire de la ville, proclament de penonage en peno-

---

Ces *Notes et Documents*, composés en majeure partie de pièces inédites, font suite à ceux que l'auteur a publiés dans les *Annuaires de Lyon*, de 1839 à 1843.

nage le serment de la Ligue, et font lever la main au peuple pour le jurer.
Rubys, *Hist. de Lyon*, p. 441.

1589. — *Février* 26. L'archevêque de Vienne aux échevins de Lyon :

« Messieurs, j'ay receu celle qu'il vous a pleu m'escrire par ce mesme votre
citoyen, et pour n'avoir le loisir de vous respondre amplement, je l'ay prié
de vous dire de bouche les propos que je lui ay tenuz. Je vous supplie de
tout mon cœur que mon frère ne reçoive aucun tort, et de continuer, comme
vous faites très-prudemment, de tenir la main à ce que, sous ombre d'un
remuement public, on n'exécute des vengeances particulières ; et à tous je
vous offre mon très-affectionné service, saluant vos bonnes graces de mes
humbles recommandations, et suppliant nostre Seigneur vous donner,
Messieurs, en très-bonne santé, longue et heureuse vie. De Vienne, le 26
février 1589. Vostre plus humble concitoyen et serviteur, P. DE VILLARS,
eslen A. de Vienne. » S.

1589 — *Février* 26. Les Consuls de *Vienne* aux échevins de Lyon :

« Messieurs, Nous avons receu vostre lettre, et entendu ce que le porteur
d'icelle nous a dict de vostre part. Vous avez tousjours peu cognoistre combien nous a esté en étroicte recommandation la conservation de l'ancienne
amytié et voysinage qu'est entre vous et nous, que n'avons jamais moins
desiré ne desirons vostre bien et repos et conservation que le nostre propre,
bien cognoissans que vous ne pouvez recevoir mal ou bien que nous n'y par-
ticipions, comme vos proches voysins et seurs amys. Croyez, s'il vous plaist,
que nous continuerons tousjours en ceste paix, amytié et bonne intelligence
à la conservation de ceste ville en la religion catholique, apostolique et romaine, et fidelle obeyssance au roy, et ne nous arrivera jamais nouvelle
de chose qui vous importe, de laquelle ne vous donnions prompt advertissement ; nous asseurans que vous userez en toute occasion de pareille
amytié, etc. De Vienne ce 26 février 1589. Vos bons voysins et amys à vous
faire service, les Consuls de la ville de *Vienne*. Signé BERGUER (?) » S. Voyez
ci-après au 2 *mars*.

1589. — *Février* 27. Le Consulat écrit aux échevins de *Mâcon* :

« Nous avons bien voulu vous donner advis de ce qui est succédé en
ceste ville depuis *vendredy* dernier, qui est que, ayant eu plusieurs advertissemens que nos *politicques* de ceste ville vouloient introduire en icelle,
les regimens du Dauphiné, qui sont à la devotion du duc d'*Espernon*, pour
puis nous donner la loy à leur volonté, nous les avons prevenus. Nous nous
sommes saisis de la ville et de leurs personnes, sans toutefois leur faire
aucun mal et desplaisir ; et depuis avons pris résolution de nous conserver en nostre religion catholique, apostolique et romaine, soubz l'obeyssance du roy et de monseigneur de *Nemours*, nostre gouverneur, en l'amytié
toutefois des princes catholiques et des bonnes villes unies avec eux, et ne
souffrir qu'il ne soit faict ni attenté chose par deçà qui leur puisse tourner
à desplaisir. Nous vous prions vous unir à nous dans une si saincte resolution, etc.

» P. S. Nous vous prions en toute diligence advertir ceulx de *Tournus* et de
Chaslons de ce que nous vous écrivons, et les prier de s'unir à vous et nous,
et nous donner advis de jour à autre de ce qui surviendra. » S.

N. On écrivit semblable lettre aux échevins de plusieurs autres villes.

1589. — *Février* 27. Le Consulat écrit à M. *du Troncy*, son secrétaire,
étant pour lors à *Mâcon :*

« ..... Nous n'avons peu plus tost vous faire despeche pour vous faire
entendre que vendredy dernier nous avons esté contraincts mettre les

premiers la main à la paste, pour nous garder des entreprises de nos *rigoureux confederez avec les huguenotz* et tous ceulx qui sont ennemys de nostre repos. Les affaires ont passé de telle façon que, Dieu graces, il n'y a eu aucune effusion de sang, ny querelle, ny émotion entre noz concitoyens, qui est un vray tesmoignage que ce que nous avons faict c'est l'œuvre de Dieu, et devons dire : *Dies quam fecit Dominus, lœtamini in ea,* et grandement le remercier pour nous avoir preservez de la main de nos ennemys ; et pour ce que par le sieur *Genoud* vous entendrez les particularitez des affaires, nous ne vous faisons ceste plus longue, vous priant, continuant l'affection que vous avez à la conservation catholique de vostre patrie, tascher par tous moyens que Messieurs de Mascon prennent mesme résolution que nous..... et desirons bientost vostre retour, etc. » S.

1589. — *Février* 27. Le Consulat à M. le capitaine *de Villars* à Condrieu :

« M. le Capitaine, parce que sur les occurrences qui se présentent, il est très-necessaire que vous vous teniez sur vos gardes en la ville de Condrieu, nous vous prions de mettre si bon ordre que vous ne puissiez estre surpris, et à ces fins faire faire bonne garde aux habitants de la ville, et n'y laisser entrer personne plus forte que vous, ni aucune personne suspecte, et surtout prendre garde à vos bateaux et à vostre port, aux fins que les troupes du Dauphiné ne passent par-deçà pour vous faire du mal et *manger le pays.* Il sera bon que vous ne laissiez qu'une de vos portes ouverte, et que vous n'ayez respect à personne quelle qu'elle soit, qui vous puisse apporter ombrage ou à nous, aux fins que entreteniez la bonne intelligence qui a esté jusques icy entre vous et nous, ayant occasion et le moyen de nous secourir les ungs et les autres dans l'occasion..... »

— M. *de Villars* répondit le 4 *mars* ; il promit au Consulat d'employer tous ses moyens pour, avec l'aide de Dieu et de la ville de Lyon, se conserver ; offrant tous ses services en ce qu'il lui plaira l'employer. S.

1589. — *Février* 27. Le Consulat écrit aux échevins et habitans de *Villefranche :*

« Messieurs, ayant découvert dès long-temps les entreprises de quelques particuliers ennemis de nostre repos et conservation, nous avons esté contraincts pour l'asseurance des gens de bien et de nostre conservation en la religion catholique, apostolique et romaine, prendre les armes *jeudy dernier,* où les affaires, Dieu graces, ont passé de telle façon qu'il n'y a eu aucune effusion de sang, et la ville en telle asseurance que nous pouvons louer Dieu, bien resolus de ne nous espargner jusqu'à la dernière goutte de nostre sang pour nous conserver..... Nous vous envoyons ce porteur exprès, duquel vous entendrez les particularités des affaires, vous priant prendre la mesme resolution que nous avons prise, et vous priant de nous assister tousjours de vos bons advertissemens, etc. » S.

1589. — *Mars* 1. M. *de Chevrières Myolans* écrit, de *St-Chamond,* au Consulat :

« Messieurs,.... Je rends grâces à Dieu de ce qu'il vous a donné une si bonne inspiration, estimant que n'eussiez peu prendre un meilleur chemin, ni plus necessaire que celuy-là, et dont tous vos voysins se réjouissent, au moings les gens de bien. J'estime aussy, Messieurs, à beaucoup d'honneur et de faveur, de ce qu'il vous plaist me convier de m'unir avec vous en ceste saincte et bonne entreprinse, que j'accepte de très-bon cœur, avec resolution d'employer fort librement la vie, les biens et tout ce que Dieu m'a mis en puissance pour vous faire service. La cause est si bonne que Dieu ne l'abandonnera point et la fera fleurir ; vous suppliant, Messieurs, ne trouver maulvais si je vous dis que vostre victoire est très-belle et a esté heureusement conduite. Mais ce n'est pas tout que de bien commencer, il faut que la fin couronne l'œuvre, comme je m'asseure que vous vous y saurez tres-sagement conduire. Noz ennemys sont en désespoir de se veoir hors d'esperance de ne pouvoir plus rien pretendre à Lyon ; c'est pourquoy ils chercheront de vous incommoder de toutes les façons qu'ils pourront, et de se saisir de quelque place pour vous tenir en alarme. Je crains infiniment Vienne, car c'est le but principal où ils visent, comme pourrez veoir par ung advis que j'ay eu de Dauphiné, lequel je vous envoye exprés. Il n'y auroit point de mal que vous fissiez une despesche audit Vienne pour les exhorter d'avoir courage. Je le leur ay bien escript, et ils m'ont bien asseuré que leurs chasteaux sont bien gardez, et leur ville aussy. Mais il y a certaines personnes dedans qui sont bien à craindre. J'ai donné tout l'ordre qui se peut pour que les regimens ne passent le Rhosne, et vous tiendray bien advertis de tout ce qui se passera de ce costé là ; car j'ay gens de toutes parts. Il y a aussi quelques capitaines de ces régimens qui se sont envoyez offrir à moi avec bonne troupe de soldatz ; si vous trouvez bon de les prendre au mot, ce sera aultant diminuer les forces de l'ennemy, et s'en pourra-t-on servir ailleurs. Je suivray en cela l'ordre qu'il vous plaira de me donner. Et fault que vous croyez qu'il y avoit une bien grande entreprinse sur vostre ville, laquelle eust esté executée bientost si vous ne les eussiez prevenus, et où les Huguenotz trempoient. Dieu vous en a préservé pour le premier coup, et fera pour l'advenir, s'il lui plaist..... Vostre plus humble voysin à vous servir, MYOLANS. » S.

1589. — *Mars* 1. Les échevins de *Belleville* au Consulat :

« Messieurs, nous avons veu par vostre lettre la bonne volonté et souvenance qu'avez de vos pauvres voysins, lesquels se conformeront tousjours à votre meilleure opinion, comme estant asseurez du bon zele et affection qu'avez tousjours eue au service de nostre roy, soubz l'obeissance duquel exposerons tousjours, à vostre bonne imitation, tout ce qu'il a pleu à Dieu nous donner. Et pour le regard de la foy catholique, apostolique et romaine, nous vous supplions ne doubter de noz voulloir et intention qui ne furent jamais sinon que pour maintenir icelle jusqu'au péril de nostre vie, etc. De *Belleville*, ce 1er mars 1589. » S.

1589. — *Mars* 1. Les échevins de *St. Galmier* aux échevins de Lyon :

« Messieurs, Nous avons receu vostre lettre par les mains du Sr de Torvéon, envoyé de vostre part, laquelle nous avons communiquée et lue en assemblée publique des plus notables representans la plus saine partie des habitans de cette ville (1), après lecture de laquelle, tous d'une voix, avons loué Dieu de ce qu'il luy a pleu faire reussir l'affaire qui s'est passée en vostre bonne ville au port de salut, et en tel terme que tout bon et fidelle chrestien doit desirer. C'est pourquoy nous sommes resoluz d'employer pour la conservation de la religion catholique, apostolique et romaine, et nos vies et tout ce qui depend de nous, soulz l'obeissance que vous nous mandez, avec l'intelligence que nous avons eue jusques à present avec vous autres Messieurs ; vous remerciant bien humblement de la bonne amytié que vous nous portez ; ce qui nous occasionne de plus en plus d'embrasser cette sainte resolution, espérant que vous nous serez tousjours protecteurs selon l'occurrence, etc. De *St-Galmier*, le 1er mars 1589. Les officiers consuls et habitans de la ville de St. Galmier, Signé : Dupuy, capitaine

(1) La ville de *St-Galmier* était alors plus peuplée qu'elle ne l'est aujourd'hui. Il y avait des *Cordeliers* et des *Ursulines* ; c'est dans le couvent de ces religieuses que se retira la célèbre Madame *de Warens*, et qu'elle y mourut dans les sentiments d'une grande piété.

chastelain, Dupuy, avocat, Serralier, procureur du roy, Cochet, Bene-
vent, etc. » S.

1589. — *Mars* 1. Le sieur *de Saint-Marc* écrivait de Vienne au Consulat
que la tour de Ste Colombe étant un passage de grande importance, il s'en
est saisi et y a mis garde depuis quatre ou cinq jours;... que les deux régimens de gens de pied qui étoient auprès de Vienne, sont allés, savoir,
celui de *La Garde*, à Bourgoin, et celui de *Branqueville*, à la Tour-du-Pin,
etc. S.

1589. — *Mars* 2. Il « a esté ordonné au Conseil tenu en l'Hostel commun
de Ville que les articles qui ont esté dressez de l'Union seront imprimez et
publiez, ensemble la forme du serment que doivent faire tous les habitans de
la ville de Lyon, et par ce est enjoinct à *Jean Pillehotte*, imprimeur de ladite
ville, de les imprimer. Faict au Conseil tenu en l'Hostel de Ville, le jeudy
deuxiesme jour de mars 1589. Par ordonnance dudit Conseil, SONTHONAS. —
Pillehotte obéit et publia immédiatement la *Declaration des consulz eschevins*,
manans et habitans de la ville de Lyon, sur l'occasion de la prinse d'armes par
eux faicte le vingt-quatriesme febvrier 1589, avec les Articles de la resolution par eux prinse sur les occasions des presents troubles (In 8° de 32
pages).—Cette déclaration fut redigée par Claude de Rubys; nous ne reproduirons que les ARTICLES DE L'UNION jurée et promise par les consuls eschevins, manans et habitans catholiques de tous les ordres et estats de la ville
de Lyon :

Premierement nous promettons à Dieu, sa glorieuse mère, Anges, Saincts
et Sainctes du Paradis de vivre et mourir en la religion catholique, apostolique et romaine, et y employer nos vies et biens sans y rien espargner,
jusques à la derniere goutte de nostre sang, esperans que Dieu qui est le seul
scrutateur de noz cueurs nous assistera en une si saincte resolution, en laquelle nous protestons n'avoir autre but que la manutention et exaltation
de son sainct nom et protection de son Eglise, à lencontre de ceux qui ouvertement ou par moyens occultes s'efforcent l'aneantir et maintenir l'heresie et la tyrannie.

Jurons aussi d'entendre de tout nostre pouvoir et puissance à la conservation de ceste ville de Lyon, establissement d'un bon et asseuré repos en
icelle, et des autres villes et communautez de ce gouvernement, à la des-
charge du pauvre peuple.

Conserver les marchands des nations estranges et autres frequentans les
foires de ceste ville en leurs privileges, et tenir la main à ce qu'ils puissent negocier en toute seureté et ne souffrir qu'il leur soit faict aucun mal
ni desplaisir.

Jurons pareillement de nous maintenir en bonne intelligence avec les
princes, prelats, seigneurs, gentils-hommes habitans tant de ceste ville
que de la ville de *Paris*, capitale de ce royaume, que des autres villes qui
sont unies ou s'uniront par cy après pour un si bon et si sainct subject, et ne
permettre qu'il soit faict et attenté par deça aucune chose qui leur puisse
tourner à desplaisir ou porter prejudice à l'Union, ains nous opposer de
tous nos pouvoirs et moyens à ceux qui le voudroient entreprendre.

Ne recevoir commandement de qui ce soit, sans nul excepter, soit par
escrit ou de vifve voix, qui porte prejudice à ladite Union.

Nous voulons entretenir de poinct en poinct l'edict de l'Union publié és
cours de Parlemens de ce royaume, juré solennellement par le Roy en l'assemblée generalle des Estats, et depuis par lesdicts Estats estably pour
loy fondamentale du royaume ; et n'assister de nos personnes ny moyens
ceux qui l'ont violé, et faussé la foi promise aux Etats.

Promettons aussi et jurons obeir à Monseigneur le duc de Genevois et de Nemours, nostre gouverneur en chef, et representant la personne du Roy en ce pays, et à tout ce que par luy nous sera commandé quand Dieu luy fera la grace d'estre arrivé par deça,

Promettons et jurons aussi ne nous abandonner jamais les uns et les autres, et n'entendre à aucun traicté, sinon d'un commun consentement de tous lesdicts princes, prelats, villes et communautez unies.

Prions tous les seigneurs, gentils-hommes, villes et communautez de ce gouvernement s'unir avec nous en ceste si saincte resolution, leur promettant de nostre part toute assistance de noz moyens, en ce qu'ils en auront besoin.

Arresté au Consulat tenu en l'Hostel commun de ceste ville le jeudy deuziesme jour de Mars 1589. »

1589. — *Mars 2.* Les consuls de *Vienne* aux échevins de Lyon :

« Messieurs, Nous avons advisé de vous envoyer exprez un de nos citoiens, present porteur, pour tousjours vous tesmoigner combien nous desirons d'entretenir et conserver l'amytié et fraternité qui a tousjours esté entre vous et nous (1), comme ledit porteur vous dira plus particulierement, auquel nous vous prions donner toute creance, et nous faire tousjours part de vos bons advis, comme nous ferons du nostre aux occasions qui se presenteront, etc. De *Vienne,* ce 2 mars 1589. » S.

1589. — *Mars 2.* L'archevêque de *Vienne* écrit au Consulat :

« Messieurs, Vous entendrez la creance de celuy que nos Consuls vous despeschent. Nous avons receu l'advertissement que vous nous donnastes hier, et lequel j'ay fortifié et *exageré tant que j'ay peu pour allarmer le peuple* et l'induire à faire bonne garde pour eviter les pernicieux desseings qu'on brasse contre ceste ville. Je tiens les chasteaux en debvoir, et n'oublie rien de tout ce que je peux pour nostre conservation, dont Dieu aura soin, s'il luy plaist, lequel je supplie vous donner, etc. De vostre maison de Vienne le 2ᵉ jour de mars 1589. Vostre plus humble citoyen et affectionné serviteur, P. de Villars, *esleu A. de Vienne.* — P. S. Si je peux parler au capitaine *Bordillon* qui est icy, à ce qu'on m'a dit, je luy diray quelque chose qu'il vous rapportera de bouche. » S.

1589. — *Mars 5.* Le Consulat reprend ses séances suspendues depuis le 25 fevrier. Les échevins qui se rendirent à la séance du 5 mars, sont : *Jacques d'Arcyne,* conseiller du roi, trésorier général de France au bureau des finances, *Claude Poculot, Louis Prost, Jean Charbonnier, Michel de Pure, Jean de Lecqui (ou de l'Aigue), Jean d'Yvernogeau (dit de Tolose), et Antoine Teste.* — On fit compter 50 écus d'or sol, sur les frais destinés au fait de la guerre, à M. *Guillaume de Villars,* avocat à Lyon, pour les frais du voyage qu'il alloit faire à Paris, avec trois chevaux de poste, afin d'y prendre les ordres du duc *de Mayenne.* — (Il étoit de retour le 6 *avril*). — On fit payer

---

(1) Le rédacteur de cette lettre avait oublié qu'on lit dans Tacite (Hist. 1, 65) : « Veterem « inter Lugdunenses Viennensesque discordiam, proximum bellum accenderat. » Le président Claude de Bellièvre, après avoir cité cette phrase dans son *Lugdunum priscum,* fol. 44, y a joint la note suivante : « Non levis suspicio fuit contra *Viennenses de incendio* illo civitatis hujus « *Lugduni,* de quo incendio meminit *Seneca.* — Vetus proverbium est : *Il est de Vienne, ne « vous y fiez pas.»* On a dit ensuite : *Des gens du Dauphiné, Libera nos, Domine.* Graces aux progrès de la civilisation, ces proverbes sont devenus faux, et l'on compte aujourd'hui autant d'hommes probes dans le Dauphiné que dans toute autre province de la France. Voyez ci-après au 5 *Octobre* 1593.

à *Jean Perricaud*, capitaine penon du quartier du Puits-du-Sel, 33 écus et 40 s., pour les frais de la nourriture des soldats de son quartier, depuis le jeudi 23 *fevrier* jusqu'au samedi 25 inclusivement, jour auquel il a été mis en garde à la place de l'*Herberie*, etc.— Le 10 *mars* suivant, le Consulat fit rembourser les frais faits les jours précédents par les capitaines penons, et l'on y retrouve *Jean Perricaud*. S.

1589. —*Mars* 3. Le Conseil général de l'Union écrit aux échevins de Lyon :

« Messieurs, Nous ne sçaurions assez louer le zele et l'affection que vous apportez aux affaires de nostre saincte Unyon dont nous voyons tous les jours tant de bons et saincts effects, et mesme ce qui s'est passé particulierement en vostre ville, que nous ne voulons faillir à vous en remercier encores ; et semblablement de l'advis que aucuns des plus affectionnez d'entre vous nous ont donné touchant les prochains pavemens de ce terme du 7 mars, lesquels nous avons advisé d'arrester, et ne donner main-levée qu'à ceux que vous nous manderez par memoire estre du nombre des gens de bien ; et pour ceste cause, nous vous despeschons ce courrier exprès, affin de nous y conduire selon voz prudens et sages advis, comme personnes qui estes sur les lieux pour en juger plus sainement ; et, suivant iceulx, nous nous y conduirons ensemble et en toute autre chose que vous adviserez pour le mieulx ; en quoy, s'il vous plaist, vous userez de telle discretion, que personne ne puisse avoir occasion de plainte : ce qui se pourra faire aysément en conservant les privileges et commerce de vostre ville, pour le bien de laquelle nous desirons toute prosperité. Messieurs, nous prions Dieu, etc. A Paris, ce 3 mars 1589. Les gens tenans le Conseil general de l'Union catholique estably à Paris, attendant l'assemblée des estats du royaulme, voz bons et affectionnez amis, signé : SENAULT. » S. Voyez au 9 *mars*.

1589. — *Mars* 3. M. *de Randan* écrit, de *Mézieu*, au Consulat :

« ... J'ay receu une très grande consolation après la peine en laquelle je fus quand j'eus les premieres et incertaines nouvelles qu'il y avoit quelques troubles en vostre ville, d'entendre le bon succès que Dieu y a donné pour son service et *celuy du roy*, et pour la conservation d'une si grande et illustre ville et de tous les gens de bien qui y sont, etc. — Le reste de la lettre contient des compliments et des offres de service. M. de Randan se félicite d'être né dans Lyon qu'il regarde comme sa première patrie ; il promet de donner tous les avis qui pourront intéresser le Consulat, etc. S.

1589. — *Mars* 3. Le Consulat aux prevost des marchands et eschevins de Paris :

« Messieurs, Nous vous avons despesché ce porteur exprès pour vous faire entendre au vray comme se passent les affaires par de ça ; et parce que nous luy avons donné son instruction par escript, signée et scellée du scel de nostre communauté, nous vous prions le croire en ce qu'il vous dira de nostre part, et le renvoyer garni de bonne et ample instruction de la façon de laquelle nous avons à nous conduire pendant ces troubles, et nous faire ce bien d'exhorter Mgr. le duc *de Nemours* de venir en toute diligence par deça, aux fins que, soubz son authorité et par vostre advis, nous puissions establir un bon ordre à la seureté de ceste ville ; ce que attendant, nous finirons, etc. » S.

1589.— *Mars* 3. Le Consulat à Mgr. *de Nemours :*

« Monseigneur, l'esperance que nous avons d'avoir ce bien de veoir en brief vostre Excellence par deça, pour nous commander, nous gardera de vous faire ceste plus longue ; seulement nous vous dirons que nous avons, par la grace de Dieu, tellement disposé les affaires que vous pouvez en toute seureté *venir* en ceste ville *da plein jour*, estant la ville entre les mains des catholiques, qui ont tous juré l'union des princes, seigneurs et villes unis pour la conservation de la religion catholique, tellement que nous prions Vostre Exc. de nous faire le bien de nous venir voir au plustost, aux fins que nous ne demeurions sans chef; vous asseurant, Monseigneur, que vous trouverez parmi le peuple de ceste ville toute l'affection et obeyssance qu'ung tel prince peut esperer de personnes qui l'aiment, cherissent et attendent avec autant de desir comme, finissant ceste par noz tres humbles recommandations à voz bonnes graces, nous allons prier Dieu, Monseigneur, nous faire la grace de vous veoir bientost par deca en telle prosperité que nous desirons. De *Lyon*, ce 3 mars 1589. » S.

1589. — *Mars* 5. Le Conseil général de l'Union, séant à Paris, écrit aux échevins de Lyon :

« Messieurs, nous ayant esté mandé par noz agents qui sont à *Romme* qu'il est requis d'informer nostre St-Père du nombre des villes qui sont entrées en l'Union, et de leur fermeté et esperance en ceste saincte cause, nous vous avions bien voulu faire ceste despesche pour vous en donner advis, et vous faire part de l'estat de noz affaires, Dieu les ayant benyes jusques icy avec beaucoup de prosperitez, nous avons estimé appartenir à nostre debvoir d'en rendre compte à S. S., et à cet effect luy envoyer ung des prelats du Conseil général de l'Union qui luy sache representer les justes occasions que nous avons eues de nous esmouvoir par ung sainct zèle pour maintenir nostre religion, le salut de cest estat, et *espler* (sic) *le sang innocent des princes catholiques inhumainement assassinez*. Et afin que toute la chrestienté cognoisse que nous concourons tous en volontez, nous vous supplions d'envoyer procuration pour vous joindre à nostre poursuitte, ou bien en escrire au Pape, et luy tesmoigner nos meures intentions, et pareillement des villes unies de vostre province, etc. De *Paris*, ce 5 mars 1589. Les gens tenant le Conseil general de l'Union, etc. Signé SENAULT. » S.

1589. — *Mars*. 5. Les Consuls et habitants de *St-Bonnet* écrivent aux échevins de Lyon :

« Messieurs, nous avons appris par le discours de vostre lettre la belle providence de laquelle vous avez usé pour rompre les entreprises de ceux qui machinoient la ruyne de vostre liberté, prétendant vous donner la loy selon leurs affections, poussez de maulvais zele au service du roy et au bien de la patrie..... Nous en remercions la souveraine bonté, et principalement de ce que vos discrettes volontez sont fondées à la manutention de nostre religion catholique, apostolique et romaine, soubz l'obeissance de S. M. et de Mgr le duc *de Nemours*, auquel sadite M. nous a cy-devant mandé d'obeir comme son lieutenant general, ce à quoy nous desirons satisfaire comme fidèles subjectz, n'esperant plus grand bien que d'exposer nos moyens et nos vies pour ladite religion, soubz l'obeissance du roy, et nous confirmer en vostre saincte et salutaire resolution, tout ainsi que la ville de *Montbrison*, nostre capitalle, à l'encontre des perturbateurs du repoz public, heretiques et fauteurs d'heresie, comme en temps et lieu, nos effets rendront asseuré tesmoignage, etc. A *St-Bonnet*, le 5 mars 1589. Signé ROUX, secrétaire. » S.

1589. — *Mars* 5. Le duc *de Mayenne* écrit au Consulat :

« Messieurs, j'envoye le sieur *de Loudon*, présent porteur, pour conduire Madame la grande Duchesse de Toscane jusques en vostre ville. Vous savez l'honneur que j'ay de luy appartenir, estant tres marry que moy mesmes je ne puisse estre si heureux de luy faire compaignye. Je vous supplie, Messieurs, luy faire paroistre que me portez quelque particuliere affection, et la recepvoir en vostre ville avec l'honneur que Sa Grandeur merite. Je vous en demeureray très obligé, et m'asseureray de vous faire paroistre en effect combien j'ay de volonté de vous servir. Je prie Dieu, Messieurs, qu'il vous ayt en sa saincte garde. De *Rouen*, ce 5° jour de mars 1589. Vostre très humble, etc. CHARLES DE LORRAINE. » — Cette princesse qui était *Christine de Lorraine*, mariée au grand duc de Toscane, écrivit au Consulat, de *Moulins*, le 9 mars, et de *Roanne*, le 15, que, se rendant en Italie, M. le grand duc faisant venir ses galeres jusqu'à *Marseille* pour la recevoir, elle avoit pris sa route par Lyon, afin de s'embarquer sur le *Rhône*. Elle y envoye son maître d'hôtel, gentilhomme de sa suite, pour conferer de son passage avec les échevins, et se conduire selon la résolution qu'elle attend de leur courtoisie, ne voulant donner occasion de doute et défiance d'elle et de toute sa suite. Par la seconde lettre, elle trouve très bonne la manière dont ont été faites les dispositions pour sa route et son passage, sous l'espérance qu'elle donne que le tout se passera avec les suretés qui ont été promises, et qui sont nécessaires en ce temps. — Ces lettres sont souscrites *Votre bonne amie* CHRESTIENNE DE LORRAINE. S. Voyez ci-après au 17 *mars*.

1589. — *Mars* 7. M. *d'Urfé* au Consulat :

« Messieurs, je ne puis assez approuver la bonne et genereuse maniere de laquelle avez usé pour vous delivrer des deffiances qui avoyent travaillé nonseulement le peuple de vostre ville, mais tout le gouvernement d'icelle, depuis quelque temps en ça, dont s'en est ensuivy une exécution si louable qu'il ne se peut rien dire mieulx. Et pour le regard de l'exhortation que vous me faites, je m'unis avec vous à si bonne et saincte occasion, et aux conditions portées par la vostre; c'est chose que j'ay désirée il y a longtemps, et il me semble que je vous en donnay quelque assurance du vivant de Mgr. *de Mandelot*, qui nous assembla quasi pour un mesme subject, et depuis l'ay confirmé à un seigneur vostre voysin, qui vous a assisté en ce dernier acte. Asseurez-vous donc, Messieurs, qu'en ce qui despendra de moy, encores que je sois bien valetudinaire, puisqu'il plaist à Dieu, je ne m'espargneray en chose du monde qui vous pourra servir, et à tout le gouvernement aussi. Pour le moings si l'effect ne peult estre entierement accompli, vous cognoistrez qu'en ce ne fauls de bonne volonté, et que ne serez aucunement deceus de la bonne opinion qu'avez de moy, etc. De *Sugny*, ce 7 mars 1589. Signé D'URFÉ. » S.

1589. — *Mars* 8. Le colonel *Alphonse d'Ornano* écrit au Consulat :

« Messieurs, au despart que je fis de vostre ville, j'y laissay, entre les mains d'un nommé *Sainct Julien*, trois de mes chevaux, lesquels j'envoye querir par ce gentilhomme, present porteur, l'ung des miens, auquel je vous prie permettre la sortie desdits chevaux et de quelques hardes qui m'appartiennent. Je m'asseure que vous ne me desnierez pas ceste courtoisie, veu l'asseurance que je vous ay donnée en toutes les occasions qui se sont présentées pour le bien de vostre ville et le service du roy, lequel je m'asseure vous sera tousjours en singuliere recommandation, comme pour mon regard j'y suis tout resolu; n'ayant rien en ce monde en recommandation, après Dieu, que son seul service; vous suppliant au reste vous asseurer de mon affection et amytié, laquelle ne mourra jamais; vous suppliant aussi de vostre costé, en faire de mesme, et sur ceste asseurance, je demeure, Messieurs, vostre affectionné serviteur à vous faire service. ALPHONSE D'ORNANO. A *Grenoble*, ce 8 mars 1589. »

1589. — *Mars*, 9. Le Consulat permet aux *Suisses* qui ont fait longtemps séjour à *La Guillotière*, de passer par la ville en armes ou autrement, comme bon leur semblera, pour aller en leur pays. S.

— *Même jour*. Les sieurs *Scarron* et *Chaponay de L'Isle*, ci-devant députés par la ville aux états de *Blois*, se présentent au Consulat pour faire leur rapport de ce qu'ils ont négocié auxdits états. On approuve leur négociation, et on les remercie des bons offices qu'ils ont faits à la ville. — Les frais et vacation du sieur *Scarron* furent réglés à 915 écus sol, et ceux de M. de *Chaponay*, pour 167 jours, à 726 écus. S. Voyez ci-dessus au *7 février*.

1589. — *Mars* 9. Le sieur *Malezieu* le jeune avait esté arresté prisonnier à Lyon ; il écrivit au sieur *Platet*, baron *de Vaux*, échevin, et adressa aux échevins une requête, dans laquelle il dit qu'il a été constitué prisonnier, par ordre du Consulat, afin qu'on pût s'éclaircir de quelque ombrage forgé contre lui par la calomnie ; que si les sinistres rapports qu'on a faits ne sont pas effacés, il demande qu'on lui fasse justice, et qu'on le punisse s'il le mérite, ou du moins qu'on le fasse détenir ailleurs que dans une prison, avec telle garde qu'il plaira au Consulat, ou bien sous bonne caution, comme on en a agi avec plusieurs ses égaux et inférieurs. Quant aux armes que l'on a trouvées cachées chez lui, le lieutenant du guet, lorsqu'il se saisit de sa personne, le mena au cabinet où elles étoient au ratelier ; mais à l'instant où il fut enlevé de chez lui, ses gens émus de l'avoir vu ainsi saisi, et ayant entendu qu'on vouloit prendre ses armes, en transporterent inconsidérement une partie, et cachèrent le reste. Le sieur *Malezieu* ajoute qu'en ayant été averti, il écrivit à M. de *Rusinand* de s'en charger, suivant l'ordre du Consulat. Il proteste de son dévouement à la ville, mais il ne dit aucun mot qui ait trait à l'un des partis qui régnoient alors. S. Voyez ci-après au *4 Avril* 1594.

1589. *Mars* 9. Les consuls de *Vienne* écrivent aux échevins de Lyon :
« Messieurs, Nous avons entendu qu'on a, par vostre commandement dict à M. le lieutenant *de Villars* qu'il ne sortît plus de sa maison, sur peine d'estre prisonnier ; chose qui nous a grandement contristés à l'occasion de Mgr. nostre archevesque, son frere, sans lequel chacun sçait bien que ceste ville ne seroit en l'état qu'elle est pour les gens de bien. Ceste nouvelle ne peult qu'incommoder de beaucoup les affaires, s'il ne vous plaist y remedier, comme vous le pourrez facilement, et nous vous en supplions de tout nostre cœur par la présente que nous vous envoyons par ce messager exprès; priant Dieu, etc. De *Vienne*, ce 8 de mars 1589. Signé SAVIGNIERE. » S.

1589. — *Mars* 9. Le sieur *Guyot de Masso*, receveur de la ville, qui se trouvoit alors à *Paris* pour rendre ses comptes, écrit au Consulat ;
« ....., J'ay entendu par mes freres comme vous estiez joincts à l'Union dont j'ay esté fort joyeux, et comme aviez commandé à mon frere, le capitaine *de Masso*, se contenir en sa maison ; je m'asseure tenir de luy qu'il n'entreprendra jamais chose contre le bien du public et de l'Union, n'estant appelé en sa charge que pour obeyr à voz commandemens et ordonnances; à quoy je l'ay tousjours exhorté. Partant je vous supplie si le service que vous ay faict par le passé, et ceux que j'espere vous faire meritent quelque chose, de le mettre en pleine liberté, pour exercer sa charge sous vos commandemens, de laquelle, je m'asseure, il s'acquittera fidelement..... » S.

1589. — *Mars* 9. Le Consulat à M. l'archevêque de *Vienne* :
« Monsieur, Nous desirerions que M. *de Villars*, vostre frere, eust tousjours preferé à l'Estat, l'honneur de Dieu et l'advancement de la foy et religion catholique, apostolique et romaine, et que ses deportemens et parolles eussent respondu à ce que nous croyons qu'il a dans le cœur, quant à sa religion

et à sa foy, de laquelle nous ne doubtons pas ; car nous n'eussions esté contraincts, comme nous avons esté par tous ceulx de nos concitoyens qui ont quelque bon et sain jugement, de luy interdire l'issue de sa maison ; ce que nous avons faict plus pour le conserver contre les attentats du peuple mal édiffié de ses parolles que pour *malvoulente* que l'on aye contre luy ; n'y ayant celuy de nous en particulier qui ny ne luy vouloist faire plaisir et service, tant pour le rang qu'il tient en ceste ville, duquel il est tres digne, que pour la consideration de votre vertu, zèle et affection que vous avez tousjours eus de ladite religion catholique, manutention et propagation d'i-celle ; pour raison de quoy nous luy avons librement accordé de pouvoir vous aller trouver et y faire sejour jusques à tant qu'il aura pleu à Dieu de nous réunir tous en une mesme bergerie. Cependant nous vous prions nous tenir en voz bonnes graces, etc. De *Lyon*, ce 9 mars 1589. » S.

1589. — *Mars* 9. Réponse du Consulat à la lettre du Conseil général de l'Union, du 5 de ce mois :

« Messieurs, nous avons receu voz tres courtoises et favorables lettres concernant les payemens qui se font presentement de la foire des Roys der-niere ; pour reponse auxquelles d'aultant qu'il vous plaist nous faire cest honneur que de recepvoir nostre advis sur les remonstrances qui vous ont esté faictes par quelques particuliers noz concitoyens, nous remettrons à voz prudences de considerer que le commerce et trafic de marchandises est tel-lement lié et enchaisné que l'on ne peult *alterer* un particulier, que ung grand corps, voyre la totalité, ne s'en ressente. Cela, disons nous, parce que jusque icy l'on a vescu et traffiqué politiquement les ungs avec les aul-tres ; que les gens de bien et vrais catholiques ont de bonne foy fié leurs moyens et facultez à ceulx qui en apparence sembloyent estre leurs sembla-bles, et qui, pour ce jour d'huy, sont cogneuz et descouverts pour ce qu'ils sont ; desquels si les debtes actives estoyent arrestées soubz pretexte de nostre saincte Union, la faillite et banqueroute que, pour ce, ils feroyent, tomberoit sur leurs créanciers vrayz catholiques, lesquelz par ce moyen tomberoient aussi au mesme danger, tout ainsi que les chaisnons d'une chaisne deslient les ungs les aultres. Ceste consideration, Messieurs, vous doibt mouvoir de n'empescher le payement de ce qui est deu à noz conci-toyens quelz qu'ils soyent, et de leur permettre la sortie de leurs denrées de la ville de *Paris*, soit en especes, ou par remise de lettres de change, affin que la liberté du commerce soit continuée ; ce dont nous vous sup-plions de la mesme affection qu'après vous avoir bien humblement baisé les mains, nous prions Dieu vous donner etc. De *Lyon*, ce 9 mars 1589. » S.

1589. — *Mars*. Vers le 9 ou le 10 de ce mois, quelques régiments qui avoient fait des ravages dans le *Mâconnois*, et apporté les dépouilles en Dombes, furent battus par une troupe de 150 soldats, envoyés de Lyon par le Consulat, sous la conduite de M. *de la Grange*. On en fit prisonniers quelques uns ; mais le chef de ces bandes, nommé le capitaine *Chappon*, beau-frère du capitaine *Noblet*, autrement nommé *Desprez*, se sauva à la course, et échappa. Le Consulat fit part de cet événement à M. *de Cherrières* de St Chamond, par sa lettre du 12 mars, et lui mandoit en même temps qu'on avoit avis de Grenoble que le colonel *Alphonse* s'y étoit rendu le plus fort, et que la trève n'étoit pas encore conclue, parce que *Desdiguières* ne la vou-loit faire sans le baron *de la Roche* et le sieur *du Passage*, qui s'acheminoient vers lui avec bonne compagnie. « Madame la princesse de Lorraine, ajoute le Consulat, approche de nous, et demande passage par ceste ville avec sa suite que l'on dit être fort grande ; nous ne sommes pas encore bien resoluz de le luy accorder. » S.

1589. — *Mars* 10. Le Consulat à M. *de Conflans* :

« Monsieur, Nous vous avons tousjours cogneu si affectionné envers Mgr. *de Mayenne* et les princes et seigneurs de l'Union, que nous n'avons jamais peu croire que vostre passage par deçà la riviere, aye esté à aultre fin que pour favoriser le party de l'Union, quelque chose que l'on aye voulu nous faire croyre au contraire. C'est pourquoy nous vous prions, comme gentilhomme, de la bouche duquel ne doibt sortir aultre que la verité, nous parler clair, et asseurer si vous estes pour ladite Union pour laquelle nous nous sommes declarez si ouvertement que nul n'en peult pretendre cause d'ignorance ; vous priant cependant, du moings qu'il vous sera possible, fouler les terres de ladite Union, qui est le gouvernement entier de Mgr. de Nemours; vous offrant de nostre part toute assistance en ce que vous nous voudrez requerir,..... Vous remerciant de vos honnestes offres, etc. De *Lyon*, ce 10 mars 1589. » S.

1589. — *Mars* 10. L'archevêque de *Vienne* au Consulat :

« Messieurs, Je vous mercie tres affectueusement de ce qu'il vous a pleu permettre à mon frère de me venir voir, lequel ne sera jamais autre que tres bon catholique et amateur de sa patrie, quoyqu'on ait dict et escript de luy. Vous croirez, s'il vous plaist, tout ce que mon cousin, M. *Allart*, vous tesmoignera de notre part, auquel tous les chefs de ceste ville ont declaré ce qu'elle a dans le cœur, et dont infailliblement vous verrez et sentirez les effects en toutes occasions. Je vous ay en particulier faict de bons et notables services que chacun ne scait estre arrivez de mon credit, et dont je ne me vante point, parce qu'il me suffit de bien faire pour la gloire de Dieu, à l'advantage des gens de bien. Et à tant je finiray la presente, etc. De *Vienne*, ce 10 mars 1589. P. DE VILLARS, esleu de *Vienne*. — P. S. Je vous supplie, Messieurs, laisser sortir les armes que M. *Allart* m'envoye..... Je vous recommande aussi mon beaufrere, M. *Bartholi*, à ce qu'il ne luy soit faict desplaisir; car je ne scaurois jamais croyre qu'il soit mauvais citoyen. » S.

1589. — *Mars* 11. Le Consulat avoit envoyé, sur leur demande, la compagnie de M. *de Bothéon* aux habitants de *Belleville*. Ceux-ci se plaignoient des grands frais que cette compagnie leur occasionnoit, et demandoient son rappel. Le Consulat leur écrivit que la plupart des habitants s'étant éloignés, cette compagnie leur étoit nécessaire ; que la charge seroit bien plus grande si l'ennemi venoit à se saisir de *Belleville*. Il ajoute qu'on a avis de divers endroits que Mgr. *de Savoye* se veut saisir de la *Dombes* ; qu'étant si proches voisins, il leur sera fort mal aisé de leur tenir tête, s'ils ne sont assistés des Lyonnois, et s'ils n'entrent pas dans l'union que ceux ci ont jurée avec les princes catholiques. — En même temps le Consulat écrivit aux Elus de *Beaujolois* que toute la province devoit contribuer aux frais de la garnison de *Belleville*, suivant l'avis de M. *de Bothéon*, mis au pied de leur requête. Enfin, le même jour, il écrivit au capitaine de *Troyes*, commandant la Garnison de *Belleville*, le priant, comme gentilhomme d'honneur, d'avoir le plus grand soin que ses soldats ou autres ne foulassent *Belleville* et le pays. S.

1589. — *Mars* 12. Le Consulat à M. *d'Espinac* :

« Monsieur, Nous avons receu la vostre, et veu l'affection que vous avez à nostre conservation, et l'assistance que vous nous offrez de vous et de voz amys en cas de necessité, de laquelle nous nous sommes tousjours asseurez comme aussi de vostre saincte intention envers les princes, encores que vous ayez demeuré retenu à en faire demonstration, craignant qu'elle ne fust préjudiciable à *Mgr. de Lyon*, nostre archevesque, de la detention duquel nous avons extresme regret, et 'encores plus d'avoir apperceu que la priere et requeste de tant de gens de bien ayent si peu advancé à son eslargissement, et moings l'instante priere et humble supplication que nous en avions faicte à S. M. qui nous a assez faict cognoistre que les services de tous ceux qui luy ont escrit, ny nostre fidelité luy sont en peu de recommandation. Continuant l'affection que nous portons à Mondit Sgr. l'Archevesque, nous vous prions croire que nous n'espargnerons chose qui despende de nous pour son eslargissement, comme aussi en ce qui concerne vostre particulier, nous trouverez tousjours très affectionnez, etc. De *Lyon*, ce 12 mars 1589. » S.

1589. — *Mars* 12. Lettre du duc *de Mayenne* au Consulat :

« Messieurs, Vous aurez assez par les occasions passées, et mesmement en la dernière qui s'est presentée en votre ville, recogneu le zele et affection de Mgr. *Dallincourt* à la conservation de nostre religion catholique, et au bien particulier de vostre ville, qui merite que l'on ressente l'obligation que tous les gens de bien luy en ont. J'estime, Messieurs, que vous serez bien aises qu'il ayt la charge de votre fortune soubz Mgr. *de Nemours*, monsieur mon frere ; l'ayant choisy comme celuy qui, à notre advis, l'a mieux meritée. Je vous supplie pour ceste cause d'estre bien intelligens avec luy, et ensemble de donner si bon ordre à la conservation de vostre ville, que rien ne s'y altere du repos qui y est necessaire, et vous asseurer que je n'espargneray jamais ny vie ny moyens que je ne treuve tres bien employé pour ce qui vous concernera. Vous le croirez, s'il vous plaist, et me tiendrez pour la personne du monde qui vous est du tout acquise. Je me recommande à vos bonnes graces, et prie Nostre Seigneur, qu'il vous ayt, Messieurs, en sa saincte et digne garde. De *Paris*, ce 12 de mars 1589. Vostre entierement affectionné à vous servir, CHARLES DE LORRAINE. » S.

1589. — *Mars* 13. Le duc *de Nemours* au Consulat :

« Messieurs, je ne veulx faillir de vous faire entendre que, suivant vostre advis, je me suis acheminé pour aller vous trouver ; mais estant arrivé en ce pays de *Bourgogne*, j'ay trouvé les affaires de ceste province en tel estat qu'il m'a semblé estre plus necessaire d'y faire sejour 3 ou 4 jours pour y donner ordre, vous priant très affectueusement de continuer avec vostre prudence accoutumée les affaires en mesme estat que les avez mis, et me mander de vos nouvelles bien au long par homme exprès, lesquelles attendant, prieray Dieu, etc. D'*Avallon*, ce 13 mars 1589. CHARLES E. DE LORRAINE. » S.

1589. — *Mars* 14. Le Consulat à M. *de Villars*, conseiller du roi et lieutenant général civil au Siège présidial de Lyon, *estant de present à Condrieu* :

« Monsieur, ayant esté advertys des mauvais offices que faictes, ne pouvant vous tenir de parler contre les princes de l'Union, n'avons voulu faillir de despescher le présent porteur accompagné de ce petit mot pour vous prier de vous despartir de telle chose qui ne peult apporter que tout malheur ; ains de vous vouloir contenter, comme nous avions espéré que feriez lorsqu'il vous a esté permis de sortir de ceste ville, en laquelle nous vous desirerions pour vostre bien, afin d'y faire et exercer vostre charge en l'administration de la justice : que là où vous voudriez continuer telles passions et desportemens, nous occasionnerez d'y pourveoir de telle façon que par adventure en pourriez demeurer malcontent, qui seroit à nostre très grand regret, et nous asseurant que vous y aurez esgard, ne la vous ferons plus longue ; ains nous estans re-

commandez affectueusement à voz bonnes graces, nous prions Dieu vous donner, etc. De *Lyon*, ce 14 mars 1589. » S.

1589. — *Même jour 14 Mars.* Le Consulat autorise les religieux du couvent de l'*Observance* à entrer ou sortir de la ville à toutes les heures du jour,
soit par eau, soit par terre, « pourvu que dans la *besche* il n'y ait autre que des
« religieux, et qu'il ne s'y commette aucun abus. » — « A cause de la multi-
plicité des passeports demandés, on arrête que les échevins du côté de *Fourvières* les donneront à ceux qui résident de leur côté, et de même des autres
échevins. » — « Sur l'avertissement donné qu'il y a quelque entreprise sur le
château de *Pierre-Scize*, le Consulat ordonne que pour obvier à tous incon-
vénients, il sera pris, sur les compagnies levées pour la garde de la ville, 10
hommes pour renforcer la garnison dudit château, outre les six soldats qui y
sont déjà, en attendant le retour de M. *de Nemours*. » S.

1589. — *Mars 14. Séance consulaire.* Onze échevins y assistent ; un seul
est absent, M. *Guerrier de Combellande*, sieur *de Jons*, le seul qui n'adhéra
pas à la ligue. Le Consulat ayant eu avis que les troupes des sieurs de *Grand-
ville* et de la Garde sont à une lieue près de Vienne, en résolution de passer
le Rhône ou de se saisir de Vienne, arrête que demain, de grand matin, 100
arquebusiers de la compagnie de M. *de Vaux*, conduits par l'enseigne, parti-
ront en diligence par eau, pour se rendre à *Ste Colombe*, afin de donner secours à la ville de *Vienne*, et empêcher par tous moyens auxdites troupes le
passage du Rhône, etc. S.

1589. *Mars 14.* Le duc *de Mayenne* au Consulat :
« Messieurs, par mes dernières lettres, je vous ay tesmoigné la joye et le
contentement indicible dont j'ay participé avec tous les gens de bien de ce
royaulme, de ce que, par la grace de Dieu et vostre louable prudence, vous
avez si heureusement donné ordre à la seurté et conservation de vostre ville,
en quoy vous avez acquis un très grand merite envers Dieu, et non moings
d'honneur envers les hommes. J'ai sceu despuis que mesdites lettres avoient
esté perdues par la prinse des courriers, qui faict que je mets encores ceste-cy
au hazard pour le mesme subject; vous priant de rechef de continuer au
mesme zèle, affection et debvoir qu'avez si bien commencé, affin que, par l'issue heureuse que vous en devez espérer, vous recepviez le fruict de voz tra-
vaulx, en quoy je vous assisteray et serviray de ma propre vie que je tiendray
pour heureuse, l'employant pour une cause si saincte et juste. Prenez toute
asseurance de moy, et me continuez tousjours vos bonnes volontez : ce qu'attendant, je supplieray nostre Seigneur vous donner, Messieurs, en santé,
bien heureuse et longue vie. A *Paris*, le 14 mars 1589. Vostre antierement plus
affectionné à vous servir, CHARLES DE LORRAINE. » S.

1589. — *Mars 15.* Le Consulat, sur l'avertissement donné qu'il y a quelque entreprise sur le château de *Pierre-Scize*, ordonne que, pour obvier à
tous inconvéniens, il sera pris, sur les compagnies levées pour la garde de la
ville, 10 hommes pour renforcer la garnison du château, outre les 6 soldats
qui y sont de présent, en attendant le retour de M. de Nemours. — Le S^r *de
la Grange* était capitaine de *Pierre-Scize* depuis le 24 février, à raison de 40
écus par mois. S.

1589. — *Mars 16.* Le Consulat ordonne au capitaine *du Moulceau*, de se
saisir de la personne de M. *Jean Martellandes* (greffier), et de le constituer
prisonnier. — On avait mis chez lui des soldats de la compagnie du capitaine
Malezieu; on les retira le 4 avril, et on les remplaça par quelques soldats du
penonnage du sieur *Allard*. — Le 8 *mai*, le Consulat fit payer, des deniers
provenus de la vente des meubles dudit sieur Martellandes, les trois gardes
qui avaient été mis en sa maison.

1589. — *Mars* 16. Le duc de *Mayenne* au Consulat.

« Messieurs, le porteur vous porte les reglements que nous avons faicts icy au Conseil pour l'ordre que nous avons jugé nécessaire ; je m'asseure que vous les approuverez. Je me resjouis bien fort en mon particulier de scavoir que toutes choses soyent maintenant en bon estat en vostre ville. Je vous supplie, Messieurs, pour le bien de la cause commune et de vostre conservation particuliere, employer toute vostre prudence et vigilance pour les y conserver, et croire que ma vie et tout ce qui en despend ne sera jamais espargnée quand cela vous sera utile, et qu'il vous pourra profiter de quelque chose. Je me remetz à la despesche plus ample que vous font Messieurs du Conseil de cette ville. Je vous supplieray seulement de faire en vostre ville, le meilleur et le plus grand fondz d'argent que vous pourrez, affin que nous le puissions trouver à la necessité, et qu'il n'y soit touché que le moins qu'il sera possible. Je me recommande à voz bonnes grâces, et prie Dieu, etc. De *Paris*, ce 16 mars 1589. Vostre, etc. CHARLES DE LORRAINE. »

Le Consulat répondit à cette lettre le 22 mars ; il manda au duc de Mayenne que les réglements en question lui sembloient entierement conformes à la déclaration de la ville de Lyon et au serment d'Union juré par elle. Quant au fonds que S. E. desire que la ville fasse pour en servir la cause commune au besoin, on la supplie de croire qu'il n'y a ville entre toutes celles qui sont entrées en la sainte Union qui soit plus affectionnée que celle-ci, et qui plus librement et de meilleure volonté se saignât pour une si bonne et sainte cause ; mais le Consulat supplie Mgr le duc de considérer les grandes dettes de cette ville, montant à plus de 250,000 écus avec leur intérests ; les frais nécessaires pour la conservation d'icelle, à quoi ils seront forcés de s'aider des deniers de la douane, qui seront désormais bien petits à cause de la cessation du commerce. Quant aux frais de la guerre, on espère que Mgr le duc *de Nemours* les prendra sur la recette generale pour soulager le peuple qui, depuis quelques années, a esté grandement foulé de peste, de famine et de cherté. On le prie, d'après ces considérations, de ne pas faire grand état du secours d'argent qu'il désireroit former à Lyon, et de se contenter de l'affection et de la bonne volonté de cette ville, tant envers Son Excellence qu'envers la cause commune ; le Consulat finit par ces mots : « Nous ne vous « scaurions exprimer l'aise et resjouissance que nous avons receus de l'heu- « reuse arrivée en ceste ville de Mgr *de Nemours*, auquel nous sommes « tous resolus d'obeyr et de rendre tres humble service..... » S.

1589. — *Mars* 16. Les prévôt des marchands et échevins de *Paris*, après avoir félicité le Consulat et la ville de Lyon sur l'heureux succès de leur entreprise, les prient de leur conserver et assurer les assignations qu'ils ont à prendre sur les recettes et fermes de la ville de *Lyon* et de la province pour le payement des rentes constituées de la ville de *Paris*, lesquelles appartiennent à infinis pauvres monastères, hôpitaux, veuves et orphelins, et ils les exhortent à veiller soigneusement à la conservation de *Lyon* avec le bon advis et sage conduite de Mgr *de Nemours*, prince très advisé et fort affectionné à cette saincte et juste cause, ayant des premiers souffert avec tant d'autres, et faict preuve de sa fidelité au service de Dieu, et du public.... « M. l'evêque d'*Agen*, ajoute-il, a esté commis par le Conseil general de l'Union pour vous faire despesche plus ample sur ce que vous desirez et que voz deputez ont requis, lesquels vous scauront mieux representer ce que se passe deça.... de *Paris*, ce 16 mars. » S. Voyez ci-dessus au 9 *mars*.

1589.—*Mars* 16. M. d'*Hallincourt* au Consulat.

« Messieurs, M. *de Senessé* envoye ce gentilhomme qui estoit mareschal des logis de la compagnie de feu M. *de Guise*, pour voir M. le comte *de Crusilles*, son frere ; ce que je vous supplie très humblement luy vouloir permettre. Quant à ce qu'il desire son eslargissement, je lui ay dit que je ne pensois pas que vous le fissiez sans que vous ne sçussiez les voluntez de Nosseigneurs *du Maine* et *de Nemours* que j'espère voir à *Chaslons*.... J'ai sçu d'ung gentilhomme revenant de la cour que le comte de *Brienne* (?) beaufrère du duc *d'Espernon* a esté tué , et tout son regiment taillé en pieces.... Je vous supplie de m'honorer tousjours de vos bonnes grâces, et de vous asseurer de l'affection que j'ay de servir vostre ville et vous particulierement à qui je baise les mains, etc. D'HALLINCOURT. De *Tournus*, ce 15 mars 1589. » Voyez *infra* au 20 *mars*.

1589. —*Mars* 17. M. *d'Hallincourt* écrivait de *St-Loup* qu'il s'etoit avancé jusqu'à ce lieu pour aller au devant de M. *de Nemours* qui étoit encore à *Avallon*. Ayant appris que les régiments de Dauphiné vouloient passer la rivière , il offre au Consulat le service de lui et de sa troupe de 200 chevaux, si cela peut servir à empêcher ce passage inquiétant pour le repos du pays. Il pense que M. *de Nemours* approuvera cette disposition. Il termine par les offres de sa vie , de tout ce que Dieu lui a donné pour le service de Lyon , etc. S.

1589. — *Mars* 17. *Séance consulaire.* M. *de Chaponay de l'Isle* qui avait été député vers Madame la princesse (*Christine*) *de Lorraine* pour la prier de venir loger dans la ville avec son train et suite , rapporte que cette princesse avoit pris, par l'avis de son conseil, resolution d'aller droit loger à *Beauregard* , et de là s'embarquer sur le *Rhône*. On arrête d'écrire aux Consuls de *St-Genis-Laval* pour les prier de donner ordre à ce que ladite dame et sa suite soient commodement logés , afin qu'elle en puisse recevoir contentement, ainsi que sa grandeur le mérite.—On arrête qu'on laissera le passage libre aux ambassadeurs qui sont à la suite de la princesse , ainsi qu'aux vivandiers et pourvoyeurs ; et pour les autres de la suite de la dite dame, on ne les laissera entrer ni autres étrangers sans passeports des echevins. — On fit cadeau à la grande duchesse de Toscane et à Madame *de Bruns-vick*, qui passèrent par Lyon de trois caisses d'oranges et citrons du prix de 20 écus. S. — La princesse *Christine de Lorraine*, récemment mariée à *Ferdinand*, grand duc de *Toscane*, se rendait à *Florence*. CAYET, *Chroniq. noven.* , année 1580 ; *Arch. du Rh. v*, 88. J. MORIN, V, 329. Voyez ci-dessus 5 *mars*.

1589. — *Mars* 18. M. *de Saint Marc* écrivait au Consulat : «...... Pour le regard de M. le comte *de Maugiron*, nous veillons tousjours, et prenons garde à ses actions. Je vous diray que ledit comte a une grande querelle sur ses bras contre le seigneur *Alphonse*, et vous promets qu'il est bien empesché. M le chevalier du guet (Lescot) vous racontera la querelle par le menu. J'ai bien pourveu à la garde de vostre tour (*Ste-Colombe*)...... Les regiments qui estoient auprès de nous, estant arrivez auprès de *St-Vallier*, firent quelque outrage à un gentilhomme catholique ; lequel rassembla douze ou quinze gentilshommes et ses amys avec le corps de cuirasse à cheval ; ils donnerent sur la queue des regiments et tuerent 12 ou 15 soldats et deux lieutenans.... M. *de Conflans* qui vient de passer icy s'en va vous trouver à *Lyon ;*.... il est vaillant, homme de bien, etc. De *Piénux*, ce 18 mars. DE ST-MARC. »— Le duc *de Nemours* donna peu après au sieur de *St-Marc* une commission pour la garde de la tour de *Ste-Colombe*. S.

1589.—*Mars* 20. Le Consulat écrit à Madame *de Crusilles*, pour l'assurer que passant par eau à *Lyon* avec ses gens, il ne lui serait donné aucun empêchement. S.

1589. — *Mars 21.* Le Consulat charge Me *Dominique Dufour*, solliciteur de la ville, de poursuivre vivement en justice *celui* qui a été naguère constitué prisonnier pour avoir conspiré ou désiré (projeté) d'attenter à la personne de Mgr. le duc *de Mayenne.* S.

1589. — *Mars....* Le Consulat qui attendoit avec impatience le duc *de Nemours*, lui écrivoit lettres sur lettres pour qu'il accélérât son arrivée désirée de tous, autant et plus que d'autre prince qui ait jamais commandé en cette ville. On lui avoit fait préparer le *logis de l'archevêché* « qui souloit estre « celuy de feu Monseigneur son père. » Le 15 *mars*, les échevins lui écrivirent que les régiments du Dauphiné, ayant eu nouvelles qu'une partie des gentils hommes du pays s'étoient acheminés au-devant de Son Excellence, avoient délibéré de passer le *Rhône;* ils le supplioient de s'avancer le plus tôt possible, ou d'envoyer avant lui partie des forces qu'il devoit amener.

—Le duc *de Nemours* répondit le 21 *mars* au Consulat :

« Messieurs, j'envoie devant vous le sieur *Bonmarcel*, mon maistre d'hostel, pour vous faire entendre l'occasion qui me garde d'arriver ce jourd'hui à Lyon, et quelque autre particulier auquel vous prieray de croire comme à moy mesmes. Me recommanderay affectueusement à vos bonnes graces, priant Dieu, Messieurs, qu'il vous donne tout contentement. De *Belleville*, ce 21 mars. Vostre entièrement meilleur et affectionné amy, CHARLES E. DE SAVOYE. — Cette lettre est écrite entièrement de sa main. — Madame la comtesse de *Nemours (Anne d'Este)*, sa mère, écrivoit aussi au Consulat pour le remercier de tant de bonne volonté que la ville portoit à son fils et à elle, et l'assurer de l'empressement de l'un et de l'autre à s'employer toujours à ce qui pourra intéresser cette ville. S.

1589. — *Mars 22.* Mgr. le duc *de Nemours*, gouverneur et lieutenant-général en cette ville, fait son entrée par la porte de *Vaize* à 4 heures du soir. — Au-devant de lui, sont allés en robes les consuls échevins qui l'ont reçu à la dernière porte de *Vaize*, près le *Chapeau-Rouge.* « Après sa réception l'on a marché en l'ordre qui s'en suit : 1° marchèrent en bien grande troupe et compagnie, des habitants de la ville, bravement montez et bien armez, tous portans casaques de diverses couleurs fort riches, qui l'estoient allé rencontrer jusques à *Belleville*, parmi lesquels marchoient quelques uns du train de S. E., suivis par les notables bourgeois qui avoient accompagné en housses le Consulat, après lesquels vinrent Messieurs les magistrats en corps suivys par lesdits sieurs échevins, au milieu desquelz marchoit S. E. accompagnés des gentils-hommes de sa maison et autres de ce gouvernement. Comme S. E. fut au devant de l'église de l'*Observance*, elle descendit de cheval pour adorer et baiser la croix que les religieux lui avoient apportée. Et après, remontée qu'elle fut à cheval, ceux de sa garde, tant *Suisses* que *François*, entrèrent immédiatement entre le corps de la Justice et lesdits sieurs échevins, les tambours et fifres sonnants. Et en cet ordre fut conduit en grande acclamation du peuple criant : *Vive le prince catholique !* jusques à l'église St-Jehan où il fut reçu par le clergé, et le *Te Deum* solemnellement chanté, et de là mené au logis de l'archevêché qui luy avoit été préparé par la ville. — Je laisse à dire les salves qui luy furent faites par les grosses pièces braquées ez boulevards *St-Jehan* et *Pierre-Scize*, et d'une frégate qui voltigeoit sur la rivière.» S.—C'est par erreur que l'entrée du duc *de Nemours* à Lyon a été placée par quelques historiens au 22 *mai.* —Le duc *de Mayenne* avait cru se rendre agréable aux Lyonnais, en donnant au marquis *d'Halincourt (Charles de Neuville de Villeroy)*, gendre de *Mandelot*, la lieutenance du gouvernement de *Lyon;* mais ce jeune seigneur devint tellement suspect au peuple que le Consulat se vit forcé de demander son éloignement. *Arch. du Rh.*, v, 88; J. MORIN, v, 328 et 331. Voyez ci-après au 10 *avril*.

1589. — *Mars* 23. Les Consuls échevins assemblés en corps ont porté les clefs des portes de la ville et des chaînes de la riviere à Mgr *de Nemours*, et les lui ont presentées comme au gouverneur, lui faisant néanmoins entendre qu'ils les ont toujours tenues et gardées en foi et hommage du roi, qui est un privilege spécial de ladite ville qu'ils desirent leur être maintenu et conservé. A quoi S. E. a repondu qu'il n'a jamais pensé, voire seroit très marri d'avoir mesconnu ou altéré, en quelque façon que ce soit, les privilèges de ladite ville. En conséquence, et pour la manutention desdits privilèges, il leur a remis lesdites clefs et la garde d'icelles : leur déclarant qu'il les a en telle estime et réputation qu'il ne se veut pas seulement fier en eux desd. clefs, mais de sa propre vie qu'il exposera toujours pour le bien et repos de ladite ville. S.

1589. — *Même jour* 23 *Mars*, au soir. « Il a été advisé et resolu de composer un Conseil d'état près la personne de Son Excellence, auquel assisteront *pour le clergé*, M. *de la Burge*, grand vicaire, et M. *de Chalmazel*, doyen de l'Eglise de Lyon; *pour la noblesse*, M. *d'Halincourt*, et tels gentils hommes qui seront députés par le pays de Forez et Beaujolois; *pour les échevins*, Messieurs d'*Aceyne*, *de l'Isle*, *de Vaux* et *Prost*, à la charge toutefois que les autres échevins y pourront entrer, et y avoir voix déliberative, quand bon leur semblera, et que des quatre nommés, les deux pourront être changés de quinzaine en quinzaine et autres nommés par le Consulat; *pour les finances*, Mrs *Scarron* et *Baraillon*; *pour la justice*, Mrs *de Torveon* et *de Rubys*; et *pour notables Bourgeois*, Mrs *Poilaillon* et *Ruzinand*. S.

1589. — *Mars* 23. Le Consulat écrit à Madame la duchesse *de Nemours* :
« Madame, Nous vous supplions de croire que nous n'avons jamais reçeu un plus grand aise et contentement que celuy que nous a apporté *l'heureuse arrivée en cette ville de Mgr de Nemours* vostre fils, lequel fut hyer receu avec tant de joye et applaudissemens d'ung chacun qu'il n'est possible de plus. Et vous dirons davantage, Madame, que combien que nostre allegresse en ait esté, elle fust encores esté beaucoup plus, si Vostre Excellence eust esté de la partye, laquelle, pour ce, nous supplions très humblement de nous favoriser et honorer de sa presence, la pouvant asseurer qu'elle ne pourra aller en lieu où elle soit plus desirée et venue de meilleur œil, ni receue de meilleure affection qu'elle sera icy, dont elle aura un vray et asseuré tesmoignage. quand il luy plaira de satisfaire en ce à nostre sincère desir. Ce pendant nous luy baiserons très humblement les mains, priant Dieu, etc. De *Lyon*, ce 23 mars 1589. » S.

1589. — *Mars* 26. Le Consulat écrit à M. *de S.-Vidal*, gouverneur et lieutenant général en *Velay* :
« Monsieur, Nous ne vous sçaurions exprimer la louange que chacun vous a donnée, d'avoir si dextrement, et si bien à propos, sans effusion de sang, reduit la ville du *Puy* à la sainte Union catholique, et rompu les desseings de ceulx qui s'y opposoient, sur quoy nous vous dirons et confesserons ingenuement, que ça esté un vray traict digne de vous; aussi vous en sçaurons nous tel gré, que nous vous en rendrons toujours bien humble et affectionné service de la mesme affection que, après avoir salué vos bonnes graces de nos bien affectionnées recommandations, nous prions Dieu vous donner, etc. De *Lyon*, ce 26 mars. » S.

1589. — *Mars* 27. Le Consulat considérant la dépense inutile qui avoit été faite jusqu'à ce jour par la ville pour le logement du gouverneur, laquelle avoit toujours été rayée de la dépense des comptes des receveurs, ordonne que l'on donnera dédite aux propriétaires de tous louages des maisons tenues à cet effet, et cela pour la St. Jean prochaine.

— *Même jour*. On fait payer au capitaine *La Martiniere* 2 écus pour une collation donnée aux échevins et aux notables bourgeois qui les avoient accompagnés à la porte de *St-Sébastien* pour y recevoir *Mgr le marquis de St-Sorlin*, frère de Mgr le duc *de Nemours*. » S.

1589. — *Mars 27*. Le Consulat est averti que M. *Jacques Regnier*, trésorier de France, nagueres envoyé en cour par le Consulat pour poursuivre envers le roi, la délivrance de Mgr *l'archevêque* détenu prisonnier à *Blois*, avoit été arrêté par le grand prévôt de l'hôtel, par raison de quoi il étoit constitué en grands frais et dépenses, et qu'il falloit le secourir de moyens convenables. On lui fait passer 300 écus par lettre de change à *Tours*. Voyez ci après, au 17 *mai*.

1589. — *Mars 27*. M. *Regnier*, député de la ville, écrit de Tours au Consulat :

« Messieurs, Je vous ay particulierement despeché ung courrier exprès le dimanche 19 de ce mois, pour vous advertir comme j'estois icy arresté prisonnier par commandement du roy, à la garde du sieur de *Toutesvoys*, lieutenant de la prevosté de l'hostel, et de quatre archiers, dès le mercredy 8 de ce mois, à l'occasion de ce qui estoit advenu en vostre ville le jour de la S. Mathias dernier, et que j'estois contrainct de faire despense pour la nourriture de ladite garde et de moy en ceste chambre (dont je ne sors aucunement), de plus de huict escuz par jour, sans les gages desdits lieutenant et archiers, affin qu'il vous plaise faire pourveoir à mon eslargissement, et vous oster ceste grande despense, le tout par les moyens discouruz en mes lettres dont je ne vous feray aucune redite, esperant que Dieu aura faict la grace audit courrier de se rendre auprès de vous avec mesdites lettres, et que vous y aurez pu satisfaire, joinct que ma delivrance despend entierement de vous, qui avez moyen de faire escripre particulierement au roy par M. *de Bothéon*, Mess. *de Combellande, du Pérat, de Servieres, du Soleil*, capitaine *Fenoil*, lieutenant *de Villars* et *Père Emond*, comme ils ne sont plus prisonniers, ains en pleine liberté, faisant leurs affaires dans la ville ; car, sans lesdites lettres, je ne puis sortir, parce que je suis faict prisonnier, comme par forme de represailles, et par ce moyen je pourray sortir.... J'ay eu icy d'estranges apprehensions qui ne sont pas de gueres moindres à l'endroict de M. et de Mlle de *Casault* et ma femme qui ont esté contraincts m'envoyer un message exprès pour sçavoir de mes nouvelles, par lequel j'ay voulu vous faire ce présent avis de recharge, pour vous supplier de pourveoir à ma delivrance.... De *Tours*, le lundy sainct, 27 mars 1589. REGNIER. » S.

1589. — *Mars 29*. Le Consulat fait payer à *Antoine Charrier*, échevin, 16 écus et 50 sous, pour le rembourser de 14 écus qui furent employés le 24 *février* pour la nourriture des soldats placés à la porte du *Rhône*, afin de conserver la ville à la sainte Union, et 2 écus 50 sous pour les frais qu'il a faits en allant en poste, au nom de la ville, au devant de M. *de Nemours*. S.

1589. — *Même jour 29 mars*. On licencie les soldats qui avoient été mis pour la garde des *prisons de Roanne et de l'Archevêché*, pendant la détention des prisonniers qui y avoient été resserrés. S.

— *Même jour*. M. *de Nemours* avoit envoyé à *Beaujeu* des lettres à M. le trésorier *Charreton* aux fins de lui faire apporter son état abrégé de la recette qu'il a dû faire du produit de la vente des biens meubles et de la ferme des immeubles de ceux de la religion reformée du pays du *Beaujollois*. S.

1589. — *Mars* 29. Le Consulat au Pape :

« Très Sainct Père, Vostre saincteté sçait assez l'estat miserable de ce royaulme jadis très chrestien, depuis 50 ans en ça, tellement affligé et persecuté de l'heresie par la tollerance et connivence du roy, qui s'en alloit du tout perdu et distrait de l'obeyssance de l'eglise catholique, apostolique et romaine, si, à l'imitation de la ville de *Paris*, capitale de tout ce royaulme, les autres bonnes villes ne se fussent sainctement et religieusement unies pour la conservation de ladite religion catholique et extirpation desdites heresies, notamment depuis l'inhumain assassinat et massacre des princes catholiques qui l'ont deffendue et maintenue jusques à leur mort : en quoy ceste cy, comme ayant tousjours esté très-affectionnée et zelée à ladite religion catholique, ne s'est seulement voulu contenter que d'estre des dernieres qui soyent entrées en ladite saincte Union, mais y a esté attirée, aussi toutes les autres ses voisines, avec telle ferveur, fermeté et perseverance, qu'elles sont bien resolues de souffrir plus tost leur entiere ruyne que de s'en despartir : en quoy elles esperent que Vostre Saincteté les favorisera, comme nous l'en supplions tres humblement, et de la mesme affection que nous prions Dieu qu'il luy doingt tres heureuse et tres longue vie. Donné à *Lyon*, ce 29ᵉ jour de mars 1589. » — Le Pape fit répondre par son chancelier, le cardinal *Alexandre Montalto*, neveu de *Sixte V.* La lettre, en date du 22 *avril*, est en Italien. S.

1589. — *Mars* 50. Le colonel *Alphonse d'Ornano*, au Consulat :

« Messieurs, estant moy catholique, apostolique, romain, subject du roy et vostre amy et serviteur, quoiqu'on aye voullu faire croire le contraire, m'accusant de chose à quoy je n'ay jamais pensé , et Dieu et sa Saincte Mère m'en soyent tesmoings, si je dis la vérité ou le mensonge. Toutes fois, Messieurs, vous en croirez ce qu'il vous plaira, esperant que les effects vous feront cognoistre et juger à l'avenir tout le contraire, n'ayant cy-devant rien plus desiré que de vous servir en general et en particulier, et pour vous faire paroistre que je ne suis en rien diminué de ceste bonne volonté, j'ay bien voulu vous faire ce mot pour vous dire que si vous ne vous prenez garde, vous estes à la veille de vous perdre entierement : et pour vous faire veoir et toucher au doigt la vérité du faict, s'il vous plaist envoyer par deça l'ung des vostres, de quelque qualité que ce soit, pourvu que ce soit homme duquel vous puissiez fier, je luy feray veoir le tout comme se passe, et en attendant sur ce de vos nouvelles, je prieray Dieu, etc. De *Grenoble*, ce 50 de mars 1589. Vostre affectionné serviteur, ALPHONSE D'ORNANO. »

Le Consulat répondit :

« Monsieur, nous avons receu vostre très agréable lettre, pour réponse à laquelle nous vous prions de croire que nous n'avons jamais eu qu'une très bonne et très louable opinion de vostre vertu et bienveillance envers nous, vous ayant tousjours cogneu, par voz vertueuses actions, très affectionné au service de Dieu, et très zelé à la sainte église catholique, apostolique et romaine, qui faict que nous prendrons tousjours de bonne part vos advertissemens. A cause de quoy combien que nous ne craignions rien, ny forces quelles qu'elles soyent, puisqu'il a pleu à Dieu nous avoir envoyé en sureté Mgr *de Nemours* nostre gouverneur, la presence duquel nous apporte telle asseurance que nous espérons que tous ceux qui vouldroient entreprendre sur nous perdront leurs peynes. Touttefois, pour vous faire paroistre en quelle estime nous vous avons toujours tenu, nous avons advisé d'envoyer vers vous le porteur, nostre concitoyen tres fidelle, pour les effects contenuz en vos lettres, et pour vous asseurer, Monsieur, que quelque chose qui soit advenue, vous nous trouverez tousjours voz voysins et très affectionnez serviteurs... » — Le colonel *Alphonse* écrivit au Consulat, le 5 *avril*, en renvoyant le gentilhomme que la ville lui avoit envoyé, auquel, dit-il, il avoit communiqué l'avis qu'il avoit reçu « et baillé copie d'icelui, par lequel vous verrez bien particulierement ce qui concerne la conservation de vostre ville, pour le bien de laquelle vous me trouverez tousjours disposé avec tout le zele et affection que sçauriez desirer. J'ay prié le gentilhomme vous asseurer de ma part, etc. » S.

1589. — *Mars...* Vers les derniers jours de ce mois, le Consulat écrivit au gouverneur et aux échevins de *Vienne* pour les avertir qu'à deux ou trois lieues de leur ville, on brassoit une entreprise sur elle; les engageant à veiller et à prendre garde que, « sous ombre de la tresve, ou à l'approche des « festes (c'est lors que se font les bons coups), ils ne soient pas surpris. »

1589. — *Avril* 1. *Séance consulaire.* On permet aux naturels marchands de *Genève* de continuer librement le trafic et commerce qu'ils ont toujours eu, en temps de foire, à Lyon.

— Défenses sont faites à tous les habitants de la ville d'aller à l'*Isle* (*Barbe*) aux prochaines fêtes de Pâques ; en conséquence les portes seront tenues fermées, sauf le guichet, et les chaines de la rivière tendues.

— On permet à M. *de Saillans* (*Pierre de Baillon*) de se retirer avec Mᵐᵉ *de Combellandes*, sa mère, à condition qu'elle fera faire bon et loyal inventaire des meubles de sa maison, et qu'elle baillera un gardiateur qui s'en chargera. On ordonne que les garnisons qui sont chez elle en sortiront. Voyez au 25 de ce mois et au 8 *juin*.

— On ordonne que la garnison baillée aux frères *Seve* leur sera ôtée, à la charge par eux de payer les frais de ladite garnison, et sous la caution du Sʳ *de Vaux*, de la somme de 6,000 écus. S.

1589. — *Avril* 3. Mort de *Bernard Ferrary*, patrice génois. le premier de sa famille qui était venu s'établir à Lyon. Il fut inhumé dans la sacristie des *Carmes des Terreaux*, où l'on voyait encore son mausolée en marbre, avant la révolution de 1789. PERNETTI, 1,2.

1589. — *Avril* 4. Le Consulat arrête, pour certaines considérations, que, désormais aucuns des sieurs échevins ne seront reçus pour cautions des huguenots ou des politiques.

1589. — *Avril* 10 (lundi). La noblesse de ce gouvernement de Lyonnois, Forez et Beaujolois étant pour la plus grande part en cette ville, y ayant été appelée par Mgr le duc *de Genevois et de Nemours*, gouverneur et lieutenant-général audit gouvernement, s'est assemblée, sur les huit heures du matin, en l'hôtel et maison canoniale de M. *de Chalmazel*, doyen et chanoine de l'église de Lyon, où étoient *pour le clergé* Mons. Mᵉ *Etienne de la Barge*, chanoine et sacristain de ladite église et grand vicaire de Mgr l'archevêque, et ledit sieur doyen de *Chalmazel*, et où se sont trouvés Messieurs les consuls échevins de la ville accompagnés de M. *Claude de Rubys*, procureur général. S'y sont aussi trouvés les procureurs syndics des dites trois provinces ou pays de Lyonnois, Forez et Beaujolois, et là, a été résolu pour le bon repos et conservation des dites trois provinces :

Premièrement que le plat pays sera soulagé le mieux et le plus que l'on pourra, et que l'on advisera a tous les moyens qui pour ce seront propres ;

Que Mgr *de Nemours* sera supplié de rester en son gouvernement, et de ne l'abandonner ;

Que les affaires de l'état général et de l'Union ne peuvent permettre que Mgr *de Nemours* demeure en le sien susdit gouvernement, qu'il laissera en icelui pour y commander Mgr le marquis *de Saint-Sorlin*, son frère, lequel disposera des affaires du gouvernement par la délibération et résolution qui sera prise en conseil qui sera présidé de sa personne, lequel sera composé de deux députés du clergé, de trois ou de six gentilshommes des trois provinces de Lyonnois, Forez et Beaujolois ; assavoir de chacune province un ou deux qui seront choisis et élus par les autres ; de quatre échevins de la ville, de deux hommes de robe longue, et de deux financiers ; et à la charge que, pour le plat pays des dites trois provinces, un procureur syndic qui sera pour ce élu, pourra assister audit conseil pour y faire les remontrances qu'il verra être à propos et nécessaires pour le bien et repos dudit plat pays, sans toutefois que ledit élu puisse avoir aucune voix délibérative audit conseil.

Finalement que où Mgr *le Marquis* ne voudroit demeurer en cette ville pour se charger du gouvernement, que Mgr *de Nemours* sera prié de ne commettre ni bailler sa lieutenance, sinon à un gentilhomme d'honneur qui soit de la province, et qui ait de quoi et le moyen de rendre compte de sa charge.

Cette résolution prise, tous lesdits seigneurs sont allés trouver Son Excellence en la maison archiepiscopale, et là lui ont déclaré et fait entendre par la vive voix dudit seigneur *de la Barge*, grand vicaire, qui l'a suppliée au nom de tous les dits états de l'avoir pour agréable, ce qu'elle a eu, après toutefois avoir remontré qu'il eût bien désiré de laisser, au cas susdit, la lieutenance dudit gouvernement à Mgr *d'Halincourt*, comme lui ayant été promise tant par Mgr le duc *de Mayenne*, lieutenant général de l'État de France, que par lui ; mais, puisque, à son grand regret, il ne le pouvoit faire, pour ne donner mécontentement à tous les ordres et états de son gouvernement, il adviseroit de se conformer à leur volonté.

Ce fait, les articles de l'Union jurée par la ville ont été lus à haute et intelligible voix : lesquels toute la noblesse illec presente a approuvés et signés avec ledit sieur marquis. — Dans sa séance du 8 *Avril*, le Consulat avoit député les sieurs *d'Aveyne*, *de Lisle* et Me *Claude de Rubys*, procureur-général, pour assister à cette assemblée. S.

1589. — *Avril* 11. Le Consulat enjoint au voyer de faire poser, le 18 avril au plus tard, le *pont-levis* neuf du pont du *Rhône*.

1589. — *Avril* 13. Les Commissaires *députés de la ville de Toulouse* se présentent au Consulat, et remontrent que le seul zele et affection que la ville de Toulouse a toujours eu à l'honneur de Dieu et à la conservation de la religion catholique, apostolique et romaine, l'a meue d'entrer librement en la Sainte Union des bons catholiques de ce royaume, laquelle tous les ordres et etats de ladite ville, notamment la Cour de parlement d'icelle, ont tellement bien embrassée qu'ils sont tous bien resolus d'y exposer, non seulement leurs biens, moyens et facultés, mais jusqu'à la derniere goute de leur sang; qu'ils ne peuvent croire que ce saint zele leur soit venu d'ailleurs que d'une inspiration du S. Esprit, et du seul vouloir de Dieu, parce que, tout incontinent qu'ils eurent advis de l'inhumain et cruel massacre fait à *Blois* contre la foy promise avec tant de sermens, ils prirent ceste résolution sans y être invités..... Qu'ils se réjouissent merveilleusement d'avoir trouvé la ville de Lyon si affectionnée et zelée comme elle est à ladite Union; qu'ils ne plaignent point la peine qu'ils ont prise et les hazards où ils se sont exposés à venir jusques ici, pour le contentement qu'ils ont d'avoir vu à l'œil ce qui s'en disoit en leur province..... Pour ce, ils ont offert à ladite ville tout secours, support et aide jusqu'au dernier denier de toutes leurs facultés, voire leurs propres vies..... — A quoi a été repondu par M. *Claude de Rubys*, pour tout le corps de cette ville, comme procureur general d'icelle :

qu'ils louent Dieu de ce que les dits députés se soient pu rendre en sureté, en ce malheureux temps, en cette ville, laquelle est très disposée à leur faire service, et à rendre tout devoir d'amitié et bonne intelligence à celle de *Toulouse*, et à ces fins n'y épargner ni les personnes ni les biens ; que si elle n'est sitôt entrée en la Sainte Union que l'on eût desiré, ce n'a pas été par faute d'affection et bonne volonté, mais que, tout ainsi que un bon et sage capitaine qui veut assiéger en forme une ville, bat premierement les défenses, tout de même a-t-il fallu abattre ceux qui y bailloient obstacle et empêchement. Ce qui a été fait peu à peu et si à propos qu'il n'y a eu aucun sang repandu, ce à quoi l'on a eu plus de soin et sollicitude qu'à toute autre chose, pour ôter toute occasion à ceux qui sont de parti con-traire, de dire que c'est par vengeance et malveillance que l'on avoit contre quelques uns, et pour imiter, à leur exemple, les autres villes leurs voisines, même celles qui ne sont de ce gouvernement, comme le *Puy en Velay*, qui est du ressort du parlement de Toulouse, ainsi que lesdits sieurs députés ont pu voir, en passart par là; lesquels cette ville remercie très humblement des bonnes offres qu'ils lui ont faites, comme de même l'ont fait, et à ladite ville de Toulouse en general et auxdits deputés en leur particulier, qui ont été priés qu'étant arrivés vers Nosseigrs du Conseil d'état de France à *Paris*, de leur faire entendre ce que l'on a appris par des lettres qui ont été sur-prises aux portes de cette ville : assavoir que ceux qui tiennent le parti du roi disent et se jactent qu'ils ont plus de cœur et de courage que Messieurs les princes de l'Union qui vont trop lentement en besogne, et que ledit Conseil a fait une signalée faute de n'avoir envoyé quelque personnage d'au-torité aux Cantons catholiques des *Suisses*, qui eût empêché la levée que le roi fait faire ez Cantons hérétiques. **S.**

1589. — *Avril* 13. Les échevins consentent que M. *du Perat* se retire quand bon lui semblera en sa maison du *Plat*, à la charge de n'y admettre ni conférer avec personne suspecte, et de n'en sortir jusqu'à ce que autre-ment soit ordonné. — Le 2 juin, on lui permet d'aller à toute heure aux *Célestins*, à *Confort*, à *Bellecour* et autres endroits du quartier, là où sa santé lui fera choisir. — Le 12 juin, il fut permis à lui et à sa famille d'aller à *Yvours* et revenir. **S.**

1589. — *Même jour* 13 *avril*. Le Consulat, ayant vu la permission donnée par M. le Grand Prieur de l'archevêché à Mrs les Sacristain et Chapitre de *S. Nizier* d'ériger une *Croix sur le pont de Saône*, où elle souloit être avant les troubles de l'an 1562., déclare qu'il ne veut s'y opposer, et consent que cette croix y soit posée. **S.**

1589. — *Même jour* 13 *avril*. Le Consulat ordonne que parmi les armes prises au logis de M. *de Saillans*, on rendra au sieur *de Coursenay* un corps de cuirasse lui appartenant. **S.**

1589. — *Avril* 13. Les *Capitaines penons* desiroient que quelques uns d'en-tr'eux qui seroient nommés par le Consulat, fussent désormais reçus au Conseil d'état tenu près Mgr. *de Nemours*, et eussent voix deliberative, ainsi même qu'ils disent que Son Exc. veut et entend. — Le Consulat arrête que tres humbles remontrances seront faites audit Seigneur, que, d'ancienneté, les penons n'ont jamais été appelés au Conseil, si ce n'est pour leur faire entendre les résolutions qui y avoient été prises pour la garde et conserva-tion de la ville. Aussi seroit-ce chose inutile et de mauvaise conséquence : inutile, parce que y étant les echevins ou quelques uns d'entr'eux auxquels lesdits capitaines penons doivent obeir comme à ceux qui ont le pouvoir de les créer et destituer selon les occasions, en vain y seroient appelés lesdits capitaines penons ; et de mauvaise consequence, parce que, leur baillant cette autorité, ce seroit les rendre compagnons et égaux à leurs chefs, lesquels, par succession de temps, ils tiendroient si vils et abjects qu'ils se despartiroient de l'obeissance qu'ils leur doivent et qu'ils leur ont jusqu'ici portée comme à leurs chefs et capitaines primitifs, joint que lesdits sieurs echevins ne peuvent ni ne doivent contrevenir, ni alterer, comme que ce soit, la resolution qui pour ce regard a été prise avec Messieurs du Clergé, de la Noblesse et procureurs Syndics du plat pays des trois provinces du Gouvernement. S.

1589. — *Avril* 18. Le Consulat ordonne que les prisonniers qui sont à la requête de la ville *ès prisons de l'archevêché*, seront conduits à celle de *Roanne*. S.

1589. — *Avril* 25. Le Consulat fait prier M. *de Tourvéon*, lieutenant criminel, de faire informer sur les plaintes faites des actions et déportemens des soldats de la compagnie du sieur *de Vaux* qui étoient n'aguères sortis de la ville, pour aller à Ste Colombe. — Vers le même temps, le Consulat fit faire une *sentinelle* (guerite) de pierres de taille à trois assiettes faites en cul de lampe avec deux cordons de pierre tout autour, une porte et trois fenêtres, pour icelle poser au milieu du *Boulevard St. André*, du côté des fossés. — Une sentinelle semblable fut placée au-dessous de la porte St. George allant au *Puy-d'Ainay*, etc. S.

1589. — *Avril* 26. *Séance consulaire.....* Ont été surprises des lettres du sieur *Pierre Baglioni*, sieur *de Saillans*, que les sieurs échevins ont ordonné être enregistrées à perpetuelle mémoire de la mauvaise volonté dudit sieur *Baglioni* contre la ville :

« A Monsieur *de La Guiche*, chevalier des deux ordres du Roy, capitaine de cent hommes d'armes de six ordonnances, et grand maistre de son artillerie, en Court.

« Monsieur, le jour au paravant la rebellion de Lyon, je receuz une vostre lettre, à laquelle, pour avoir esté detenu prisonnier jusques à présent, je n'ay sçeu faire response, ni vous donner nouvelles de moy. Et maintenant que Dieu m'a faict ceste grace d'être miraculeusement eschappé, non sans grandissime peril de ma vie, je vous diray comme je me suis retiré en ceste mienne maison de *Saillans*, là où je verray de temporiser, si je puis, jusques à ce que je sçache de voz nouvelles, vous suppliant me conseiller comme je me doibs gouverner. Je suis tous les jours menassé que l'on me veut venir petarder, toutesfois je suis bien resolu de me deffendre. Le mesme jour que j'eschappay, qui fust le jeudy de la *Septmaine peneuse*, l'on alla prendre mon beau père nommé monsieur *de Jons*, Messieurs *de Servières* et *du Soleil*, et les mit on quant et quant au château de *Pierre Cize*, et ma femme prisonnière en ma maison, à laquelle personne ne parle; tout ce que de moyens que j'avoys, prins et confisquez, et fust crié publiquement qu'un chacun eust à venir déclarer tout ce qui m'estoit deu, sur peine de payer le quadruple, défendu de me prêter ayde ou faveur, à peyne de la vie, et quiconque pourroit reveler où j'estois, ils leur donneroyent beaucoup d'escuz : car ils pensoient que je feusse encores en la ville ; leur semblant impossible que je fusse peu sortir, comme, sans la grace de Dieu, il estoit hors de ma puissance, estant cogneu comme je suis, gardé de jour et de nuict par six soldatz, les corps de garde de rue en rue, les portes fermées et les rivières barrées. Je vous puis asseurer avec vérité, que le Roy a encores beaucoup de serviteurs dans Lyon, lesquels et la ville aussi s'est perdue par faulte de résolution ; car il estoit aussi aysé de rendre le Roy le plus fort, comme il m'est facile de vous escripre presentement : il y avoit ung mois que j'avois donné quatre moyens divers à M. *de Bothéon*, pour se rendre le maistre sans perdre ung homme : j'en communiquay avec mon beau père et le capitaine *Fenoil*, et fus trouver Monsieur *de Servières*, et Monsieur *du Soleil*, pour le leur persuader. L'irrésolution de ceux qui commandoient est cause de nostre ruine, et d'une perte inestimable à ce royaume: toutesfois si le Roy peult avoir promptement des forces, et nous en faire ung petit depart, avec le secours que nous pourra donner le sieur *Alphonce Corse*, j'ay l'esperance en Dieu que nous pourrions encores ravoir Lyon, par les intelligences que nous y avons : joinct qu'ils ne sont pas bien d'accord, et Monsieur *de Nemours* n'y a non plus d'authorité que le moindre citadin de la ville. Le peuple qui ne faict rien, pource que le commerce est perdu, et faict incessamment grosses gardes, se fasche ; la noblesse et ceulx de la ville n'ont pas toute l'intelligence que l'on estime, et pour cause de la lieutenance que Monsieur *d'Alincourt* veut avoir, elle s'est bandée, et ne veulent qu'il l'aye, Monsieur *de Chevrières* la pretendant : d'autres vouldroyent aussi que le gouvernement se partist, et qu'il y en eust un en chasque Prouince. Cependant Monsieur *de Savoye* negotie par là dedans, et a des forces prestes, et n'attend que l'occasion pour donner là, ou en *Daulphiné*, s'il peult. De forces pour le Roy, il ne s'en parle point, et ne voyez personne en campagne ; car il ne se peult avoir des hommes. Monsieur *de Gondrac* vostre nepveu, Monsieur *de Cypierre* et Monsieur *de Rochebaron* levent quelques gens ; Monsieur *de Tavannes* a quelques troupes. Si le roy pouvoit envoyer quelque Prince ou Chevalier d'importance à *Moulins*, pour commencer à mettre des forces ensemble, chacun se rangeroit là, et seroit le vray moyen de faire quelque chose de bon ; car il y a vne infinité de gentilz hommes, capitaines et soldats, qui n'osent bouger pour ne pouvoir passer, qui se déclareroyent. Ces forces seroyent toutes prestes pour donner faveur au passage des *Suisses*, si le Roy en fait venir, comme je pense, et cependant surprendre quelques villes icy autour sur la riuière de *Saone*, s'il est possible, et empescher que les ennemis ne s'assemblassent. Monsieur de *Nemours* parle de tourner en bref à *Paris*, et fera tout ce qu'il pourra pour mener des forces ; Monsieur le Marquis *de S. Sorlin* luy a mené trois ou quatre cens chevaux, à ce que l'on dict : je ne sçay s'il est vray, car je ne les ay pas veus. Il aura moyen en *Lyonnois* d'en tirer quelques uns, et pourra avoir aussi en *Forests, Beaujoulois* et *Vivaretz* quelques bons harquebuziers, mesmes qu'il a d'argent : car Lyon faict tout ce qu'il peult pour luy en fournir : ayant saisi la Doanne, la recepte géneralle, et tous les biens des particuliers qui estoyent serviteurs du Roy. Voilà tout ce que je vous puis dire de nouueau pour le present, vous priant de me continuer en voz bonnes graces, et me tenir pour vostre fidelle serviteur ; vous baisant humblement les mains, priant Dieu de vous donner en prospère santé, Monsieur, heueuse et longue vie, et accomplissement de ce que plus vous desirez. De vostre maison de *Saillans*, ce 9 *avril* 1589. Votre très humble et plus obeissant serviteur. DE BAILLON.

P. S. S'il vient à propos de parler de moy à Sa Majesté, faictes luy sçavoir ma fidelité, je vous supplie, et l'affection que j'ay à son service. Et si vous me cognoissez digne et propre pour estre employé en quelque chose, le Roy ne se servira jamais de personne qui luy soit plus fidelle que je luy ay toujours esté et seray. Je n'ose rien remuer jusqu'à ce que j'aye tiré mon beau pere de prison et ma femme ; j'espère que Dieu m'en fera la grace : cela faict, disposez de moy et en faictes ce qu'il vous plaira, car je ne veux poinct demeurer inutile. Dieu me fera la grace que je puisse faire quelque bon et signalé service à mon Roy et à ma patrie. » Extrait de *La Rodomon-*

tade de Pierre Baillony..... Lyon, *Pillehotte*, 1589. In 8°. (B. de Lyon, n° 25415, tome 3°).

1589. — *Avril* 26. « Sur les fréquens avertissemens des entreprises et des intelligences que l'ennemi a en cette ville, tant par le moyen des prisonniers que de leurs amis et confédérés politiques secrets, le Consulat arrête, sous le bon plaisir de M. le marquis *de St-Sorlin*, gouverneur et lieutenant général, que, pour rompre toute intelligence qui pourroit être, il ne sera désormais permis aux femmes des sieurs *de Servieres* et *du Soleil*, ni à autres, de plus les aller voir et conférer avec eux ; qu'à cet effet, on mettra une personne sure à la porte du Château (de *Pierre-Scise*), pour n'y laisser entrer personne, sans la permission expresse de S. E., laquelle néanmoins ayant permis à quelques personnes de visiter les dits prisonniers, ledit commis pourra, s'il juge que faire se doive, fouiller et visiter, à l'entrée du château, ceux qui y seroient entrés avec ladite permission. » — Le Consulat arrête en outre :

Que les soldats suspects seront tenus de vuider la ville ;.... — Que les sieurs *de Combellande* et *du Fenoil* seront resserrés au *Couvent des Célestins*, sous bonne et sure garde à leurs dépens, et ne sera permis à leurs femmes de les visiter ; — qu'il sera fait un pont levis à la porte de *St-Just*, et, au-dessous, un bien grand et profond fossé ; — que la porte de *Vaise* sera parachevée le plustôt que faire se pourra ; que le bastion près la porte *St-Just* sera réparé et mis en défense ; que, pour mieux faire observer la garde de la ville, un des échevins, tour-à-tour par semaine, visitera, chaque jour, les portes du côté de *Fourvières* ; un autre, celles du côté du *Rhône*. S.

1589. — *Avril* 28. Le Consulat ordonne qu'inventaire sera fait des biens du sieur *Baglioni*, en présence d'un échevin, et que ses meubles seront portés aux champs pour être vendus à l'enchère, et les deniers en provenant et autres de semblable nature versés ez mains de M. *François Cropet*, greffier des inventaires et ventes, pour être distribués à qui il sera ordonné. — Le 4 *mai*, on accorda à Madame *de Saillans* sursis pour huit jours à la vente des meubles de son mari, afin que, pendant ce temps, elle eut procuration de son mari, de consentir que les 4000 écus auxquels il avoit été cottisé fussent pris sur les 7000 écus que la ville lui devoit. On permit à la dite dame de voir le sieur *de Jons*, son père, « pour avoir son consentement à ce que dessus. » S.

1589. — *Avril* 28. Les sieurs échevins desirant procurer par tous les moyens la liberté et élargissement de Mgr *l'archevéque* notre prélat, pris et injustement détenu prisonnier au château d'Amboise, et pour la rançon duquel on a composé à 30 mille écus, considerant de quelle importance est sa liberté à la cause de la Sainte Union des catholiques, se sont résolus de contribuer à ladite rançon jusqu'à la somme de 6000 écus qu'ils accordent pour cela, et à prendre sur les premiers deniers levés de l'emprunt sur quelques habitans de la ville ; à la charge que ladite somme sera employée à ladite rançon, et que, dans deux ou trois mois, le sieur archevêque sera mis en pleine et entière liberté en une des villes de la Sainte Union, à peine de rendre ladite somme dans ledit temps. L'on assigne celui des échevins qui fera fournir ladite somme pour être remboursée sur pareille somme de 6000 écus à laquelle le sieur *Vincent Richard* étoit cottisé. — Le 5 *mai*, le Consulat accepta le seigneur *d'Arbouse* pour caution du seigneur archevêque au cas susdit. — Le 7 *août*, la cottisation de *Vincent Richard* fut réduite de 6000 à 5000 écus, et, payant, on lui accorda la levée de toutes saisies. Voyez ci-après au 4 *novembre*.

1589. *Avril* 28. A la demande de M. *Claude Bourbon*, receveur des tailles de *Beaujolois*, le Consulat arrête de faire lever la garnison mise dans la maison du sieur *Jean Seve*, sieur de *Fromente*, sur la promesse faite par ledit *Bourbon* que la femme du receveur général, son fils, laquelle est mise en liberté, ne sortira cependant de la ville, à peine de payer par ledit *Bourbon* la somme de 2000 écus. — Le sieur *Bourbon de St-Fonds* réclama, le 15 *mai*, pour être déchargé de la caution, puisque l'on avoit remis la garnison dans la maison de ladite dame *Jeanne Guibert*, femme de *Jean Seve*, fils. S.

1589. *Avril* 29. Le Consulat commet deux échevins pour assister à l'assemblée qui se fera par les habitans de *la Guillotière*, lorsqu'ils éliront un capitaine penon dudit lieu.

— *Même jour*. On arrête que les prisonniers qui sont ès *prisons de l'archevêché*, à la requête de la ville, seront resserrés ès cachots des dites prisons, si mieux ils n'aiment payer la garde qui leur a été baillée jusqu'ici. S.

1589. — *Mai* 1. Le Consulat ordonne que M. *de Combellande* sera transféré du couvent des *Célestins*, et conduit par eau à *Pierre-Scise*. S.

1589. —*Mai* 2. Le Consulat commet le baron *de Vaux* pour aller à *Belleville* et à *Beaujeu* mettre ordre aux garnisons qui y sont.

— On arrête que les 5 mousquets qui étoient du capitaine *Perret* seront remis à *Guillaume Roville* ou au sieur *Buisson*, son gendre, pour les rendre quand il sera ordonné (1), et que le capitaine *Perret*, qui étoit ès *prisons de l'Archevéché*, sera remis ès *prisons de Roanne*.

— Les armes du sieur *Guillaume Haudry* seront remises à *Jean Perricaud*, capitaine penon.

— On permet à *Guillaume Seve* d'aller en la ville de *Crest*, pour affaires de lui et de ses frères. — Pour la sureté de l'arsenal, on y mettra 12 soldats de la compagnie du sieur de Vaux, qui y feront garde toute la nuit.

— *Nicolas Gobelin*, marchand de *Paris*, naguères retiré en cette ville, pour y exercer la marchandise, obtient sa reduction du rôle de l'emprunt pour la somme de 2000 écus ; mais on arrête qu'en son lieu, y sera mis *Jean Robineau*, son associé, et pour reconnaître les facultés dudit *Robineau*, celui-ci fera apparoir de la scripte de leur société, etc. S.

1589. — *Mai* 5. *Séance consulaire* présidée par le sieur *Nicolas de Chaponay*, sieur *de l'Isle*.

Les capitaines penons, leurs lieutenans et enseignes mandés au Consulat et y comparaissans, ont été exhortés à toute union, concorde et bonne intelligence avec le corps de ville, aux fins de faire cesser les bruits qui sont semés qu'il y a quelque montre des dits capitaines qui se sont distraits, ou qui ont volonté de se distraire de la Sainte Union en laquelle ils ont librement et volontairement entré. Remontrances leur ont été faites que la seule discorde et désunion des citoyens est l'entière ruine des villes, notamment de celles où le peuple n'obéit à ses chefs et magistrats. Sur quoi leur a été représentée la fable que l'historien *Tite-Live* rapporte que *Mennenius Agripppa* exposa, sur semblable occasion que la présente, au peuple romain, qui s'étoit révolté contre le senat. Après lesquelles remontrances, tous les capitaines penons ont unanimement protesté qu'ils n'ont jamais entendu se départir et distraire de la fidélité et obeissance qu'ils ont promise aux dits sieurs échevins comme à leurs chefs, comme d'abondant ils l'ont promis et juré, levant tous la main : et sur ce nouveau serment et promesse, se sont retirés

---

(1) Le capitaine *Buisson*, gendre de *Roville*, avoit été commis avec onze soldats et un sergent, par le duc *de Nemours*, pour la garde du château de *Pierre-Scize*, pendant trois jours, et depuis, la semaine suivante, le 4 *mai*, on y mit le sieur *Flaminio*, avec dix soldats de la compagnie de M. *de Vaux*, à raison de 100 s. par jour. S.

hors la chambre du Conseil, y laissant le Consulat pour vaquer aux affaires publiques. S.

— *Même jour.* Le Consulat fait payer au seigneur *de Monjoly*, 124 écus pour les frais du voyage qu'il a fait pour la ville, avec cinq chevaux. tant vers la *reine de Navarre*, que vers la noblesse *d'Auvergne*, *Forez* et *Lyonnois*, etc.

1589. — *Mai 5. Sixte-Quint*, après avoir vainement sollicité la délivrance de *l'Archevêque de Lyon* et du *cardinal de Bourbon*, lance contre *Henri de Valois* et ses complices (*contra Henricum Valesium et alios criminum ejus conscios*) une Bulle par laquelle ils sont déclarés excommuniés, si, dans les dix jours, ils ne délivrent et ne mettent hors de prison, Messeigneurs l'illustrissime cardinal *de Bourbon* et le reverendissime *Archevêque de Lyon*, etc. — *Sixte-Quint*, dans cette bulle, qui fut publiée à *Meaux* le 25 *juin* de la même année, et imprimée à *Paris*, chez *Nivelle et Thiery*, in-8° de 24 pages, rappelle qu'*Henri III* l'avait prié de faire l'*Archevêque de Lyon* cardinal de la sainte Eglise romaine (*Arch.* du Rh., IX, 211). — Le desir ardent que d'*Epinac* témoigna maintes fois d'être cardinal lui valut, entre autres quolibets, cette épigramme qu'on lit dans la *Satyre Ménippée*, tome 1, p. 204 de l'édition de 1752.

A MONSIEUR DE LYON.

Monsieur, vous serez cardinal,
Nous savons où vous tient le mal ;
Mais que cela plus ne vous greve,
Et chassez ce sinistre oyseau
Qui dit que maistre *Jean Rozeau*
Vous doibt le chapeau rouge en greve.

1589. — *Mai 8.* Le Consulat enjoint au capitaine *Begulle*, enseigne du pennonage du sieur *Jean Perricaud*, de se saisir des livres herétiques qu'il trouvera audit quartier; et, à cet effet, il lui est permis de fouiller les maisons de ce quartier qui sont suspectes. S. Voyez ci-dessus au 11 *Janvier*.

— *Même jour.* On avoit fait publier une ordonnance en faveur de ceux qui découvriroient et deceleroient les facultés de ceux des habitans de cette ville qui sont compris au rôle fait pour l'acquittement des dettes de la ville, entre lesquels cottisés sont surtout M. le Président *de Langes*, les sieurs *Grabot*, *Pellot*, *Berthier* et *Beraud*. Le Consulat commet *Jean Martin* et *Claude Volet*, pour faire perquisition des dettes, créances et effets desdits sieurs cottisés.

— On commet le sieur *Yvernogeau* dit *Toulouse*, échevin, pour aller faire la montre, à *St-Chamond*, de la compagnie (de 200 hommes) du capitaine *Malezieu.*

1589. — *Mai 9.* Le sieur *de Preesle* (?) remet au Consulat des lettres de M. *de Nemours*, portant qu'il desireroit et auroit agréable que le seigneur d'*Halincourt* revint à *Lyon* pour ses affaires particulières, notammént pour voir Madame de *Mandelot*, sa belle-mère, que les portes ne lui fussent refusées, mais qu'il y fut reçu et encouragé. — Le Consulat arreste que, pour certaines considérations, même pour le contentement du peuple qui a pris quelque ombrage du sieur *d'Halincourt*. il sera prié de ne pas venir pour encore, mais d'attendre le retour de M. *de Nemours* à *Lyon*, et de l'y accompagner alors. On enverra un du corps du Consulat pour l'aller trouver à *Mâcon* où il est, pour lui faire entendre la présente résolution. — Le secrétaire *du Troncy* fut député à cet effet vers M. *d'Halincourt* à *Mâçon*. S.

1589. — *Mai* 9. Le Consulat fait payer au sieur *Davanes*, commis par M. de *Nemours* pour commander aux soldats qui ont été mis au château de *Pierre-Scize* pour la garde des prisonniers qui y sont, la somme de 17 écus par lui avancée pour la nourriture de ses soldats.—M. *Grollier de Serrieres* et M. *Grollier du Soleil*, son frère, s'étant évadés, le capitaine *Davanes* fut constitué prisonnier, comme coupable de cette évasion. Le 22 *août*, ayant présenté requête pour son élargissement, attendu sa pauvreté, le Consulat déclara qu'il ne s'y opposoit pas. S.

1589. — *Mai* 9. Le Consulat arrête qu'en payant par les sieurs *Jean* et *David de Gabiano*, 150 écus sol, en déduction de 300, à quoi ils ont été cottisés à l'emprunt, la garnison mise chez eux sera levée, et sera permis à *David de Gabiano*, un desdits frères, de trafiquer et négocier librement par la ville.

1589. — *Mai* 9. Les envoyés des neuf Cantons suisses, *Lucerne, Uri, Suytz, Undrevald, Zoug, Glari, Fribourg, Solleure* et *Appenzel* avoient écrit le 28 *mars* au duc de *Nemours* pour demander l'entier payement des quatre compagnies de *Lucerne, Suytz, Fribourg* et *Solleure*, lesquelles, après avoir esté licenciées du service du roi, avoient demeuré longtemps à Lyon, attendant leur payement, jusqu'à ce que, par le moyen d'un traité et promesse faite par M. le gouverneur (*Mandelot*) et les echevins de cette ville, elles étoient retournées dans leur patrie. Le Consulat répondit, le 9 *mai*, aux neuf Cantons catholiques, que la faute de non payement desdites compagnies provenoit du mauvais ménage des intendants des fermiers du roi, ou plutot de sa Majesté mesme qui avoit prodigué les grands deniers qu'elle avoit levés sur son peuple sous pretexte de faire la guerre, et n'a payé ni les troupes etrangères, ni les françoises; et le roi ayant revoqué l'assignation qu'il avoit baillée pour ledit payement, le Consulat a néanmoins obtenu que celui qui devoit payer, nonobstant ladite revocation, a promis d'y satisfaire dans peu ; que leurs gens peuvent venir recevoir leurs payements à deux journées de Lyon, sans aucun danger « pour le respect que toute la France a à « vostre nation, notamment à tous autres seigneurs des Cantons catholi- « ques, etc. » S.

1589. — *Mai* 11. *Guillaume de Villars*, avocat, nommé conseil de la ville, au lieu de *Nicolas Meslier*, fait le serment de n'écrire, conseiller et plaider contre la ville.

1589. — *Mai* 11. Le Consulat ordonne que, dès ce soir, on enverra 10 soldats en la maison de M. *de Riverie* pour le garder, et demain, lui sera fait commandement de payer son emprunt, avec intimation que, à faute de le payer, il sera mis prisonnier ez prisons de l'archevêché. —Le 17 *mai*, en payant par lui 2000 écus, en déduction, le Consulat ordonna que la garnison sera levée en sa maison, et il lui sera libre d'aller à l'église. —Le 8 *Juin*, M. *François Scarron*, seigneur *de Serezin*, secretaire du roi, cautionna M. *de Riverie*. — La taxe fut réduite à 4000 écus, sur la recommandation du duc de *Nemours*.

— *Même jour*. On permet au capitaine *de Masso* de se retirer en sa maison de *Chasselay*, sous la caution de M. l'abbé *de Valbenoiste*, son frère, qui promettra de le représenter, à peine de mille écus. Voyez ci-après au 9 *mars* 1594.

— Le Consulat consent à l'élargissement de *Claude de Riverie*, prisonnier à sa requête ez prisons de Roanne, depuis les nouveaux troubles, sous la caution d'*Alexandre de Villeneuve*, qui promettra de le représenter à peine de mille écus.

1589. — *Mai* 11. Le Consulat averti que Mme *de Mandelot* desiroit aller aux champs pour mettre ordre à quelques siens affaires, et qu'elle craint de trouver quelqu'empêchement par les chemins, soit en allant ou en retournant, ordonne que pour l'honneur et bonne affection que lui porte le Consulat, deux des échevins l'accompagneront dans son voyage, si elle l'a pour agréable. — Le 10 *juillet*, Mme *de Mandelot* occupoit encore partie de la maison de M. *de Mandelot* au *Grand-Palais*. S.

1589. — *Mai* 15. Le sieur *de Cremeaulx*, gentilhomme lyonnois, invité par le Consulat à se rendre en *Velay*, vers le seigneur *de St-Vidal*, pour conférer avec lui d'affaires de très grande importance, consent à faire ce voyage, à condition qu'on lui donnera une escorte de six soldats. — On lui fit payer 50 écus pour les frais du voyage.

1589. — *Mai* 15. Lettre du Conseil général de l'Union au Consulat :

« Messieurs, encores que nous n'ayons jamais doubté de vostre integrité, zele et affection en ce qui est de l'honneur divin et de la conservation de la religion catholique, apostolique et romaine, toutesfoys nous ne vous sçaurions assez exprimer l'aise et contentement que nous avons receu du rapport qui nous a esté faict de vostre part, par le sieur *de Villars*, présent porteur, lequel nous a rendus si edifiez et satisfaits de vos formes de proceder pour vous asseurer de ceulx qui pourroient avoir eu la volonté et le moyen d'alterer et remuer quelque chose en voz quartiers, au prejudice des gens de bien, que nous avons grande occasion de nous louer de vostre deputation, et encores plus de rendre graces à Dieu qu'ayez si dextrement pourveu sans tumulte et effusion de sang aux affaires de vostre ville, laquelle nous avons tousjours recogneu et recognoissons comme l'une des premieres et principales clefs de cest estat, et ung des plus fameux et asseurez boulevards de nostre religion en ce royaulme, mais oultre ce, pour une tres bonne voisine de ceste ville de *Paris*, à cause des mutuelles intelligences et grandes correspondances qu'elles ont tousjours eu en leurs principales occurrences et necessitez, dont celle d'à present est une des plus importantes que nulle aultre qui se soit presentée de toute antiquité, d'aultant qu'il y va du plus precieux de l'homme, qui est de la conscience et de la religion. Ainsi qu'entendez trop mieux, Messieurs, nous penserions faire tort à la suffisance de cedit porteur, si nous voulions inserer dans la presente, les resolutions qu'il a prinses avec nous sur les memoires et instructions qu'il avoit de vous, mesme sur la prestation du serment de l'Union, establissement d'un conseil particulier, façon d'appaiser *l'ire de Dieu* si enflambée, ce semble, contre nous, et autres articles et principaux points que pourriez desirer de ceste compagnie, dont il vous pourra fidellement rendre compte, joinct que vous avez de ceste heure près de vous Mgr le duc *de Nemours* vostre gouverneur, lequel, par sa prudence et dexterité, et pour avoir assisté à la pluspart de noz desseings et deliberations, vous aydera grandement à resouldre en ce qui sera du service et culte divin, manutention de nostre liberté chrestienne, et de l'intention de ce Conseil auquel il ne reste qu'à vous prier et requerir, au nom de Dieu, de vouloir poursuivre vivement ce qu'avez si bien commencé, et vous unir à bon escient avec tant de gens de bien qui veulent *postposer* tous leurs moyens et commoditez heureuses, voire leur propre vie, pour se conserver la foy et creance qui leur a esté laissée par leurs predecesseurs, et acquise par le sang de tant de martyrs, dont vostre ville a esté sur toutes aultres de ce royaulme arrousée, ornée et decorée. Messieurs, nous prions le Createur qu'il vous doint en bonne santé ce que desirez. A *Paris*, ce 15 may 1589. Les gens tenant le conseil general de l'Union des Catholiques estably à *Paris*, attendant l'assemblée des Estaz du royaulme. Vos bons et bien affectionnez amys : signé SENAULT. » S.

1589.—*Mai 17. Séance consulaire.*—*Françoise de Chalvet*, épouse de Me *Jacques Faye d'Espeisses*, conseiller du roi en son Conseil privé et d'état, ayant été arrêtée par deliberation du conseil tenu près Mgr *de Nemours* , pour contreschange de M. *Jacques Regnier*, tresorier general de France au bureau des finances de cette ville, pris et arrêté par commandement du roi, en la suite de sa cour, — a remontré que l'indisposition de sa personne ne lui permet de faire un long séjour en cette ville, pour ne lui etre l'air d'icelle, salubre ; requerant pour ce lui être permis d'en sortir, et se retirer où bon lui semblera, en baillant toutefois par elle bonne et receante caution de payer tous les frais et depens que le sieur *Regnier* fera en cour pendant sa prison, et la rançon qui luy pourroit être demandée par le roi ou par ceux qui le detiennent, etc. — Les sieurs echevins ayant mis en deliberation les offres de ladite dame, et desirant pourvoir à sa santé, lui ont permis de se retirer hors de cette ville, où bon lui semblera, en baillant toutefois, par elle, au préalable, bonne caution de payer la rançon du sieur *Regnier* et tous les frais qu'il fera pendant sa prison, etc. — Le 29 mai, M. *Regnier*, prisonnier à *Tours*, ayant demandé de l'argent pour ses dépenses, on ordonna que les sieurs *Poculot* et *Mornieu*, cautions de madame *Faye d'Espeisses*, fourniront à M. de *Casault*, la somme de 150 écus pour la faire tenir à M. *Regnier*.— Le 1er *juillet* suivant, le Consulat desirant reconnoitre les bons services de M. *Faye d'Espeisses*, consent et accorde que, procurant ledit sieur la liberté de M. *Regnier*, et le faisant rendre à ses dépens jusqu'à *Roanne* en toute liberté, ladite dame *d'Espeisses* et ses cautions soient dechargées de leur promesse et obligation, etc. S. Voyez ci-dessus au 27 *mars*, et ci-après au 30 *septembre* 1590.

1589. — *Mai* 18. Les frere gardien et religieux de l'*Observance* remontrent au Consulat que, depuis les nouveaux troubles, les habitants de la ville qui avoient la dévotion de venir au service divin en leur église, et y faire quelques aumônes dont lesdits religieux vivoient, n'y peuvent plus venir, d'autant moins qu'il n'est permis de sortir sans passeport. — Le Consulat ordonne que, pour les dédommager, il leur sera fait une aumône, pour une fois, de trois ânées de bled, et d'un poinçon de vin, etc. S.

1589. — *Mai* 20. Sur les remontrances qui ont été faites de la part du seigneur d'*Albigny* , qui s'est emparé de *Grenoble*, et a mis hors de cette ville le colonel *Alphonse Corse*, qui y était contre le repos de la Sainte Union , qu'il lui est impossible de conserver ladite ville , sans être secouru de moyens pour la solde de ses soldats , comme la ville lui avoit offert, le Consulat considérant de quelle importance est la ville de *Grenoble* au bien de ladite Union , accorde de fournir au sieur d'*Albigny* la somme de 2000 écus, sous la promesse qu'il fera de la faire rendre par le pays de *Dauphiné*, etc. — Le 5 *Juin*, il fut ordonné de compter cette somme au sieur d'*Albigny*. S.

1589. — *Mai* 23. Le Consulat retient les seigneurs de *Saconay* (1) et de *Beauvillards* pour capitaines de deux compagnies, chacune de 200 arquebusiers, et fait donner à chacun d'eux , par avance, 200 écus pour lever leurs compagnies. — On retient M. *Chaponay de l'Isle*, échevin, pour chef et capitaine d'une compagnie de 300 arquebusiers. S.

1589. — *Mai* 23. *Séance consulaire*. Comme la dame *de l'Isle* fait de tres mauvais offices en son *château d'Arcy* , sur la rivière de *Loyre*, arrêtant tous

____

(1) Ce M. de *Saconay* fut fait prisonnier dans l'affaire de *Rochetaillée* , et ensuite tué de sang froid. S.

ceux de la Sainte Union qui y passent, le Consulat ordonne que les pensions ou rentes qui lui sont dues en cette ville, seront saisies et converties aux frais de la guerre, et que la maison qu'elle a en *Bellecour*, laquelle est déjà inhabitable pour n'y avoir que les quatre murailles, ouvertes en differents endroits, sans portes ni fenetres ni planches, sera achevée d'être démolie rez terre, et les pierres employées aux réparations de la ville.— M. *Chaponay de l'Isle* était présent à cette séance. S.

1589. — *Mai* 24. Le Consulat nomme *sergent major* pour commander aux forces de la ville, *François Dupuy*, seigneur *de Rochefort*, gentilhomme dauphinois, qui a librement et volontairement quitté sa femme, sa famille et ses biens pour servir à la Sainte Union (1). — M. *de Rochefort* ayant accepté cet office, fit son serment au Consulat, le 14 *juin* suivant.

— *Même jour.* On fait payer au capitaine *Malezieu* la dépense des 12 soldats qui l'avoient suivi en deux voyages, l'un pour se saisir du baron *de Joux*, en Beaujolois, par ordre de Mgr *de Nemours*; l'autre pour se saisir des sieurs *Benoît* et *Jean Seve*, par ordre du marquis de *St-Sorlin*. S.

1589. — *Mai* 25. Le Consulat retient et prie M. *Pierre Matthieu*, docteur ès droits, pour faire l'oraison d'usage à la St. Thomas prochaine.—Le même jour, on lui fait passer 20 écus pour les frais du long voyage qu'il avoit fait en *Vivarais* pour les affaires de la Ste Union, ses vacations y comprises. S. Voyez ci-après au 22 *décembre* de cette année, et au 22 *décembre* 1594.

1589. — *Mai* 25. Le Consulat ordonne que les biens de M. *Savigny de Montfort* seront saisis pour être employés au frais de la guerre, parce que ledit seigneur est du tout contraire à la Sainte Union.

1589. — *Même jour 25 mai.* Le Consulat arrête que le sieur *Devaux* donnera une escorte de 10 ou 12 soldats de sa compagnie à M. le Commandeur de Dijon, revenant présentement de Rome où il avoit été envoyé vers Sa Sainteté par M. le duc *de Mayenne* et par le Conseil général de l'état de France. — Ce commandeur étoit porteur des dépêches de S. S. pour le duc de Mayenne et pour le Conseil. — On lui donna une escorte de 20 arquebusiers à cheval. S.

— *Même jour.* On fait payer à *Antoine Laboureur*, sergent du pennonage de la rue de Flandres depuis 15 ans, 100 écus, en considération des grands et signalés services qu'il a rendus à la ville depuis les nouveaux troubles, où il a souvent exposé sa vie à divers périls et hasards, etc. S.

1589. — *Mai* 26. *Séance Consulaire.* On arrête de supplier Mgr *de Nemours* d'écrire à Madame *de Nemours*, sa mère, *Anne d'Este*, veuve en premières noces de *François de Lorraine*, grand duc *de Guise*, et en secondes de *Jacques de Savoie*, premier duc *de Nemours*, que son bon plaisir soit de venir en cette ville, aux fins d'assister de son bon conseil Mgr le marquis (*de Saint Sorlin*), en l'absence dudit sieur *de Nemours*. On arrête aussi de députer le sieur *Guillaume Gella*, marchand de la ville, pour l'aller prier de s'acheminer par deçà. On promet audit sieur *Gella* que s'il étoit fait prisonnier par les champs et mis à rançon, on lui payeroit ladite rançon, et on l'indemniseroit de ses dépenses. — M. *de Nemours* étoit resté à *Lyon* ou dans le pays pendant environ 90 jours, depuis le 23 *mars* jusques vers le 20 *juin*.

1589. — *Même jour 26 mai.* Le Consulat permet aux sieurs des Nations,

---

(1) On ne fait aucune mention dans cette délibération du sieur du *Fenoyl*, qui était alors sergent-major, et qui était sans doute encore prisonnier dans le couvent des *Célestins*. Voyez ci-dessus au 26 *avril*.

demeurant en cette ville de faire les payements de la foire de Pâques dernier aux jours qu'ils ont désignés, afin d'entretenir le change royal en son ancien ordre, sous la promesse toutefois desdits sieurs des Nations qu'ayant égard aux présents troubles, ils ne contraindront les marchands habitants de cette ville de payer tout ce qu'ils leur doivent auxdits payements, mais qu'ils recouvreront leurs dettes doucement et de gré à gré. S.

1589. — *Mai 28. Fête de la Sainte Trinité.* Le sieur d'*Aveyne*, président du Consulat, et trois autres échevins se rendent, suivant l'usage, au Collége où ils assistent à la messe, après avoir conféré en l'arrière cour avec M. *Bernardin Castor*, principal dudit Collége, des obligations énoncées dans les contrats faits entre la ville et les *Jésuites.* Procès-verbal en est dressé. S.

1589. — *Mai 29. Séance Consulaire.* « Etant à craindre que le grand nombre de serviteurs qu'ont les prisonniers qui sont au château de *Pierre-Scize*, et le trop facile accès qu'on donne à chacun de les aller visiter, n'apporte quelque danger de rupture de prison, au préjudice du bien et service de la Sainte Union, comme aussi la trop grande facilité qu'ils ont d'écrire des lettres pour donner avis de ce qui se passe, on priera M. le marquis (*de St-Sorlin*) d'ordonner que lesdits prisonniers n'auront pour eux tous qu'un cuisinier, et pour leur service particulier, chacun un serviteur; que leurs femmes ne les pourront aller visiter qu'une fois la semaine, accompagnées seulement d'une servante, auxquelles seront faites défenses de leur porter, ni de recevoir d'eux aucunes lettres, et à cet effet seront visitées à l'entrée et à sortie du château par le capitaine dudit lieu qui a en garde les prisonniers, et ne sera permis d'écrire aucunes lettres ou mémoires audit château qu'elles n'aient été vues par le capitaine; enfin de ne permettre qu'aucun, soit de la ville, ou étrangers, ne puisse les aller visiter. On arrête que les frais faits et à faire pour leur garde, seront supportés par les prisonniers. S.

1589. — *Mai 30. Séance consulaire* à laquelle assistent les notables bourgeois suivants qui y ont été appelés : *de Torveon*, lieutenant-criminel, *Allard*, *Athiaud*, *de Luynes*, *Oddet-Croppet*, *Pollaillon* et de *Ruzinant.* — Sur l'avis reçu de la surprise d'*Andieuse*, par l'ennemi, le Consulat craignant qu'il n'en advienne de même à la ville de *Condrieu*, ordonne que le capitaine *Malezieu* prendra 100 arquebusiers de sa compagnie pour les conduire à *Condrieu*, On les payera de leur solde d'un mois, afin qu'ils y puissent vivre modestement, ainsi qu'il leur est enjoint. Les habitans seront priés de les recevoir et loger commodément. Ils s'y rendront par eau, etc. S.

1589 — *Mai 30. Séance consulaire.* « Etant recherchés par le sieur *Pelloux*, député du pays de *Dauphiné*, d'entrer en la trève que le sieur *Alphonse d'Ornano*, gouverneur général dudit pays, et le sieur *Desdiguières*, pour ceux de la nouvelle religion, d'autre part, ont fait ensemblement pour le temps et terme de dix mois qui écherront le 31 *décembre* 1590,...... a été advisé qu'il semble qu'il n'est besoin d'être recherché d'entrer en ladite trève avec ledit pays, parce qu'il n'y a eu guerre ouverte, ni aucun autre acte d'hostilité entre icelui pays et le gouvernement de *Lyonnois*; et néanmoins, combien que par le serment de la Sainte Union des catholiques, il ne leur soit permis ni licite d'avoir aucune intelligence avec les hérétiques, les échevins accordent néanmoins un libre commerce entre les habitans du pays de *Dauphiné* et ceux de cette ville, de quelque religion que lesdits habitans soyent. »

N. Cette résolution fut ensuite barrée, et l'on écrivit en marge : « Depuis, pour certaines bonnes considérations, l'on a advisé de biffer le présent « acte, et n'en faire ni donner aucune expédition audit sieur *Pelloux*. » S.

1589. — *Mai 31. Séance consulaire.* « Un nommé *Jean Moufle*, de Lyon, avoit donné son enfant à nourrir à la femme d'*Antoine Delorme*, ferratier. Depuis les troubles, *Moufle* s'étoit absenté. Le nourricier demandoit ses gages du nourrissage, ou que l'enfant fût mis à l'hôpital. Le Consulat considérant les mauvais offices de *Moufle* qui porte les armes contre la Sainte Union, et persuadé que s'il avoit en liberté le gage qu'il tient tant précieux, qu'il feroit encore pis aux habitants de cette ville, il est fait défenses au nourricier de se dessaisir de l'enfant sans la permission du Consulat: sous peine d'être traité comme rebelle. On lui fait payer par avance le nourrissage de 5 mois, à raison de 4 francs par mois, prix convenu avec le père. » S.

1589. — *Mai 31. Séance consulaire.* « Comme il est très nécessaire pour le bien de la Sainte Union et le repos de cette ville et du pays, d'être de jour en jour fidèlement averti de ce qui se passe en l'armée de M. *de Mayenne*, et que S. E. le soit aussi des occurrences de ses quartiers de deça ; ce qui ne peut se faire commodement par la voie de la poste, pour être les chemins occupés par les divers partis, on arrête de prier un homme fidèle qui soit près la personne de S. E., de lui donner avis deux fois par semaine de ce qui se passera, et pour ce on choisira quatre messagers secrets dont deux séjourneront en ladite armée, et deux en cette ville ; l'un desquels partira de ladite armée le lundi, l'autre le lundi suivant ; et de même ceux de Lyon, à même jour. »

1589. — *Juin 2. Séance consulaire.* « Attendu que les facultés des marchands de cette ville ne doivent être sues et divulguées, comme elles le sont par l'ouverture des lettres de leurs commettants et de leur commerce, on ordonne que désormais les paquets qui seront adressés aux échevins ou à l'un d'eux en particulier, ne seront ouverts ; et quant aux lettres et paquets adressés tant aux marchands regnicoles qu'étrangers, l'on ne pourra ouvrir que la premiere couverture, sans ouvrir les lettres particulieres adressées auxdits marchands. » S.

1589. — *Juin 5.* Le Consulat enjoint au chevalier du guet de renforcer la garde qui a été mise au logis de M. le trésorier *Camus*, et ce pour certaines bonnes considérations. — Le 23 juillet suivant, M. *Camus* ayant acquitté les 4,000 écus de sa taxe, on le décharge du surplus et on tient ses cautions libérées. On lui permet de demeurer et d'aller librement dans la ville, mais on lui défend d'en sortir sans le consentement des échevins, à peine de 6000 écus d'amende. S.

— *Même jour 5 juin.* Le Consulat ordonne de mettre garnison ès maisons de M. *du Soleil*, et de M. *de Servieres*. Leurs femmes donneront, chacune, caution de 4000 écus, qu'elles ni leurs enfants ne sortiront de la ville. S.

1589. — *Juin 8.* Le capitaine *Perret* avoit été élargi des prisons, sous promesse de ne sortir de la ville sans le consentement du Consulat, et de jurer et signer la Sainte Union, à peine de 2,000 écus, dont avoit été caution *Ennemond Perret*, dit *Riverie*, lesquels se sont enfuis tous deux, dès le lendemain. Le Consulat ordonne qu'il sera mis garnison de six hommes dans le logis dudit capitaine *Riverie*, tant à Lyon qu'à la campagne, et ses biens saisis pour l'assurance des 2,000 écus. Quant au capitaine *Perret*, sa femme sera mise en prison. S ils ne comparoissent dans trois jours, ils seront mis au ban de 500 écus chacun. S.

— *Même jour.* Le Consulat ordonne que les chevaliers du guet, mis en garnison chez les suspects, seront payés par ceux-ci, à raison de 15 sous par jour, outre leur nourriture. — Pour prévenir les abus qui ont eu lieu en la garde des prisonniers qui *ont evadé*,..... on ordonne qu'ils sera mis des cadenats aux fenêtres des chambres où coucheront ceux que l'on garde. — On donne ordre aux capitaines penons de faire faire, chacun en son quartier, tous les deux jours, une recherche bien exacte, durant tout ce mois, et de saisir et mettre en sure garde ceux qu'ils jugeront suspects. S.

— *Même jour*. Le Consulat, après en avoir délibéré avec les capitaines penons de la ville, arrête que les catholiques absents de Lyon, à cause des présents troubles, comme suspects du parti contraire à l'Union, seront reçus en cette ville et en leurs maisons, en, par eux, jurant et signant l'Union, sans toutefois qu'ils puissent être admis aux charges publiques ; mais quant à ceux qui ont été une fois huguenots, et qui ont une fois absenté la ville, encore qu'ils soient réduits, et qu'ils se présentent pour jurer et souscrire l'Union, ils ne seront pas admis à rentrer dans cette ville. S.

1589. — *Juin* 8. Le Consulat, sous le bon plaisir de Mgr. le marquis de *S. Sorlin*, permet à Mme *de Combellandes* d'aller voir tous les jours une fois, avec une chambrière et un serviteur, le sieur son mari. S. Voyez ci-dessus au 1er *avril*.

1589. — *Juin* 10. Le Consulat charge le capitaine penon du quartier de St-Vincent d'enlever du *château de Cuires* et autres lieux suspects toutes les armes qu'il y trouvera, ainsi que la grille de fer qui étoit à la porte de la citadelle et qui avoit été placée dans ce château. — On y trouva trois hallebardes, une pertuisanne, deux pièces de petite artillerie, l'une en fonte, l'autre en fer, montées sur roues, etc. — On fit aussi saisir les armes qui étoient au *château de Laval*, appartenant à M. *de Langes*, et on les apporta à l'Hôtel de Ville. S.

1589. — *Même jour* 10 *juin*. Le Consulat accorde à M. *Chevrieres de Sain. Chaumond* 100 arquebusiers et deux pièces de campagne, pour l'exécution d'une entreprise projetée sur quelques places *du Forest* occupées par l'ennemi. S.

1589. — *Juin* 13. Le Consulat arrête que Me *Bonin Chalon* remettra en l'Hôtel de Ville « les deux *faulconneaux* qui estoient de M. *d'Ausserre*, dont lui sera donné chargé. « On ordonne aussi que le sieur *Chalon* « procurera que la cottisation du sieur d'*Ausserre* sera payée, autrement il sera contraint en son propre et privé nom. » — Le 12 juillet suivant, on fait apporter à l'Hôtel de Ville les armes de M. d'*Ausserre*, et celles du sieur *Chalon*. S.

1589. — *Juin* 14. « En conséquence de l'ordonnance de Mgr. *de Nemours* qu'il seroit baillé dix pour cent à ceux qui dénonceroient les facultés cachées, dettes et créances de ceux qui sont cottisés à l'emprunt, le Consulat, désirant reconnoître *Claude Tourvéon* de ce qu'il a découvert les dettes et facultés *d'Antoine Horry*, par le moyen de quoi on a été payé de 1000 écus de la cottisation dudit *Horry*, ordonne qu'il sera payé au sieur *Tourvéon* 100 écus sur les facultés du sieur *Horry*. » S.

1589. — *Juin* 15. Le Consulat ayant fait mander les capitaines penons, leur fait entendre que, par leur avis, il a commis M. *de Rochefort*, gentilhomme, à l'office de *sergent-major* de la ville, laquelle commission il avoit acceptée avec serment de bien exercer ledit office ; il les exhorte d'être unis et d'accord ensemble, comme ils l'ont été jusqu'ici, pour la garde de la ville,........ et d'obéir aux commandements qui, pour ce, leur seront faits par le sieur *de Rochefort* ; ce que tous ont promis de faire, se réjouissant grandement de ladite commission. Voyez ci-après au 12 *août* (1).

— *Même jour.* Le Consulat ayant mis en considération les bons offices et signalés services du capitaine *Fenoil* (en remplacement duquel M. *de Rochefort* a été nommé sergent-major), ayant aussi égard au grand nombre d'enfants qu'il a très-bien instruits à la religion catholique, et attendu qu'il a librement signé la Sainte Union, lui accorde, sa vie durant, les gages attribués audit office, lesquels continueront à lui être payés par le fermier du sel. — Le 22 août suivant, on lui donne « pleine liberté de faire ses affaires « en toute sureté, tant à la ville qu'aux champs. » S.

1589. — *Juin* 17. « Comme il n'est raisonnable que ceux qui sont contraires au parti de la Sainte Union, et qui emploient leurs moyens et facultés pour lui nuire, soient secourus des deniers publics,...... tant pour gages ordinaires que pour pensions à eux accordées sur la ferme du sel,... le Consulat arrête que defenses seront faites aux fermiers du sel de payer les pensions échues et à échoir de M^{rs} de *Langes* et de *Villars*, lesquelles seront reservées pour les affaires de la Sainte Union.—Le 20 juillet suivant, on fit prier les trésoriers de France de convertir les gages et pensions que M^{rs} de *Langes*, de *Villars* et autres politiques avoient sur la ferme du sel, au payement des gages du sieur *de Rochefort*, sergent major de la ville. S.

1589. — *Même jour* 17 *juin*. Le Consulat fait payer au sergent de la compagnie du sieur de *Malezieu*, le montant de la dépense par lui faite pour la garde de huit soldats qui étoient en garde au château de *Pierre-Scize* lors de l'évasion des prisonniers, lesquels soldats furent, pour ce, mis en prison à *Roanne*, depuis le dimanche 4 juin jusqu'au dimanche suivant. S.

1589.— *Juin* 18. Les sieurs *Poculot* et *Prost*, échevins, sont autorisés par le Consulat à faire placer dans leurs maisons deux pièces de fonte pour la sureté du pont de Saône. — Au mois de mai, on avoit saisi sur la rivière 36 caisses d'arquebuses et de mousquets ; on en distribua la majeure partie aux échevins. S.

1589. — *Juin* 23. Sur la demande de M. de *Rochefort*, sergent-major de la ville, le Consulat arrête qu'il priera M. *de Nemours* de rafraichir son ordonnance du 11 avril, relative au service de la garde municipale, et que S. E. sera priée d'y ajouter « que ceux qui seront tenus pour suspects d'être « politiques, ou d'avoir été de l'opinion nouvelle, ne seront admis à la « garde, mais enverront à leur place, personnes capables au contentement « des capitaines penons.... » S.

1589. — *Juin* 26. En vertu du sauf-conduit qui lui a été donné, *Benoit Seve*, sieur *de Fromente et de St. Didier*, se présente au Consulat, et remontre qu'il est revenu à la ville, sous le bon plaisir des echevins, pour le service desquels il a voué sa propre personne,... les priant de le recevoir en leur protection, comme leur concitoyen : qu'il desire et veut encore leur fortune ;...... que si, pour son âge sexagénaire, on ne le trouvoit capable d'être employé, qu'il soit néanmoins tenu pour citoyen qui désireroit faire au public le service qu'il ne peut remplir........ Les échevins lui répondent qu'ils ont grand plaisir de son retour en la ville, en laquelle ils désirent qu'il fasse continuelle residence ; lui donnant pleine et entière main-levée des meubles saisis sur lui pour remeubler sa maison, en

(1) Voyez *Bref recueil* de plusieurs titres et actes touchant l'ancienneté et pouvoir de l'office de capitaine de la ville de Lyon, où il est incidemment parlé de l'establissement faict en l'an 1576, de la charge d'un *sergent-major* en ladite ville, etc, par V. S. F. A Lyon, par *Pierre Colombier*; 1621, in-8°; J. Morin, t. 1, 235.

laquelle il pourra demeurer en toute liberté et assurance, « jurant et si-
« gnant par luy la Sainte Union des catholiques. » —Le même jour, le sieur
Seve est comparu au greffe de la ville, où, après que lecture lui a été faite
du serment de l'Union, il l'a librement juré et signé.—Le 4 *juillet* suivant,
le Consulat ordonne qu'au moyen du payement de 5000 écus que feront
les sieurs *Seve*, pere et fils, il leur sera permis de demeurer à Lyon en
toute liberté. S.

1589. — *Juin* 28. Les capitaines penons demandent au Consulat qu'il
leur soit permis de dresser une Confrerie dans l'église des *Cordeliers*, pour
s'assembler tous les dimanches ou autres jours fériés, aux fins de traiter
ensemble, après la célébration de la sainte messe ,..... à la charge
qu'en leurs assemblées, les échevins en corps ou en particulier, se pourront trouver, si bon leur semble. — Les échevins répondent qu'ils ne peuvent obtempérer à leur demande, avant d'en avoir communiqué avec Mgr. *de
Nemours*. S.

— *Même jour* 28 *juin*. Le Consulat arrête qu'à l'avenir il n'y aura que
deux échevins qui assisteront au Conseil d'état tenu près la personne de
Mgr. *de Nemours*, savoir les sieurs *d'Aveyne* et *de l'Isle*. S.

1589. *Même jour* 28 *juin*. « Sur la requête présentée de la part de *François
Guerrier*, seigneur et baron *de Jons*, et de demoiselle *de Saillans*, sa fille, prisonniers, à cause des présents troubles, au château de *Pierre-Scise*, ladite
requête renvoyée par Son Excellence aux sieurs échevins et aux capitaines
penons pour pourvoir au contenu d'icelle, tendante à être renvoyés en leurs
maisons, à la charge de n'en sortir ; les échevins, ayant égard au renvoi fait
aux capitaines penons, leur a demandé sur ce leur avis; ceux-ci ont dit qu'ils
se sont toujours soumis aux ordres de M. *de Nemours* et à la volonté des échevins par l'ordre desquels le sieur de Jons et autres ont été resserrés ; remon-
trant néanmoins que la ville est en allarme pour ceux qui ont été élargis, et
pour ceux qui se sont échappés des prisons, à cause de quoi ils supplient très
humblement S. E. que son bon plaisir fut d'ordonner « que les *suspects* fus-
« sent resserrés, et les *hérétiques* punis : » à quoi ils persistent. S.

1589.—*Même jour* 28 *juin*. Les marchands des nations remontrent au Consulat leurs anciens services et secours faicts à la ville, leurs privilèges dont
le Consulat est le protecteur, et qu'il a approuvé en particulier par le serment de la Sainte Union de les maintenir et conserver; ils exposent que la difficulté de recouvrer leurs fonds dans ces temps de troubles, les met dans l'impossibilité de fournir le prêt de 30 mille écus demandé par M. *de Nemours* ;
que cependant, ce même jour, on vient de mettre, en leurs maisons, des garnisons par ordre de M. *de Nemours*, pour les forcer à fournir leur portion dudit
emprunt; ils prient le Consulat d'en obtenir promptement la levée. — Le
Consulat, en promettant d'écrire à M. *de Nemours*, qui est un prince équitable
et qui ne veut user d'aucune force contre les étrangers, prie les marchands des
nations florentine, génoise et lucquoise de considérer les circonstances et
la cause de cet emprunt qui ne pouvoit être fait pour un plus digne emploi ,
s'agissant de la religion catholique en danger d'être *suffoquée* en ce royaume
par l'hérésie ; que cette ville ne se peut conserver que par les armes : que le
nerf de la guerre est l'argent ; que le prêt qu'on leur demande sera fait à des
princes de grands moyens, protecteurs de la religion catholique, lesquels,
outre leurs obligations particulieres et les cautions qu'ils ont offertes, en donneront encore leur assignation sur la recette générale de cette ville ; cependant le Consulat ne laissera de faire parvenir leurs remontrances à S. E., et
la suppliera d'y avoir égard. S.

1589. — *Même jour 28 juin.* Les *apothicaires* de la ville demandent que les lettres patentes qui leur ont été données au mois de décembre précédent soient transcrites sur le régistre des actes consulaires, et que le réglement qu'ils ont fait entr'eux soit approuvé par le Consulat. — Il est ordonné que, sans autrement les approuver, les dites lettres seront enregistrées, et que les noms et surnoms des apothicaires jugés capables, seront inscrits sur les régistres du Consulat. — Il y avoit alors sur le rôle 28 apothicaires reçus et autorisés a exercer cet état. S.

1589. — *Juin* 31. On fait saisir entre les mains des héritiers *Capponi* les biens et facultés de *Jean-Baptiste Antoine* et *Cornelie Pellissari,* jusques à la concurrence de ce qu'ils doivent au sieur *Baglioni,* pour contraindre les héritiers Capponi au payement. S.

— *Même jour.* Le Consulat fait payer 10 écus, en forme d'aumône, à *Denyse du Boucher,* de *La Cheze,* près *Montargis,* pour l'aider à retourner chez elle, en considération de ce que, revenant de *Languedoc* du service de Madame *de Joyeuse,* elle a été dévalisée par certains soldats. S.

1589. — *Juin...* Mort de *Guillaume Roville,* imprimeur célèbre, né à Tours en 1518; inhumé aux *Célestins.* — Peu de jours avant sa mort, le 17 *juin,* il avoit complété par un codicile, les dispositions de dernière volonté qu'il avoit faites en faveur des *hôpitaux de Lyon,* par son testament du 17 novembre 1586. *Biogr. Lyonn.,* p, 261 ; *Revue du Lyonn.,* 11, 205.—Le Consulat, dans sa séance du 28 *juin,* conféra *l'état de capitaine penon,* vacant par le décès de *Guillaume Roville,* à *Jean-Baptiste Buisson* (son gendre), « comme personne capable et fidelle. » S.

1589. — *Juillet* 4. On s'étoit saisi d'un espion nommé *Roland ;* il fut condamné à certaines amendes, et à servir à ses dépens la Sainte Union pendant trois mois. —On avoit aussi arrêté un Provençal soupçonné d'être venu à Lyon pour y découvrir ce qui s'y passoit, et d'y avoir apporté des lettres contraires à la Sainte Union. S.

1589. — *Juillet* 6. Le Sr *Ducoing,* capitaine de la rue de *Flandres,* avoit eu une altercation avec son lieutenant ; il fut décidé par le Consulat, sur l'avis du sergent-major, que, quand le capitaine est présent, le lieutenant n'a aucune autorité, et qu'en l'absence du capitaine, c'est au lieutenant à faire les rôles, mais qu'ils doivent être signés par le capitaine. — On décida encore que les capitaines penons allants en garde, conduiroient leurs compagnies,..... d'autant que ce sont des compagnies volontaires qui ne reçoivent aucune solde;.... que les capitaines et les lieutenants marcheroient ensemble à la tête de leurs troupes; mais que les capitaines penons auroient la droite. S.

1589. — *Juillet* 7. Un marchand de *Tournus,* tenant le parti contraire à la Sainte Union, avoit livré des bleds à *Jean Baroud,* de *St-Vincent* ; le Consulat les fit saisir afin qu'ils fussent vendus au profit de la Sainte Union. S.

1589. *Juillet* 12. Une compagnie de 500 *Suisses* envoyée de *Lucerne,* arrive à *Lyon* pour y faire le service, à raison de 1850 écus par mois. — Le 17 , les échevins donnerent, à l'Hôtel de Ville, un diner aux officiers de cette compagnie. La dépense s'éleva à 51 écus, 19 sous, 6 deniers. S.

1589. — *Juillet* 15. Une ordonnance de police rendue par le Consulat contient entr'autres dispositions :

Commandement au sieur *Buatier* de se retirer avec sa femme et sa famille à *Montbrison* ou ailleurs ;

Injonction à quelques jeunes gens de la ville faisant profession des armes d'aller servir la cause de la Sainte Union, en l'armée de Mgr. *de Nemours,* et.

,'ils ne le veulent faire, de sortir de la ville, et de n'en approcher de dix lieues ;

Défense de laisser entrer qui que ce soit dans les postes des capitaines ou des soldats ;

Ordre de couper ou arracher tous les arbres voisins des fossés et murailles, hors la ville, depuis la porte de *Pierre-Scize* jusqu'à celle de *St-Georges*, etc., etc. S.

1589. — *Juillet* 17. Les sieurs *Strozzi* et *Bartholy* sont mis hors de la ville par le Consulat, qui, dans sa séance du 19, les autorisa à se retirer à *St-Genis-Laval*, « en s'y comportant paisiblement, sans faire ni entreprendre « chose qui puisse préjudicier aux affaires de la Sainte Union et au repos « public. » — Le 4 août suivant, on permit à *Léon Strozzi* de revenir à Lyon et d'y demeurer à la même condition. S.

1589. — *Juillet* 25. *Séance consulaire.* M. *Robert*, avocat au parlement de *Grenoble*, envoyé par le seigneur d'*Albigny*, gouverneur de cette ville, expose que Grenoble est dans une peine indicible pour se conserver contre les entreprises et les attentats des hérétiques et des politiques, et du sieur *Alfonse* qui s'est joint à eux; que, outre ce, elle est en grand soupçon de l'armée d'un prince étranger (le duc *de Savoie*) bien proche d'elle, lequel, sous main et par belles paroles, commence à y faire des pratiques; et est à craindre qu'après la douceur, il ne s'aide des forces qu'il a toutes prêtes, sous couleur de les employer ailleurs; que, malgré cela, la ville se conserveroit envers et contre tous, si elle avoit les moyens d'entretenir une compagnie de gens d'armes et trois ou quatre de gens de pied ; qu'elle avoit recours à la ville de Lyon pour être, en ce besoin, assistée de ses moyens, en tant que la conservation de l'une est la sureté de l'autre. — A quoi les echevins répondent qu'ils sont bien marris que les moyens leur manquent pour secourir *Grenoble*, attendu les grandes dépenses qu'ils ont ci-devant faites et qu'ils continuent pour la conservation de cette ville ;... qu'ils ont tellement épuisé leurs bourses particulières et celles de leurs concitoyens, qu'ils ne savent plus ou donner de la tête ; offrant néanmoins, à faute d'argent, de secourir *Grenoble* de quelques unes de leurs forces. — Le 17 août suivant, le Consulat fit compter à M. *Robert*, 1200 écus par forme de prêt. S.

1589. — *Juillet* 26. Le Consulat, voulant secourir de munitions de guerre le Seigneur *de Varennes Nagu*, Gouverneur du *Mâconnois*, pour l'aider à expurger les maisons fortes de *Crusilles*, d'*Arse* et autres de son gouvernement, esquelles les ennemis de la Sainte Union font leur retraite, et de là courent les champs, et troublent le commerce de la *Saône*, ordonne qu'il sera enlevé de l'Arsenal 200 boulets et deux milliers de poudre à canon qui seront envoyés à M. *de Varennes*. Un ordre sera donné, à cet effet, à Sᵣ *Jean Alexandre*, garde général de l'Artillerie et munitions de France. — On lui livre aussi, deux petards, du poids de 99 livres, que le sieur *Devaux* avoit libéralement prêtés. — Le 31 *juillet*, on lui fit encore fournir deux milliers de poudre et 150 boulets, etc. S.

1589. — *Juillet* 27. M. *J. B. Chalon*, procureur ès cours, communique au Consulat une lettre qu'il a reçue de M. *Pierre d'Ausserre*, conseiller et maître des requêtes de la couronne de France, et dans laquelle celui-ci le prie de remontrer au Consulat les services qu'il a ci-devant rendus à la ville, ant du temps qu'il y habitoit, exerçant la charge d'avocat du roi, que depuis sa promotion en ladite maîtrise, même aux derniers états de Blois, où Mʳˢ les députés de Lyon avoient pu voir les bons offices qu'il avoit faits pour e service de la ville; que ces bons offices ne méritoient pas qu'il fut si mal traité, comme il l'étoit, en ses biens et facultés, même en la cottisation de l'emprunt, dont il demandoit d'être rayé, afin qu'il eût occasion de continuer ses bons offices à la ville. — Les échevins répondent qu'ils n'ont point eu connaissance de ces tant bons offices et grands signalés services dont ledit sieur d'*Ausserre* se jacte : mais au contraire étant où il est présentement, il ne peut qu'il ne fasse de fort mauvais offices contre le bien et repos, non seulement de cette ville, mais de toutes les autres villes catholiques qui sont entrées en la Sainte Union contre laquelle il est du tout bandé,...... et, par ce, sont résolus de lever sur ses biens et facultés la somme à laquelle il a été cottisé, pour fournir aux frais de la conservation de cette ville en la Sainte Union. De plus ordonnent audit Sr *Chalon* de représenter les meubles et deniers dudit S^r d'*Ausserre* qu'il a fait enlever en son nom, à défaut il sera contraint, en propre nom, au payement de ladite cottisation, sauf son recours contre le S^r d'*Ausserre*; de plus que ledit Sr *Chalon* remettra en l'Hôtel de Ville les quatre pièces de fonte qu'il a retirées de la maison dudit S^r d'*Ausserre*, à *Ste-Foy*, et qu'il y sera contraint par toutes voies, etc.

1589. — *Juillet* 29. Le Consulat ordonne que le Sr *de Varennes* sera élargi des prisons où il est, à la charge de sortir de la ville, et de n'en approcher de dix lieues.

1589.—*Juillet* 51. Le Consulat arrête que *François Avant*, prévôt de la monnoie, sera pris et conduit és prisons royales, pour lui être fait et parfait son procès sur certains propos qu'il a tenus;—que pour ôter tout ombrage au peuple du séjour que fait en cette ville le cardinal *Morosini*, legat du pape, ce prélat sera prié de sortir de la ville. Sont députés à cet effet M^{rs} *de l'Isle*, *Charbonnier* et *Charrier*. — Le 1er août, le Consulat craignant quelque remuement et émotion populaire, commet M. le conseiller *Allard* et cinq capitaines penons, pour supplier M. le légat de vouloir se retirer hors du pays de Lyonnois. — Le Cardinal *Morosini* etoit encore à Lyon le 7 août.

— Le duc *de Nemours* avait quitté Lyon depuis quelque temps pour voler au secours de *Paris* assiégé par les troupes royales. Avant son départ, il avait fait tracer une nouvelle enceinte de fortifications qui devait envelopper toute la montagne de *Fourvières* ; il avait laissé la direction de ces travaux au marquis *de Saint-Sorlin*, son frère, qui commandait la ville en son absence. — Vers ce même temps on construisit, au faubourg de *Vaise*, une seconde porte sur laquelle on mit cette inscription qui paraît avoir été la devise des ligueurs de Lyon :

VN DIEV. VN ROY.
VNE FOY. VNE LOY.
1589.

1589. — 1er *Août*. Le Consulat charge les capitaines penons qui doivent aller chez M. le Legat, de se rendre chez le Prince de *Modène*, logé en *Bellecour*, pour le prier de se retirer de Lyon. — On permet au capitaine *du Fenoil* d'aller les fêtes servir Dieu, en l'église des *Minimes*, et de s'en retourner en toute assurance en sa maison. S. Voyez ci-dessus au 31 *juillet*.

— Le sieur *François de Ruzinant* et *Jean Martin*, bourgeois de Lyon, demandent le salaire de leurs vacations pour s'être, par ordre du Consulat, employés à la recherche des facultés de ceux qui avoient été cottisés à l'emprunt, et dont plusieurs s'étoient absentés sans payer..... Le Consulat fait payer 300 écus au Sr *de Ruzinant*, et 200 écus au Sr *Martin*.

— La ville n'ayant pas de fonds pour subvenir à la guerre et aux affaires de la *Sainte Union*, le Consulat arrête, sous le bon plaisir de M. le marquis *de St-Sorlin*, que toutes les dettes, deniers, biens et facultés appartenant au seigneur Morlot et autres de la religion huguenotte, et pareillement à tous ceux qui sont contraires à la *Sainte Union*, seront saisis, arrêtés et pris pour être employés aux affaires de ladite Union et à la conservation de la ville. On commit pour faire ces saisies François de *Ruzinant*.

— Le Consulat modère les cottisations de M. *Pierre de La Forest* à 1000 écus, au lieu de 2000. La même réduction est accordée au S. *Landry*. — Plus tard, ces cottisations furent modérées à 500 écus. S.

— *Jacques Faye*, sieur d'*Espeisses*, écrit au Consulat :

« Messieurs, j'espère avec l'ayde de Dieu que Monsieur *Regnier* vous rendra la presente saine et sauve, dont je prie Dieu qu'il luy face la grâce. Il vous pourra tesmoigner avec combien de legalité je me suis mis en debvoir d'acquitter la promesse que je vous ay faitte, et encor s'il veult, luy et ceux qui voyent mes comportemens seront tesmoins comment je me comporte envers tous ceux de vostre ville dont j'ay cet honeur moy et ma femme (1) d'estre originels, estant bien marrys de ce que le malheur du temps nous empesche de vous monstrer à tous tant d'affection et bonne volonté par les effects que je desire tousjours vous rendre ; ce sera quand il plaira à Dieu avoyr pitié de nos misères et nous inspirer à tous un esprit d'union et d'amour envers nostre patrie et vous mesmes. Cependant neantmoins je vous prie à tous tant en général qu'en particulier faire estat de moy comme de vostre tres humble et affectionné serviteur J. FAYE. — A *Tours*, ce 1 Août. » S. Voyez ci dessus au 17 *mai*, et ci-après au 20 *sept.* 1590.

1589. — *Août* 1. HENRI III est assassiné à *St-Cloud*, et meurt le lendemain.

RÈGNE D'HENRI IV.

1589. — *Août* 3. Noble *Benoit de Monconys*, sieur *de Liergues*, capitaine penon du quartier du *Plastre St-Esprit*, et ses lieutenant et enseigne, cautionnent envers le Consulat, *André Lescuyer*, dit *Moustache*, habitant de leur penonnage, et promettent pour lui qu'il ne fera ni ne dira chose nuisible à la Sainte Union ni à la conservation de la ville, sous peine de s'en prendre à eux ; moyennant quoi, le Consulat consent à son élargissement.

— Le Consulat avoit chargé *Philibert Genoud* d'aller aux portes de *Pierre Benoiste*, *Irigny*, *Vernaison* et *Grigny*, pour faire remonter les bateaux contremont la rivière, en cette ville, afin d'empêcher le passage de ceux du Dauphiné qui tiennent le parti contraire. On lui fait payer 17 écus.

— On répondra à Mgr. le duc *de Savoye* que le Consulat a exprès dépêché

(1) *Jacq. Faye* avait épousé à Lyon, en 1576, *Françoise de Chalvet*, fille de *Françoise de Chalvet*, baron de *Trisac*, trésorier de France, etc. Les biens considérables qu'il avoit eus de cette riche héritière, et ceux qu'il possédait de son chef dans le Lyonnois, l'y attirèrent souvent. Il se plaisoit beaucoup au château d'*Espeisses*, ancien patrimoine de ses pères, situé dans un lieu solitaire, au bord de la rivière, entre *Orliénas* et *Montagny*... PERNETTI, 1, 396.

son secrétaire en Bourgogne pour faire rebrousser chemin aux régiments des S^{rs} *de La Grange, de Dizimieu* et *de Conflans*, afin de les lui envoyer pour le secours que S. A. avoit requis. — Le 8 août, le secrétaire du Consulat étoit de retour, et il avoit rencontré ces régiments. S.

1589. — *Août 4.* Le Consulat arrête, pour fournir la ville de munitions de guerre, de faire fabriquer en *Bourgogne* 6000 boulets de divers calibres, tant pour pièces de batterie, couleuvrines, pièces de campagne, que autres.

1589. — *Août 6. Guillaume Gella,* député en cour pour la ville de **Lyon,** écrit au Consulat :

« Messieurs, ceste sera la troisiesme lettre que je vous ay escripte despuys deux jours pour vous advertir de la *mort du roy,* et de quelle fasson il a esté tué ; et affin que vous voïez plus particulierement comme tout en est passé, je vous envoye presentement ce que l'on a imprimé de par decà de ladicte mort. L'armée de l'ennemy est tousjours au-devant de ceste ville, à un traict de canonade près, je ne scay à quelle fin, ny ce qu'il pense faire ; car de prendre ceste ville ou de l'affamer, il s'abuse d'aultant que pour monstrer que l'on n'a guieres peur de luy despuys huict jours qu'il est icy campé, l'on n'a pas laissé de tenir la Court à l'ordinaire et les boutiques ouvertes, si bien que vous ne diriez pas que l'ennemy soit si proche devant la ville, si l'on ne le voïoit comme l'on faict, escarmouchant tous les jours avec les nostres tant à pied que à cheval, donnant du plaisir à ceulx qui vont sur les tranchées veoyr ; mais il ne s'ose guieres approcher près, craignant le canon, lequel joue bien souvent, et en emporte tousjours quelqu'un. Il y a quelques jours que deux gentilhommes s'assignarent le combat, scavoir M. *de Maroles* (1), de nostre cousté, et le jeune *Malinot* (2), du party de l'ennemy ; et estans venus en champ de bataille au-devant des tranchées, à la vue de cinquante mil personnes, montez chasquun sur un bon cheval, et bien armez avec leurs lances ; après avoir les trompettes sonné, ilz coururent l'ung contre l'aultre ; ayant ledict de *Maroles* esté rencontré de la lance de son ennemy au corps, dont il fut esbranlé; mais il tint bon, et donna de sa lance dans la visiere de *Malinot,* il le versa mort par terre, aïant laissé un pied de sa lance dans la teste, revenant avec le cheval et armes du mort qui luy estoit acquis par accord faict entre eux. Cela estant advenu le jour mesme que le roy mourust, qui redoubla la joye, et les Cordeliers et aultres moines estant sur la tranchée en chanterent le *Te Deum laudamus,* que l'ennemy pouvoit entendre. Monseigneur le duc du *Mayne (Mayenne)* despescha le mesme jour par tout ce royaulme pour advertir de la mort du roy, affin que les villes catholiques ne soient surprinses par le *Roy de Navarre* qui pretend estre roy de France, taschant de gaigner et retenir la noblesse catholicque qui est à son armée; mais il s'abuse, car de jour à aultre, il s'en vient tendre à nous, et je croy que tout bon catholique l'abandonnera, estans resolus de faire roy le *cardinal de Bourbon,* sitost que l'on aura advis que le cappitaine du chasteau de *Chinon,* où il est prisonnier, l'aura mis en liberté, et l'on verra ce que l'ennemy fera, encores qu'il ayt mandé en *Angleterre* et en *Allemaigne* pour avoir secours ; mais il arrivera tard, et puisque nous n'aurons affaire qu'à *l'Huguenot,* j'espère que nos affaires yront bien avec l'ayde de Dieu, auquel je prie, après vous avoir bien humblement baisé les mains, vous conserver, Messieurs, en sa saincte et digne garde. A *Paris,* ce vi d'aoust 1589. GUILLAUME GELLA. — P. S. Ferméе le viii

---

(1) *Claude de Marolles,* père du célèbre abbé *de Marolles.*

(2) *Jean de l'Isle Marivaux.* Voyez le VOLTAIRE de M. *Beuchot,* t. x, p. 523.

43

dudict, faulte de pourteur. L'ennemy est desparty, ayant levé le siege : et dict on qu'il est à *Poissy*, sans que l'on sçaiche où il tire. » *Documens de* M. GODEMARD, p. 7.

1589.—*Août* 7. On fait retirer la garnison qui est à *l'arsenal de la Rigaudiere*, et on ordonne que toutes les artilleries et pièces à feu qui y sont, seront serrées et fermées avec des ais de bois. — On charge le sieur *de Vaux* d'aviser, avec M. *de Chevrieres*, des moyens pour que ce seigneur puisse faire, en *Dauphiné*, une levée de mille arquebusiers françois qui seront envoyés à M. le duc de *Savoye*, à l'effet de quoi le Consulat fournira mille écus sols.

— Le sieur *Guillaume Durier* ayant quitté Lyon, on avoit fait vendre ses meubles et saisir sa maison du *Greillon.* Main levée de cette saisie est accordée à sa femme pour l'aider à subsister. — On donne aussi main levée à *Marie Camus,* femme du seigneur *de Servières*, de la saisie qui avoit été faite de tous les biens dudit seigneur *de Servières,* tant à la ville qu'aux champs. S.

1589. — *Août* 8. Suivant la résolution qu'on avoit ci-devant prise pour la garde de la ville et du plat-pays, de lever à Lyon une compagnie de cent chevaux légers volontaires, le Consulat élit et nomme capitaine de cette compagnie noble *Benoît de Montconis* , seigneur *de Liergues,* lequel accepte la charge.

1589. — *Août* 12. Le sieur *Buisson,* capitaine penon du quartier *St-Antoine,* demande qu'on lui prête une des pièces de fonte enlevées de la maison de M. *de Combellandes,* pour la faire monter et s'en servir en son quartier. Le Consulat rejette sa demande et arrête que les pièces d'artillerie en question seront enlevées de la chambre du conseil et tenues en lieu caché.

— Le sieur *de Rochefort*, sergent-major de la ville, demande à s'absenter deux fois 24 heures ; le Consulat arrête que le sergent-major n'abandonnera pas la ville S. Voyez ci-dessus au 15 *juin.*

Août 14. Le duc *de Nemours* arrive à *Paris.* Voyez une lettre de *Guillaume Gella* au Consulat, p. 10 des *Documens* de M. GODEMARD.

1589.—*Août* 18. ARTICLES *accordez pour le bien, conservation et repos des pais de Lyonnois, Forez et Beaujollois,* entre les sieurs marquis *d'Urfé, de Chevrieres, de la Valette* et *de Charlieu,* (ces deux derniers) pour et au nom du sieur *de Bressieux* (Lyon, *Jean Pillehotte* , 1589, in-8° de 4 f. B. de Lyon, tome 3 du n° 23415). — Ces Articles signés à *Chazelles* portent : « Que les cappitaines sortiront de *Montrond* , montez chacun d'un cheval, avec l'espée, le poitrinal et pistolle....; que les soldatz sortiront, chacun *baston blanc* en la main, sans aucunes armes , et qu'il leur sera baillé escorte pour les conduire en toute seureté, jusques au lieu de *la Vallette de Viricu*..... »

1589. —*Août* 19. Le Consulat modère la cotisation de M. *de Combellandes* à mille écus , et l'autorise à rentrer dans sa maison avec sa femme et sa fille, et à y demeurer en toute liberté, sans aucune garde. S.

1589. — *Août* 25. Le Consulat arrête que Messieurs du chapitre de *St-Just* seront invités à faire abattre les voutes des caves de *St-Just* et les murs des jardins et des maisons qui sont à l'entour des murailles de la ville, et qui pourroient nuire à ces murailles. S.

1589. — *Août* 25. On fait payer à *Jean Pillehotte* . imprimeur . 54 écus 17 s. pour les impressions qu'il a faites de plusieurs ordonnances, etc.

1589. — *Septembre* 1. *Séance consulaire.* Présents les onze échevins. — On fait mander les capitaines penons. — Y comparurent M. *Jean Vandel* ,

M. *de Serracin*, lieutenant de M. *Gella*, M. *O. Croppet*, *Jean Perricaud* (penon du *Puits du sel*), etc. — Les échevins leur remontrent la nécessité des affaires, les grandes dettes de la ville, les dépenses qu'elle a à faire pour la conservation de la ville et du pays lyonnois, l'entretien des deux compagnies françoises et de deux suisses ; qu'ils n'ont pu trouver jusqu'ici aucun expédient pour y fournir ; car de prendre sur le peuple par capitation, il seroit difficile de la lever, attendu sa pauvreté, joint que plusieurs des habitants qui sont qualifiés ou en dignité, s'en voudroient exempter à raison de leurs privilèges. Mettre un nouvel impôt sur les marchandises entrant en la ville, ce seroit en chasser entièrement le commerce.... En conséquence, on invite lesdits capitaines penons, comme les principaux chefs de leurs quartiers, d'aviser entr'eux des moyens les plus doux pour lever une bonne somme de deniers. Sur quoi ayant délibéré, il a été advisé, du commun avis et consentement de tous les assistants, de mettre un impôt de 20 sols sur chaque ânée de vin entrant en la ville, outre celui qui y est déja, et un liard sur chaque livre de fer. S.

1589. — *Septembre* 2. Sur la demande des marchands tant regnicoles qu'étrangers, le Consulat, attendu les présents troubles et les difficultés des routes, arrête de supplier M. le *Marquis* qu'il lui plaise d'ordonner, dans son Conseil, la prolongation des payements prochains de la foire d'*Août* jusqu'au 7 *décembre* prochain, afin de donner quelque soulagement auxdits marchands leurs concitoyens. S.

1589. — *Septembre* 2. Le Consulat alloue une somme de mille écus au seigneur *de Chevrières*, pour les dépenses excessives qu'il a faites en tenant sa maison ouverte aux capitaines et soldats qui l'ont suivi aux deux dernières expéditions du *Forez*, en faisant un voyage pour pacifier la querelle des seigneurs *de St-Vidal* et *de Chattes*, enfin, pour lui donner les moyens de fournir aux frais d'un autre voyage, qu'il se disposoit à faire, à la requête de la ville, vers ledit Sr *de Chattes*, afin de l'induire d'entrer dans la Sainte Union et d'employer ses forces pour le service d'icelle, etc. S.

1589. — *Septembre* 2. Sur la requête d'un marchand allemand, gendre de feu *Mathieu Spons*, aussi Allemand, à ce qu'il plaise au Consulat laisser jouir les enfans et heritiers dudit *Spons*, encore qu'ils soient originaires de cette ville, des privilèges accordés aux marchands des villes impériales d'*Allemagne* par les rois de *France*, et, à cet effet, que les enfans dudit *Spons* soient rayés du rôle de l'emprunt qui se fait sur quelques habitans de la ville, le Consulat arrête que l'on remettra au procureur général *de Rubys* lesdits privilèges pour y faire droit. S. *Mathieu Spons* était probablement l'aïeul de notre célèbre médecin *Charles Spon*, né à Lyon le 25 décembre 1609. *Biogr. lyonn.*, p. 284 ; *Revue du Lyonn.*, t. XVII.

1589. — *Septembre* 6. Messire *Just*, seigneur et baron *de Tournon*, baillif et commandant en haut et bas pays de Vivarais, en l'absence de Mgr le duc *de Montmorency*, gouverneur de Languedoc, d'une part, et Messire *Anthoine de Bron*, seigneur et baron *de la Liegue*, traitant et procédant de l'autorité et commission de Mgr le duc *de Nemours*, gouverneur du Lyonnois, Forestz et Beaujollois, et, en son absence, de Mgr le marquis *de Sainct Sorlin*, d'autre part, signent au château de *Tournon* les articles de la *tresve* accordée entr'eux. —Ces articles ont été imprimés ; voyez ci-après au 8 *novembre*, et les publications de cette année.

1589. — *Septembre* 7. Le Consulat fait payer à M. *Matthieu Martin*, peintre, 12 écus pour les fournitures qu'il a faites à l'occasion du *feu de joie* qui se fait, chaque année, la veille de *St-Jean*, sur le *pont de Saône*. S.

1589.— *Septembre* 11. « Le Consulat désirant reconnoître, par quelque présent honnête, M. le marquis *de St-Sorlin*, et lui donner plus d'occasion d'avoir l'œil à la garde et conservation de la ville, arrête de lui faire un don gratuit de mille écus, ou, pour son excellence, à l'écuyer qu'il envoye en *Italie* pour acheter des chevaux. » S.

1589. — *Septembre* 12. Le Consulat avoit convoqué une assemblée de presque tous les principaux habitants de la ville, lesquels y comparurent en grand nombre avec un bien grand nombre de menu peuple. — Me *Claude de Rubys*, procureur général de la ville, remontre le danger auquel la ville s'est trouvée d'être surprise par les politiques et les hérétiques, si Dieu n'eût inspiré les habitants catholiques de les prevenir et s'en saisir par la suasion de M^rs les consuls echevins et par l'aide et ministère des capitaines penons ; après laquelle saisie les dits sieurs échevins n'ont laissé aucune pierre à remuer pour conserver la ville en la liberté catholique qu'elle s'étoit acquise, et à ces fins fait jusqu'ici de grands et insupportables frais, partie desquels ont été pris des deniers provenus de l'emprunt qui s'est fait sur quelques particuliers habitants de la ville que l'on a soupçonné d'être ou hérétiques ou politiques ; mais comme il falloit non-seulement continuer la dite dépense, mais la faire encore beaucoup plus grande pour la conservation de la ville et des pays circonvoisins ,.... le meilleur moyen seroit d'imposer un subside de 20 sols par asnée de vin, et d'un liard par livre de fer.....

Plusieurs notables, après cet exposé, prirent la parole pour donner leur opinion ; nous rapporterons celle du Me *Athiaud*.

« Il est notoire, dit-il, que l'abondance que l'on a jusques icy eue du vin, et le bon marché y a tellement affriandé le menu peuple que l'on veoid ordinairement les tavernes et cabarets plus pleins de populace que les églises , dont il semble que Dieu soit justement irrité , en ce que , depuis quelques années , il a fait tomber sa foudre et tempeste sur les vignes de ce pays , la plupart desquelles souloient estre terres labourables, mais que la friandise de boire du vin a fait que les paysans les ont réduites en vignes ; et pour retrancher cette ivrognerie, de laquelle procède une infinité de blasphèmes , meurtres et autres scandales publics, il est d'avis qu'il y soit mis un gros et lourd subside , comme de deux écus par botte.... » — Cet avis fut adopté , l'impôt sur le vin fut porté à deux écus par botte , et l'impôt sur le fer à un liard par livre.

Le Consulat, dans sa séance du 25 du même mois, nomma des Commissaires pour régler la perception du nouvel impôt. S.

—Le 5 *octobre* suivant, il y eut une nouvelle assemblée à l'Hôtel-de-Ville, et l'on déclara que le subside sur le vin serait levé , malgré l'opposition d'une partie des habitants de la ville , notamment du clergé ; l'on arrêta de plus qu'on lèverait une légère taille par capitation sur tous les habitants de quelque condition qu'ils fussent, payable chaque mois. J. Morin, v , 352.

1589. *Septembre* 12. M. *de Langes*, président en la senechaussée et siege présidial , qui s'etoit trouvé hors de la ville *la veille de St. Mathias* dernier, demande et obtient du Consulat la permission de retourner en l'une de ses maisons des champs. S.

1589. — *Septembre* 15. Les états de toute la province s'assemblent à *l'Arbresle* pour y renouveler le serment de l'Union. J. Morin, v. 349 et 351.— Suivant Le Laboureur (*Mazures*, 1. 41), cette assemblée se tint le 9 septembre , dans la maison de *la Grange - Cremeaux*. Les trois ordres avoient été convoqués par l'archidiacre *Etienne de la Barge*, grand vicaire de *Pierre d'Epinac*. L'avocat *Pierre Matthieu* ouvrit la séance par une harangue

« conforme au génie du temps. » Après quelques légères contestations sur le titre qu'on devoit donner à cette assemblée, on convint de se lier par un nouveau serment d'union conforme à celui de la ligue générale, et de lever quelques troupes pour la sureté particulière de la province. L'infanterie devoit être de douze cents hommes en douze compagnies, sous autant de capitaines qui furent *La Pie Saint Eloi* cadet, *de Chalmazel*, *la Grange-Cremeaux*, *Bellegarde*, *Laforest-Genetines*, *Passelay*, *Theolliere*, *Fontaines*, *la Ferté Montaynard*, *Buthery*, et les capitaines *la Branche* et *le Fevre*. — La cavalerie devoit être de cent soixante lances en cinq compagnies. La première de quarante, sous le marquis de *Saint Sorlin*, reconnu lieutenant du duc *de Nemours*, son frère; les quatre autres de trente chacune, sous les sieurs *Chevrieres-Miolans*, *Urfé*, *Rochebonne* et *Levis-Cousan*.

1589. — *Septembre* 16. Le Consulat arrête de prier M. *le Marquis* de commander que le sieur M..... *d'Elbène* quitte la ville pour être fort suspect, et servir d'espion en cette ville au *roi de Navarre* S.

1589. — *Septembre* 22 et 27. Le duc *de Mayenne*, sans avoir égard aux remontrances que le Consulat lui avoit adressées le 7 de ce mois, ordonne par lettres patentes, que les payements de la dernière foire d'août ne seront prorogés que jusqu'au 30 *septembre*, ou tel autre jour qui seroit avisé par les sieurs des Nations. — Ceux-ci ayant présenté, le 14 *octobre*, ces lettres patentes au Consulat, les échevins firent mander les principaux marchands et arrêtèrent avec eux de prier M. *le Marquis* de renvoyer les payements aux premiers jours de *décembre*. S.

1589. — *Octobre* 3. Le Consulat ordonne que sur la somme de 725 écus provenus de partie de la vente des livres de *Jean de Tournes*, libraire, il sera perçu par le receveur de la ville 200 écus à compte de la cotisation dudit *de Tournes*. S.

1589. — *Novembre* 4. Le sieur *Oddet-Croppet*, fermier du temporel de l'archevêché, remet les actes certificatifs de la rançon de *Pierre d'Epinac* au Consulat qui décharge noble M. *Gilbert de Vegay*, seigneur *d'Arbouse*, de tout cautionnement à cet effet. S. Voyez ci-dessus au 28 *avril*.

1589. — *Novembre* 8. Publication des articles de la trève accordée entre le duc *de Montmorency* et le duc *de Nemours* le 6 *septembre* précédent.

1589. — *Novembre* 9. Entrée du cardinal *Cajetan*, envoyé en France par le pape, en qualité de légat *à Latere*. J. MORIN, v, 353. — Pendant son séjour à Lyon, et le 24 février 1590, le cardinal *Cajetan* érigea en confrérie les *Pénitents du Crucifix* qui choisirent pour le lieu de leurs assemblées la chapelle *de S. Marcel*, laquelle fût consacrée par *Jacques Maistret*, evêque de Damas, suffragant de *Pierre d'Epinac* (*Arch. du Rh.*, ix, 7. Voyez ci-après, *année* 1635). — Vers le même temps passèrent à Lyon plusieurs personnages distingués; *Pierre Bullioud*, qui étoit alors procureur du roi, eut un jour l'honneur de les recevoir dans sa maison (rue du Bœuf), et de leur donner un banquet qui rappela celui *d'Agathon*, ou plutôt celui dont *Sidoine Apollinaire* parle dans ses lettres (ix, 13). Ces illustres convives étoient *Gilbert Genebrard*, archevêque *d'Aix*, *François Panigarole*, *Robert Bellarmin*, *Matthieu de Vauzelles* (fils de *Matthieu*, ancien échevin, mort en 1562); le père *Bernardin Castor*, professeur de Rhétorique au collège de la Trinité, et *Jean Hay*, jésuite écossais, professeur de Théologie, auxquels il faut ajouter leur Amphitryon, *Pierre Bullioud*. Voici en quels termes son fils *Pierre*, second du nom, parle de ce festin dans son *Lugdunum sacro-prophanum*, p. 78 de son 4° *Index*, qui a pour titre : *Clari scrip-*

tores et scientia Lugdunenses (... *Petrum*, anno 1589, quo cardinalem *Caie-tanum* venisse *Lugdunum* scribunt *Rubys*, lib. p^me c. 4, et Thuanus (lib. xcv), in domo sua convivium celebrasse; illi *Agathonis* in quod septem *Graeciae* sapientes convenerunt vel potius illi cui assidebant tempore *Majoriani* impe-ratoris Sidonius ipse ex lib. 9, Epist. 13. *Petrus* magister epistolarum *Ma-joriani*, *Domnulus*, *Julius* (*Severianus*) et *Lampridius* et alii, certe aliquo modo conferendum. *Aderat* Dom. *Gilbertus Genebrardus Petri* quondam Ma-gister, tunc *aquensis* archiepiscopus, *Panigarola* celebris tunc franciscanus concionator, postea *astensis* episcopus, *Robertus Bellarminus*, societatis Jesu, postea S. R. E. cardinalis, Nobilis *Mathæus Vauzellius*, *Mathæi* de quo supra filius, J. V. D. et omni politiori doctrina insignitus, cum patri-bus societatis Jesu doctoribus, *Bernardino Castorio*, provinciali, et *Joanne Hayo*, sanctae Theologiae professore et aliis. »

Le P. de Colonia qui a parlé de ce *banquet* dans son *Histoire littéraire*, 11, 715, s'est trompé quand il a dit qu'il en était fait mention dans les Histoires de *Rubys* et du P. *Gaultier*. Ces deux auteurs n'en ont rien dit. Il s'est aussi trompé à l'égard de *Matthieu de Vauzelles*, un des convives de *Pierre Bullioud*; il a cru que ce *Matthieu de Vauzelles* était le même que celui auquel il a consacré une courte notice à la page 574 du tom. IIe de son *Hist. litt.*; tandis qu'il était le fils d'un autre *Matthieu*, premier du nom, mort en 1562.

1589. — *Décembre* 1. Lettres de Mgr. le duc *de Mayenne*, pair et lieu-tenant général de l'Estat royal et corone de France, envoyées à M. le senes-chal de Lyon,.... pour choisir et eslire députez, pour se trouver à l'assem-blée generale des Estats... assignez à *Melun*, le 3 fevrier 1590 (Imprimé; à Lyon, par *Jean Pillehotte* (1), 1590 in-8° de 14 pages (B. de Lyon, tom. 3 du recueil n° 23415).

1589. — *Décembre* 20. Le Consulat donne ses instructions à M. l'avocat *de Pogge*, qui se rend à Paris, auprès du duc *de Nemours*, de la part de la ville. S.

1589. — *Décembre* 21. Me *Pierre Matthieu*, avocat, docteur ès droits, pro-nonce l'oraison doctorale dans l'église de *S. Nizier*. — On lui donna 10 écus pour sa harangue. S.

1589.—On lit, dans un mémoire donné, en juin 1596, par le Consulat au sieur *Thomé*, secrétaire de la ville :

« En l'année 1589, lorsque, par la pusillanimité des uns, et par la malice « des autres qui se trouvoient en charge, advint la rebellion, la ville se « trouva lors endettée environ de 250 mille écus. »

On lit aussi dans un autre mémoire du 18 juillet 1596, que la ville de Lyon s'est toujours maintenue en l'obéissance et fidélité due au roi, « ne « pouvant luy estre imputée la faulte en l'année 1589 par les menées d'ung « prince estranger y estant (*Nemours*), qui se servit alors d'aulcuns es-« trangers, lesquels se trouverent alors constituez ez charges publi-« ques..... » S.

1589. — Le P. *Bernardin Castor*, recteur du collége des Jésuites, expose

---

(1) A la fin de cette pièce est le privilége accordé à *Pillehotte* par le duc *de Mayenne* et le Conseil général de la S. Union, d'imprimer « tout ce qui peut concerner l'état public et « affaires de France et de la S. Union ; avec deffenses tres expresses à tous libraires, impri-« meurs et autres... de n'imprimer ou faire imprimer aucunes des choses susdictes, sans le « vouloir et consentement dudict *Pillehotte*, à peine de confiscation, etc. »Voyez ci-aprés, au 17 *avril* 1590.

au bureau de l'*Hôtel-Dieu* que son ordre exige que, pendant deux années entières, les novices s'exercent à des œuvres de charité et de piété; que l'Hôpital étant le lieu spécial où ces œuvres se pratiquent journellement, il prie d'y recevoir les novices de la Compagnie. On lui répond que, s'agissant d'innovation, sa demande sera soumise au Consulat (qui ne paraît pas l'avoir accueillie). Dagier, I, 155.

1589. — *La Rodomontade de Pierre Baillony*. Discours sur une lettre escripte par ledit *Baillony* et ses complices, contre la ville de Lyon. Avec la coppie de ladicte lettre. Ensemble le procès verbal de la recognoissance d'icelle. A Lyon, par *Iean Pillehotte*, 1589, avec permission. In-8 de 28 pages. — Sans nom d'auteur (B. de Lyon, t. 5 du recueil 25201). Voyez ci-dessus au 26 *avril*.

1589. — *Brief Recueil* des raisons pour lesquelles ceux que l'on appelle Politiques ne doivent encores estre receuz en ceste ville de Lyon ni ès autres villes de la S. Union. A Lyon, 1589. In-8 de 14 pages. S. n. d'auteur ni d imprimeur (B. de Lyon, t. 3 du recueil n° 23415).

1589. — *Les Articles de la Trefve* accordée entre noz Seigneurs le duc *de Nemours*...... et ...... le duc *de Montmorancy*. A Lyon, par *Iehan Pillehotte*. 1589. In 8° de 8 f. (B. de Lyon, tome 3 du recueil n° 23415). Voyez ci-dessus 6 *septembre*.

1589. — L'*Arpocratie* ou Rabais du caquet des Politiques et Jebusiens de nostre aage. Dédié aux agens catholiques du *Roy de Navarre*..... A Lyon, par *Jean Patrasson*, M. D. LXXXIX. In 8° de 31 pages (B. de Lyon, 25201, t. XIV.)

Il existe une édition de ce pamphlet publiée à Paris, chez *Didier Millot*, in 8° de 36 pages; elle est terminée par une approbation (sans signatures) des docteurs, datée du 8 *septembre* 1589.

1589. — *Allegresse et Resjouissance publique* des vrais et zelés catholiques François, sur l'heureuse venue de Mgr. l'illustrissime cardinal *Caietan*, légat de Nostre Sainct Père le Pape et du Sainct Siege apostolique en France. A Lyon, par *Loys Tantillon*, 1589. In 8 de 15 pages (B. de Lyon, 25201, t. XIV).

L'auteur de ce pamplet est bien certainement un prédicateur de la Ligue, et je présume que c'est à Lyon qu'il a été composé, pendant le séjour que le cardinal *Caietan* fit en cette ville au mois de *novembre*. S'adressant aux Politiques, il s'écrie : « N'estes vous pas misérables de souhaiter pour Roy celluy que l'Eglise vous defend de saluer? Voulez-vous commettre le renard à voz poules? Voulez-vous introduire ce monstre *Béarnois* dans vos villes? prendre des gouverneurs pour ruyner vos Eglises, piller vos reliques, et pour violer voz femmes et voz filles, ainsi qu'il a faict par tous les endroitz où il a esté le maistre? Quelle charité portez-vous à vostre postérité, de la vouloir reduire au temps advenir souz le joug insupportable de l'heresie? Regardez le labyrinthe où vous vous precipitez. Car, si par vostre lascheté, vos enfans deviennent heretiques, leur ame vous sera demandée au jour du Jugement, et n'ayant pas de quoy payer, vous serez condamnés aux tourmens éternelz..... »

1589. — *Discours de l'estrange et subite mort de Henri de Valois*, advenue par permission divine, luy estant à *Sainct-Cloud*, ayant assiegé la ville de Paris, le mardi 1er aoust 1589, par un religieux de l'ordre des Jacobins. A *Lyon*, chez *Iean Pillehotte*, 1589. Pet. in 8 — réimprimé dans les *Mém. de la Ligue*. — On attribue ce *Discours* à *Edmond Bourgoin*, prieur des Jacobins de *Paris*, lequel ayant pris les armes contre *Henri IV*, fut condamné à mort par le Parlement, et écartelé à *Tours*, le 26 *janvier* 1590.

1589. — *Les meurs, humeurs et comportemens de Henry de Valois*..... (sans nom de ville), 1589. In 8. — Seconde édition, A *Paris, pour Antoine le Riche* 1589. Petit in-8 de 126 pages (B. de Lyon, legs *Charvin*). A la fin de cette seconde édition est un *Sonnet*. — *André de Rossant*, jurisconsulte et poëte Lyonnais, né au faubourg de *la Guillotière*, est l'auteur de ce libelle. La même année, il en publia un autre sous ce titre :

Histoire mémorable recitant la Vie de Henry de Valois, et la louange de Frere *Jacques Clement*, comprise en 55 quatrains fort catholiques..... Paris, *Mercier*, 1589, in 8. — Ce pamphlet est dédié à *Chapelle-Marteau*, prévôt des marchands de Paris. L'auteur l'invite à faire dresser une statue à Jacques Clément, afin qu'elle soit honorée par le peuple comme celle d'un Saint. LELONG. n° 19107.

André de Rossant est cité comme « homme de bien, versé ès deux lan-« gues » par *Trippault*, p. 287 de son *Celt'-Hellenisme*, publié à *Orléans* en 1586. Il a été omis dans la *Biographie universelle*; cependant il eut été facile de lui faire un article avec le secours de l'abbé *Goujet*, t. XV, p. 10 et t. XVI, p. 354-5. Voyez ci-après, aux publications de 1593, *Syllogisme*, etc.

1589. — *La vie et faits notables de Henry de Valois*... Où sont contenus les trahisons, perfidies, sacrileges, exactions, cruautez et hontes de cest Hypocrite et Apostat, ennemy de la Religion catholique. M. D. LXXXIX. In-8° de 92 pages, avec figures dans le texte (S. n. de ville). *Barbier*, n° 19055 , cite une édition sous cette date publiée à Paris, et attribue l'ouvrage à *Jean Boucher*. — L'exemplaire de l'edition s. n. de ville, que nous avons sous les yeux (t. xvi du recueil vert), nous semble être sorti des presses lyonnaises. Si ce pamphlet est réellement de *Jean Boucher*, il y a des faits qui paraissent lui avoir été fournis par un Lyonnais (voyez les extraits que nous avons donnés au 15 *août* 1584, au 25 *mai* 1585, au 21 et au 31 *octobre* 1586). Ce Lyonnais pourrait bien être *Pierre d'Espinac*, par les soins duquel fut imprimé, suivant J. A. de Thou, un autre pamphlet publié l'année précédente, l'*Histoire tragique et memorable de Pierre de Gaverston*, que l'on attribue aussi à Jean Boucher. Le duc d'Epernon, contre lequel ce dernier pamphlet avait été composé, trouva un vengeur dans un anonyme qui répliqua par *l'Anti-Gaverston*, et qui accumula contre d'Espinac les plus abominables accusations. Voyez Ch. Labitte, *Prédicateurs de la ligue*, p. 39. Nous avons vainement cherché dans ce dernier ouvrage un *Frère Poncet*, qui raconta en chaire, avec toutes ses circonstances, l'anecdote vraie ou supposée que nous avons rapportée sous la date du 17 *août* 1582. On peut consulter sur ce prédicateur, qui mourut à Paris le 23 décembre 1586, *la Confession de Sancy*, tom. v., p. 257 du *Journal d'Henri III*, édition de 1744. Voyez aussi tome i de ce *Journal*, p. 218, 239, 249, 392, 405, 408, 491 et 497 ; le *Journal encyclopédique* du 15 juillet 1768, où on lit une anecdote qui ne se trouve pas dans tous les exemplaires; car elle a été remplacée, dans la plupart, par une autre anecdote ayant trait à *Cromwel*.

1589. — *Admirable et prodigieuse mort de* Henry de Valoys — avec cette épigraphe : *A Domino factum est istud, et est mirabile in oculis nostris*. PSAL. 117. A Lyon, par *Loys Tantillon*, 1589, in-8° de 15 p. (B. de Lyon, titre coupé par le bas, tome xiv du n° 25201). — Au verso du dernier est le permis d'imprimer donné à *Tantillon* par le marquis de *St-Sorlin*. — L'epigraphe de ce pamphlet annonce assez que son auteur est un ligueur ; si je ne me trompe, ce doit être un Lyonnais.

1589. — *Brief discours* de la defaicte de *Henry de Bourbon*, jadis roy de Navarre, devant la ville de *Pontoise*, avec le nombre des mors (sic). Faicte par le duc *de Mayenne* et autres princes unis, etc. In-8° de 15 pages (B. de Lyon, 25201, t. 7, titre déchiré).—On lit à la page 15 : ... «M. *d'Alincourt* est blessé d'une arquebusade au bras ; toutefois il n'est guieres offensé, mesmes on espere que, dans peu de jours, il recouvrera sa guerison.... » Voyez ci-après, année 1593, *ad calcem.*

1589. — *La Guisiade*, tragedie nouvelle, en laquelle au vray et sans passion est representé le massacre du duc *de Guise* (par *Pierre Matthieu*). Lyon (*Jacques Roussin*), 1589. In-8°.—La 3e édition, publiée aussi à Lyon la même année, porte le nom de l'auteur. — Réimprimée dans le tome 5e du *Journal de Henry III*, édit. de Paris, 1744. Voyez l'abbé Rive, *Chasse aux bibliogr.*, p. 193; Barbier, *Anonym.*, n° 7164.

Cette même année, *Pierre Matthieu* fit paraître à Lyon, chez *Benoist Rigaud*, trois autres tragédies, *Vasthi*, *Aman*, et *Clytemnestre*. La première est dédiée au duc *de Nemours*, gouverneur de Lyon ; la seconde aux échevins de cette ville, et la troisième au marquis de *St-Sorlin*. Voyez Goujet, *Biblioth.*, xii, 284 ; Brunet, *Man.*, iii, 321 ; *Lyon ancien et moderne*, ii, 324, et le *Démostheniana*, p. 61.

1589. — *Histoire de l'enfant ingrat....* A Lyon, par *Benoist Rigaud*, 1589. Petit in-8° de 94 f. Voyez sur cette Moralité la note de M. Brunet, *Manuel*, iii, 405.

1589. — *Histoire aethiopique d'Heliodorus...* traittant des loyales et pudiques amours de *Theagenes....* et *Chariclea...*, traduite du grec en françois (par *Jacq. Amyot*). A Lyon, par *Jean Huguetan*, 1589. In-16. — Les exemplaires bien conservés de cette édition sont rares et recherchés. On y lit, p. 10, un dixain d'*Amyot* qui se justifie assez naïvement du reproche qu'on aurait pu lui faire d'avoir traduit ce roman :

> Amy lecteur , ne blasme de ce livre
> L'autheur premier, ni la sollicitude
> Du translateur , qui françois te le livre ,
> Pour recréer un peu la lassitude
> De ton esprit travaillé de l'estude ,
> Ou ennuyé de fortune adversaire :
> Car si tu dis que tels songes escrire
> N'estoit besoin , ni de grec les traduire ,
> Encor est-il à toi moins nécessaire ,
> Si tu ne veux, les avoir et les lire.

1589. — *Anthologie*, ou recueil des plus beaux épigrammes grecs, etc., mis en vers françois sur la version latine, etc. Par *Pierre Tamisier*. A Lyon, chez *Jean Pillehotte*, 1589. Pet. in-8°. Dédicace à M. *de Rimon*, seigneur de *Champ-Grenon*, procureur du roy au bailliage de Masconnois.

1590. — *Janvier 5. Publication* de l'arrêt du parlement de *Paris*, du 21 *novembre* précédent, qui enjoint à toutes personnes de reconnoître pour naturel et légitime roi et souverain seigneur, *Charles dixiesme de ce nom*, etc. (Imprimé à Lyon, par *J. Pillehotte*, in-8° de 7 pages).

— *Même jour*. Publication de l'arrêt du parlement de *Paris*, du 29 *novembre* précédent, pour la convention des trois Etats du royaume en la ville de *Melun* (impr. à Lyon par *J. Pillehotte*, in-8° de 8 pages).

1590. — *Janvier 8. Séance consulaire.* On avoit eu avis de divers endroits qu'il se devoit exécuter une entreprise dans cette *foire des Rois*. On arrête que, pour suppléer aux notables qui ne veulent se rendre aux portes, on y placera des personnes sures, savoir le sieur *Cotton* à la porte *St-Just*, le sieur *Berjon* à celle du *pont du Rhône*, le sieur *Benoit Barillon* à celle de *St-Sébastien*, et à celle de *Vaize* le sieur *Cavalary*, aux gages chacun de 12 écus par mois. S.

1590. — *Janvier* 13. Mgr. d'*Epinac* écrit aux échevins de Lyon :

« Messieurs, par celle que j'ay receue de vostre part du XXIXe de novembre dernier, seullement depuis cinq jours, pour l'inconvenient arrivé au porteur, vous m'avez tesmoigné du contentement qu'avez receu de ma delivrance et du desir de me voir retiré en ma bergerie, chose qu'encores qu'elle soit de mon debvoir, je desire infiniment pouvoir faire pour vous servir, non seullement en ma charge spirituelle, mais encore en tout ce qui touche vostre bien, salut et conservation, par tous les moyens que Dieu m'en aura rendu capable, et vous puys sur ce dire, comme de pure verité, que plus vous ne scauriez le desirer que moy, vous ayant tant d'obligations, comme je vous ay, de tout le bon secours et assistance que j'ay receu à l'extremité de mon besoing de vous, dont je mettray, tant que je vivray, peine d'en prendre ma revenche, cherchant les occasions, aultant que j'en auray de moyen, de vous tesmoigner, par quelque bon effect, de la bonne vollonté que j'en ay, et à vous revoir le plus tost que me sera possible : le bien general de la religion et de l'estat me retenant, pour quelque peu de temps, au par deça, attendant la venue de Mgr le legat, voullant ne m'espargner en chose quelconque qui puisse pour le bien public provenir de moy qui cependant pour celluy de la ville de Lyon se rendra en toutes occasions aultant zelé et affectionné que vous mesmes, et supplie me conserver en voz bonnes graces. Je prie Dieu vous donner, Messieurs, en tres bonne santé, tres heureuse et tres longue vie. De *Paris*, ce XIII *janvyer* 1590, votre humble amy à vous servir. D'Epinac, *arch. de Lyon.* — Au dos de cette lettre, dont l'original est aux archives de la ville de Lyon, se trouve le brouillon de la réponse qui fut faite à d'*Epinac* , auquel on donne le titre d'*archevêque de Lyon* et de *garde des sceaux*. Les échevins l'engagent à faire venir à Lyon Mgr *de Nemours*, « avec quelques forces, le plustost que sera possible ; aultrement, disent-ils, nous prevoyons que les affaires iront de mal en pis, et que le gouvernement sera en danger de courre grande fortune. » *Arch. du Rh.*, IX, 210.

1590. — *Janvier* 16. Mort à *Beaujeu*, de *Guillaume Paradin* , historien lyonnais, doyen du chapitre de *Beaujeu*, né à *Cuiseaux*, bailliage de *Châlons*, vers 1510. — De tous les auteurs qui ont écrit sur Lyon jusqu'en 1573, « il n'y a eu, dit *Spon*, que *Paradin* qui ait eu le dessein de tirer des lumières pour l'histoire ancienne par les inscriptions,... et de faire voir aux étrangers que les *pierres parlent* dans tous les coins de nos rues, pour nous instruire de ce que cette cité était sous la domination des Romains (1).... » *Préface* de la *Recherche*. Toutefois nous ferons observer avec *Spon* (p. 132 du même ouvrage) que *Gruter* cite les inscriptions de Lyon mieux que *Paradin* même, parce qu'il avait eu le soin de retirer ses manuscrits, et qu'ainsi il a évité les fautes dont celles de *Paradin* sont remplies. Ajoutons encore, toujours avec

---

(1) *Claude du Bellièvre* avait eu le même dessein, et l'on sait que son *Lugdunum priscum* fut communiqué à *Paradin* , qui, le premier, eut la gloire d'avoir mis au jour une histoire de notre ville. Car, avant lui, comme l'a si bien dit M. l'abbé *Sudan* , l'histoire de Lyon était encore en friche ; à peine *Champier* avait-il fait quelques pas dans cette carrière : le défaut de critique et de goût ne lui a laissé que l'avantage d'avoir publié, avant tout autre, quelques écrits sur Lyon. *Arch. du Rh.*, v , 118.

Spon, que *Rubys* qui semble avoir voulu établir sa réputation sur la ruine de celle de *Paradin*, a néanmoins commis des fautes beaucoup plus grossières que celles qu'il lui reproche. Un protestant de *Nîmes* a fait, à la louange de *Spon* qui était aussi protestant, des vers latins où il traite assez rudement *Rubys* et *Paradin* qui étaient catholiques :

> . . . .
> Jam satis obscuris jacuit demersa tenebris
> Gloria Lugdunensis agri. Sunt scripta *Rubæi*
> Sicca nimis , nugasque docet *Paradin*   aniles.

1590. — *Janvier* 20. Le Consulat arrête que la nouvelle porte du faubourg de *Vaise* sera parachevée, ainsi que le pont-levis. S.

1590. — M. *de Varennes*, gouverneur de *Mâcon*, et le sieur *Abel Guerin*, greffier du bailliage dudit pays, viennent au Consulat et le remercient du secours et assistance que la ville de *Mâcon* a toujours reçue de Lyon en ses plus grandes et urgentes affaires ; ils offrent en retour toute faveur, bonne intelligence et amitié. S.

1590. — *Janvier* 24. Sur les plaintes reçues des ravages, concussions et malversations de la compagnie des gens d'armes de M. le Marquis, le Consulat arrête de l'aller prier, en corps et en son Conseil, de commander à M. de *Beaucroissant*, son lieutenant, de la faire vivre plus modestement, pour contenir le peuple, qui autrement est en danger de s'élever. S.

1590. — *Janvier* 27. *Séance consulaire.* Parce que le *roy de Navarre* qui se dit et prétend roy de France, a, par un édit frustratoire, défendu le commerce des villes catholiques, et spécialement celui de cette ville, le Consulat semblablement defend le commerce de la ville de *Tours*, et ordonne que les marchandises qui ont été achetées, dans la présente foire, pour cette ville, seront arrêtées, et si aucunes ont déjà été sorties de la ville, qu'on les poursuivra jusqu'à *Roanne* pour les faire retourner, afin que les marchands de *Tours* ne soient plus favorisés que les catholiques de l'Union, et pour leur ôter les moyens de favoriser par leur secours les heretiques. S.

1590. — *Février* 12. Le Consulat averti des mauvais offices que font les *porteurs d'oblies* (sic), sous pretexte de vendre des marchandises, allant de nuit, de maison à autre, porter nouvelles, arrête de prier M. *le Marquis* de les defendre. S.

1590. — *Février* 15. Le sieur *Matthieu Balbani*, Lucquois, tenant banque à Lyon, représente qu'à cause de sa charge de recevoir les paquets et autres dépêches de S. M. catholique, venant d'Espagne pour Flandres, ou de Flandres et Italie pour Espagne , il importe que ses paquets lui soient rendus à l'arrivée des courriers, pour les pouvoir envoyer promptement par autres courriers, sans retard, ce qu'il n'a pu faire jusqu'à présent, pour le retard donné auxdits courriers d'aller descendre, à leur arrivée en cette ville, au logis du sieur *de Ruzinant, commis à l'ouverture des lettres et paquets.* On arrête que les courriers qui seront désormais députés aud. sieur *Balbany* pour Espagne, Flandres et Italie, iront descendre en son logis où ils seront conduits par un ou deux soldats des portes, à la charge qu'ayant remis les lettres et paquets adressés aud. *Balbany*, il renverra promptement led. courrier en l'hôtel dud. *Ruzinant* pour faire sa charge.

On arrête aussi que les lettres adressées au Consulat ou à quelques-uns de son corps seront envoyées et le porteur d'icelles conduit par un soldat de la garde de la porte à celui ou ceux à qui elles seront adressées, sans que le sieur de *Ruzinant* en ait aucune connaissance. — Cette ordonnance sera signifiée aux notables et commis des portes. S.

1590. — *Février* 21. *Séance consulaire.* Parce qu'il ne faut point espérer que, par les forces humaines, les troubles de ce royaume puissent prendre fin, mais de la toute puissance de Dieu, lequel seul il faut implorer et recourir à sa misericorde, on resout de faire continuer, tout le long du saint temps de carême prochain, les stations et processions qui, depuis quelque temps, se font en la ville, et, parce que cela dépend de l'autorité de Mgr l'archevêque ou de son vicaire général, les sieurs *Daveyne* et *Prost* sont députés pour prier M. *de la Barge,* vicaire général, de faire continuer lesdites stations et processions, et s'il connoit qu'il y a quelque incommodité à les faire le matin, à cause des prédications et service divin qui se font chaque jour en chacune église paroissiale, d'ordonner qu'elles soient faites les après dîners. S.

1590. — *Février* 22. Les habitants des faubourgs de *Vaize* et de *la Guillotière,* remontrent qu'ils ne sont que des pauvres gens inquilins, qu'ils sont ordinairement chargés du logement des gendarmes, tant de pied que de cheval, qui y séjournent et vivent le plus souvent à discrétion ; qu'outre ce, ils ne laissent de payer la taille comme les autres habitans du plat pays, sans qu'ils soient aucunement soulagés des privilèges des habitans de la ville ; ils demandent donc d'être exemptés du subside d'un écu par ponson de vin qui entrera par la ville et pour leur usage. Le Consulat le leur accorde, attendu les raisons ci-dessus, à condition de certifier duement que le dit vin est pour leur usage. S.

1590. — *Février* 24. Le Consulat arrête que la porte de *St-George* sera murée à gros de mur, et de très grosse et si bonne *etoffe* que le petard ne la puisse enfoncer. S.

1590. — *Février* 24. Messire *Jacques Maistret,* évêque de Damas, suffragant de l'archévêque de Lyon, institue la confrérie des *Pénitents noirs* et du *Crucifix.* — Il en avait obtenu la permission du cardinal *Henri Cajetan,* légat en France, le 30 *novembre* précédent, et de Messire *Etienne de la Barge,* archidiacre, comte de Lyon, vicaire-général de *Pierre d'Epinac,* archevêque de Lyon, le 26 janvier suivant. Il en prit, le premier, le sac noir, la ceinture et la croix, et les fit prendre à plusieurs personnes qualifiées de la ville. Il en dressa les règles, et, le jour de la fête de l'Exaltation de la croix il fit procéder à l'élection des officiers; il nomma premier recteur M° *Pierre Austrein,* écuyer, conseiller du roi, lieutenant particulier au siège présidial de Lyon, et depuis prévôt des marchands, et pour vice-recteur M° *Gaspar de Mornieu,* conseiller du roi au même siège. M.

1590. — *Février* 28. Le Consulat ayant mandé les capitaines penons, leur remontre qu'il est bien besoin de louer Dieu et le remercier de la grace qu'il a faite à la ville, d'avoir permis que la méchante et malheureuse conspiration qui avoit été brassée sur icelle ait été découverte ; laquelle est à croire n'avoir été entreprise ni complottée, sinon par la connoissance que les conspirateurs avoient de la négligence et peu de garde que lesdits capitaines penons ont jusqu'ici fait; lesquels pour ce ont été exhortés d'être désormais plus vigilans à faire meilleure garde, et de la poser de plein jour; et parce qu'il est aussi nécessaire de s'assurer de ceux qui pourroient nuire ou remuer contre leur repos, ont lesd. penons été exhortés et priés de faire, chacun d'eux en son quartier ou penonage, un rôle des hérétiques, politiques ou autres qu'ils auront pour suspects, et le remettre auxdits sieurs échevins pour y pourvoir

Cette proposition faite, il a été résolu que M. le *Marquis* sera prié de faire les ordonnances qui s'en suivent :

1° Commandement sera fait à tous les habitans de se fournir, chacun selon ses moyens et qualités, des armes qui leur seront ordonnées par leurs capitaines penons, ensemble de toutes autres munitions nécessaires, à peine de 1000 écus d'amende.

2° Sera enjoint à toutes personnes sujettes au guet et garde d'y aller en personne.

3° La garde se posera désormais, tous les soirs à 4 heures précises, à peine de 20 écus d'amende contre les capitaines penons, lieutenans ; et personne ne pourra aller en garde que sous son capitaine penon.

4° Afin que, en cas d'alarme, on sache où recourir, l'ancien *rendez-vous* sera imprimé pour être distribué à chaque capitaine.

5° Que ceux qui auront su la conspiration et entreprise, avant qu'elle ait été découverte, et que l'on aura voulu pratiquer pour y entrer, seront tenus le révéler, à peine d'être punis comme les mêmes conspirateurs, s'ils sont par ci-après découverts.

6° Défenses seront faites à toutes personnes de mettre la main à l'épée, dans la ville, à peine de *trois traits d'estrapade*.

Cette résolution prise et les capitaines penons sortis, les échevins ordonnent que le voyer de la ville fera faire des chaînes es advenues du quartier et penonage de M. *Athyaud* et en tous les autres endroits de la ville où il y en aura besoin.

Que le vin qui a été pris appartenant au seigneur *de Servières* sera vendu au plus offrant, pour les deniers être employés au fait de la cause générale de la Sainte Union.

On ordonne qu'il sera pris à l'arsenal de la ville deux douzaines de piques pour la garde de M. le *Marquis.* S.

1590. — *Mars 5.* Le Consulat fait payer à M. *de Chevrieres*, gouverneur et lieutenant géuéral au pays de *Lyonnois* et *Beaujolois*, 1000 écus, pour partie des frais qu'il fera en la conduite des troupes que l'on a levées pour la reprise de *Charlieu*, *Thizy* et autres places de ce gouvernement dont l'ennemi s'est saisi. — Pour indemniser les soldats de la ville, qui avoient servi à *Vienne*, de leurs petites dépenses, on leur fait payer à chacun un demi-écu. S.

1590. — *Mars 8. Claude de Rubys* dédie sa *Responce à l'*Anti-Espagnol. *seme ces jours passez par les rues et carrefours de la ville de Lyon*, etc., à Messire *Philippe de la Sega*, évêque de *Plaisance*, et un des prélats députés par S. S. pour assister le cardinal *Cajetan*, en sa légation en *France*. Cette dédicace a été insérée dans le *Mémoire* attribué à *D. Thomas.* Voyez les publications de 1590.

1590. — *Mars 10.* Les conseillers échevins de la ville de Lyon reconnoissant que l'entreprise et conjuration qui est venue en lumiere a esté découverte par la seule bonté et misericorde de Dieu qui a eu pitié de son peuple : *Quod in dimicatione capitis faciant fortunarumque omnium eaque fuit pro aris et focis fieri necesse est, à Deo optimo maximo cæterisque immortalibus, quorum ope et auxilio multo magis hæc respublica quam ratione hominum et consilio gubernatur : pacem et veniam petunt, precant urque ab iis ut hodiernum ducem, et ad populi salutem conservandam et ad rem'publicam constituendam, illusisse patiantur.* Les échevins et tout le peuple ont été mus à prendre les armes contre le feu roi *Henry* par le seul desir de maintenir et conserver en cette ville la religion catholique, apostolique et romaine qui y a été plantée et etablie par une infinité de saints personnages leurs prédécesseurs, et comme ainsi soit

que par la déclaration du feu roy et des etats assemblés à *Bloys,* monseigneur
l'illustrissime et reverendissime cardinal de *Bourbon* eût été déclaré le plus
proche prince du sang pour succéder à la couronne, lesdits conseillers échevins qui ne penserent oncques à se distraire de l'obéissance qu'ils doivent à
leur prince souverain, ont travaillé, après la mort du feu roy, à conserver
ladite ville sous *un Dieu,* sous *un roy* et sous *une foy,* comme ont fait les villes
de *Toulouse, Rouen, Dijon, Aix, Grenoble,* et du moins cent cinquante villes
qui sont gouvernées par hommes *quorum potestas proxime ad deorum immortalium numen accedit.*

Et puisque l'intention des dits échevins n'a été autre que d'être fideles envers Dieu, en croyant en lui et en le servant, selon ses preceptes et commandemens de l'église catholique apostolique, et romaine, fideles envers le peuple
en procurant son utilité et profit, lequel consiste ès deux points ci-dessus
touchés, il faut dire par necessité que ceux qui veulent introduire une loy
nouvelle et établir un autre roy que celui que la loy du royaume, le feu roy
et les états legitimement assemblés ont designé pour souverain, sont vraiment
impies, sans foy, sans loy et sans religion, infideles envers Dieu, infideles
envers leurs roys, infideles envers leur patrie, infideles envers leurs prochains,
voire infidèles envers eux-mesmes et contre leurs charges et le devoir de
leurs fonctions, si aucunes ils en avaient.

Par les pièces desquelles lesdits conseillers échevins ont eu communi-
cation, il appert que le sieur *de Bothéon* a été le chef et l'auteur de la
conjuration faite sur cette ville et sur tous les catholiques tenant le parti
de l'Union, que pour rendre cette ville sous l'obéissance du *roy de Navarre,*
qui est hérétique et excommunié, et partant indigne de cette couronne de
France affectée aux très-chrétiens, il a fait levée de gens, pratiqué avec
l'ennemy, et pratiqué tant par luy comme par ses serviteurs, entr'autres
par un nommé *Lapierre,* son maistre d'hostel; par *Fr. Guionnet,* dit *le
Couturier,* son concierge; par M. *Jean d'Alès,* notaire royal, habitans de
St-Genis-Laval, son domestique; par un nommé *l'Esleu Chastillon,* de sa
terre de Verdun; par un nommé *Griffy,* florentin, et non-seulement par le
moyen de ses domestiques et familiers, mais aussi par le moyen d'autres
personnes, entre lesquelles étoit M. *Laurent Perdrigeon,* enquesteur en
ce siége; pratiqué, dis-je, par argent et par promesses que ceste ville luy
fust rendue ouuerte et trahie pour la distraire de la Ste Union, laquelle luy-
même a jurée solemnellement, et pour faire reconnaître pour souverain
led. *roy de Navarre.* — Ce crime *quod perduellionis est, est ipso genere maxi-
mum.* C'est un crime de lèze-majesté divine et humaine, *quo non est gravius;*
et si nous avons égard à ce que les père et mère dud. sieur *de Bothéon,*
qui étoient étrangers, sont venus en ladite ville, sous le privilége des foires,
qu'ils ont été comme adoptez en ceste ville par nos pères, en laquelle ville
ils ont institué, fondé et établi leur maison; si nous considérons encore que
led. sieur *de Bothéon* est natif de ceste ville, et d'ailleurs qu'il est appelé à
une charge qui l'oblige particulièrement à procurer le bien et le repos
d'icelle; lequel aussi a juré puis naguères entre les mains de M. *de Chevrières,*
et promis recencement par ses lettres missives, que lesd. consuls échevins
demandent estre joinctes au procès et mises au sac, afin que le procès lui
soit fait et parfait extraordinairement; il n'y a Scythe ni Barbare, quel qu'il
soit, qui ne déteste ses desseins, ses actions et ses déportements, qui ne le
condamne comme criminel de lèze-majesté divine et humaine, auteur de
sédition, proditeur de la patrie et perturbateur du repos public.

Par quoy et aussi que ledit sieur *de Bothéon* s'est déclaré ennemi, non
seulement par ceste conjuration, mais aussi par la participation et intimité

qu'il a avec les hérétiques, ennemis jurés de lad. ville, avec lesquels il a pris et leué les armes; qui fait qu'il ne serait raisonnable que led. *de Bothéon* tînt en ceste ville rang et degré d'honneur, ne que en ceste sénéchaussée il ait autorité et commandement quel qu'il soit.

Lesd. consuls échevins requièrent qu'il soit interdit et défendu aux greffiers de *proposer son nom* ès commissions et sentences; que tous ses biens soient saisis, administrez et régis par bons et suffisans commissaires, et luy adiourné à son de trompe à trois briefs iours ès lieux et carrefours accoustumez.

Et pareillement le sieur *de St-Marcel d'Urfé*, qui est atteint par le procès d'avoir ourdi et bâti ladicte conjuration et voyage en Languedoc, pour avoir forces et moyens de l'exécuter sur ceste ville et sur tous les catholiques unis qui y habitent.

Et par mesme moyen, led. *Lapierre*, maistre d'hostel dud. sieur *de Bothéon*, qui est atteint d'avoir voyagé, suborné, attiré et pratiqué, par ses menées et pratiques, une infinité de bons citoyens, partie par des dons et présens, partie par promesses qu'il leur a faites, de les faire pourvoir des estats et offices qui seroient vacans par la mort et destitution des catholiques de l'Union, au cas que leur malheureuse entreprise sortisse son effet.

Item. Un Florentin nommé *Griffy*, qui est atteint d'avoir fourni et déboursé aud. *Lapierre* les deniers qu'il a distribués pour pourvoir à lad. entreprinse, et participé aux conseils dud. *Lapierre.*

Outre ce, un nommé *l'Esleu Chastillon*, du lieu de Verdun, qui mena M. de *Pomey* à *Bothéon*, et qui le ramena de *Bothéon* en ceste ville.

Et encore un nommé *Le Breton*, demeurant près Bellecour, lequel est chargé d'avoir recherché *Antoine François*, dit *la Plume*, pour se joindre avec ledit *Lapierre* et avec *François Guionnet*; car *cum hoste nihil commune esse debet, ne lingua quidem*, disoient les anciens; qu'estoit la cause pour laquelle *Senatusconsulto cautum erat ne Carthaginensis litteris graecis operam daret, ut refert Justinus libro* 20.

Il appert par les mêmes pièces que lesd. *Dailly* et *Perdrigeon*, d'une part; *Lapierre* et *Guionnet*, dit *le Cousturier*, d'autre, ont esté les promoteurs et machinateurs de cette conjuration; il appert que lesd. *Dailly* et *Perdrigeon* ont voyagé à *Ullins* avec *la Glace* et *Montgriffon*, et à *Bothéon* avec led. de *Pomey*, lequel feignoit estre de leur party, et que lesd. *Lapierre* et *Guionnet*, avec lesd. *Dailly* et *Perdrigeon*, ont sollicité et induict *Antoine François*, dit *la Plume*, huissier en ce siège, lieutenant au penonage du sieur *Pariat*, de promettre au sieur *de Bothéon*, et pour luy ausd. *Lapierre* et *Guionnet*, de faire ouverture de la porte du pont du Rhône au colonel *Alphonse*, qui se présenteroit au jour indiqué, et de se jeter dans l'arsenal avec partie de ses gens pour se saisir de l'artillerie; et *Benoit Meslier*, penon de rue Gentil, et son sergent nommé *Barthélemy Rosset* dit *Bertaud*, de tenir le parti dud. sieur *de Bothéon*, faciliter sa réception et son restablissement sous l'autorité du *roy de Navarre*, et pour cest effet assister aud. *la Plume*, tenir ses gens armez pour se *barricquer* au iour assigné; et que lesd. *la Plume*, *Meslier* et *Bertaud* ont marchandé et stipulé diverses personnes de deniers, savoir : led. *la Plume*, 100 écus; led. *Meslier*, maintenant 200, maintenant 500 écus, disant qu'à moins il ne vouloit ni ne pouvoit rien faire; et led. *Bertaud*, 30 escus à sa part.

Il ne faut donc douter que lesd. *Dailly* et *Guyonnet*, *Antoine François* dit *la Plume*, *Benoit Meslier* et *Barthelemy Rosset* dit *Bertaud*, lesquels séparement et conjointement ont reconnu et confessé, par trois ou quatre diverses fois es réponses qu'ils ont faictes en justice, d'avoir promis et pris jour pour exécuter ladicte trahison, n'ayent commis crime de leze-majesté, felonnie et trahison, et qu'ils ne soient punissables et amendables comme traistres et proditeurs de la foy, de la religion de l'estat, de la patrie, et qu'ils ne doibvent *estre punis des peines les plus cruelles*, desquelles le bras de la justice a esté armé jusqu'à présent, afin que leur peine soit la terreur et crainte des aultres qui ont coniuré avec eux; lesquels ne seront descouverts, et un *destourbier* pour ceulx qui voudroient et pourroient entreprendre cas semblable.

Quinimo, Antoine Chalon, dit le capitaine *La Glace*, ne peult estre exempt de pareille peine, puisqu'il appert par le procès, qu'à la suasion dud. *Perdrigeon*, il alla et mena *Pierre Duret* dit *Montgriffon* au village d'*Ullins*, en la maison de *Brodelaton*, où led. *Dailly* l'attendoit, avoit faict apprêter le diner pour 5 ou 6 personnes, et où led. *Dailly* traita avec luy de lad. conjuration, et de faire entrer led. *Montgriffon* au nombre des conjurateurs ; puisqu'il appert encore qu'il avoit promis d'assister le sieur de *St-Forgeux* de 20 à 25 bons hommes bien armez; et qu'en plusieurs endroicts de ceste ville et ailleurs, il parla avec honneur de Lesdiguières et de ses desseins, luy attribuant des victoires qu'il n'auoit pas obtenues, et des exploits qu'il n'avo't faicts; et, au contraire, parlant au désadvantage de la Ste Union et de ceste patrie, comme encores il appert par le procès, qu'il a refusé de s'employer pour la ville, qui le vouloit stipendier et employer ès occurences qui se sont offertes; refusé, dis-ie, soubz un pretexte, lequel ne l'a pas gardé d'avoir des grenades à feu, d'acheter clandestinement grand nombre de cuirasses, mesme au temps où l'on commencoit à brasser et machiner contre ceste ville; car qu'avoit affaire de tant de cuirasses un homme qui ne veult armer? Comment peult-il impunément et sans soupçon avoir et tenir des grenades à feu en sa maison? *Prodit qui ab hoste munus stipendiare accipit ; prodit qui consilio aut pecunia juvat ; prodit qui data opera minus strenue pugnat; prodit qui cum posset bellum conficere, moratus est ; prodit denique qui parere detrectat.* Et puisqu'il est ainsi que celui qui se trouve convaincu de l'un de ces cas est punissable de mort, il ne faut douter que led. *La Glace* ne le soit, pour estre atteint et convaincu de tous ces cas.

La peine du crime de perduellion, commis et perpétré par lesd. accusez, a toujours esté capitale; elle l'estoit *legibus* 12 *Tabularum. Hanc legem sui novi imperii muniendi causa tulit et ex actis Caesaris jam demortui Anthonius protulit ; eaque aqua et ignis condemnatis interdicebantur*, comme dit *Cicero*, en la première Philippique, et *Paul*, lib. 5, tit. 29, au paragraphe de *publicis indiciis. Justinien* dit que la peine de ceulx qui *in rempublicam aliquid moliti sunt, est animæ amissio et memoriæ rei, etiam post mortem, damnatio, in § læsæ majestatis in versicul. sed* 9. *Clarus* animadvertit quod de consuetudine *soleat in partes secari*, et attacher les parties en des gibets sur les avenues des villes, et confisquer ses biens, comme au cas *qu'ils souffrent*, il y a lieu de vendre ceux des conjurateurs, et employer les deniers ou frais de la guerre de laquelle ils sont auteurs.

Et est bien considérable ce que *Titus Livius* note au commencement de son histoire de *Horatio perduellionis reo* : qu'en ce crime *ad populum provocatio fiebat*; encores plus ce que l'on a observé depuis que *sentencia publice dicebatur à judicibus, ut qui mitius dixissent argui possent*, dit *Cicero, lib.* 3 *de Legibus.* Dont il s'ensuit que lad. peine ne peult et ne doibt estre modérée, ni vous *dispenser* pour la modérer et juger plus doucement, notamment qu'il ne faut doubter que le nombre des conjurateurs soit beaucoup plus grand que celui des prisonniers et des absens accusez; lesquels ont en intelligence avec vne infinité de personnes, tant de la ville comme des champs, pour la révélation desquels il fault, par nécessité, que lesd. *Dailly, Guyonnet, la Plume, Meslier* et *Bertaud* soient appliquez à la torture extraordinaire *et à la question questionnée,* non pas par faulte de preuve contre eulx, car il y a preuve de reste : *Nec semper fit ut quæstio alias probationes eliciat ; sed in caput cùm eorum qui absunt,* ou de ceulx qui sont en ceste ville couverts et cachez, *tùm eorum qui in vinculis causam dicunt,* desquels il se fault esclaircir.

Videlicet, parce qu'il n'est pas vraysemblable que ledit *Montgriffon,* qui accompagna led. *La Glace,* et qui disna avec luy à *Ullins,* allast en ce lieu, sans y estre invité, par le seul appetit de disner ; ny que led. *La Glace* eust déclaré qu'il se faisoit fort qu'il tiendroit son party, et fait estat de luy comme il faisoit ; ainsi qu'il appert par les responses dudict *Dailly,* et par celles des autres accusez ; si led. *Montgriffon* ne l'eust asseuré qu'il luy assisteroit dans ladicte entreprise, *praesertim* estant compagnons d'armes, conjoincts d'une amitié si estroicte, que led. *Montgriffon* luy fia une grenade à feu : qui n'est pas sans mystère ; oultre ce qu'il n'est pas à croire que, en ce temps turbulent, led. *Montgriffon* eust voulu tenir les mains en sa poche ou les bras croisez.

Comme aussi il n'est pas vraysemblable que led. *François Louis,* qui est indigne *appellateur* de lieutenant de penon, qui est au bout du pont du côté de St-Nizier, et chargé par les responses desd. *Guyonnet, Dailly* et autres, ait esté imméritoirement et sans cause taxé et déclaré participant de lad. conjuration ; non plus que lesd. *Aignan* neveu et *Pelegre Bourdet,* qui sont de longue main soupçonnez, et desquels, pour ceste cause, lesdicts échevins ont eu infinies plainctes.

Pour ceste cause est joint aussi que si la loy a permis au père de famille de tuer le larron nocturne qui veult voler sa maison, au père de tuer sa fille surprise en adultère, au capitaine de tuer ses soldats *coutumax* et *riotteux* ; à celuy qui périclite dans le navire, de jeter dans la mer la balle, ou ce qui faict fluctuer et péricliter le bateau ; au voisin, *orto incendio, ædificium vicini, defendendi sui causâ, dissipare,* et en temps de conjuration et de sédition, *sedition s vitandae causâ prius punire, deinde scribere,* voire, *nolentem damnare,* comme nous en avons une infinité d'exemples memorables.

Les consuls eschevins vous supplient de presenter et faire estendre sur la torture et question lesdits *Fr. Louys, Aignan* neveu et *Pelegre Bourdet, praesertim cum ad quæstionem in gravioribus sufficere conjecturam quæ,* etc., et où ils confesseroient ou bien se trouveroient chargez par la question des aultres, procéder à l'encontre d'eulx, *ut adversus perduellionis reos,* et selon les conclusions qu'ils ont prises contre les aultres.

Et bien ainsi soit que ledit *Dailly* ait deschargé *Bartholy* et *Leon Strossy* par ses dernières responses et par ses confrontations ; si est-ce qu'ils ne se peuvent excuser de la faulte qu'ils ont faicte d'avoir sçeu la conjuration et entreprinse du sieur *de Bothéon* par le moyen dudit *Dailly,* qui la leur avoit déclarée, et néantmoins l'avoir supprimée et cachée. *In hoc crimine sola scientia pro conscientia habetur, et silentium confirmat crimen.* Qu'est la cause pour laquelle lesdits consuls eschevins insistent à ce qu'ils soient admonestez à mieux faire à l'avenir, et néantmoins à se contenir en leurs maisons, jusques qu'aultrement ait esté ordonné.

Si concluent lesdits consuls eschevins ; et pour ce que le temps pour juger les deffauts obtenus contre ledit *Perdrigeon* n'est pas échu, ils requièrent qu'au procés qui lui est faict par deffaut et coutumace, les présentes conclusions soient joinctes, pour y avoir égard tel que de raison.

En conséquence des conclusions prises par lesdits sieurs eschevins, partie civile contre les traistres et conspirateurs sur le repos de la ville, prisonniers et autres auteurs absens; lesdits sieurs eschevins requièrent de rechef que le sieur *de Bothéon*, auteur et promoteur de ladite conspiration, et les sieurs *de Beauregard* et *St-Marcel d'Urfé* soient ajournez à son de trompe, à comparoître dans trois briefs jours, et que le procès extraordinaire leur soit faict et parfaict, leurs biens adnotez et saisis, et régis par commissaires. S. Voyez *infra* au 10 *juin* 1593.

1590. — *Mars 11.* Les consuls eschevins de Lyon écrivent au roi très catholique (*Philippe II*), pour qu'il plaise à Sa Majesté « de secourir au « besoing la ville de Lyon de trois cents chevaulx, payez pour quatre « moys, et conduitz par quelque bon chef et bien aguerry capitaine, ... « à la charge neantmoings de bailler bonne et receante caution à Sa Majesté, « à *Milan* ou à *Genne*, de son remboursement dedans ung an de ladite « paye, etc. » *Nouvelles Arch. du Rh.*, I, 105-106. Voyez au 30 mars.

1590. — *Mars 15.* Furent exécutés sur la *place de Confort*, *Benoist Meslier*, penon de la rue Gentil, et le sieur *Bertaud*, son sergent; *Antoine François* dit *la Plume*, huissier au siége présidial; *François Guyonnet*, concierge de M. *de Bothéon*, et le sieur *La Glace*, capitaine de la ville, condamnés à mort « comme traistres, prodileurs de leur patrie, et criminels de lèze-majesté. » Le même jour, furent exécutés en figure, *Clément Perdrigeon*, enquesteur en la sénéchaussée de Lyon, et le sieur *Sabran*, frère utérin de M. *de Bothéon*, qui s'estoient sauvés pendant l'arrestation des autres prévenus. — Le 19 du même mois, un autre accusé, le capitaine *Mongryphon*, fut exécuté sur le *pont de Saône*. — Voyez l'*Hist. de Lyon*, par M. Morin, t. 5, p. 368, et les *Publications* de 1590.

1590. — *Mars 17. Séance consulaire.* Les capitaines penons mandés, on les exhorte à mieux faire les gardes, attendu les conjurations et entreprises qui sont sur la ville tramées et conduites par les naturels citoyens d'icelle, qui eussent été exécutées avec toutefois un grand massacre de peuple et ruine de toute la ville et province, sans l'avertissement qui en a été donné par M. *Pierre de Pomey*, procureur ès cours de Lyon, que l'on vouloit pratiquer d'être de ladite conjuration; auquel pour ce toute la ville doit son salut et bien de son repos; et pour ce étant appelé ledit *de Pomey* en la présente assemblée, tous les assistants lui ont rendu graces infinies, comme au seul conservateur, après Dieu, de leurs vies et biens, et déclaré digne d'être éternisé de la mémoire et gloire éternelle du conservateur et père de la patrie. — Le 2 *mai* suivant, le Consulat, pour reconnoître en partie le signalé service du sieur *de Pomey*, lui fait donner 1000 écus, et outre ce, le déclare exempt de tous subsides mis et à mettre sur les habitants de la ville, pour quelque cause que ce soit. S.

1590. — *Même jour 17 mars.* Le Consulat confère la charge de capitaine penon de la Lanterne et du Griffon, vacante par la démission d'*Aignan* neveu (un des accusés), à *Simon Mathieu* dit *Lacombe*; et celle du quartier du *Plastre-St-Esprit*, vacante par le décès du sieur *de Monconis*, à M. le conseiller *de Monconis*, son fils. Tous deux prêtent serment. S.

1590. — *Même jour 17 mars. Séance consulaire.* Les révérends prieur et religieux de la *Grande-Chartreuse*, chefs de l'ordre des *Chartreux*, exposent que, depuis quelques années, ils ont commencé en cette ville une église et monastère de leur ordre; que, pour ce, ils avoient acquis un grand tènement éloigné de la fréquentation du peuple; auquel tènement, dès ladite acquisition, ils firent bâtir une petite chapelle, et édifier quelques bâtiments pour leur habitation, mais ne suffisant pas pour recevoir les religieux de leur ordre passans, et loger les résidens, et qui y célèbrent le service divin, suivant leur institution, ils désireroient augmenter leur église et les autres bâtiments, ce qui sera d'autant embellir et décorer cette ville; mais ils ont besoin d'une permission spéciale de faire tirer de la pierre de telle perrière voisine la plus commode. Outre ce, ils demandoient que les privilèges octroyés à leur ordre par les rois de France, leur fussent maintenus et accordés en cette ville comme dans les autres villes du royaume.

Les sieurs eschevins, désireux d'attirer en cette ville toutes sortes de dévotion et piété, considérant que lesdits religieux *chartreux* n'apportent aucun dommage, mais plutôt profit au peuple, parce qu'ils ne sont mendiants, mais plutôt charitables, et donnent de grandes aumônes, et aussi que les édifices qu'ils veulent élever seront autant de décoration et embellissement à la ville, leur ont permis de tirer et faire tirer de la pierre au lieu qui leur sera plus commode, pourvu que ce soit sans l'incommodité des particuliers; à la charge de bailler le modèle dudit bâtiment, avant que de le commencer, afin de considérer si pour sa situation il pourroit, avec le temps, être nuisible et causer préjudice à la ville ou non. Quant à leurs privilèges, le Consulat, après les avoir vus et examinés, consent autant qu'il lui est, qu'ils en jouissent pleinement en cette ville, sans qu'il leur y soit fait aucun trouble, et ordonne que lesdits privilèges seront insérés au registre à la suite du présent acte.

Les lettres du roy *Henry III*, données à Lyon en *septembre* 1574, signées par le *roy Dauphin* et *Brulart*, sont insérées audit régistre.

M° *Jean Maignan*, m° architecte et peintre, qui avoit entrepris l'œuvre, construction de l'église et monastère des *Chartreux*, est exempt du guet et garde, tant qu'il y vaquera. S. Voyez sur les *Chartreux* une Notice de M. PASSERON, dans *Lyon ancien et moderne*, t. 1, p. 375.

1590. — *Mars* 22. Le Consulat permet aux sieurs *Strossy (Strozzy)* et *Thomas Bartholy* de se retirer en toute liberté et assurance en leurs métairies et maisons des champs, à la charge d'y vivre paisiblement, et sans y fréquenter personne qui puisse apporter ombrage ou défiance au repos de la ville. — Le 1ᵉʳ avril suivant, on exigea que le sieur *Bartholy* se retirât à *Chazay-sur-Ain*, pour lever toute défiance. S.

1590. — *Mars* 22. Le Consulat arrête de prier M. le marquis de *Saint-Sorlin* de faire publier à cry public les ordonnances précédentes pour la fourniture d'armes et le service de la garde, ci-devant rendues, et de plus l'avertissement suivant :

Parce que la trahison est l'un des plus détestables crimes que l'on puisse commettre, principalement à l'endroit d'une ville, laquelle étant forcée par ses ennemis, s'en ensuit le sacrilège pour les choses sacrées, le pillage pour les profanes, la cruauté pour les voisins, l'impiété pour les parents, l'ingratitude pour les amis, le violement pour les femmes mariées, le ravissement pour les veuves, filles et religieuses, la ruine des riches, la désolation des pauvres, et bref innumérables maux que l'on voit ordinairement accompagner le sac des villes; à quoy, pour obvier les esprits turbulens et fascheux d'entendre à si grande meschanceté, ont esté establis les plus cruels supplices par toutes nations, non seulement contre les conspirateurs, mais aussi contre ceux qui ont su la trahison préméditée, et ne l'ont révélée; lesquels doivent estre punis des mesmes peines, parce que déclarant l'entreprise, ils en ont pu empêcher l'exécution, et ne se peuvent excuser sur ce qu'ils ont eu une science nue de la conspiration, et n'ont promis y porter aide ne faveur; ce qu'ayant su, il n'y a personne qui puisse juger si leur intention a esté de favoriser ou non, comme chose de tres-difficile preuve; et toutes circonstances considérées, on doit plutôt prendre opinion qu'ils ayent promis ce qu'il dépend de leur pouvoir; puisque le devoir qu'ils ont à leur patrie ne les a pu induire à déclarer ce qui est entrepris contre le repos d'icelle, et encore plus le zèle de nostre religion, pour la manutention de laquelle les meilleures villes de ce royaume sont unies, comme aussi le péril seroit trop grand en l'attente des événements de telle entreprise, pour juger de leur volonté; laquelle s'ils avoient bonne, il est vraysemblable que le choix du loyer justement mérité par ceux qui descouvrent les trahisons, leur seroit plus agréable que de *faire le plongeon entre deux eaux*, et attendre l'événement d'un tel péril, qui ne menace ceux en haine desquels la trahison se fait; mais aussi les traitres desquels l'ennemy ne faict plus d'estat après qu'il s'en est servy, et plusieurs les ont faict mourir, ou ne se sont jamais fiez en eux, dont les histoires sont pleines d'exemples qui devroient servir d'épouvantail et terreur à tous ceux qui sont si misérables que d'y penser.

C'est pourquoi, et à l'occasion de la conjuration qu'il a plu à Dieu par sa grande bonté nous descouvrir, faicte et conspirée contre le repos de ceste ville et de tout ce gouvernement, dont s'en est ensuivi quelque punition contre ceux que l'on a peu descouvrir et appréhender, Mgr. *le Marquis* sera supplié d'adviser en son Conseil ce qui sera bon de faire entendre à chacun pour descouvrir plus facilement par ci-après entreprises et conspirations contre cette ville et autres de ce gouvernement. Sera baillée par le public la somme de 1000 écus ou plus grande, selon la qualité de ceux qui feront ce bon office, outre ce, qu'ils s'acquéreront un honneur immortel, et au contraire, où se trouveroit par ci-après aucun citoyen de cette ville ou autres de ce gouvernement, auxquels telles conspirations auroient été déclarées, et qui ne l'auroient révélé, seront punis comme traistres et proditeurs de la cause de Dieu et de leur patrie, encores qu'ils n'eussent promis de prester aide, faveur ni consentement. S.

1590. — *Mars 22.* Les marchands des 15 *Cantons suisses* présentent requête au marquis *de Saint-Sorlin* pour être maintenus en leurs anciens privilèges, suivant les alliances et capitulations passées avec les feux rois, et par conséquent exempts de tous subsides mis et à mettre. Le Marquis renvoya cette requête au Consulat pour avoir son avis. Le Consulat remontre que c'est à regret et pour les très-urgentes nécessités de la ville qu'il a été contraint d'imposer les nouveaux subsides; que ces subsides ne seront permanents, mais seulement autant que les présents troubles de guerre dureront; qu'ainsi il est très-raisonnable que les marchands des 13 *Cantons*, les personnes et marchandises desquels sont conservées en sûreté comme celles des autres habitants, contribuent aux dits frais, sans préjudice de leurs priviléges, lesquels les sieurs echevins n'entendent altérer ni enfreindre... S.

1590. — *Mars 25.* Le Consulat averti par gens d'honneur et dignes de foi de la nécessité en laquelle se trouvent pour le présent MM. les *Père recteur et religieux du Collège, de la Société du nom de Jésus*, en cette ville, laquelle est si grande que à grande peine ont-ils moyen d'adviser à leurs provisions nécessaires pour la vie; en considération du bien que la ville à reçu par les prédications ordinaires de ceux de ladite Société, doctrine et instruction de la jeunesse, outre les bonnes lettres, à toute vertu et piété, ordonne que pour les secourir au besoin, le receveur leur payera comptant 1,000 écus que la ville leur doit pour reste des frais du bâtiment qu'ils ont ci-devant fait faire pour les pensionnaires, pour laquelle somme on leur avoit constitué rente au denier douze, laquelle demeure éteinte. S.

1590. — *Mars* 23. Le Consulat délivre un mandement à 6 archers du chevalier du guet, à raison de 3 écus par jour, pour 25 jours qu'ils ont été chargés de la garde des prisonniers atteints de l'entreprise et conjuration contre cette ville, *partie desquels ont été exécutés par justice*, et les autres élargis pour avoir été reconnus innocents. S.

1590. — *Mars* 29. Le Consulat députe M. *Laur. nt de Bourg*, conseiller au présidial, pour assister aux inventaires des biens meubles et marchandises qui seront prises par exécution sur les hérétiques et leurs fauteurs habitants de cette ville cottisés pour fournir aux frais de la guerre. S.

1590. — *Même jour*, 29 *mars*. Le Consulat fait payer à *Jean Perressin*, peintre, 19 écus pour la peinture et dorure de trois croix mises l'une au-dessus du boulevard d'*Ainay*, une autre avec six fleurons dorés à la porte S. *Just*, une autre pareille à la tour du pont du *Rhône*; plus pour avoir peint à huile et doré d'or fin la cornette, la trompette et les banderolles de 50 chevaux légers; — de plus à *Ant. Raynard* 20 écus 6 s. 3 d. pour le taffetas fourni pour les banderolles des lances de ladite Compagnie; plus 16 écus 34 s. pour la façon, soie, or filé et fournitures pour les crespelines, cordons et franges des dites cornettes et trompettes. S.

1590. — *Mars* 30. « Aux magnifiques et à nos amés les Consuls et Echevins de la ville de Lyon.

« Don *Philippe*, par la grâce de Dieu, *roi d'Espagne, des deux Siciles et de Jérusalem* :

« Magnifiques et nos bien aimés, j'ai pris une grande part à l'embarras où vous me dites que vous avez été par votre lettre du 11 courant : et d'autre part je me suis réjoui grandement de la bonne résolution que vous avez prise avec raison de persister dans votre défense et dans celle de la cause catholique ; à quoi vous oblige, il est vrai, le service de Notre-Seigneur et la vraie foi que vous avez héritée de vos ancêtres. En y perseverant, vous trouverez en moi ce qu'y ont toujours trouvé ceux qui ont fait cette profession ; et ainsi j'ordonnerai de vous soutenir, si déjà cela n'est fait, lorsque vous recevrez la présente. Croyez qu'en vous maintenant comme jusqu'à présent dans le service du parti catholique et dans l'obéissance de l'Eglise catholique, vous ne serez jamais trompés dans la confiance que vous avez mise et placée en moi. Espérons tous en Dieu qui défendra sa cause. Donné à Madrid, le 30 mars 1590. MOI LE ROI. »

(Cette lettre dont l'original existe aux Archives de la ville de Lyon, a été traduite par M. *Brosse*, ancien archiviste de la mairie. Voyez les *Nouv. Arch. du Rh.*, 1,106).

1590. — *Mars* 31. Le Consulat ayant avis que l'ennemi s'étant saisi de *Vienne* (1), s'est aussi rendu maître du bourg et de la tour de *Ste-Colombe*, et commence déjà à courir jusques bien près des murs de cette ville (Lyon),.., arrête que le seigneur *de S. Christophe*, gentilhomme très-affectionné au parti de la Ste-Union, et qui est présentement en cette ville, sera envoyé

---

(1) « On voit que Lyon avait envoyé certain nombre de ses troupes sur cinq grands bateaux avec un ponton pour aller reprendre la ville de Vienne dont l'ennemi venait de s'emparer ; mais qu'elles ne furent que jusques devant *Vienne*, et qu'elles revinrent sans faire grand effet.

« Ailleurs on voit qu'au mois de *mars*, on avait envoyé des troupes des penonages à *Vienne*, dans l'espérance qu'on avoit d'y entrer avant que l'ennemi s'en saisit, comme l'en trouve qu'il avoit fait lorsque lesdites troupes envoyées la nuit, et conduites par le sieur *de Rochefort*, sergent major, y arrivèrent. » S.

vers **M.** le baron *de Senecey* pour le prier d'amener lui-même ses forces en cette ville, et l'assurer qu'elles seront soudoyées, et les chefs d'icelles très-bien reçus en cette ville ; et de plus on arrête d'écrire à cet effet audit sieur *de Senecey* et aux capitaines et chefs qui sont à sa suite, savoir MM. les barons *de Thianges*, *de Luz*, *de Retteaux* et *de Bissy* , et on envoie des commissaires auprès d'eux pour accélérer la réponse. — Le conseiller *Allard* fut député près de M. *de Senecey*. S.

1590. — *Avril* 1. *Séance consulaire....* Pour mieux pourvoir à la conservation de la ville, on arrête de faire, les jours de lundi, mercredi et vendredi, un Consulat extraordinaire qui sera composé des échevins ou de 7 d'entr'eux, lesquels auront pour assesseurs quelques-uns de ceux qui suivent, pour ce élus par l'assemblée :

Savoir M. *de la Barge* , grand vicaire, M. *Chalmazel*, doyen de l'église de Lyon , les sieurs *de Torvéon* , *Austrein* , *de Cazaul* , *Allard* , *Athiaud*, *de Ruzinant*, *O. Croppet*, *Gillet*, *Benoit*, sieur *de La Chassagne*, et *Jacques Jacquet.*

Et parce qu'il semble que , pour lever tout soupçon de défiance que l'on pourroit avoir de la part de quelques habitants de la ville , prétendus mal affectionnés au parti de la Ste Union, et que, pour la faveur qu'ils ont en cette ville, il seroit mal aisé de les en faire sortir, si ce n'est par le commandement exprès de M. *le Marquis*, a été résolu qu'il sera très humblement prié de faire faire commandement aux dessous nommés de sortir de la ville : Assavoir les sieurs *Marin d'Elbène*, *Boyvin*, *Griffy*, le capitaine *Bandedor*, *Vincent* et *Joseph Arnolphini*, *Servigy*, *Carle Benvenuti*, l'*Escossois* de M. *de S. Forgeux*, *La Prottiere*, *Emilio Conti* et le capitaine *Pardiny*. S.

1590. —*Avril* 3. La *frégate* de la ville, sous la charge de *Jean Bayard* avec 10 soldats (9 bateliers et le patron), étoit toujours en service, sur les deux rivières, aux frais de 75 écus par mois : le Consulat donne la commission et le commandement de cette frégate à *Claude Cousturier* dit le capitaine *La Bourgade.* S.

1590. — *Avril* 2. *Séance consulaire.* On charge M. *de Serracin* de se rendre près le Marquis *de S. Lambert*, gouverneur pour S. A. en *Savoye*, et de l'inviter de secourir la ville de ses forces , et dans le cas où ce Seigneur ne le voudroit sans l'exprès commandement de S. A., les sieurs échevins ont député le dit sieur *de Serracin* pour se rendre à *Turin* vers S. A.,pour en obtenir ledit secours.

Pour assûrer les places fortes de ce gouvernement, le Consulat arrête de prier les habitants et échevins de *Villefranche*, de recevoir pour capitaine et gouverneur le Sr *de la Bastie La Peronière*,et que la compagnie du Sr *du Croc* sera mise à *St. Genis Laval*, et M. le *Marquis* sera prié d'y envoyer la sienne de gens d'armes.

Que la compagnie de chevau-légers de la ville , sous les ordres de M. *de Vavassieu*, sera rappelée des champs en ville, et logée partie en *Vaise* , à la *Croix-Rousse* et à *S. Just.*

Et pour pourvoir à la sûreté de la ville, on ordonne ce qui suit,

Que le sergent-major renforcera la courtine de *St. Just* de la compagnie du capitaine *Leaucourant*, et mettre à sa place actuelle un penon ;

Que l'artillerie qui est à *la Rigaudière* sera divisée , une partie mise au magasin de la maison de Madame *de Champagnieu*, et l'autre aux écuries de M. *de Montconis* qui sont sur les *Terreaux* ;

Qu'on fera hausser la *tour de fer*, et on y mettra les petites pièces pour battre dehors, et on y fera mettre des guérites extérieures ;

Que pour la garde du passage de l'*Ile-Barbe* et du Prieuré, l'on mettra 12 soldats commandés par le sergent *Christo*;

Que les fauconneaux et autres pièces de l'arsenal seront montées.

Le voyer fera promptement murer la *porte de St-Irénée* et les *cinq portes du Prieuré*, clore ce qui est ouvert, en la courtine du faubourg, réparer le ravelin qui est au devant de la porte de *Trion*, faire un claidar et les guérites et autres choses nécessaires. — Le 1er *juin* suivant, on permit aux habitants de *St-Irénée*, sur leur demande, de r'ouvrir la porte de *St-Irénée*, à la charge par eux de la garder journellement, de faire faire une tranchée à la rue qui tire contre *St-George*, et de la fortifier de palissades ou barrières. S.

1590. — *Avril 5.* Le Consulat ordonne que la muraille de la vigne de *St-Nizier* et la maison étant dedans seront démolies et rasées *rez pied rez terre*, depuis la porte de *St-George* jusqu'à l'endroit de la *Blancherie*, et plus avant s'il est besoin, à charge de dédommager MM. de *St-Nizier*. — On avoit fait clore et boucher des canonières les boulevards de *St-Clair*, d'*Orléans* et de *Notre-Dame*. — On avoit mis garnison chez les orfèvres de Lyon, sans doute pour leur sureté (on les leva le 21 avril). — On avoit placé bonne garnison au faubourg de *St-Irénée* pour s'opposer aux courses que faisoit l'ennemi jusqu'aux portes de la ville. — Pour dédommager les habitants de ce faubourg du vin bu par les soldats, on leur fit payer 54 écus à partager entre les lésés. S.

1590. — *Avril 6.* Le Consulat bien informé que le prieur de *St-Hirigny lès-Lyon*, contre le devoir et sa profession ecclésiastique, suit le parti du *roi de Navarre*, hérétique, contre la Sainte Union, et qu'il n'est raisonnable qu'étant contraire à l'église de Dieu, il vive du revenu d'icelle et fournisse aux frais de la guerre qui, pour la ruiner, est faite par l'hérétique, mais que plutost son revenu doit être employé pour la manutention et conservation de la religion catholique, apostolique et romaine. A cette cause, on ordonne que le revenu dudit prieuré sera saisi ès mains des fermiers d'icelui pour être employé au fait de la gerre. S. — Nous présumons que ce prieur de *St-Irénée* doit être *François de Laurencin*, dont *du Verdier*, art. OVIDE, cite la *librairie*.

1590. — *Avril 8.* Le Consulat arrête d'implorer le secours tant d'hommes que d'argent de N. S. P. le Pape, de Mgr *de Savoye* et de l'ambassadeur d'*Espagne* près S. A. Pour cela on prie M. *Antoine Emmanuel Chalons*, sacristain de *St-Nizier*, de faire ce bon office à la cause générale de la Sainte Union et à cette ville, d'aller vers S. S. et le sieur Ambassadeur pour les effets que dessus. S.

1590. — *Avril* 11. M. *de Senecey* arrive à Lyon avec ses troupes, 2000 hommes tant de pied que de cheval ; le Consulat s'engage à payer 18,000 écus par mois pour l'entretien et solde de ces troupes, et en fait payer de suite 10,000. — Le Consulat défraya tous les officiers bourguignons dans leur séjour à Lyon. La dépense de ceux qui logèrent à la *Pomme-rouge* s'éleva à 585 écus ; — au logis de la *Tête-noire*, 568 écus ; — ailleurs 218 écus ; — plus 200 écus. S.

1590. — *Avril* 16. Le Consulat, pour empêcher que le *château de Montagny* ne soit de nouveau saisi ou surpris, arrête que le capitaine *de Chantemerle* s'y rendra au plus tôt avec toute sa compagnie. — On ordonne que, pendant l'absence de M. le Marquis, les portes de St-Just et de Vaise ne s'ouvriront qu'alternativement de jour à autre. — On donne les instructions suivantes aux sieurs *Prost* et *Charbonnier*, échevins, députés auprès du Marquis de *St Sorlin* :

MM. *Prost* et *Charbonnier* estant en l'armée, se tiendront toujours près la personne de M. *le Marquis* ; — ils l'encourageront et l'exhorteront, attendu que c'est son premier voyage et sa premiere entreprise, de tascher à en rapporter honneur pour sa personne et pour les habitans de cette ville... ; ils se presenteront à tous les conseils qui se tiendront, y prendront rang et séance comme échevins et députés de la ville..... A Ste Colombe, verront de faire rompre le pont, prendre la tour, l'avitailler, et y laisser homme de commandement duquel l'on puisse s'assurer avec le nombre requis de soldats. — A *Condrieu*, feront demanteler la ville, et seulement mettre garde dans le château commandé par autres que les *Devillars* qui ont trahi ledit château et fait leurs affaires..... Feront miner *Ampuys* qui appartient aux *Maugirons*. De là procureront que l'armée aille à *St-Sauveur* pour assurer ladite place ; et si l'on pouvoit passer jusqu'à *Annonay*, et qu'on le pût emporter, ce seroit un grand bien pour nous. Après venans en *Forez*, tiendront la main que *Riverie* soit demantelée, la maison de *la Liègue* ruinée pour lui ôter sa retraite en ce gouvernement, et le renvoyer en *Vivarais*, puisqu'il nous a manqué de foy de parole. — Procureront de faire miner le château de *Fougerolles* appartenant à *Ambérieu*, la maison dite du sieur de *Chenevaille*, celle du capitaine *Veauchette* et le château de *Bothéon* ; si l'on pouvoit amener en cette ville la femme et les filles dudit sieur *de Bothéon*, ce seroit le vrai moyen de rompre la violence de ses desseins. — Puis, l'armée passant par *Charlieu*, procureront que le château de *Saillans* ne soit oublié. — Et en tout ce que dessus seront roides, et ne se laisseront gagner aux persuasions de ceux, lesquels préferant leur interêt particulier, l'intelligence qu'ils peuvent avoir avec l'ennemi et la parcelle ou le degré de la parcelle au général, voudront empêcher ce que dessus. — Et donneront souvent avis au Consulat du succès de leur voyage, et des difficultés qui s'y présenteront, aux fins qu'on les puisse resoudre. S.

1590. — *Avril* 17. La partie suivante est extraite des registres de la senechaussée et siege presidial de Lyon :

« Sur la requeste judiciellement faite par M. *Pierre Bullioud*, procureur du roy, remonstrant que, à cause des troubles qui sont generalement par la France, et pour la difficulté des chemins de ceste ville en celle de *Paris*, il n'y a moyen de recouvrer dudict *Paris* ny d'autre part, des livres, principalement de ceux qui sont spirituels de devotion, concernant la religion catholicque, apostolicque et romaine et qui servent pour l'entretenement du peuple en la religion, aussy qu'à cause des privileges qu'ont les marchands libraires et imprimeurs de *Paris* pour imprimer les dicts livres, ceux de ceste ville n'osent les imprimer et mettre en vente, partant le public est frustré du bien et jouissance desdits livres, ce qui n'est raisonnable : partant a requis que, sans avoir esgard aux dicts privileges et sans s'y arrester quant à présent, par provision, et jusqu'à ce qu'autrement soit ordonné, injonctions soient faites à *Jean Pillehotte*, libraire de la Sainte Union, d'imprimer tous tels livres de devotion et autres concernant la religion catholique, apostolique et romaine :

« Le Conseil a enjoint audit *Jean Pillehotte* d'imprimer lesdits livres de devotion et autres servans pour l'edification et instruction du peuple en la religion catholique, apostolique et romaine, nonobstant les dits privileges et par provision jusqu'à ce qu'autrement en soyt ordonné.

« Faict à Lyon en jugement. Seants nous *Pierre Austrein*, lieutenant particulier, assesseur criminel, *Jean du Burin*, *George Grolier*, *Laurent du Bourg*, *Loys de Rochefort*, *Pierre Allard* et *Nicolas Regnaud*, conseillers et magistrats ès dits sièges et seneschaucée, le mardy 17ᵉ jour d'*avril* 1590. Signé CROPPET. » Voyez ci-dessus au 1ᵉʳ *décembre* 1589.

1590. — *Avril* 19. *Jeudi saint* « ..... Sortirent de Vienne le sieur *Alphonse* (d'*Ornano*), *Maugiron, Blacon, Lesdiguières, Montbellet, Gouvernet* et autres, accompagnés de quatre ou cinq cens hommes, lesquels vouloyent charger l'armée du sieur *Marquis de St Sorlin* qui faisoit les approches de *Vienne* , et fut prins ledit *Alphonse* prisonnier : le lieutenant dudit *Maugiron* et Mon-*tour*, parent dudit *Maugiron*, tuez avec autres : et fut mené ledit *Alphonse* à *Givors*, où il demeura quatre jours, gardé par M. *de la Barre* qui l'avoit prins,.. et fut blessé à ladite rencontre M. *de Thiange*, au jarret sur la jarre-tiere, et son cheval aussi, d'un coup de mosquet, et demeura la balle au ven-tre du cheval, et fut ledit sieur *de Thiange* emmené en ceste ville en une litiere. » La note qu'on vient de lire est extraite d'un journal manuscrit con-tenant les principaux événemens arrivés à Lyon de 1590 à 1614, publié pour la première fois dans les *Archives du Rhône*, t. xii, p. 162 à 182.

1590. — *Avril* 21. Le Consulat averti de la prise du sieur colonel *Alphonse*, Corse, passe procuration à ses députés co-échevins près M. *le Marquis* pour faire toutes promesses et obligations requises pour que ledit sieur *Alphonse* soit conduit et amené à Lyon pour y être conservé comme prisonnier de guerre, sous l'autorité de M. *le Marquis*, et faire toute assurance qu'audit sieur *Al-phonse* ne sera fait aucun tort.—Le sieur *de la Barre* , gentilhomme de *Bour-gogne*, s'étoit lui même saisi de la personne du colonel *Alphonse*, M. *le Mar-quis*, en récompense, lui fit don d'un cheval acheté du sieur *Oratio Carnicioni*, gentilhomme *Lucquois*, que le Consulat paya 130 écus, à la prière dudit sieur *Marquis*. S.

1590. — *Avril* 23. *Lundi*. « Fut emmené de *Givors* le sieur *Alphonse* (d'Ornano) par le sieur *de Senecey* en *Bourgogne* : lequel sieur *de Senecey* s'en alla de *Greyzieu* où estoit le rendez-vous avec ledit *Alphonse* et deux cens chevaux, sans dire mot. » *Arch. du Rh.* xii, 162.

1590. — *Avril* 25, jour de S. Marc. Le duc *de Nemours* arrive à *Lyon*. Voyez ci-après les *Publications* de 1592 ; *Manifeste*, etc.

1590. — *Avril*. 26. *Séance Consulaire*. Pour ôter toutes occasions de dé-fiance que l'on a de la probité de l'hôte du logis de la *Tête-d'or*, à *la Guillotière*, lequel, contre les défenses qui lui ont été faites, reçoit indifféremment toutes personnes suspectes en son logis, sans les déférer aux officiers et habitants du lieu, on ordonne qu'il sera mis hors du dit faubourg avec sa famille ; le chevalier du guet est chargé de faire exécuter cette ordonnance. S.

1590. — *Avril* 27. Le sieur *Jacques Hublée* avoit été jusques là chargé de la garde du *chateau de Pierre-Scize* avec 4 soldats. De l'agrément dudit sieur *Hublée*, le Consulat licencie les 4 soldats, le dit château pouvant être gardé par les Suisses qui sont en la Ville. S.

1590. — *Avril* 28. Dans la séance de ce jour, le Consulat rappelle les services rendus à la ville par M. *de Thianges*. L'ennemi eut forcé l'armée sans la vive opposition qu'il y fit, « s'estant mis à pied pour faire tourner « visage à nostre infanterie qui estoit entrée en ceste espouvante qu'elle tour-« noit le dos, et ayant repris courage par le moyen dudit sieur *de Thianges* « qui y fut grievement blessé d'une arquebusade en la cuisse, de laquelle « il estoit malade à Lyon. » — Le Consulat fit présent à ce Seigneur de quelques chapons et confitures et de 500 écus, etc. M. *de Thianges* avoit une compagnie de 100 hommes d'armes, et commandoit comme lieutenant du duc *de Mayenne*. S.

1590. — *Avril* 30. Le Consulat ordonne que les femmes de ceux du penonage du sieur *de Marcieu,* qui sont absens et portent les armes contre l'Union, seront mises hors la ville. — Le 14 *Juin* suivant, on excepta de cette mesure les femmes d'*Ennemond Perret* et de *Matthieu Chevrier,* pour, quoique leurs maris soint absens, s'être sagement comportées, sans rien dire ni faire qui puisse faire soupçonner leur fidélité. S.

1590. — *Mai* 3. «L'armée qui s'en estoit allée de *Vienne* à *Charlyeu,* entra de furie audit *Charlyeu* en *Lyonnois,* sur les 5 heures du soir, par la bresche du canon. mit ce qu'elle trouva au fil de l'espée, et furent penduz aux fenestres plusieurs des principaux dudit *Charlyeu,* et tint bon l'Abbaye , laquelle enfin se rendit.

— *Même jour.* Fut imprimé, en ceste ville de *Lyon,* que, en la *Franche-Comté de Bourgoigne,* prez de *Beaune,* s'estoit vu, le 14 mars 1590, jeudy, lendemain des Cendres, *deux armées en l'air,* cheminant en bel ordre contre le septentrion, lesquelles se escarmoucherent un quart d'heure de furie , et aprez s'escarterent les dites troupes, l'une sur *Arbois,* l'autre sur *Poligny ,* estans en nuées rouges bien espesses qui rendirent gouttes comme sang qui arrosoit la terre à plomb , chose admirable...! » *Arch. du Rh.,* xII, 172.

1590. — *Mai* 9. Le seigneur *de Saint-André* est mis prisonnier à *Pierre-Scize.* — Le Consulat fait payer au capitaine *Lescot* 12 écus pour la nourriture et la dépense des soldats mis pour sa garde. — Les sieurs *de Gravillon* et *de la Serrée,* aussi prisonniers de guerre, sont mis à la geole de l'Archevêché sous la garde de 4 soldats du guet payés chacun à raison de 20 s. par jour. — Ces prisonniers avoient été amenés à Lyon depuis *Charlieu* par les gens d'armes de M. *le Marquis.* — On fit faire des réparations au château de *Pierre-Scize* pour empêcher que les prisonniers ne pussent s'évader. — Le 7 *juin,* on loua, pour meubler le château de *Pierre-Scize,* à cause du seigneur *de Saint-André,* 6 matelas, 6 couvertures de Catalogne, 3 paillasses, 5 chevets, 10 linceuls, etc. — Le 15 *mai,* on accorda à *Guillaume Gallois,* geolier des *prisons de l'Archevêché,* 6 écus pour récompense de sa fidélité et de sa vigilance dans la garde des prisons depuis le commencement des troubles.

1590. — *Mai* 14. Le Consulat arrête d'accorder à M. *de S. Vidal ,* gouverneur de la ville du *Puy* et du *Velay,* l'armée conduite par M. le Marquis, avec un canon et une couleuvrine, poudres et munitions nécessaires pour chasser l'ennemi du *Velay* et reprendre les places qu'il a envahies. — On arrête aussi de s'en retourner en cette ville.

1590. — *Mai* 15. Un anonyme publie, sous cette date, un opuscule intitulé *Remonstrances d'un fidéle sujet du roy aux habitans de Lyon,* reproduit dans le tome M. du *Recueil* A. B. C. D, etc. *Paris* (*Fontenoy*), 1760, in 12, et dans les *Nouvelles Archives du Rhône,* en 1832, t. 2, p. 116 et suiv. (voyez aussi même tome, page 204). — On doit au même anonyme qui paraît être un négociant de Lyon une *Seconde remonstrance,* datée de Tours le 20 août 1690, laquelle donna naissance à une diatribe qui pourrait bien être de *Claude de Rubys* et qui fut publiée sous ce titre : *Response des habitans de Lyon à certaine remonstrance à eux envoyée de la part d'vng bigarré politique, estant en la ville de Tours : avec la coppie de la dicte remonstrance.* A Lyon, par *Jean Pillehotte,* libraire de la Sainte-Union; 1590, in 8. de 31 pages. Cette *Response* est adressée à Messieurs les maire et eschevins de *Tours.* Le pamphletier y fait l'apologie de l'assassinat d'*Henri III,* et engage les Tourangeaux à abandonner la cause du *Biarnois* pour faire cause commune avec les Lyonnois . « afin de se deffendre de la rage des heretiques soubs la tyrannie desquels cest « atheiste les a miserablement enfoncez. »

1590. — *Mai.....* On apprend que le cardinal *de Bourbon* qui avait été proclamé par les ligueurs, roi de France, sous le nom de *Charles X*, est décédé dans sa prison à *Fontenay* en Poitou , le 9 de ce mois. — Voyez ci-dessus au 5 *janvier*.

1590. — *Juin 7. Séance Consulaire. Sébastien Huberlin*, Allemand , maître des mines d'alun, de vitriol et couperose ès pays de *Lyonnois, Forez* et *Beaujolois*, demande, attendu le profit qu'il apporte à tout le royaume, par son industrie à faire travailler aux œuvres desdits mines , que le Consulat le fasse jouir des privilèges que pour ce lui ont été accordés, et ainsi le déclarer exempt de tous droits de douane. — Les échevins ayant égard à l'industrie dudit *Huberlin*, et le voulant reconnoître de son invention et labeur, ordonnent qu'il jouira des privilèges et exemptions à lui accordées et dont il a ci-devant joui. S.

1590. — Juin 20. *Séance Consulaire.* Pour faciliter la conférence qui a été résolue être tenue à *S. Genis-Laval*, entre les députés de M. *de St Sorlin*, gouverneur, etc., et les députés des seigneurs *de Ventadour, de Maugiron* et *de Bothéon*, il avoit été accordé audit sieur *de Maugiron* que pour la sureté des personnes des députés desdits seigneurs, d'autant que la conférence est assignée dans le gouvernement de M. *le Marquis*, et non gueres loin de cette ville, l'on bailleroit otages qui seroient conduits à *Vienne.* A cet effet , les échevins nomment pour otages de la ville de Lyon, nobles *Guillaume Poculot*, échevin, et *Guillaume Gella*, leur combourgeois; lesquels ayant accepté ladite charge , pour ne laisser une si sainte et bonne œuvre à effectuer, lesdits sieurs échevins s'obligent de les dédommager de tous frais et depens, de tous événemens, et de procurer par tous moyens leur liberté et delivrance, s'ils étoient pris à l'allée ou au retour, ou bien retenus de mauvaise foy en la ville de *Vienne.* S.

1590. — *Juin 24.* Le Consulat avoit nommé le sieur *Charbonnier*, échevin, pour se trouver, au nom de la ville , à la conférence qui se devoit faire à *S. Genis-Laval* pour la pacification des troubles de ce gouvernement et du pays de *Dauphiné;* mais ledit *Charbonnier* étant tombé malade, le Consulat député à sa place le sieur *de Chaponay*, seigneur *de l'Isle*, et lui remet les instructions suivantes signées du secrétaire :

ARTICLES qui semblent être raisonnables de demander aux sieurs *de Ventadour, de Maugiron* et *de Bothéon.*

De remettre *Vienne* en l'état où il étoit suivant le traité, savoir, que la ville sera commandée par ses échevins, le château de *la Barre* rendu à l'archevêque pour y mettre tel capitaine qui lui plaira avec la garnison accordée par le traité de *Vienne*: que toutes les réparations et fortifications faites au château de *Pipet* seront abattues..... Que deux pieces de canon seront rendues en cette ville, suivant le traité de *Vienne*. — Que *Ste Colombe* et la tour, *Condrieu*, ville et château , le *Bourg-Argental* et *St Sauveur*, seront remis à l'obéissance de Mgr *de Nemours*. — Rendront *Septeme* à M. *de Chevrieres* et tout ce qu'ils pourront lui avoir pris. — Et d'autant que le traité de *Vienne* a été rompu et violé par ledit sieur *de Maugiron* et autres de son party, et que, s'étant saisi de *Ste Colombe*, ils ont fait entrer toutes les forces des hérétiques dans le royaume, icelui pillé et ravagé, Mgr *le Marquis* avoit été contraint mettre une armée sur pied, et mander les forces de *Bourgogne*, où il avoit dépensé plus de quatre mille écus, desquels faut demander récompense. — Demander aussi satisfaction du saccagement fait tant au plat pays qu'aux habitants de la ville de Lyon, qui monte à plus de 100,000 écus. — Dorénavant ne pourront prendre aucune imposition ni contribution sur les biens situés en *Dauphiné* des habitants de *Lyon* et de ceux du plat pays, si ce ne sont les tailles ordinaires et impositions qui se feront par ordre de la cour et du pays. — Que toutes marchandises et deniers qui auront été pris en passant par *Vienne* pour être conduits en cette ville de Lyon venant de *Provence*, *Languedoc*, *Dauphiné* et ailleurs, et celles aussi qui alloient de cette ville audit pays, seront rendues et restituées à qui elles appartiennent. — Que récompense sera faite au capitaine *St Marc* de ses meubles et provisions, et démolition de ses maisons. S.

1590. — *Juin 28. Pierre Austrein*, conseiller du roi, lieutenant particulier en la sénéchaussée et siège présidial de Lyon, dresse un procès-verbal de l'état des réparations à faire dans *l'église de St-Irénée*, devastée par les Calvinistes, en 1562, afin de rendre cette église au culte divin. — Outre le devis des réparations à faire, ce procès-verbal contient une saisie des fermes du prieuré de *St Irénée*, au préjudice du prieur qui s'était réfugié à *Langres*, ville tenant le parti contraire de la Sainte-Union. Mss de la B. de Lyon, n.° 1385.

1590. — *Juin...* Mort de *Jean d'Arces*, baron de *Lyvarot*, seigneur *de la Bastie-Meylan*, chevalier de l'ordre du roy; lequel fut inhumé dans une des chapelles de l'église de Condrieu, où son épitaphe en latin était suivie de ces deux vers :

> De foy, de piété, de vertu, de prouesse,
> De race, gist icy des nobles la noblesse.

Voyez sa notice par M. Cochard, *Arch. du Rh.*, III, 61. — *Le Laboureur* fait mention d'un *Claude d'Arces*, gentilhomme du *Dauphiné*, et qui était probablement le frère de *Jean d'Arces*. *Ce Claude d'Arces*, archidiacre de l'*Ile-Barbe*, fut un de ceux qui, après la sécularisation de cette abbaye, jetèrent le froc au buisson; il embrassa le protestantisme, se maria, et mourut six ans après, laissant des enfants, dont les enfants rentrèrent dans le giron de l'église. *Mazures*, t. 2, p. 24, 345 et 592.

1590. — *Juillet 1.* Dimanche. « Fut accordée la paix entre ceux de *Lyon* et *Vienne*, qui ne dura gueres. » — « Au moys *d'aoust* (suivant), ceux de Vienne se mirent dans *Riveyrie*, où ils se fortifièrent, et fallut mener le canon qui tira plusieurs coups, tellement que ceulx qui estoyent dedans se sauverent. Audit moys, fut prins prisonnier M. *de Chevrieres*, et mené à *Pierre-Scize*, et furent faictes les barricades par la ville, laquelle fut esmeue le .... dudit moys, sur les onze heures du soir. » *Arch. du Rh.*, XII, 163. Voyez ci-dessus, au 17 *janvier*, et ci-après au 3 *septembre* et jours suivants.

1590. — *Juillet 21.* Le Consulat arrête pour certaines bonnes considérations de changer à *Pierre-Scize* la garde du sieur *de Saint-André*; et au lieu du capitaine *Lescot*, on commet le sieur *Jacques Hublée*, qui changera les soldats, et y placera ceux qu'il jugera à propos, avec ordre d'obéir audit *Hublée*, comme à leur chef. S.

1590. — *Août 15.* Les sieurs échevins désirant bonifier la ville, et, y attirer une *Université* pour l'instruction de la jeunesse, tant en la *théologie* que *philosophie* naturelle, commettent et députent deux échevins pour prier le Pere recteur du collége des *Jésuites* de cette ville d'entreprendre cette charge et cette saincte œuvre.—Le 17 *août*, les députés rapportent en avoir conféré avec le Père provincial et le Père recteur, qu'il ont trouvés tout disposés à effectuer les désirs du Consulat, si on leur en donne les moyens.

Ils étoient d'avis que, pour le bien commencer, il seroit nécessaire d'établir de suite en cette ville la *Lecture de la théologie*, et empêcher par ce moyen qu'elle ne soit attirée à *Dôle*, qui la recherche ; que cet établissement coûtera une pension de 4 ou 500 écus, pour la tenue des lecteurs et régents à ce nécessaires. Le Consulat arrête de fournir des deniers communs jusqu'à concurrence de 200 écus, pour partie de l'entretien et de la nourriture de la première année des régents. S.

1590. — *Août* 23. Le Consulat fait payer 4 écus à quelques habitants de *Brignais*, pour la saisie et prise qu'ils avoient faite d'un espion de l'ennemi, portant des lettres à *Montpellier*, et pour avoir procuré sa *fustigation*. S.

1590. — *Août* 30. Le duc *de Nemours* écrit au Consulat :

« Messieurs, J'estime que le sieur *de Poge* (*) ne vouldroit maintenant estre party, comme il en a faict instance juzques icy, ayant veu qu'aprez que Dieu m'a voulu assister despuys le mois de mars, à contenir la garnison de ceste ville et le peuple d'icelle, parmy lequel la bonne intelligence requise n'estoit tousjours comme je l'eusse désiré, joinct que la nécessité d'argent et de vivres nous a plus ennuyé qu'aultre chose. Enfin la nuict passée, le *roy de Navarre* a rendu ceste ville libre de tous costez, pour avoir faict lever le siege, affin de s'en aller au-devant de M. le duc *de Parme* et de M. *du Mayne*, qui ne sont qu'à sept lieues d'icy. L'on espere très-bonne yssue de cette baptaille, de laquelle et incontinent que j'auray veu M. *du Mayne*, je prétends porter les nouvelles en mon gouvernement. Dieu m'en fera la grace, et vous veuille conserver, Messieurs, en toute felicité ! De *Paris*, le 30 d'aoust. Vostre plus affectionné et à jamais tres-parfaict amy à vous servir, CHARLES E. DE SAVOYE. » S.

1590. — *Septembre* 1er. Lettre du colonel *Alphonse* au Consulat :

« J'envoye *Jacques*, présent porteur, pour vous prier tres humblement de me vouloir bien faire ce bien de m'accorder un passeport pour le sieur capitaine *Anthomarie*, pour me venir treuver pour chercher ung remede pour *maistre* fin à ma delivrance, s'il plaist à Dieu, que ce sera pour vous en rendre toujours tres humble service, tant que Dieu me fera la grace de vivre en ce monde, comme je le supplie vous conserver en sa saincte et digne garde. Au *Château d'Auxonne*, le 1er septembre 1590. Vostre bien humble et affectionné à vous obeir et servir, ALFONSO D'ORNANO. » Voyez ci-après au 22 de ce mois.

1590. — « Le lundi, 3e jour du mois de *septembre* 1590, après plusieurs avertissements donnés de divers endroits d'une entreprise que l'ennemi avoit sur cette ville de Lyon, qu'il espéroit exécuter dans le lendemain 4 dudit mois, par le moyen des intelligences que l'on disoit qu'il y avoit; ce qu'étant confirmé par M. le marquis *d'Urfé*, gouverneur de *Forez*, et le seigneur *de Chazeul*, venus exprès en ladite ville, où ils seroient arrivés entre 8 et 9 heures du soir, Mgr. le marquis de *St-Sorlin*, gouverneur de la ville de Lyon, par délibération de son Conseil, désirant rompre ladite entreprise et pourvoir à la sûreté de la ville, auroit faict très exprès commandement à Mrs les consuls échevins de faire prendre les armes au peuple, et de se saisir des places et avenues des rues; ce qui a été fait en vertu de la commission de son Exc., de laquelle la teneur s'ensuit :

« Nous ordonnons aux sieurs échevins, parlant à la personne du sieur

---

(1) Le sieur *de Poge* quitta Paris pour revenir à Lyon, le 5 *octobre*, porteur d'une lettre adressée le même jour au Consulat par le duc *de Nemours*, annonçant qu'il serait bientôt à Lyon.

baron *de Vaulx* et du sieur *Prost*, lesquels nous avons mandé quérir pour cest effect, pour faire prendre les armes aux penons et habitans de ceste ville; de ce leur en avons baillé pouvoir et commandement, voulant que Souysses et autres obéissent. Fait à Lyon le 3 septembre 1590. Signé HENRY DE SAVOYE. »

Et le lendemain, entre 5 et 6 du matin, S. E. a commandé au seigneur *de Rochefort*, sergent-major de la ville, de se saisir de la personne du seigneur *de Chevrières*, baron de St-Chaumont, et de le mettre sous bonne et sure garde au château de *Pierre-Seize*; ce qui ayant été fidèlement exécuté, toutes choses sont demeurées pacifiques en la ville, et les artisans qui s'étoient distraits de leurs vacations ordinaires, sont retournés à leur labeur. Le même jour, M. le marquis *de Durfé* a baillé au sieur marquis *de S. Sorlin* une déclaration dont la teneur s'ensuit :

« Je cer ifie à tous avoir donné avis à M. le marquis *de S. Sorlin* que M. *de Chevrières*, m'étant venu trouver à *Montbrison*, et nous étant retiré à part, dans une salle de la maison du sieur *de Montmuson*, appelée le *Palais*, joignant celle du *Solleillans*, où j'habite; après m'avoir demandé s'il pouvoit me parler librement, et luy ayant respondu que ouy, il me tint plusieurs propos, dont la substance d'aucuns étoit qu'il avoit parlé en ce voyage de *Thizy*, au sieur *de Rochebaron* et au baron *de Jon*, qui luy avoient dit qu'ils avoient lettres du roy, par lesquelles il le faisoit son lieutenant-general en *Lyonnois* et *Beaujolois*, réservant le *Forez* pour moi, si je voulois prendre son party; et que, quant à luy, il n'avoit voulu se résoudre qu'il n'eust conféré avec moy. Je lui fis response que je le remercios de sa bonne volonté; mais qu'il ne me sembloit pas honorable de prendre le party d'un prince hérétique; il me fit response que l'on me donneroit la terre de *Cervières* à moi et aux miens, et que le roy se feroit catholique. Je luy dis là dessus que nous avions assez de temps à nous résoudre lorsqu'il le seroit. Sur quoi il me répliqua qu'il l'avoit bien dit aux sieurs de *Rochebaron* et *de Jon*; mais qu'ils luy repondirent que cependant l'occasion se perdroit, parce que M. le *Grand Prieur* venoit; lequel, s'il faisoit l'effet de remettre ces pays en l'obeissance du roy, voudroit jouir du fruit de sa peine, en ayant le gouvernement. Je luy respondis que M. le *Grand Prieur* ne nous feroit rien faire, si nous avions bonne intelligence ensemble, et que, quant à moy, je ne saurois tenir le party d'un hérétique, quoy qu'il m'en pust advenir. Il me respondit qu'il en feroit donc de mesme, mais qu'il lui sembloit que nous devions retenir cette artillerie qu'il avoit entre les mains, qui fortifieroit beaucoup nostre autorité, et que nous la *partissions* par ensemble, et, pour cet effet, que je vinsse au camp à *Riverie*; qu'il n'estoit pas assez fort pour l'enmener, d'autant qu'il y avoit beaucoup de troupes à la devotion de ceux de Lyon, et que ma présence y seroit bien requise. Je luy respondis que je m'y trouverois, et qu'il y falloit bien penser. Depuis, quelques uns m'estant venus tenir les mêmes langages, je me pensois que cela venoit de luy, qui fut cause que je leur demanday; et m'ayant fait entendre que ouy, j'eus crainte que s'il mesadvenoit à *Paris*, qu'il n'eust quelque mauvaise volonté contre nostre party; qui me fit donner advis à mondit seigneur *le Marquis*, affin d'y prendre garde. Voilà ce que je luy ai mandé et dit, que je soutiendray jusques au bout de ma vie, si on veut dire du contraire, ce que je ne puis croire, pour n'avoir rien proposé qui ne soit entièrement veritable. » S.

1590. — *Septembre*..... Madame *de Chevrières de St-Chamond* écrit au Consulat :

«·Messieurs, L'affliction où je suys qui m'est du tout insupportable ne me permet pas de taire le tort et l'injure faicte à mon mary, lequel, sur le mandement de Monseigneur *le Marquis*, et prière de vous, M^{rs}, s'est mis entre vos mains, par lesquelles il a esté faict prisonnier et détenu, comme il est à présent, dans le chasteau de *Pierre-Scize* ; et encores qu'à juste raison je sois outrée de douleur, si est-ce que je désire sçavoir de vous en quoy il peut avoir failly, pour estre traicté si durement au prejudice de son honneur et de sa qualité. Il est allé à Lyon sur vostre parolle, ce qu'il n'eust faict s'il eust senty sa conscience chargée, ou qu'il eust désiré de remuer au prejudice d'icelle et de l'affection qu'il vous a portée, tant en particulier qu'en général, et au bien et repos de sa patrye. En quoy il a tousjours procedé avecq aultant de franchise qu'il n'y a espargné ny l'hazard de sa vye, ses amys, ny ses moyens, et néantmoings vous avez mis soubz le pied tous ses bons offices, pour contenter (en l'offensant) ceulx qui luy portoient envye de son bien faire. Je vous demande, Messieurs, *si ce n'est pas luy le premier, depuis six ou sept ans*, qui a prins les armes envers et contre tous pour le party que vous tenez, sans avoir iamais apprehendé le péril de ses biens ny de sa vye? Despuis, en tous les affaires qui se sont présentez, n'a-t-il pas laissé tout ce qui luy touchoit le plus prez et abandonné tout pour vous servir? Et maintenant il fault que je vous dise, et ne le puis celer, que c'est une ingratitude trop grande de ruyner l'honneur et la réputation d'ung tel homme que mon mary, ainsi légerement et sans occasion, pour vous avoir tropt aymé, servy et affectionné ce qui vous touchoit plus que ce qui est à soy-même. Et vous prie croisre que ceulx qui vous ont donné telz et semblables conseilz sont voz ennemys, et qui ont désiré vostre ruyne, comme je vous feray apparoir ung jour en temps et lieu. Mais pour le faire plus brief, vous sçaurez combien ont esté odieuses, principalement à tous les gens de bien, les violences faictes en France soubz prétexte de la foy et parolle données ; et toutes foys mon mary a esté prins par les mêmes artifices. Car il faut que vous sçachiez qu'il avoit en tel honneur et réputation vostre maison de ville que, sur vostre simple parolle, il fust non seulement allé à Lyon, mais partout où vous l'eussiez mandé, encores que plusieurs de ses amys lui conseilloient le contrayre : et n'eust jamais creu que tel acte luy eust esté faict. Or, Messieurs, je ne puis croyre que vous me veuilliez retenir mon mary, puisque si librement il vous est allé trouver, et me prometz qu'à ma prière et requeste (heu esgard à l'obligation que vous luy avez de l'amytié qu'il vous a portée), vous le remettrez libre et luy aiderez à avoir sa raison des traistres et calumniateurs qui vous ont persuadé de consentir à sa prinse, au detriment de vostre honneur et au proffit de vos ennemys et nostres, qui se ryent aux depens de mon affliction, du traict que vous nous avez faict. Je ne vous en diray pas davantage, et remettray le tout à Dieu ; lequel m'aydera, s'il luy plaist, à avoir raison du tort qu'est faict à mon mary, et vous ouvrivra le jugement pour cognoistre les pratiques desquelles on se sert pour vous rendre odieux, vous faire acquérir des ennemys, et mettre division en nostre party. Je vous supplie encores une foys, ne me detenez plus mon mary : car il n'a point failly ny merité d'estre traicté de ceste façon, et ne puis croire que Mgr. *le Marquis* aye donné consentement à sa détention, ayant esté ung des premiers serviteurs que Messeigneurs ses frères ayent eu en ceste cause. Que s'il estoit autrement, ce seroit un pernicieux exemple pour tous ceulx qui font leur service. Enfin, Messieurs, ie ne puis taire que c'est vous qui l'avez mandé, et, à ceste occasion, pour vostre honneur, c'est à vous de procurer sa liberté, affin que, pour l'advenir, tous ceulx de qui vous vouldrez servir, ne tirent en conséquence cest acte faict à mon mary. Et oultre ceste considération, nous vous demeurerons obligez, et ferez charité en me levant d'ennuy où je suis. Ce faisant, je demeureray, M.", vostre humble voisine pour vous faire service. Signé DE SAINCT-CHAMOND.

P. S. Escripvant la presente, le cuisinier que j'avois envoyé à mon mary pour le servir, est arrivé ceans ; lequel m'a dict avoir esté chassé par le capitaine de *Pierrescize*; chose qui a redoublé ma douleur, pour veoir que mon mary soit traicté comme s'il avoit commis quelque perfidie ou méchanceté. Il est de trop bonne race pour le traicter de ceste façon. Je prie Dieu me vouloir donner la patience telle qu'il m'est nécessaire pour supporter ung tel tort et injure qui m'est faicte. »

Aultre lettre de Madame *de St. Chamond*:

« Messieurs, Je vous ay voulu encores faire ce mot en ma misère, et vous dire que j'ay entendu que l'on a sequestré mon mary de ses serviteurs qui alloient et venoient vers luy pour le servir; qu'est l'occasion que je ne puis avoir des nouvelles de mondit mary : qui me fait vous supplier de vouloir permettre que mes serviteurs aillent et viennent pour m'en rapporter, ne pouvant vivre si je ne sçay de jour à aultre comment il se porte. À l'honneur de Dieu, Messieurs, ayez compassion de la plus désolée des femmes qui fust jamais, et de mes enfans ; et ne permettez que mon mary aye du mal pour vous avoir faict service ; esperant faire veoir et toucher au doigt, comme desja je vous escripvis *hier* par ma précédente, les artifices de ses ennemys desquels ils ont usé pour le calumpnier (1). Messieurs, obligez à vous ceste maison, affin que pour jamais tout ce qu'en dépend soit disposé pour vostre service, comme je feray particulièrement ; demeurant cependant, Messieurs, vostre plus humble voysine, pour vous faire service. DE S. CHAMOND. »

1590. — *Septembre* 9. Le Consulat répond à Madame *de Chevrières* qu'il ne doutoit point qu'elle fût grandement affligée de la *retention* de M. *de Chevrières*, son époux, à cause de la grande et indissoluble amitié qui étoit entre eux deux; qu'il étoit bien marri que, pour son consentement, il ne pût pourvoir à sa liberté, laquelle dépendoit entièrement de M. *de Nemours* et de M. *le Marquis*; lesquels étant princes très-vertueux et amateurs de la justice, lui conserveront toujours son bon droit : en quoi le Consulat les assistera de tout son pouvoir, comme ses humbles et affectionnés serviteurs; priant cette dame de croire que, lorsqu'il invita M. *de Chevrières* à venir à Lyon, et pendant le séjour qu'il y a fait, le Consulat n'avoit jamais pensé à ce qui est advenu par le seul commandement de M. *le Marquis*, comme feront foi les actes qui sont ez archives de la ville. Ils prient donc cette dame de ne les accuser d'ingratitude, comme elle avoit fait par ses lettres : car tant s'en faut qu'ils aient mis en oubli les plaisirs et bons offices que cette ville avoit pu recevoir de lui, qu'ils sont prêts à lui en rendre service au besoin, ainsi qu'à Madame son épouse, en toutes les occasions qui s'en présenteront. Ils finissent en baisant bien humblement les mains de cette dame, etc. S.

1590. — *Septembre* 11. Le Consulat nomme deux échevins pour assister, au nom de la ville, à l'assemblée qui se fera avec M" les députés du Conseil d'état du clergé de France, des finances et syndics du plat pays, pour traiter des moyens que l'on aura à tenir pour la reception de l'armée que Mgr *de Savoye* envoie pour le secours de cette ville. S.

____

(1) Voyez, dans les actes consulaires de cette époque, les griefs imputés par M. *d'Urfé* à M. *de Chevrières*. S.

1590. — *Septembre* 11. Le Consulat désirant rendre le vœu que, au temps de la dernière contagion, les échevins firent à *N. D. de l'Isle* de lui faire don d'un calice d'argent, ordonne que de l'obligation de 50 écus, en laquelle *Jean Daviel* est obligé à la ville pour accord fait des amendes pour la contravention aux ordonnances de la santé , sera prise la somme de 100 livres pour employer à acheter un *calice* qui sera donné à *N. D. de l'Isle,* et le surplus appliqué à la réparation d'une muraille de l'hôpital St Laurent.—Le 28 *mars* 1591, le voyer présenta au Consulat le calice avec sa patène ; toutefois il ne fut offert qu'à la fin de cette année. S.—M. l'abbé *Roux* a publié dans l'*Album du Lyonnais* (Lyon, 1843, in-4°) une Notice fort intéressante sur l'*Ile-Barbe*: nous y avons vainement cherché une anecdote rapportée par M. *Théodore Grandperret,* page 12 de l'*Etat politique de la ville de Lyon.* « ..... On « raconte, nous dit-il, que *Charlemagne,* séjournant à *Lyon,* voulut aller, « accompagné de *Leydrade,* visiter la bibliothèque du couvent de l'*Ile-Barbe.* « C'était en été ; la journée était magnifique. L'empereur, après avoir par- « couru le monastère, s'éloigna de sa suite , se promena dans l'île, puis se « coucha sur l'herbe au bord même de la Saône dont l'eau venait effleurer « les pieds du monarque, tandis que des arbres antiques, qui avaient vu les « cérémonies des Druides, étendaient sur sa tête leurs longues branches « pliantes. *Charlemagne* resta longtemps ainsi. Lorsqu'il rejoignit ses offi- « ciers, et au moment où, allant quitter l'île, il recevait les adieux des reli- « gieux groupés autour de lui, il leur dit : *Mes frères, c'est ici, dans ce lieu de* « *paix, que je veux finir ma vie* (1). » Nous regrettons fort que M. *Grand- perret* ne nous ait pas donné le titre de la chronique où il a emprunté ce char- mant récit; nous laissons à M. l'abbé *Roux* le soin de le vérifier, et nous lui signalerons une autre anecdote qui lui est aussi échappée, et qui se trouve dans le livre intitulé *La Vie des trois Maries,* dont l'abbé d'Artigny nous a donné une analyse, tom. vi de ses *Nouveaux Mémoires* ! » .....Quelque temps après que nostre Seigneur eust esté trouvé dans le Temple au milieu des docteurs, saincte *Anne* tomba dangereusement malade et mourut... Or est il à sçavoir que quatorze ans après la Passion, *Longis,* celuy qui frappa nostre Seigneur au costé, lequel estoit natif d'auprès de *Lyon* (2), apporta le corps de saincte *Anne* et plusieurs autres reliques ; puis il fonda en l'*Isle-Barbe,* près de *Lyon,* une chapelle où il fit ensevelir le corps de saincte *Anne* devant l'autel à main droicte, et deux cens ans (3) après, le roy *Charlemagne,* esmeu de grande devotion, fit relever le corps de saincte *Anne,* et alors y estoit le *roy de Pro- vence,* auquel *Charlemagne* donna le tais de la teste qu'il emporta en son pays. Puis le dict *Charlemagne* fonda l'église et abbaye en ladite isle, en ce mesme temps..... » Voyez *Calvin, Traité des reliques,* p...; Thilo, *Codex apocryphus,* 1, 586 ; la *Biographie Lyonnaise* , art. Longin; ci-après au 29 *décem- bre* 1591.

1590. — *Septembre* 13. *Séance consulaire.* Sur les remontrances de plusieurs

---

(1) *Erasme* avait aussi voulu finir sa vie à l'*Ile-Barbe.* Le premier avril 1531, il écrivait, de *Fribourg en Brisgaw* , à l'abbé *Antoine d'Albon:* « Si les corps traversaient aussi facile- ment les monts et les vallées que les esprits les franchissent dans leur vol , déjà l'*Ile-Barbe,* plus digne, à mon avis d'être appelée heureuse (*Macaria*), aurait *Erasme* parmi ses hôtes... » *Moniteur Judiciaire de Lyon* , du 4 novembre 1843.

(2) *Longis* ou *Longin* n'est pas le seul personnage de la Passion que les légendaires aient supposé d'origine gauloise. Ils ont fait de *Pilate* un Lyonnais et l'ont fait mourir à *Vienne en Dauphiné* ; de *Judas* un Normand , etc. Voyez la *Biographie Lyonnaise,* art. Pilate, et le *Ménagiana* , tom. IV, p. 12.

(3) Lisez *huict cens.* Nous ignorons si cette faute est de *Jean Pernette* ou de *Jean Droyn* , son interlocuteur.

personnes que depuis l'introduction en cette ville de la *verrerie* ou *fabrique de verres*, le bois y étoit enchéri du tiers, voire presque de la moitié pour la grande consommation qu'en font les ouvriers de la verrerie en leurs fournaises, sans que cette manufacture apporte un grand service à la ville, attendu que devant ladite introduction, elle n'en étoit aucunement dépourvue, parce que, en Dauphiné, et bien près de la ville, il y en avoit une très belle et très bonne qui peut bailler son ouvrage comme elle fait à beaucoup meilleur prix, d'autant qu'elle est comme au milieu des bois, et qu'ils ne coûtent comme rien, les sieurs échevins, comme pères du peuple, sont d'avis que ladite verrerie soit mise hors la ville, et que les sieurs juges commissaires de police y pourvoyent promptement pour faire cesser le mécontentement du peuple. S.

1590. — *Septembre* 15. Désirant les sieurs *échevins* représentant le corps de ville reconnoître la dame *de Rochebonne* de l'honneur qu'elle leur a fait en ses dernières couches de les faire *parrains* d'une fille (à laquelle ils ont donné le nom de *Blandine*), ils ont ordonné de lui faire don ou présent de la somme de 200 écus d'or ou d'une chaîne d'or de la même valeur, et ce pour conserver en ce temps de troubles l'amitié du sieur *de Rochebonne*, son mari (*maréchal de camp des forces de la ville*). S.

1590. — *Septembre* 20. Mort, à *Senlis*, de *Jacques Faye*, sieur *d'Espeisses* (fils de *Barthélemy*, natif de Lyon), président à mortier au parlement de Paris où il naquit en 1542. Il fut l'ami d'*Henri* IV qui lui adressa deux lettres insérées dans les *Opuscules* de Loisel, p. 665-64. Voyez ci-dessus au 17 mai 1589, la *Biblioth. franç.* de l'abbé GOUJET, II, 387, et les *Nouv. mél.* de C. B., p. 251.

1590. — *Septembre* 22. Le Consulat écrit au colonel *Alphonse* (prisonnier à *Auxonne*) :

« Monsieur, nous avons reçu un bien grand contentement de la resolution que M. *de Senecey* a prinse de vous conduire à Mgr *de Mayenne*, pour traiter de vostre liberté, laquelle nous sera toujours tres-agreable pour l'esperance que nous avons que vous reprendrez les armes pour le service de la cause generale de la Ste Union, de laquelle *nous vous avons cogneu tres zelé et tres affectionné*, à cause de quoy nous serions bien marrys d'avoir refusé passage à ceulx de voz gens qui vous iront trouver pour vous faire escorte et compaignie ; mais de leur bailler pour servir hors de la ville, il seroit inutile, celuy de Mgr le *Marquis* estant suffisant. Toutes fois, si l'on voudra nostre particulier, nous le ferons expedier tres volontiers pour le desir que nous avons de demeurer toujours voz bien humbles et affectionnez serviteurs... ». Voyez ci-dessus au 1ᵉʳ de ce mois.

1590. — *Septembre* 23, *Dimanche*. « Fut chanté le *Te Deum* à St Jehan, et fut fait procession generale pour louer Dieu de la delivrance de *Paris*, et pour l'extirpation des heretiques, comme aussi pour louer Dieu de ce que l'on avoit créé à *Rome* un pape nommé *Gregoire*, et que Dieu lui fist la grace de bien regir et gouverner son troupeau et procurer l'extirpation de l'heresie. » *Arch. du Rh.*, XII, 163.

1590. — *Septembre* 28 (ou 18). Le duc *de Nemours* écrit au Consulat :

« Messieurs, vous aurez peu entendre par les despesches que j'ay sy devant faictes à mon frere ce qui s'est passé durant le siege de cette ville, et depuys la levée d'icelluy je ne laisse de prier le Sʳ *du Bourg* presant porteur de vous en entretenir particulierement, et vous dire de combien nous somme obligez à Dieu de nous avoir garanty des maus dont nous estyons menassez. J'espere voyr demain M. *du Mayne* au boys de *Vinsenne*, là où il est depuy samedy dernier, et aprez de ne séjourner beocoup sans m'acheminer an mon gouvernement, pour le desir que j'é de vous voyr et seruir auec toute affection ainsy que je vous l'ay tousiours declairé. Me remettant donc audi s' *du Bourg*, je prie Dieu, Messieurs, vous conseruer an ses Stes grases, me recommandant de tout mon cœur aux votres. A Paris le 28 (?) *setanbre*. Votre plus affectionné et plus parfait amy à vous seruir, CHARLES E. DE SAVOYE. » S.

1590. — *Septembre*... « Fut dict que le prince *de Palme* et M. *du Mayne* (le prince *de Parme* et le duc *de Mayenne*) avoient déchassé le *roy de Navarre* de devant Paris où il les tenoit assiegez, lequel *roy de Navarre* avoit mis *Paris* en si extresme necessité et misere qu'ils mouroyent de faim, et valoit la livre de pain un escu, la livre de chair quarante sols, la livre de beurre quatre livres, et y eut plusieurs personnes audit *Paris* qui moururent de faim. » *Arch. du Rh.* XII, 163.

1590. — *Octobre 1*. Le Consulat commet le sieur *Gella* pour faire décharger à l'arsenal les pièces, poudres et boulets que Mgr le duc *de Savoye* a prêtés à la ville, et les mettre, sous bon inventaire, en lieu séparé et fermé, les cléз remises au Consulat. — Cette artillerie consistoit en un double canon, deux demi-canons montés, 500 barils poudre à canon, 20 barils poudre fine, chacun du poids de 125 livres, 1000 boulets de canon et 3000 de demi canon. Le Consulat en passa l'obligation et reconnoissance le 4 *octobre*. S.

1590. — *Octobre 6*. Madame *de Chevrières* (1) écrit au Consulat :

« Messieurs, la longue prison en laquelle on detient mon mary me faict vous remettre devant les yeux ce que je vous ay par plusieurs de mes lettres faict entendre, qu'est le tort qu'on luy faict de le detenir, sans luy faire savoir ce qu'on luy veulx, ny lui donner moyen de sa justification. C'est chose Messieurs qui me faict entrer presque en desespoir, s'il n'estoit la grace de Dieu que j'invoque en telle adversité, pour voir que l'innocence de mon mary, la justice de sa cause, ses fidelles services et mes continuelles plaintes ne luy servent de rien, qui me faict vous supplier bien humblement, Messieurs, vouloir prendre en vostre protection son droict, et avoir esgard qu'il a este calumgnié comme il est fort injustement, et luy assister de voz faveurs et bon credit pour estre delivré de la captivité où il est, vous assurant que sa liberté ne luy fera en rien diminuer l'affection qu'il a tousjours heue au bien de vostre ville, pour lequel vous trouverez sa personne et ses moyens tres disposez pour y servir tant en general qu'en particulier, vous suppliant avoir pitié de moy et mes enfants, et nous faire ce bien d'assister ceste maison tant affligée; vous baisant humblement les mains, priant Dieu vous donner, Messieurs, heureuse et longue vie. De St Chamond le 6 *octobre* 1590 (plus bas de la main de ladite dame) vostre tres humble pour vous fere service. Signé : DE S. CHAMOND. ».

Le Consulat repondit à Madame *de Chevrieres* que, quelque grande que soit sa douleur de la longue detention de son epoux, il ne faut pas qu'elle en vienne jusques là que de desesperer de sa liberté, laquelle il desire autant que serviteurs et amis que ladite dame et M. *de Chevrieres* puissent avoir; mais les choses n'y estant encore bien disposées, c'est à un cœur genereux d'en attendre avec patience la fin desirée. Il la supplie de croire que non

(1. Gabrielle de Gadagne, fille de Guillaume.

seulement il n'y mettra aucun empêchement; mais au contraire tout support et faveur pour l'amitié, respect et honneur qu'il a toujours porté à son époux , comme le temps, père de la vérité, luy pourra faire connoistre de quelle affection le Consulat desire son salut. » S. Voyez *infra* au 12 *novembre*.

1590. — *Octobre* 7. Le duc *de Mayenne*, dans une lettre écrite du camp devant *Corbeil*, prie les échevins de lui envoyer M. *de Chevrières*, prisonnier sur parole, afin de lui faire son procès, s'il est coupable. A. BERNARD, *les d'Urfé*, p. 289.

1590. — *Octobre* 12. M. *Antoine Neyron*, procureur substitut de la ville au présidial et en la sénéchaussée, étant mort, le Consulat, sur la présentation du sieur *de Rubys*, pourvoit de cet office le sieur *Faure*, procureur ès cours. S.

1590. — *Octobre* 17. Viennent au Consulat le seigneur *de Varennes Nagu*, chevalier de l'ordre, capitaine de 50 hommes, gouverneur et lieutenant de la ville de *Mâcon* et pays de *Mâconnois*, M. le procureur du roy audit pays. M. l'esleu *dela Porte* et M. le receveur *Noblet*, députés des échevins, capitaines et officiers de *Mâcon*, qui remontrent que depuis quelques jours certains voleurs se sont rassemblés en grand nombre au pays de Mâconnois, bien montés et cuirassés qui courent jusqu'à leurs portes, prennent prisonniers, et rançonnent tous ceux qu'ils rencontrent, et peuvent encore faire plus de mal, si par vive force il ne leur est résisté; que ledit sieur *de Varennes* a envoyé sa compagnie en France (à Paris), en l'armée de Mgr. *de Mayenne*, et que le surplus des forces du Mâconnois est en garnison tant à Mâcon qu'autres places du pays; ils requierent les échevins que s'il advenoit qu'ils eussent besoin de quelque aide et secours, ils voulussent le leur accorder en faveur de l'ancienne amitié et bonne intelligence étant entre les deux villes. — Le Consulat répond sur ce point, que, dans le besoin, la ville de Lyon les secourera toujours comme elle a fait par le passé de toutes ses forces et moyens contre ceux qui les voudroient troubler. — M. *de Varennes* (1) et les députés traitèrent ensuite de l'affaire de M. *de Chevrières*; ils demandèrent qu'il fût mis en liberté, ou que son procès lui fût fait et parfait « si tant est qu'il se trouve avoir esté à bonne et juste cause emprisonné..... » Les échevins répondirent que l'emprisonnement de M. *de Chevrières* n'avoit point été fait à leur requête, mais du propre et seul mouvement de Mgr *le Marquis*; qu'ils se remettoient du tout à Son Exc. pour pourvoir à l'elargissement requis, à quoi il ne seroit donné aucun empêchement de leur part. S.

1590. — *Octobre* 31. Le Consulat considérant que la position de la ville, frontière de *Savoye* et de *Dauphiné*, et par là de l'*Italie* et de l'*Allemagne*, donne lieu au passage en icelle de plusieurs grands seigneurs auxquels le Consulat doit offrir du *vin*, suivant l'ancien usage; que cependant on n'en tient point en réserve, en sorte que, dans le besoin, on est contraint d'en envoyer chercher çà et là ez cabarets et tavernes, où le plus souvent il ne s'en trouve que de *sophistiqué* et *brouillé*; mais qu'ayant, depuis deux ans, employé en ce négoce *Guillaume Pantho*, dit *le Bourguignon*, tavernier, et ayant connu sa fidélité et diligence, s'étant non seulement pourvu des vins de ce pays, mais s'estant même hasardé pendant ces troubles d'en recouvrer à grands frais, venus du *Vivarais* et du *Languedoc*, par quoi il mérite

_____

(1) §M. *de Varennes* était cousin germain de M. *de Chevrières*. Il resta trois jours à Lyon, et logea avec sa suite, aux frais de la ville de Lyon, à l'auberge des *Trois Rois*. S.

quelque gratification ; c'est pourquoi le Consulat le retient pour *sommeiller ordinaire de la ville*, à la charge de le fournir du meilleur vin qu'il pourra recouvrer ès provinces de *Vivarais* et *Languedoc*, et même en *Bourgogne*; et pour ce il lui est permis de vendre ledit vin 6 deniers le pot plus que chez les autres cabaretiers, observant au surplus les ordonnances de la police de cette ville. S.

1590. — *Novembre 3. Séance Consulaire.* « Parce que l'emprisonnement de la personne de M. *de Chevrières* a procédé de la seule autorité de M. le marquis de *S. Sorlin*, gouverneur de la ville, etc., et par le commandement, et au desceu du corps du Consulat, et en conséquence des lettres qui pour ce leur ont été écrites par Mgrs *de Mayenne* et *de Nemours*, les sieurs échevins ont déclaré et protesté qu'ils ne veulent empescher la liberté ni l'élargissement du sieur *de Chevrières*, mais s'en rapportent du tout à mondit seigneur le Marquis. » — Dans la séance du 31 octobre, les échevins avoient ordonné que les lettres de *Mayenne* et de *Nemours* seroient transcrites sur le registre des actes consulaires pour servir à la postérité. S.

1590. — *Novembre 12.* Le Consulat écrit à Madame *de Chevrières* qu'il ne pense pas lui avoir donné occasion de se dire son redevable pour la liberté de M. *de Chevrières*, son époux : qu'il n'en est pas moins joyeux que cette dame, l'ayant toujours tenu, comme il le tient encore, pour bon voisin et très affectionné au bien et repos de cette ville ; qu'il avoit autant à cœur cette détention que ses autres amis et serviteurs.... Que s'il n'en a fait incontinent une publique démonstration, c'avoit été pour certaines bonnes considérations, et sur l'espérance aussi qu'il avoit que le temps adouciroit l'aigreur de cette affaire, comme, par la grâce de Dieu, il est advenu, etc. S. — Il paraît que M. *de Chevrières* ne dut sa liberté qu'à l'intervention du duc *de Nemours*, qui céda aux vives sollicitations des nombreux amis que le noble prisonnier avait parmi les seigneurs.

1590. — *Novembre 15.* Le Consulat écrit à M. *de Chevrières* que M. le *Marquis* étant parti ce jour même pour son expédition d'*Auvergne*, il étoit à craindre qu'en son absence l'ennemi ne méditât quelque entreprise sur la ville de Lyon..... C'était du devoir des échevins de le supplier de leur faire part de tous les avertissements qu'il pourroit avoir tant du côté de *Vienne* que d'ailleurs, pour y pourvoir par son bon et sage conseil. S. Voyez ci-après au 7 *janvier* 1591.

1590. — *Novembre 15.* Le Consulat écrit à Mgr. l'*Archevêque de Lyon* :

Monseigneur, Estant Mgr. le Marquis sur son partement, nous avons résolu avec son Excellence de vous prier de vous acheminer ici, pour, en son absence, pourvoir aux affaires selon les occurrences, et à ces fins estre chef du conseil qui sera tenu en vostre logis ; et pour vous en faire plus ample prière de vive voix, son Excellence vous a depesché exprès M. *Passard*, son précepteur ; lequel nous avons bien voulu accompagner de ce petit mot, pour vous en supplier aussi de nostre part, et sur l'assurance que nous avons que nous ne serons esconduicts de nostre juste requeste, nous ne vous en ferons plus longue lettre : mais après vous avoir bien humblement baisé les mains, nous prierons Dieu vous donner, etc. De Lyon, ce 15 de novembre 1590. — Le Consulat délégua le sieur *du Troncy*, son secrétaire, pour se rendre avec le Sr *Passard* auprès de d'*Epinac*. On lui envoya en même temps un détachement de cavalerie pour lui faire escorte depuis la ville d'*Orgelet*, au comté de Bourgogne, où il s'étoit arrêté, à son retour de France, à cause des entreprises que l'ennemi avoit faites sur lui. — *D'Epinac* étoit à Lyon le 42 *novembre*, et c'est en son logis que se tenoit le Conseil d'état, en l'absence de *St. Sorlin*. **S.**

1590. — *Novembre* 17. *Charles Peyron*, pétardier et fondeur de la ville, est autorisé par le Consulat à aller trouver M. *de Bombaen*, à *Morestel*, afin de le servir en qualité de pétardier, avec passeport pour emporter avec lui des grenades et autres artifices.

1590. — *Novembre* 18. M. *de Chevrières* écrit au Consulat :

Messieurs, Suivant la lettre que m'avez escripte, je mettray peine de vous tenir advertys de ce que je penseray qui pourra importer à vostre ville, et ne se peult rien remuer du costé de *Vivarestz*, *Languedoc* ou *Vellay*, que je n'en sois bien adverty ; mais vous avez principallement à vous prendre garde de ce que réussira de ceste assemblée qui se faict à *Voyron*, où je crois que vous n'estes pas sans avoir quelqu'un. Que si le mal ne vient de ce costé là, vous n'avez rien à craindre d'ailleurs. Je croys que maintenant que le *Grand Prieur* s'est retiré de devant *Vichy*, cela accourcira le voyage de M. le Marquis, et aussi l'on m'a dit et assuré que le marquis *d'Urfé* estoit bien en avant en composition avec le susdit *Grand Prieur* pour faire la tresve d'entre ce gouvernement, l'Auvergne et le Bourbonnois ; ayant le sieur *de St-Marcel d'Urfé* faict plusieurs voyages pour cest effect. C'est tout ce que je vous en puis dire, Messieurs, si non que je ne me refroidiray jamais de vous faire de bons offices quand vous en aurez besoing, et quand l'occasion s'en présentera. Je vous prie aussi me tenir en vos bonnes graces, et suis vostre humble et serviable voysin et meilleur amy. *Signé* MYOLANS. **S.**

1590. — *Novembre* 22. Le Consulat, pour se reconnoître envers l'Obéancier et le chapitre de *S. Just*, de la permission qu'ils ont libéralement accordée au Consulat de prendre des vieilles mazures et ruines de leur ancienne église et maisons canoniales ruinées *rez pied rez terre* en 1562, des pierres de taille et autres qui pourront être employées aux murailles et réparations de la ville, ne voulant point être ingrat de cette courtoisie, leur faict don pour le service divin de trois ornements de velours rouge cramoisy, pour prêtre, diacre et soudiacre, jusqu'à la somme de 100 écus. **S.**

1590. — *Novembre* 24. Les sieurs échevins ayant reconnu que la petite ruelle traverslère, tendant du bas de la *grande rue de la Coste*, où souloit etre l'ancienne porte de la ville, au grand chemin tendant de la place des *Terreaux* à la porte de *S. Sébastien*, joignant du côté de vent, de long en long, aux jardins, clos et maison du sieur *de Montmartin*, appelée le *Petit-Forests*, et du côté de bise les maisons de plusieurs propriétaires, ayant tous leurs entrées par la *rue neuve Besson*, autrement appelée *la Vieille-Monnoye*, ne sert qu'à recevoir les immondices (qui sont appelées *escuvilles*) des circonvoisins, qui les devroient porter, selon les ordonnances, en un grand fossé appelé le *Grand-Gaillot*, qui est au bout de ladite ruette, du côté du Rhône, pour le remplir ; que cette ruelle sert encore de retraite et refuge aux filles de joye, d'où il arrive plusieurs accidents et sinistres événements à la ruine et débordement de la jeunesse, joint encore que cet endroit retiré pourroit nuire à la sureté de la ville, ARRÊTENT, par mure délibération, que ladite ruelle sera fermée aux deux bouts par deux bonnes murailles par les propriétaires des maisons qui font les coings de cette rue, et ayant maisons et jardins sur ladite ruette du côté de ladite *rue Besson* ; à la charge que si aucun d'eux faisoit construire quelque édifice sur la muraille du sieur de *Montmartin*, il seroit tenu de lui en payer *mimur*, à la forme des ordonnances et statuts de la ville, et lesquels propriétaires pour la commodité qu'ils reçoivent de s'avancer respectivement sur ladite ruette, seront tenus de payer pour chaque pied de toute carrière, telle somme qui sera avisée par délibération de conseil pris avec des maîtres massons et experts, etc. — Le 19 *mars* 1591, on ordonna, pour l'exécution de cette délibération, la mesure et l'arpentage des portions de ladite ruette qui seront remises aux propriétaires, etc. — Le 2 *avril* 1591, il fut réglé, d'après ledit arpentage, que les propriétaires payeroient les nouveaux emplacements à raison de deux écus la toise de ville. S.

1590. — *Novembre* 26. Le Consulat, informé de la prise du faubourg de *Grenoble* et du siége de cette ville, envoie un exprès en *Auvergne* à M. de *S. Sorlin.* — Le 10 *décembre*, on lui envoya un nouvel exprès pour hâter son retour, afin de porter secours à *Grenoble.* — Le 31 *janvier*, on fit payer 100 écus à un espion ou messager secret, tenu au camp de *Desdiguieres*, près sa personne. — Le même jour 31 *janvier*, on fit payer 400 écus à un messager que l'on tenait en l'armée du *roy de Navarre* pour découvrir ses desseins et en avertir la ville, etc. S.

1590. — *Novembre* 30. Le Consulat écrit à M. *de Montmorency*, pour le prier, en vertu de la trève jurée entre les deux gouverneurs, d'ordonner le relâche de vingt balles de livres envoyées par les héritiers de *Guillaume Roville* en Espagne et en Italie, où ils commercent depuis 50 ans, et qui avoient été saisis par le sieur *du Pérault*, envoi dans lequel il n'y avoit rien de prohibé. — De même, en faveur des héritiers *Bonvisi*, Lucquois, lesquels, depuis 60 ans, négocioient en ce royaume, et avoient rendu de grands services à divers seigneurs, au sujet de huit balles de meubles qu'ils envoyoient à *Lucques.* S.

1590. — *Décembre* 1er. Le Consulat écrit à la serenissime infante d'*Espagne*, duchesse de *Savoye* :

« Madame, nous avons une bien grande obligation à V. A. de la faveur qu'elle nous a faicte de se souvenir tellement de nous qu'il luy ait pleu de nous faire entendre particullierement par la créance du sieur *de Lombert*, l'heureux succès de l'entreprinse de Monseigneur, pour la protection de la Sainte-Union au pays de *Provence*, et du saint desir que V. A. a de faire promptement secourir *Grenoble* assiégé par *Desdiguieres*, ennemy capital et juré de la religion catholique : desir, certes, qui estant executé augmentera grandement l'obligation et l'affection que nous avons toujours eue au service de S. A. ; mais par ce que nous craignons que les forces que Mgr. le marquis de *St-Sorlin* a menées en *Auvergne*, ne soyent sitost de retour qu'il seroit besoing pour se joindre à celles de S. A. aux fins dudit secours, nous avons tres humblement supplié M. le marquis *de St-Rambert*, d'avoir esgard à l'importance de ceste affaire, et de mettre en consideration que le *plaisir est double qui est promptement faict*. Et à ces fins qu'il luy plaise faire acheminer audit *Grenoble*, le plustost qu'il pourra, ledit secours, afin que ceste ville, qui est la seule du *Daulphiné* demeurée ferme pour le party de la Saincte-Union, ne se perde à faulte d'estre soudain et promptement secourue. Cependant mondit seigneur le marquis de *St-Sorlin* que nous avons adverty en diligence du tout, pourra ramener sesdites forces pour les joindre à celles de S. A., et faire quelques bons effects à la cause generale qui vous en sera grandement redevable, et à nous en particulier, pour vous rendre service de la mesme affection que, après vous avoir très-humblement baisé les mains, nous prions Dieu de vous donner, Madame, en tout bonheur et contentement tres-longue vie. De Lyon, le premier jour de décembre 1590. » Le Consulat écrivit dans le même sens au marquis *de S. Rambert*, au duc *de Terreneuve*, et à l'ambassadeur d'*Espagne*, près S. A., disant à ce dernier « qu'à bon et juste droit, les princes et autres vrais catholiques françois ont le roy très-catholique des *Espagnes* pour protecteur de ce royaume si miserablement déchiré par ses propres enfans, mais aussi de la religion catholique...» Il prie donc ledit ambassadeur de faire auprès de S. A. et de M. *de St-Rambert*, que *Grenoble* soit promptement secourue des forces de S. A., etc. S.

1590. — *Décembre 6.* Le marquis de *St-Sorlin* écrit au Consulat :

« Messieurs, je suis contrainct me partir de *Ryom* au jour mesme que j'avois assigné la noblessse avec les députés des villes de l'Auvergne et mettre fin à quelques salutaires délibérations sur les occurrences présentes, en advisant à l'advenir, d'aultant que l'état auquel est reduicte la ville de *Grenoble* ne me permet séjourner plus advant ny par deçà ny mesmes à *Lyon* où j'espère arriver lundy et à en despartir le lendemain, si par vostre prevoyance il n'y a rien qui l'empesche, estant pressé de me joindre à vos troupes qui, sans les miennes, ne feront les effects que j'espère avec l'assistance du Tout-Puissant, lequel je prie, etc. De *Ryom*, ce 6 *Décembre* 1590.... HENRY DE SAVOYE. » S.

Le même jour M. *de St-Sorlin* écrit encore au Consulat :

« Messieurs, l'importunité des prières de Messieurs de *Ryom* ne m'a peu changer la prompte résolution que j'ay prinse au secours de *Grenoble* ; aymant mieux laisser les affaires commencées en bons termes, que permettre une si grande confusion en celles du *Daulphiné* par les violences de *Desdiguieres....* »

1590. — *Décembre 7. François de Ruzinant* avoit exercé durant 18 mois la charge de la *visitation des lettres et paquets* entrant en la ville, laquelle charge avoit été dure et personnelle, et très-nécessaire pour la sureté et conservation de la ville. Le Consulat lui alloue une récompense pour ses vacations et deux voyages qu'il avait faits en *Savoye* et en *Piémont*, et lui fait payer 500 écus. S.

1590. — *Décembre 9.* Le duc *de Mayenne* écrit au Consulat :

« Messieurs, envoyant M. le président *Janin* (*Jeannin*) par vos quartiers pour passer oultre, je n'ay voulu perdre cette occasion de vous donner advis de l'estat des affaires qui sont, graces à Dieu, en très-bonnes dispositions, et telles que nous en pouvons espérer à l'advenir quelque meilleur establissement, ainsi que vous pourra faire entendre plus particulierement ledit sieur president que j'ay prié de vous tesmoigner de ma part le desir que j'ay d'avancer, aultant qu'il m'est possible, le bien et le salut de cest estat, et d'embrasser en particulier tout ce qui vous touche pour la bonne affection que vous avez toujours apportée à la conservation de la religion, comme de la chose que nous debvons tous avoir la plus chère, et à laquelle seulle mon intention a esté toujours dressée. Je ne vous en feray ceste-cy plus longue, me remettant à ce que vous en pourra dire ledit sieur.... Au camp de *Guyse*, le 9 décembre 1590.... CHARLES DE LORRAINE. »

P. S. écrit de la main du duc : « Messieurs, je suis bien aise que cette occasion se soit présentée de vous faire visiter de ma part par le président *Janin*, ne sachant personne pour le lieu qu'il tient auprès de moy, qui vous puisse plus dignement representer l'estat de nos affaires. Vous le croyrez, s'il vous plaist, comme moy-mesme, et que je ne recevray jamais contentement que je ne me soys ressenty des obligations que je confesse vous avoir. Faictes, s'il vous plaist, que j'aie souvent de vos nouvelles. » S.

1590. — *Décembre 11.* Le Consulat ayant en considération les signalés services que feu le capitaine *Malezieu* a faits à cette ville durant ces troubles, et le grand nombre d'enfants mineurs qu'il a laissés avec bien petits moyens pour s'entretenir , ordonne que lesdits mineurs seront exempts de l'emprunt qui se lève par *nommées* sur les propriétaires de maisons de la ville, et seulement pour ce qui les concerne, sans y comprendre **Claude Malezieu ,** leur oncle, qui possède par indivis avec eux , une maison sise en l'un des coins de la rue Juiverie. — On achète pour la ville, au prix de 37 écus, 8 s. 3 d., desdits héritiers *Malezieu*, une pièce de fonte, deux fauconneaux, quatre petards de fonte, deux de fer, et trois grenailles. S.

1590. — *Décembre* 11. Le Marquis *de St Sorlin* écrit au Consulat :

« Messieurs, ainsi que je suis esté arrivé en ceste ville, ay donné charge au sieur *de Fontaine* vous aller trouver, pour vous donner advis de la peine que je prends à amener les troupes qui sont si fort arassées qu'est impossible de plus. J'ai receu celle que m'avez escripte, et veu le besoing que *Grenoble* a d'estre secourue promptement : ce qui sera, Dieu aydant ; et vous asseure d'estre jeudy prochain à Lyon, où je vous prie que toutes choses soyent si bien preparées pour mon acheminement, que je ne sois contrainct de sejourner ; me remettant au surplus aud. sieur *de Fontaine*..... A *Feurs* le 11 décembre 1590. Votre plus parfaict et affectionné amy, Henry de Savoye. » S.

1590. — *Décembre* 12. Le Consulat étant requis de secourir promptement la ville de *Grenoble* assiégée depuis un mois par les hérétiques du Dauphiné, et considérant que se perdant ladite ville, tout le reste de la province se perd aussi,..... arrête d'employer pour ledit secours toutes les forces de la ville,... et ayant mandé les capitaines desdites forces, et leur ayant ordonné de se tenir prets avec leurs compagnies pour suivre le Marquis *de S. Sorlin* qui a proposé d'aller lui même au secours de *Grenoble*, lesdits capitaines ont remontré qu'ils ne peuvent faire ce voyage que leurs compagnies ne soient payées tant de ce qui leur est dû du passé, que de leur solde de ce mois commencé le 9, sarce que, en allant à *Grenoble*, il leur faudra passer pour plus grande sûreté pur les terres de Mgr *de Savoye*, et là vivre par étapes qu'il leur faudra payer comptant, comme aussi il leur faudra vivre de leur bourse en l'armée qui se dressera pour ledit secours : ce qui ayant été jugé très raisonnable, on avise au moyen de trouver les 4000 écus qu'il faut ; on n'en trouve d'autre que de prier le sieur *de Lequi* d'emprunter cette somme sur son credit ; ce qu'il refusa d'abord, étant déja en grosses avances pour la ville ; mais il y consentit cependant, et le Consulat lui engagea, jusqu'au remboursement, tous les deniers qui proviendront tant du subside de l'entrée du vin que de la nouvelle imposition des maisons..... S.

1590. — *Décembre* 12. L'ennemi s'étant saisi de *La Tour-du-Pin* et autres passages du Dauphiné pour les marchandises venant d'Italie à Lyon, il avoit été permis qu'elles passassent par les terres de S. A. ; mais ce changement de route portoit grand dommage à la douane de Lyon, parce que les voituriers étant entrés en *Bresse*, pouvoient *fourvoyer* et éviter l'entrée de la ville de *Lyon*. Les échevins demanderent permission à M. *de St Rambert* d'établir un commis en la ville de *Montluel* ou ailleurs, au lieu plus commode. Si S. A. avoit été en *Piémont*, ils se seroient adressés à elle pour l'obtenir ; mais la certitude qu'ils ont que S. E. a tout pouvoir, les fait le supplier de leur accorder sur ce les lettres patentes necessaires, sous la promesse qu'ils font d'y placer un commis fidelle et bien zelé tant au parti de la Sainte Union que au bien et repos de S. A.

1590. — *Décembre* 13. Nomination des terriers et maîtres des métiers. — Terriers, les sieurs *Daveyne* et *Poculot*. — Drapiers, *Ant. Hymbelet* et *Du-*

rand Collabaud. — Notaires, M° *Ant. Marzal l'aîné* et *Michel Mole.* — Merciers, *Jean de Veyssavin* et *Félix Regnier.* — Épiciers, *Ant. Regnold* et *Ant. Malo.* — Canabassiers, *Mermet Saulnier* et *Jean Guillaume.* — Changeurs, *Jean Pierre Fort* et *Claude Bigotet.* — Veloutiers, *Pierre Léonard dit Baconnier* et *Nicolas Pinet.* — Chirurgiens, *Fr. Guercy* et *Nicolas Benoit.* — Libraires, *Jean-Baptiste Buysson* et *Jean Veyrat.* — Imprimeurs, *N. Tantillon* et *Guichard Geleyron* (Jullieron). — Orfèvres, *Jean de Paris* et *Martial Bozon.* — Peintres, *Matthieu Martin* dit *Adam* et *Jean Persin.* — Pelletiers, *Charles* et *Jean Foret.* — Potiers, *Paul Rostaing* et *Claude Portraict,* etc., etc.

Le 16, les dits terriers et maîtres des métiers convoqués suivant l'usage, M° *Claude de Rubys,* procureur-général de la ville, a remontré qu'entre le cliquetis des armes, les lois n'avoient point de lieu, pour les maux, divisions, soupçons et défiances que la guerre apporte quant et soy, notamment la guerre civile telle que celle dont le royaume est miserablement affligé, en laquelle les propres enfants portent les armes contre leurs pères, les frères contre les frères, et les mariez ne sont pas bien d'accord ensemble, non plus que les mêmes citoyens d'une même ville divisez d'affection et opinions contraires, qui ne peut rapporter qu'une ruyne et désolation du royaume, si, par la prudence et la sage prévoyance des gouverneurs, maires et échevins des villes, il n'y est pourvu. Or, combien que de toute ancienneté l'on ayt accoustumé, à semblable jour que cellui-cy, d'élire et créer des Consuls échevins pour l'année prochaine, laquelle élection, par privilège spécial est déferée et donnée aux terriers et maîtres des métiers, si est-ce que, contre les lois et coustume anciennes de cette ville, les terriers et maîtres des métiers de l'an passé ayant sagement et prudemment mis en considération les troubles esquels ils estoient pour lors, et qui ont toujours continué avec beaucoup plus de violence qu'ils n'étoient au commencement, continuèrent très sagement et prudemment en la charge du Consulat et échevinage les échevins qui étoient lors en charge, au lieu d'en élire d'autres, laquelle continuation a, par la grace de Dieu, très bien succédé, et en est réussy un grand repos ; et parce que présentement on est assemblé pour procéder à une nouvelle élection, il leur a remontré que les affaires et troubles sont beaucoup plus grands qu'ils n'ont encores esté par le passé, à cause de quoy il est très requis et nécessaire que ceux qui sont élus pour échevins soient personnages bien versez aux affaires d'estat, bien zélez et affectionnez au repos du public et à la conservation de la ville au party de la Sainte Union des Catholiques, d'autant qu'il s'agit de la manutention de nostre religion catholique, apostolique et romaine, et par conséquent du salut des ames d'un chacun, et parce qu'il a connu, durant ces trois dernières années, la prudence, sagesse et vigilance des sieurs Consuls échevins qui étoient et sont encores en charge, et aussi la bonne union et concorde qui est entre eux au maniement des affaires publiques, il desireroit qu'ils fussent encores continuez pour la prochaine année, sans toutefois tirer à conséquence ; et parce que quelques-uns pourroient trouver mauvais que contre les coustumes anciennes, ils fussent si longuement continuez en ladite charge, il a remontré que, aprez que les Romains opprimez par la tyrannie de leurs roys, les eurent déchassez, ils créerent sur eux des Consuls, et aprez des dictateurs qui n'estoient qu'annuels, mais depuis, par succession de temps, qu'ils voulurent policer le peuple par loix, et que les ambassadeurs qu'ils avoient pour ce envoyez en *Grèce* pour faire extraire en la ville d'*Athènes* d'excellentes loix faites par Solon, furent de retour avec la copie desdites lois, ils élurent dix hommes qui pour ce furent appelés decemvirs, qui eurent toute autorité et pouvoir sur la vie et sur les biens des citoyens, lesquels, contre la coustume qui jusques alors avoit esté observée et inviolablement entretenue de changer annuellement les magistrats à *Rome*, furent continuez au decemvirat à longues années ; ce qui peut servir d'exemple en ce temps auquel, comme il a dit et remontré ci dessus, il est mal aisé de connoître les hommes pour la diversité des opinions, joinct que les echevins qui doivent présentement sortir de charge sont endettez en grandes et excessives sommes qu'ils ont empruntées et tiennent à charge et perte de finances pour les affaires de ladite ville et communauté ; desquels il faudroit que ceux qui seront élus et entreront en leurs lieux, les déchargeassent : et que mal aisément se trouveroit qui le pût ou voulût faire. — Après lesquelles remontrances, les terriers et maîtres des mestiers ayant prêté le serment accoustumé en pareil cas, ez mains du secrétaire-greffier de la ville soussigné, en présence du sieur *Castel*, etc., nobles M⁰ *Jacques Daveyne*, conseiller du roy, trésorier général, etc., et *Claude Poculot*, échevins et élus pour l'année prochaine, ont esté d'avis, assavoir ledit sieur *Daveyne* que les échevins qui doivent presentement sortir de charge soient continués pour la fidélité, expérience et diligence qu'il a connue en eux, lui toutefois excepté, pour les urgentes affaires qu'il a eu son particulier, ne fut-ce même que pour l'exercice de sa charge qui est pure personnelle et de grande occupation ; —et ledit *Poculot*, que l'on se doit contenter du service de trois ans que lesdits sieurs échevins ont fait au public, sans les y astreindre encore par une continuation faite contre les loix et anciennes coûtumes de la ville, et parce, a nommé pour échevins de la prochaine année, du costé de *Fourviéres*, M⁰ *Claude de Torvéon*, conseiller du roy, lieutenant général criminel en la sénéchaussée, M⁰ *François Scarron*, seigneur de *Cerezin*, notaire et secrétaire du roy, maison et couronne de France, et le sieur *Alexandre Pollaillon*, et, du costé de *S. Nizier*, les sieurs *Jucques Jacquet*, *Ponson Bernard* et *Hugues Poysson*, qu'il a dit estre personnages signalez, très zelez et affectionnez au party de la Sainte Union, et au bien et repos de ladite ville.—Le sieur *Antelme Ambellot*, drapier, a esté d'avis de continuer encore pour l'année prochaine les échevins qui en doivent sortir.—Le sieur *Durand Colhabaud*, autre drapier, a nommé et élu lesdits sieurs *de Torvéon*, *Scarron*, *Pollaillon*, *Jacquet*, *Bernard* et *Poysson*. — En après, tous les autres maîtres des métiers ont unanimement et concordement nommé et confirmé pour Consuls échevins de ladite prochaine année les onze qui sont présentement en charge, savoir le dit sieur *Daveyne*, *Nicolas de Chaponay*, seigneur de *l'Isle*, *Fr. Plattet*, seigneur et baron de *Vaux*, ledit sieur *Poculot*, *Louis Prost*, *Jean Charbonnier*, *Michel de Pure*, *Janotte de Leguy*, *Jean Yvernogeau*, dit *de Toulouse*, *Ant. Charrier*, *Ant. Teste*, et par ce moyen continue en ladite charge lesdits sieurs *d'Aveyne*, *de l'Isle*, *Poculot*, *de Pure* et *de Leguy*, auxquels Consuls retenus lesdits maîtres des métiers ont donné et donnent les pouvoirs, autorité, etc. S.

1590. — *Décembre* 21. M⁰ *Antoine Fily* (Phily), docteur en droit, avocat ez cours de Lyon, prononce *l'Oraison doctorale* à S Nizier. — On lui fit payer 10 écus à ce sujet. — Le dîner du jour de la *S. Thomas*, à l'Hôtel-de-Ville, où étoient les échevins et plusieurs bourgeois, coûta 50 écus. S.

1590. — *Décembre* 27. Le Consulat écrit au Marquis *de St Sorlin* :
« Monseigneur, nous ne scaurions vous exprimer le regret et desplaisir que tous les gens de bien ont de la perte de *Grenoble* advenue par faulte d'ung prompt secours ; mais puisqu'il a pleu à Dieu de nous affliger de ce fleau, il le fault louer et pourveoir à nostre seureté aussi et à la liberté du commerce..... »

— Il paroît que le *Marquis* étoit de retour de l'Auvergne, et s'étoit rendu aussi du costé de *Grenoble* : en effet, le Consulat le prie de conférer avec le Marquis *de St Rambert*, sur la sureté du passage pour les marchandises d'*Italie*..... Il y alloit aussi des interêts de S. A. pour les droits de son péage de *Suze*, etc. S.

1590. — *Décembre* 29. Le sieur de S. André (d'*Apchon*), prisonnier de guerre en cette ville, demande au Consulat que la somme de 6000 écus assignée à la ville sur sa rançon, lui scit remise et quittée, en considération de sa longue détention et des grands frais qu'il a faits en sa prison. Le Consulat arrête qu'il ne peut consentir a son élargissement, si sa rançon n'a été préalablement payée. — Le 15 *janvier* suivant, le Consulat permit à *Jacques Hublée*, capitaine de *Pierre-Scize* pour la garde du Seigneur de S. *André*, de saisir les chevaux de Madame *de S. André*, pour être payé de ce qui lui est du pour ladite garde. On enjoint au premier huissier ou sergent d'exécuter cette ordonnance. — Le 18 *mars* 1591, le Consulat transporte à *Jean de Lecqui*, un des échevins, la somme de 4000 écus sur la rançon du sieur *de S. André d'Apchon*, prisonnier. S.

1590. — *Décembre* 29. Le Consulat, sur le rapport qui lui a été fait, des actions et déportements de *Claude Dorvallois*, *joueur d'épinettes*, et de Me *Simon Chatal*, *médecin empirique*, ordonne qu'il leur sera enjoint de vider la ville, et l'on charge le chevalier du guet d'exécuter cet ordre. S.

1590. — Le prix du boisseau de *blé froment* est de quatre livres tournois, ou de vingt quatre livres l'ânée, qui contient six boisseaux, mesure de Lyon, pesant trois cent soixante livres. Dagier, I, 156.

1590. — Mort de *Philibert Bugnyon*, conseiller du roi et son avocat en l'élection de Lyon, etc., né à Mâcon, vers 1515, auteur de nombreux écrits en prose et en vers. *Papillon* nous en a donné la liste dans sa *Bibliothèque des auteurs de Bourgogne*, mais il y a omis un *Noël nouveau* fort plaisant et recreatif, composé par le *Masconnois* (à Lyon, chez *Ant. du Rhosne*, in 8° de 4 f., sans date), ainsi que trois *Sonnets* mentionnés par *Delandine* dans le *Catal. de la B. de Lyon*. Voyez Ayrault, *de l'Ordre et formalité*, etc., p. 156, édit. de 1642 ; C. B. *Nouv. mél.*, p. 151, et la *Biogr. univ.*

1590. — *François Junctin* (en italien *Giuntino*), fameux astrologue, né à *Florence*, et depuis longtemps établi à Lyon, meurt écrasé sous le poids de sa bibliothèque, quoiqu'il ait prédit qu'il mourroit d'un autre genre de mort. *Biogr. Lyonn.*, p. 150; La Croix du Maine, I, 128. Voyez ci-dessus au 18 *avril* 1561. — M. *Renouard*, p. xv de sa *Notice sur les Juntes*, a fait mention de *François Junctin*; nous pensons qu'il rectifiera ce qu'il en a dit lorsqu'il publiera une seconde édition de sa *Notice*.

1590. — Mort, à *Montbrison*, de *Jean Papon*, auteur de divers ouvrages de jurisprudence imprimés à Lyon. *Biogr. univ.*; D. Liron, *Singularités hist.*, I, 451.

1590. — Publications : *Response des habitans de Lyon*, à certaine Remonstrance à eux envoyée, de la part d'ung bigarré politicque, estant en la ville de Tours : Avec la coppie de la dicte Remonstrance. À Lyon, par *Jean Pillehotte*, libraire de la Sainte Union. 1590. In 8°. de 51 pages. B. de Lyon, T. 5 du Rec. 23415.

Cette *Response* est adressée « à Messieurs les Maire et Eschevins de la ville « de Tours. » C'est la réfutation d'une *Seconde Remonstrance* faicte par un fidelle subject du roy, aux habitans de la ville de Lyon, le 20 d'aoust 1590, l'anonyme lyonnais termine son pamphlet en disant aux magistrats touran-

geaux : « Et aux fins, Messieurs, que Dieu vous fasse la grace, comme nous
« l'en prions à joinctes mains, de faire vostre proufit de ceste nostre response
« pleine de vérité, reprenez vos premieres erres et vous joignez avec nous
« pour conserver nostre religion et nous deffendre de la rage des heretiques
« soubs la tyrannie desquels cest Atheiste, comme de la grosse v...... qu'il
« rapporta de *Pologne*, vous a miserablement enfoncez. » — La première
Remonstrance du *fidel e subject du roy aux habitans de Lyon* porte la date du
15 mai 1590. Voyez ce que nous en avons dit sous cette date.

1590. — *Response à* l'Anti-Espagnol *semé ces iours passez par les rues et
carreffours de la ville de Lyon*, de la part des coniurez, qui avoyent conspiré
de livrer ladicte ville en la puissance des heretiques et de la distraire de la
Saincte Union (par *Claude de Rubys.*) A Lyon, par *Jean Pillehotte*, par ex-
pres commandement. 1590. In 8°. de 64 pages. — A la dernière page est
une approbation signée DE-BOLLO et F. FRANC. GORRACEUS, *doctor Pari-
siensis.*

L'Anti-Espagnol auquel *Rubys* répond, se trouve dans les *Mém. de la Ligue,*
tome IV, p. 230. On l'attribue à *Michel Hurault*, sieur *du Fay*, petit fils du
chancelier de Lhospital, ou à *Antoine Arnauld d'Andilly*. Voyez ci-dessus au
8 mars, et les *Publications* de 1594.

1590. — *Response* à certain pretendu manifeste publié et semé par ce gouvernement, de la part des Heretiques de *Vienne*, leurs fauteurs et adherans,
sous le nom du sieur *de Botheon*. Lyon, 1590. In 8°, de 16 p. (B. de Lyon,
T. 19 du n° 25201 ; exemplaire dont le titre est coupé au bas).

L'auteur de ce pamphlet engage les partisans de la Sainte Union « à faire
peu de compte des bravades et des menaces que nous font le sieur *de Botheon*
et ses complices assemblez en leur synagogue de *Vienne*, asyle miserable de
tous meschans Atheistes, infidelles, rebelles et proditeurs de leur patrie, par un
certain manifeste qu'ils ont ces jours passez faict courir par ce gouvernement
sous le nom dudict sieur *de Botheon*, et qu'ils presupposent avoir esté faict
en une chimere d'un supposé conseil du roy, tenu à *Saincte Colombe*, sans
jour et sans datte... » Il reproche aux royalistes de faire la guerre aux
catholiques, de ruyner les esglises, et polluer les sanctuaires, d'etre allé
querir l'heretique jusques dans le plus profond des montagnes du *Daulphiné*,
pour faire manger leurs chevaux sur nos autels, fouler le sainct sacrement
aux pieds (ce que le sieur *de Botheon* a veu luy mesmes et toleré estre faict
en sa presence et es propres terres de son frere où il les avoit conduits).....
..... Il demande à M. *de Botheon* « qui l'a contrainct d'abandonner sa maison
où il vivoit en toute seurté, avec paix et repos, visité, chery et caressé par
tous les ordres et estats de la ville et du pays ; qui l'a contrainct de violler
le serment qu'il avoit faict et juré entre les mains de Mgr *de Nemours*, et
despuis renouvellé en l'assemblée qui se feist en *fevrier* dernier en sa maison
de *Botheon* (en Forez), de ne rien faire ou attenter au préjudice de ce gouvernement... « Et comme s'excusera devant Dieu le sieur *de Botheon*..... ? Il
nous dira que ceste tasche de parjure est hereditaire en sa maison où elle
fut introduicte, il y a plus de cent cinquante ans, par le Confalonier
Gadaigne et par son fils qui eust, comme traistre à sa patrie, la teste tranchée à *Florence*..... O quel gouverneur! quel seneschal et chef de justice,
qui va luy mesme quérir les loups pour devorer le trouppeau qui avoit
esté commis à sa garde!.... Convoque donc le sieur *de Botheon* tant qu'il
voudra ses heretiques et toutes les furies d'Enfer à son ayde, et qu'il nous
menasse tant qu'il voudra, comme il a commencé par son *Manifeste*. Ses
chevaleureux exploits et ses faicts d'armes n'ont jusques icy faict peur qu'à

quelques troupes de grailles (sic), qui alloient gaster ses semences en Forest : et s'il estoit si dangereux, comme il se figure en papier, il n'endureroit (et pleust à Dieu qu'il ne l'eust enduré : car il ne seroit plongé en ce labyrinte) que *Zenobia* (1) portast l'haut de chausses en sa maison..... »

1590. — *Discours au vray de la desloyale trahison et detestable conjuration* brassée par le sieur *de Botheon* et ses complices sur la ville de Lyon. 1590. In 8' de 28 p. s. n. de ville ni d'imprimeur. — Voyez ci-dessus au 15 et au 17 *mars.*

1590. — *La Deffaitte des compagnies d'Alphonse de Corse*, près la ville de Lyon, et comment il a esté prins prisonnier et mené à Dijon, par Monseigneur le Marquis *de S. Sorlin*, frere de Monseigneur le duc *de Nemours*, et son lieutenant au gouvernement du Lyonnois. A *Paris*, pour *Hubert Velu*, 1590. In 8°. de 16 pages, (B. de Lyon , 25201, tome XVIII). Voyez ci-dessus au 19 *avril.*

1590. — *Le Fouet des heretiques politiques et traistres de la France*, associez du roy de Navarre... A Lyon, par *Loys Tantillon*, 1590 , Pet. in 8°. (B. de Lyon, 25201, tome 19).— L'auteur de cette diatribe prétend prouver qu'une femme occuperait plus légitimement le trône de S. Louis que l'heretique roi de Navarre, parce qu'il vaudrait mieux garder la loi de Dieu que la loi salique. Quoiqu'il soutienne une fort mauvaise cause, celle du Cardinal *de Bourbon* qu'il appelle son roi, il raisonne très bien à sa manière, et pousse l'argument avec beaucoup d'art; c'est l'erreur d'un homme d'esprit (M. LEBER, *Catal.*, n°. 4105). A l'appui de ce jugement nous pourrions citer plusieurs passages de ce pamphlet ; nous nous bornerons à celui-ci : « Les *heretiques* dient que *nous devons nous garder de la picqueure de la mouche de Lorraine :* mandez leur que la mouche de Lorraine nous est une abeille, et que l'heresie est une guespe, de laquelle nous voulons nous garder ; et que si la mouche de Lor aine leur a esté un tahon , qui les ayant picquez, leur a faict gaigner le haut, le frelon d'heresie les precipitera aux abismes... » Cet opuscule en forme de lettre est daté de *Paris*, le 24 fevrier 1590, et porte pour signature A. D. M. Le permis d'imprimer a été donné à Lyon par le *P. de Bollo*, dominicain.

1590. — *Coq à l'asne et chanson.* Sur ce qui s'est passé en France puis la mort d'*Henry de Valois*, jusques aux nouvelles deffaictes, etc. 1590. In 8°. de 15 pages, sans nom de ville ni d'imprimeur.

Voici trois couplets de cette chanson qui en a 24 :

> C'est un malheur que le vin estant si cher
> L'Allemand ne peut marcher
> S'il ne lave le gosier.
> Les Lansquenets sont prêts à tourner le dos.
> Ne pouvant *faire caros* (2),
> Et n'ayant pas un denier.
> Les Gentilhommeaux
> Ont vendu tous leurs chevaux

---

(1) *Guillaume de Gadagne*, sieur de *Botheon* , était marié à *Jeanne de Sugny*, d'une ancien famille du *Forez.*

(2) *Caros.* On disait aussi *carous* ou *caroux*, et plus tard on a dit et l'on dit encore *carousse*, qui signifie *bombance, bonne chère.* Voyez les commentateurs de *Rabelais* sur le *Prologue* du 3e livre, et ci-après au 4 *février* 1594, la lettre du Consulat à *Pierre Matthieu.*

Pour recouvrer de l'avoine.
Les pauvres soldats (*bis*)
De famine presque morts
L'estoc ont mis dans le corps.

Ne faut compter les porceaux du Dauphiné,
Puisqu'on a ja confiné
En prison leur grand porcher (1).
Le rat est prins pour s'estre mis à l'hazard,
Et avant qu'il soit plus tard
Les souris iront cercher :
Si le gros Cayon
Passsoit le pont de Lyon
Les prisonniers auroient presse,
Et les polaillers (*bis*)
Dindons, poulets et chapons
Couvriroyent tous de lardons.

En Languedoc tout auprès des Tolosains
On a bien joué des mains
Aux despens des huguenots.
Les Lyonnais sont proches d'en faire autant,
Sitost qu'ils auront le vent
Qu'on vient troubler leur repos.
Les chasseurs experts
Ont faict aiguiser les fers
Pour aller vers la tanière.
Puisque les voilà (*bis*),
Qu'aucun ne bouge de là,
Mieux ne les voudrions que là.

Il faut convenir que les Ligueurs avaient de bien pauvres chansonniers.

1590.—*Harangue* du sieur *Baldo Cattaneo*, prononcée à *Rome* le huictiesme d'*octobre* 1590, devant les tres illustres cardinaux, entrans au Conclave pour l'eslection d'un Pape : Traduicte de latin en françois, par B. D. T. (probablement *Benoist du Troncy*), Lyon, 1590, In 8'. de 22 pages (B. de Lyon, T. 19 du n°. 25201, titre laceré au bas).

1590. — *Cantiques, Hymnes et Prieres des saincts Peres, Patriarches, Prophètes, Rois et Personnes illustres du vieil et nouveau Testament.* Avec autres Prieres, tirées des auteurs Catholiques, necessaires pour prier Dieu, en tout temps, en tout lieu, et toute necessité. Le tout mis en vers françois, par *Pierre Tamisier*, président en l'Election de Masconnois. A Lyon par *Benoist Rigaud*. 1590. In 16 de 8 f. non chiffres et de 319 pages (B. Coste).

La dédicace de l'auteur «à Monsieur *du Troncy*, conseiller du Roy, et con-« trerolleur de son domaine en *Lyonnois*, » est datée de *Mascon*, ce... jour de *janvier* 1590. En voici les premieres et les dernieres lignes : « Monsieur, « je serois oblieux et ingrat de tant de faveurs et amitiéz que j'ai recëues de « vous, mesmes de la peine qu'avez prise à promouvoir l'édition de mes « precedentes œuvres, si je ne rendois tesmoignage combien je vous honnore « et cheriz. .... Recevez doncq en gré ce que je vous présente pour estraine, « et me conservez en voz bonnes graces..... »

1590. — *Thesaurus Virgilii* in locos communes digestus, poetices studiosis perutilis, à P. *Michaele Coyssardo*. Lugduni. In 8".

___

(1) Probablement *Alphonse d'Ornano*, fait prisonnier le 19 avril 1590.

Le P. *Coyssard, jésuite,* a été recteur du collége de la Trinité à Lyon, où il a fait un long séjour, et où il est mort le 10 juin 1623. On a de lui plusieurs ouvrages, entr'autres un *Sommaire de la doctrine chrestienne,* Lyon, *Pillehotte,* 1591, in 12. Ce volume qui contient des *Hymnes* ou *Odes spirituelles,* lui a valu l'honneur de figurer dans le *Dict. des poëtes français* de *Philippon La-Madelaine* lequel, à l'imitation de l'abbé *Pernetti,* a défiguré son nom, en le nommant *Croyssard.* Voyez ALEGAMBE, *Biblioth.*; COLONIA, II, 706; les *Annales poétiq.,* XII, 252; et la *Biogr. univ.*

1591. — Les extraits que feu M. *l'abbé Sudan* avait faits des actes consulaires de cette année ne se sont pas retrouvés parmi ses cahiers. Mais heureusement les actes originaux existent, et sans doute ils étaient déplacés et égarés, lorsque mon estimable collègue, M. *Morin,* rassemblait les matériaux destinés à son interessante *Histoire de Lyon* (voyez tome V, p. 590.) C'est trop tard que j'ai appris qu'il n'y avoit pas de lacune dans les registres du Consulat, du moins pour cette année ; mon travail étant sous presse, je n'ai pu extraire du registre de 1591, qu'un très petit nombre d'actes, que j'ai transcrits presque au hasard et à la hâte.

1591. — *Janvier* 17. Le Consulat écrit à M. *de Chevrières :*

Monsieur, nous sommes en un temps auquel on ne doibt pas croire à tous les esprits. Toutes foys ce n'est pas sagesse à ceux qui ont charge des affaires publiques, de négliger les advertissemens qui leur sont donnez, et de differer de pourvoir aux desseins qui se brassent sur eux : ce qui est cause qu'estant advertis d'une entreprinse que l'ennemy a sur ceste ville, en laquelle on dit que vous estes impliqué, et que les eschelles (qui pour l'execution d'icelle ont esté fabriquees) sont en vostre maison de *S. Chaulmont,* nous vous avons bien voulu escripre la présente pour vous dire que nous ne pouvons croire que vous voulsissiez faulcer la foy que vous nous avez donnée de ne rien attenter contre nous, delaquelle M. *de Varennes Nagu* et autres vos parents et amis se sont renduz pleiges et caultions ; lesquelz nous ne pensons pas que vous vouliez mettre en peyne, non plus que de rompre ou, comme que ce soit, alterer votre foy promise au préjudice d'une ville qui vous est très-affectionnee, etc. S. Voyez ci dessus au 1er *juillet* et au 15 *nov.* 1590.

1591. — *Janvier* 19. Le P. *Emond Auger,* fondateur du collége des *Jésuites,* à Lyon, meurt à *Come* en *Italie.* Il était né à *Alleman* près de Troyes en 1530 (et non en 1515). Il se distingua surtout comme prédicateur. Les Protestants disaient « que s'il n'avait pas été catholique, il n'aurait jamais existé un plus grand orateur.» RANCKE, *Histoire de la Papauté* (livre V, 95); Cn. LA-BITTE, *Prédicateurs de la Ligue,* p. 20. — *Voltaire* qui, dans son *Hist. du Parlement,* c. 28, l'appelle *Edmond Ogier,* l'accuse à tort, du moins nous le croyons, d'avoir été à *Bordeaux* un des provocateurs du massacre des protestants dans cette ville, à la *S. Barthélemy.* Voyez son article dans la *Biogr. Lyonn.*

1591. — *Janvier* 26. « Furent prins prisonniers M. *du Peyrat, le Prince, Croppet,* et plusieurs autres avec un nommé *Prades,* pour raison de ce que l'on disoit qu'il y avoit certaine conspiration sur ceste ville, et, par le dire dudit *Prades,* en y eust beaucoup qui eurent la question pour ce faict, qui ne confessèrent rien, et à la fin ledit *Prades* fut pendu tout seul. *Arch. du Rh.,* XII, 163.—A l'occasion de cette conspiration, on publia un *canard* intitulé : *Discours véritable des traysons descouvertes de la ville de Lyon et de Montbrison en Forest,* ensemble la prinse et exécution qui en a esté faicte par le commandement de Monseigneur le Marquis de *Sainct Sorlin,* et Monsieur le Marquis *d'Urfé.* Faict ce present mois de *feurier* 1591. A *Lyon,* par *Jehan Pillehotte,* 1591, in-8°. La Bibliothèque de Lyon possède un exemplaire imparfait de la contrefaçon de cette pièce, qui ne contient que le titre et les six premières pages du texte (t. 20 du n° 25201). S'il faut en croire l'auteur de ce *Discours*, les conjurés devaient ouvrir à *Lesdiguières* les portes de la ville du côté de la *Guillotiere*, la nuit du premier au deux fevrier. Voyez l'*Hist. de Lyon* par M. MORIN, v, 382, et *les d'Urfé*, par M. BERNARD, p. 293.

1591. *Janvier 28. Séance consulaire.* « .... Parce que, en ce temps calamiteux et misérable, ceulx qui ont charge des affaires publiques, notamment les magistrats qui doivent rendre la justice à ung chascun, et spécialement aux affligez, sont subjects d'estre calompniez par la medisante et ignorante populace, les sieurs *Proust* (sic) et *Charbonnier* sont commis et deputez par les aultres sieurs eschevins pour assister à l'instruction du procez extraordinaire qui se faict sur quelques ungs accusez d'avoir conspiré et conjuré sur le repos public par la surprinse de la ville; aux fins que, par leur assistance, messieurs les magistrats qui font ledit procès extraordinaire, soient relevez et exempts de toute calomnie. »

1591. — *Janvier....* Dans le courant de ce mois, le marquis de *Saint-Sorlin* fit une expédition en *Dombes*, dont le seigneur *de la Bastie* avait voulu en vain maintenir la neutralité. *Trévoux* fut occupé par les Lyonnais, quoique cette ville se fût depuis le commencement montrée peu favorable à leur cause (mais bientôt, en récompense de ses bons sentiments, elle obtint d'être dechargée de sa garnison, et remise en son libre arbitre). *Thoissey* paya par un siége l'hospitalité accordée aux proscrits. Une lettre adressée, au nom de la ville de *Trévoux*, au Consulat, fait un tableau déplorable des ravages et des excès commis par les soldats dans toute la province. Le motif de la marche du marquis de *Saint-Sorlin* sur les rives de la *Saône*, indépendamment de ce que la *Dombe* appartenait à M. *de Montpensier*, qui suivait les drapeaux du roi, était la nouvelle qu'on avait reçue de la marche de 6,000 *Suisses* et d'un corps de cavalerie *venitienne*, allant au secours d'*Henry IV*. Une partie de ces auxiliaires du roi était à *Montbéliard*, l'autre à *Genève*, et l'on craignait qu'ils ne cherchassent à pénétrer par la *Bresse* et la *Dombe*, pour se jeter ensuite sur *Mâcon* et sur *Lyon*. Afin de ne pas leur laisser des ressources dans le pays, on donna l'ordre d'enlever tous les blés de la *Dombe*, pour être conduits dans la ville de *Lyon*, et y être emmagasinés pour le compte des propriétaires.... J. MORIN, *Hist. de Lyon*, v, 580.

1591. — *Février 9. Séance consulaire.* Les sieurs *Proust* et *Charbonnier* sont commis pour supplier Mgr. *le Marquis* de commander que le procès extraordinaire faict à l'encontre de ceulx qui sont accusez de prodition et conspiration contre le repos de la ville, soit *vidimé* par le greffier, qui a escript au procès soubz Messieurs les magistrats, pour porter le *vidimus* qui en sera faict à Mgr. *de Nemours*, attendu que le faict dont il s'agit est faict d'estat, qui mérite d'estre veu et bien examiné, avant que proceder au jugement deffinitif contre les accusez; et cependant ordonner qu'ils demeureront prisonniers où ils sont, faisant deffenses aux magistralz de passer outre au jugement, avant que S. E. en ait pourvu en son Conseil. Le Consulat commit en même temps le sieur *Chaponay de l'Isle*, pour aller trouver Mgr. *de Nemours* en la ville de *Montbart*, aux fins de lui faire entendre les affaires de la ville et du gouvernement, suyvant les memoyres et instructions qui, pour ce, luy seront baillées. — On lit dans ces instructions que si S. E. (le duc *de Nemours*) ne s'achemine promptement à Lyon, il est à craindre que les affaires n'aillent de mal en pire, pour le peu de respeet que les troupes portent à **Mgr.** *le Marquis*, lequel, à la vérité, est très-bon prince, mais n'estant versé aux affaires de telle importance que la conservation d'une telle ville que *Lyon*, il sera malaysé qu'il puisse empescher, tant s'en fault rompre les desseings de l'ennemy.

1591. — *Février* 13. Le Consulat écrit au duc *de Mayenne*, pair et lieutenant-général de l'Estat et couronne de France :

« Monseigneur. Nous avons receu ung extresme contentement d'entendre de vos nouvelles par monsieur le président *Janin* (*Jeannin*), pour la peyne en laquelle nous avons esté d'en sçavoir, notamment de vostre bonne disposition sur laquelle toute l'esperance des gens de biens est appuyée comme la base et principal fondement de leur salut; mesmement ceste ville, qui est en grand danger de pericliter, si elle n'est secourue de la présence et bon conseil de **Mgr.** *de Nemours*, pour beaucoup de raisons qu'il n'est pas besoing de fyer à la plume, bien lui commettrons nous d'escrire à vostre Exc. que nous avons advertissemens de toutes parts et de lieux bien asseurez et par personnaiges signalez, qu'il y avoit une bien grande entreprinse sur ceste ville; laquelle n'ayant peu estre exécutée par surprinse et par intelligence, l'on feit estat d'exécuter par la force et de faict. Nous avons asseuré advis qu'il se fait une levée pour le *roy de Navarre* ès trois *Cantons*, que la cavallerie que les *Venitiens* luy ont envoyée s'est arrestée à *Montbelliard*, et que partie d'icelle est venue jusques à *Geneve* avec *Guitry* et *Sancy*. *Desdiguieres*, depuis la prinse de *Grenoble*, se promet tout le reste du *Dauphiné* par le moien des *Maugiron*, *du Passaige* et de la *Roche*. *Montmorency* approche ses forces du costé de *Vivarais*. Monsieur le *Grand Prieur* tient les siennes toutes prestes à marcher à *Clermont* et ès environs. Monsieur *de Tavanes* faict un gros d'armée en *Bourgongne*. Le seigneur *de Sainct-Forgeux*, nostre proche voysin, reçoyt en sa maison tous ceulx du party contraire, et nous faict de fort maulvais office, comme beaucoup d'aultres gentilshommes qu'il n'est besoing d'exprimer, mais seulement vous en représentons nous une partie aux fins que vostre Exc. cognoisse et juge par sa prudence quel besoing a ceste province du retour et assistance de **Mgr.** *de Nemours*, sans lequel nous ne voyons pas, pour beaucoup de considerations, que nous puissions subsister ; qui nous faict supplier tres humblement vostre Exc. de mettre en consideration de quelle importance est ceste ville à la cause generale de tous les catholiques de ce royaulme, de laquelle estant distraicte (ce qui ne se pourra faire que par la vyve force et par la perte de noz vies et biens), tout le reste seroit bien esbranlé; à quoy vostre Exc. pourra pourveoir par la seule mission de mondict **Sgr** *de Nemours*, duquel seul, après Dieu et vous, despendent noz esperances de salut : nous vous en prions, Monseigneur, troys et quatre fois de la mesme affection que nous vous baisons très-humblement les mains, priant Dieu vous donner, Monseigneur, en très bonne santé et contentement, très heureuse et longue vie. De *Lyon*, ce XIII° jour de *febvrier* 1591. » *Documents* de M. GODEMARD, p. 12.

1591. — *Février* 14. « Les eschevins desirant advancer le jugement deffinitif du procès criminel faict contre quelques ungs accusez d'avoir intelligence avec l'ennemy pour surprendre la ville, et conserver le bon droict des innocents, et punir ceulx qui se trouveront atteintz et convaincus de ladite conspiration, se sont despartis des causes de recusation qu'ils avoient proposées contre Messieurs *de Rubys*, *de Rochefort*, *de Chabannes* et de *Liergues*; consentant que, nonobstant les causes de recusation, encores que admissibles, ils assistent au procès comme juges, pour l'asseurance et cognoissance que lesdits sieurs eschevins ont de la prudhommie desdits sieurs *de Rubis*, *de Rochefort*, *de Chabannes* et *de Liergues*, et du sainct zele qu'ils ont tousjours eu à la conservation , bien et repos de ladite ville. »

1591. — *Février* 19. *Séance Consulaire.* « Sur les remonstrances de *Jacques Hublée*, capitaine de la garde mise au chasteau de *Pierre-Scize*, que, par arrest ou ordonnance du Conseil-d'estat tenu en ceste ville pres la personne de Mgr le Marquis, lad. garde qui avoit esté establye *pour le sieur de Sainct André*, prisonnier de guerre au chasteau, a esté reduicte à quatre soldatz, la solde desquelz et du capitaine sera payée par led. sieur de *Sainct-André*, et que depuis quelque temps on a mis aud. chasteau troys ou quatre signalez personnages aussi prisonniers, lesquelz malaysement pourra-t-il garder, pour estre en diverses chambres, si lad. garde n'est accreue de plus grand nombre de soldatz ; — lesd. sieurs Eschevins ayans mis en consideration la charge commise aud. *Hubert*, qui ne se peult seurement ny bien faire avec ung petit nombre de soldatz, luy ont accordé une *crue* de deux soldatz, oultre les quatre susd., qui sera payée par la ville, à commencer du jour d'hier. »

1591. — *Février* 21. Le Consulat à Mgr le *Cardinal Cajetan* :

« Monseigneur, toute la chrestienté, comme nous en particulier, doit rendre graces infinies à Dieu de ce que, par sa bonté, il luy a pleu nous donner ung pape (*Grégoire* XIV), tel que le requeroit le grand besoing qu'elle en avoit, parce qu'elle se trouvoit fort esbranlée, notamment en ce royaulme de France, ainsy mesme que vostre illustrissime et reverendissime seigneurie a veu et peu toucher au doigt. En avons encore en nostre particulier à louer grandement sa divine clemence d'avoir inspiré sa Saincteté de prendre la protection de son Esglise, se rendant chef de l'Union catholicque de cedict royaulme, ainsy que nous sommes certifiés par les lettres que le dernier ordinaire nous a rendues de vostre illustrissime Seigneurie, laquelle nous remercyons tres humblement des bons offices qu'il luy a pleu de nous faire par l'assurance qu'elle a donnée à S. S. de nostre zele et affection en la foy et religion catholicque, apostolicque et romaine, de laquelle nous ne nous dispartirons jamais que par la perte de nos vies et de nos biens qu'il nous sera malaysé de conserver pour les entreprinses et conjurations que sont sur ceste dicte ville, si nous ne sommes secourus des molens de quelques grands princes, comme de S. S., laquelle, nous impartissant son secours temporel, servira grandement au general de la cause de la Saincte Union, pour l'importance que vostre illustrissime Seigneurie peult juger par sa prudence que ceste ville luy est. Nous sçavons et cognoissons bien qu'il est necessaire que le secours de S. S. soit faict au general, tant pour l'importance que pour la consequence, mais le general sera grandement soulaigé et secouru si ceste ville l'est en particulier ; ce que nous supplions tres humblement vostre illustrissime Seigneurie de faire entendre à S. S. ; nous vous en aurons une obligation particuliere, oultre aultres tres grandes qui nous rendent d'ailleurs voz tres redevables pour vous rendre tres humble service, comme nous ferons tousjours de la mesme affection que, après vous avoir tres humblement baisé les mains, nous prions Dieu vous donner, Monseigneur, eu tout bonheur, très heureuse et longue vie. » *Documents* de M. Godemard, p. 23. Voyez ci-après au 4 *avril*.

1591. — *Féorier* 28. *Séance Consulaire.* Les capitaines penons avec les principaulx bourgeois et citoyens de la ville appelez et priez au présent Consulat, la pluspart desd. capitaines penons y a comparu avec ung bon nombre aussi desd. bourgeois, tant de judicature que aultres, auxquelz lesd. sieurs eschevins, par la voix du Sr. *d'Aveyne*, ont dict et remonstré qu'ilz avoient convoqué la presente assemblée, pour representer au vray en icelle la diligence et bou debvoir qu'ilz ont faict pour amener et tirer la verité de la conspiration que l'on dict avoir esté faicte sur le repos de lad. ville, pour raison de laquelle conspiration quelques ungs de leurs concitoyens accusez d'y avoir participation et intelligence sont prisonniers, auxquelz, à la poursuitte et sollicitation desd. sieurs eschevins, l'on a faict le procès extraordinaire qui est prest à estre jugé, en quoy il leur semble n'avoir rien obmis du debvoir que doibvent les peres du peuple à leurs concitoyens; car, combien qu'ils ayent deputé deux d'entre eulx pour faire lad. sollicitation, lesquelz, encores que, contre les formes de droict, ils ayent assisté à l'instruction du procès, ilz ont encores consulté, par six fameux advocats, les procès verbaulx, interrogatoires, responses, confrontations et aultres procedures extraordinaires sur ce faictes, et par l'advis desd. advocats, prins leurs conclusions qui, pour ce, ont esté leues avec le susd. advis en la presente assemblée, laquelle, pour ce, lesd. sieurs eschevins ont prié d'adviser s'il y aura esté rien obmis, et s'il sera besoing d'adjouster ou diminuer à leursd. conclusions. Sur quoy tous lesd. assistans, après lecture faicte de la sud. consultation, et des conclusions sur ce prinses, ont approuvé ce qui a esté faict, sollicité et requis par lesd. sieurs eschevins ou leurs deputez, estant tous d'advis qu'on doibt suyvre lesd. conclusions et y persister, et neantmoings adjouster à icelles qu'il soit permis auxd. sieurs eschevins de faire proceder par censures ecclesiastiques contre ceulx qui sçauront quelque chose de lad. conspiration et qui ne la reveleront, aux fins qu'ung acte si perfide et detestable contre le repos de la patrie ne demeure impuny à faulte de preuve, desirans toutes foys que le bon droict de ceulx qui pourroient avoir esté faulsement accusez, soit gardé par l'intelligence de Messieurs les magistrats. » A. C., fol. 55.

1591. — *Février* 28. Le Consulat ordonne au sieur *Jacques Hublée*, capitaine de la garde du château de *Pierre-Scize*, « de remettre ez mains de Mgr *le Marquis* ou la justice les prisonniers qui sont en sa charge audict chasteau, pour la conspiration que l'on dit avoir esté faicte sur le repos de ceste ville , s'il luy est commandé par Mondict Sgr *le Marquis*, ou Messieurs les Magistrats.

1591. — *Févrivr...* Un parti de royalistes surprend le fort de *Saint-Victor*, dans le *Forez*. — La garde de ce point était disputée entre le Marquis *d'Urfé* et M. *de Chevrières*, à qui le Consulat avait rendu sa confiance et le commandement du *Lyonnais*. — *Chavrières* et *d'Urfé*, dans leur correspondance, s'accusent aigrement devant le Consulat au sujet de la surprise de ce fort. S.

1591. — *Février...* On apprend à Lyon la retraite des forces de M. *de Montmorency*, qui s'avançaient du côté du *Vivarais*. La conspiration qui venait d'être eventée en cette ville se liait, disait-on, à la marche des Royalistes du *Languedoc*, et l'on prétendait qu'en se retirant, ils disaient « que la poudre n'avoit pas pris feu. » Une des lettres adressées au Consulat mentionne un bruit assez singulier au sujet de M. *de Montmorency* : il était sur le point de marier sa fille au grand-prieur, lorsque ce projet fut rompu ; le roy ayant fait connaître qu'il avoit des prétentions pour lui même. J. Morin, V, 383.

1591. — *Mars* 12. Le S. *Guillaume Gella* est deputé par le Consulat vers Mgr *de Nemours*, pour le supplier de haster son retour en ceste ville. — On lit dans les instructions qui lui furent données, qu'il « fera entendre à S. E. les brigues et menées que l'on a faict pour sauver et faire declarer innocens, comme l'on a faict ceulx qui estoient prisonniers pour la conspiration qui avoit esté faicte pour rendre ceste ville à *Desdiguieres...* Que M. *de Montmorency* et le S. *de Tournon* ont envoyé leurs troupes du *Vivarais* à *Vienne* où se dresse le gros de leur armée ; laquelle estant assemblée, apportera de grandes incommoditez à ceste ville, voyre peult estre sa ruyne, pour le peu de moyens que l'on a de l'empescher, à faulte de forces qui veuillent faire le debvoir, parce que celles que nous avons, tant de pied que de cheval, ne font la guerre qu'aux paysans et à leur bestail, et ne leur a-t'on jamais peu faire veoir l'enne-my, notamment à celles qui sont commandées par capitaines du *Dauphiné*, qui ont ruyné entierement le plat pays de *Lyonnois* et de *Dombes*..... Que si S. E. ne s'achemine promptement par deça, il est à craindre que les affaires n'aillent de mal en pis pour le peu d'exploict de noz gens de guerre et le peu de respect et obeissance qu'elles portent à Mgr *le Marquis*....; que l'esperance que le peuple a de son prochain retour, le maintient en son debvoir, mais s'il estoit descheu de lad. esperance , il pourroit se refroidir par ung desespoir de son salut..... »

1591. — *Mars*... Dans le courant de ce mois, le religionnaire *Chambaud*, qui avait le commandement des troupes royales dans le *Vivarais*, fit une ten-tative pour s'emparer de *Givors*, où les *Lyonnais* tenaient une forte garnison. Ayant manqué son coup de main, il se retira. — *Givors* servait à *Lyon* de place d'armes contre *Vienne*, *Sainte-Colombe* et *Condrieu*, où les royalistes s'étaient maintenus. M. *de Chattes* paraissait vouloir entrer dans le *Forez* par *Monistrol*, tandisque le maréchal *d'Aumont* se dirigeait d'une autre part sur le *Roannois*. M. *de Chevrières* se porta de ce côté, mais n'y ayant pas rencontré le *Maréchal*, il s'empara du *château d'Arcy* dont la dame avait arboré les couleurs du royalisme. J. Morin, V, 383. Voyez ci-après au 14 *avril*.

1591. — *Mars*... Les échevins avaient entamé de nouvelles négociations avec les *Maugiron* de *Vienne* pour une trêve. Les articles en devaient être l'échange des points que les *Lyonnais* tenaient encore dans le *Viennois* contre *Sainte-Colombe* et *Condrieu*, avec garanties pour la liberté du commerce. On ne s'entendit pas. Toutefois on promit de part et d'autre d'observer la con-vention qui avait été conclue entre le roi et le duc *de Mayenne*, pour rendre, s'il se pouvait, cette guerre un peu moins dévastatrice. Entre autres articles , défenses avaient été faites d'arrêter les laboureurs et les ecclésiastiques, et de saisir les bestiaux employés au labourage, sous prétexte de refus de contribu-tions. Il était moins difficile aux deux prétendans , observe judicieusement M. *Morin*, d'accorder au cri de l'humanité une telle convention, que de la faire exécuter, V, 384.

1591. — *Mars*... « A la diligence d'un bon père de l'ordre des *Chartreux*, nommé Don *Guillaume Chesozme*, Escossoys de nation, autres foys evesque de *Vayson*, au contat de *Venisse*, et ambassadeur de la très-chrestienne Royne *Marie*, à *Rome* et en France, fut donné commencement au bastiment qu'ont entrepris de faire, en la coste *Sainct Sebastien*, et au lieu qui auparavant s'ap-peloit la *Girofflée* (1), les Religieux dudict ordre de la *Chartrousse*, et où ils ont commencé d'avoir un couvent, et y mit la premiere pierre Monsienr le Mar-quis de *S. Sorlin*,... et fut le lieu benist et consacré par ce digne prelat et vray mirouer de pieté, Messire *Pierre de Villars*, reverendissime archevesque de *Vienne*. » Rubys, p. 448. Voyez *Lyon ancien et moderne*, T. 1er, p. 369 et suiv. (Art. de M. *Passeron*).

1591. — *Avril* 4. Les eschevins ont receu ce aujourd'huy, par le courrier ordinaire de *Rome*, un bref apostolique dont la teneur s'ensuit :

---

(1) Il existait en cet endroit une maison de plaisir où se faisaient des parties de débauches ; il y avait une lice à courre la bague et des chevaux ; on y voit , sur l'ancienne carte de Lyon , gravée sous le règne d'*Henry II*, des personnes qui dansent. *Notes* du P. Menestrier.

Gregoire P. P. xiv

Chers et bien amez filz, salut et benediction apostolique.

Voz lettres nous ont donné plaine et entière coignoissance de vostre ardente affection et bonne volonté envers le sainct siege apostolique, pour lequel, en ce temps plein de grands troubles et séditions, vous n'auez crainct de souffrir et supporter toutes choses, soubz l'esperance que Dieu, pere de misericorde vous apporteroit consolation et ayde. Nous louons ceste vostre piété et constance, et vous exhortons par le Seigneur de soustenir et deffendre, de toute vostre affection et pouvoir, la charge que vous avez prinse de conserver vostre seureté, et de retenir et maintenir la pureté et integrité de la foi catholique, vous remettant en memoyre que le Seigneur couronne et récompense, non ceulx qui battaillent pour son sainct nom, mais ceux qui perseverent jusques à la fin. Plusieurs nous ont rapporté l'excellence de voz merites, mais sur tous autres nostre cher et bien amé filz *Henry* cardinal *Caietan,* au retour de sa legation, nous a faict entendre, à vostre grand honneur et louange, comme vous vous estes excellemment efforcez pour faire cognoistre l'honneur et reverence de long temps esprouvé que vous avez à la foy et religion catholique. Nous desirions en verité non seulement secourir de nos moyens spirituels et temporels, mais aussi par liberalité gratuite, voz affaires, c'est à dire, la chrestienté de vostre royaulme de France; mais à nostre advenement au pontificat, outre le soulcy et sollicitude qu'ung pasteur doibt avoir de ses ouailles entre lesquelles vous n'estiez des derniers, s'est en suivje une si grande et inopinée cherté de vivres que, à grand peyne avons nous peu pourvoir a la nécessité présente et la ville de *Rome* affligée d'une grande famine. Mais quand Dieu, par sa grande et liberale bonté, nous aura rendu la fertilité et abondance desirée, et donné quelque loisir de respirer, et que nous serons plus amplement certifiez de voz affaires, nous nous efforcerons, moyennant l'aide de Dieu, de pourvoir à voz commoditez et proufict, en tant que la necessité du temps le pourra permettre. Dieu par sa saincte grace vous deffende de toute adversité et par apostolique benediction que nous vous baillons par ces presentes, vous veuille combler de toute felicité. Donné à *Rome* le ve de mars 1591 et de nostre pontificat le premier. M. Vestrius Barbianus. Voyez ci-dessus au 21 *février.*

1591. — *Avril* 14. Le duc *de Nemours* écrit au Consulat :

« Messieurs, je pensois combattre le mareschal *d'Aumont,* mais j'ay eu nouvelle qu'il s'est recullé, et qu'il est maintenant à dix huit lieues de moy, ce qui me fait penser que je seray plus tost à vous que je n'en fesois estat. Ce matin le *chasteau d'Arcy* s'est rendu à moy où j'ay mis le sieur de *Lestoille.* C'est ce que je vous puis mander de mes nouvelles pour ceste heure, en me recommandant tres affectueusement à vos bonnes graces, et priant Dieu, Messieurs, vous donner tout heur et contentement. De *Charolles,* ce xiiij au ri, 1591. *Votre antieremant meilheur et plus affectionné amy d vous seruir.* Charles de Savoye. — La formule finale de cette lettre est de l'écriture du duc *de Nemours.* Arch. du Rh., V, 113.

1591. — *Avril* 21. Le duc *de Mayenne* écrit aux échevins de Lyon :

» Messieurs, l'assemblée à laquelle je vous conviay dernièrement par mes lettres, pour résoudre, avec l'advis de toutes les provinces, des moïens qui se trouveront plus expédients pour l'advancement de nostre saincte Religion et le bien general du royaulme, ayant esté intermise pour quelque consideration, j'ay depuis advisé qu'il estoit nécessaire, pour le bien de cest, estat, de continuer et poursuivre la fin de ceste convocation, de laquelle je suis mesme requis et invité par Messieurs de la Court de Parlement de *Paris,* au moïen de quoy je vous prieray de faire, le plus promptement que vous pourrez, l'eslection de vos depputez, si desja ne l'avez faicte, et les faire partir en toute diligence avec l'escorte que leur donnera, pour la seureté de leur voïage. M. le duc de Nemours, mon frere, gouverneur de vostre province, auquel j'escris particulierement pour cest effect; desirant qu'ils puissent se rendre en ceste ville de *Rheims* le dernier jour de may prochain, ou plus tost s'il est possible, où j'ay pareillement assigné les depputez de toutes les aultres provinces, pour, avec une meure deliberation, prinse de l'avis de tous les corps et ordres de cest estat, pourveoir aux meilleurs remedes qui se pourront trouver pour la conservation de nostre sainte Religion et bien de cest estat, à quoy il n'y a point de doubte que nous emploïant avec le zele et droite intention que nous debvons, et que je m'assure que chacun de vous y apportera, Dieu nous en fera ressentir les effects salutaires pour l'advancement de son sainct service et manutention de ce royaulme ; de quoy je le supplie de tout mon cœur, et qu'il vous tienne, après m'estre recommandé à vos bonnes graces, Messieurs, en sa saincte et digne garde. — *Rheims*, le 21 jour de avril 1591. — Votsre affectionné et assuuré amy, Charles de Lorraine, et plus bas, Marteau. » *Documents* de M. *Godemard*, p. 5.

1591. *Avril....* Les *Lyonnais*, qui sollicitaient depuis long-temps le duc *de Nemours* de revenir dans son gouvernement, obtiennent, vers la fin de ce mois, la réalisation de leurs désirs.... Mais à peine fut-il arrivé qu'il fut appelé de toutes les provinces environnantes pour y soutenir ceux de son parti. Le duc se rendit en *Bourgogne*, où le danger se trouvait le plus urgent. Les troupes *Suisses* et *Vénitiennes*, conduites par les seigneurs *de Sancy* et *de Guitry*, y avaient pénétré, après avoir traversé, non suns quelques échecs, la *Bresse* où le marquis *de Treffort* commandait pour le *Duc de Savoie.* — D'autre part, l'Italie et la Suisse envoyaient des secours à la ligue. On attendait à Lyon un corps de troupes parti de *Rome*, sous le commandement du duc de *Monte-Marciano*, neveu du pape *Grégoire XIV*, qui s'était aussi engagé à soudoyer un corps de 6000 *Suisses* levés dans les Cantons catholiques ; mais ces troupes changèrent la direction qui leur avait été primitivement indiquée, et prirent leur route par la *Franche-Comté*, pour aller se joindre au duc de *Parme*. J. Morin, v, 384 ; A. Bernard, p. 296 Voyez ci-après au 28 *mai*.

1591. *Mai* 4. Le duc *de Mayenne* écrit de Rheims, aux Consuls et echevins de la ville de Lyon, pour les instruire de la situation dans laquelle se trouvent les différentes places occupées par ses troupes. Nous ne reproduirons pas cette lettre qui a été publiée par M. *Godemard*, dans ses *Documents*, p. 1 — 4.

1591. *Mai* 10. Les Consuls et eschevins de la ville de Lyon aux *Advoyers de la ville et canton de Fribourg* :

« Tres-illustres et magnifiques Seigneurs, nous vous avons une grande obligation du secours qu'il vous a plu nous donner d'une nouvelle compagnie de trois cens hommes de pied de vostre canton, pour renforcer nostre garnison, laquelle nous desirons estre telle et si grande mesme de soldats fideles, tels que sont les vostres, que nous ne tombions en la captivité de la ville de *Chartres*, lesquels se sont tousjours opiniatrez de ne recepvoir garnison, se tenant assez forts pour resister et faire teste à l'ennemy, comme à la verité ils ont faict pour quelque temps, mais enfin, estant l'ennemy maistre de la campaigne, et s'estant tellement retranchez qu'il estoit impossible de jecter ung secours dedans la ville, soit de gens, soit de munitions de guerre, notamment de poultres dont les assieges ont heu grande faulte , ils ont esté contraincts de composer. Mais, quelque disposition qui ayt esté faicte avec *le Navarrois*, il a baillé à son entrée en ladicte ville telles esperances de se faire catholicque qu'il *a faict pendre ung chanoyne , ung cordelier , ung jesuiste et le maire de la ville.* Par ce desportement, l'on peut juger quel est son desseing. Quant à Mgr *de Mayenne*, Son Excellence se refiant à la promesse et asseurance que lesdits habitans de *Chartres* luy avoient toujours données de ne craindre rien non pas plus grandes forces que celles que ledit *Navarrois* avoit en son armée, a employé les siennes au siège de la ville de *Chasteau-Thiery* qu'il a prise avec le fort (1) ; ce qui apporte une très grande commodité àla ville de *Paris*, pour avoir , par ceste expugnation, rendu libre la riviere de *Marne* par laquelle la pluspart et la plus grande abundance des provisions de ladicte ville de Paris , mesme de bleds , y abordent de jour à aultre, tellement que ceste ville-là , qui est la capitale du royaulme , par la grace de Dieu , est pour aujourd'huy asseurée de sou entiere liberté ; ce dont nous vous avons bien voulu donner advis , affin que l'ennemi qui s'ayde de tous artifices, ne fasse soubz main courir quelque faulx bruict en voz quartiers , qui puisse demouvoir , ou, comme que ce soit, esbranler ceux qui sont bien affectionnez à nostre party, non parce que nous doubtions que vos trèsillustres seigneuries se laissent manier par rapports quelsqu'ilz soyent, faulx ou vrais ; car nous les cognoissons tellement asseurées et affectionnées au parti catholique que, quelque sinistre accident qui advienne pour noz pechez, vous demeurerez toujours fermes et constans avec une tres bonne volunté d'y apporter les secours accoutumez, dont nous vous supplions très humblement , tres illustres et tres magnifiques seigneurs , de nous conserver en vos bonnes graces. *De Lyon*, cc x^e. jour du moys de *may* 1591. »

1591. *Mai* **19.** Une ordonnance du duc *de Nemours*, datée de *Lyon*, devance , à l'occasion de la guerre qui se fait pour le soûtenement de la Sainte Union et Foi catholique, la levée du don gratuit de mille écus d'or sol, que les habitans du *Franc-Lyonnois* ne devoient payer que le dernier jour d'*août* 1596. Recueil d'*Hubert de Saint-Didier*, p. 160. Voyez ci-après au 21 *juin* 1596.

1591. *Mai* **23.** Le duc *de Mayenne* écrit aux échevins de Lyon :
« Messieurs, je loue beaucoup la prudence que vous avez sçeu apporter à recognoistre la conspiration que l'on nous avoit faict entendre estre faicte sur vostre ville , et la justice que vous avez gardée au chastiment de ceulx qui avoient chargé tant d'honneste gens qui s'en sont trouvez du tout innocens , ce qui aura esté un moïen pour confirmer d'aultant leur bonne volonté , et donner courage à tous aultres de persister à bien faire , puisque le mal est recherché et pugny si exactement. J'avois, il y a longtemps. désiré que les affaires pussent permettre à M. *de Nemours*, mon frere , de vous aller veoir pour donner ordre à tout par sa présence , et ne pouvois entendre nouvelles plus agréables que celles que j'ay reçeues de son arrivée en vostre ville , esperant qu'il y saura composer toutes choses à vostre contentement , et vous aidera à faire advancer vos depputez , comme je vous prie d'y apporter le plus de diligence qu'il vous sera possible , afin que , prenant ensemble une bonne resolution , le secours que nous recevrons tant de Sa Saincteté que de Sa Majesté catholicque, ne soit sans

<hr>

(1) Nous avons fait quelques changements à la ponctuation de cette lettre que nous avons extraite des *Documents* publiés par M. *Godemard*. Sans cela, plusieurs passages auraient été inintelligibles.

le fruict que nous en attendons, Et n'estant ceste à aultres fins, je prye Dieu qu'il vous ayt, Messieurs, en sa saincte et digne garde. De *Rheims*, le xxme jour de may 1591. Vostre trèsaffectionné amy, CHARLES DE LORRAINE, et plus bas MARTEAU. *Documents* de M. *Godemard*, p. 6.

1591. — *Mai* 26. M. *Claude de Cremeaux* écrit de *Chamousset* aux échevins de Lyon :

« J'ay reçeu ce soir bien tard la lettre qu'il vous a pleu m'escrire, pour response à laquelle je vous diray que je vous ay beaucoup d'obligation de la memoire que vous dites avoir gravée en vos cœurs de feu mon frère *de la Grange*, et qu'icelle vous aye jusques icy retenu de faire entendre à Monsieur *de Nemours* les desordres que le fils de feu mondit frère et sa compagnie exercent sur le plat pays, tant mal nourri (*élevé*) et discipliné, comme vous dites ; de quoy vous m'avez voullu advertir premier que de vous en plaindre à mon dit Seigneur pour le prier d'y pourvoir par une justice exemplaire. Je serois tres ayse, Messieurs, que vous puissiez faire en sorte avec mondit Seigneur qu'il se peut ensuivre la punition que vous dites, non seulement à l'endroit de mon neveu et de sa compagnie, mais d'une infinité d'autres qui ruinent et ravagent tellement ce pauvre pays, qu'ils contraignent le pauvre peuple abandonner leurs maisons et tenir les bois, où l'on les va chasser comme des bêtes sauvages. Et encores que mondit neveu se licencie à tant de maux que vous dites, ce n'est pas faute de discipline et de bonne nourriture (*éducation*), car on luy en a faict autant pratiquer qu'à gentil'homme de sa sorte ; ce n'est pas aussy de mon consentement qu'il faict ce qu'il faict, car il a bien prins la compagnie sans mon sçeu, de quoy je l'ay bien souvent rebroué et de ses mauvais déportements. Mais, Messieurs, il faut que vous consideriez, s'il vous plaist, qu'il est venu en un temps rempli de misères, auquel la pluspart tournent au vice, et non seulement luy, qui est en bas aage, mais une infinité d'autres qui se sont desbordez et du devoir et de la raison, jusques à se mecognoistre eux-mesmes. » A BERNARD, *les d'Urfé*, p. 297.

1591. —*Mai* 28. Au commencement du printemps de cette même année 1591, le duc *de Nemours* revint à Lyon : sa valeur et sa réputation s'étoient augmentées en soutenant, comme il avoit fait, le siège de *Paris*. Peu de temps après, M. l'archevêque *d'Epinac*, absent de Lyon depuis quelques années, y revint aussi, et porta le S. Sacrement le *jeudi* 28 *mai*, à la procession générale qui se fit avec grande pompe et solemnité ; le duc *de Nemours* et le marquis *de Saint-Sorlin*, son frère, y assistèrent. Tous ces dehors de religion et ces dévotions extérieures avoient pour principal objet de raffermir les ligueurs dans la Sainte Union dont M. l'Archevêque étoit un des principaux arcboutans. » *Alm. de Lyon* pour 1746, p. liij. — Il y a erreur sur la date de cet événement ; le 28 *mai* étoit le *mardi*. La même erreur se retrouve dans le *Mémoire* de D. THOMAS, p. 42. En 1591, la *Fête-Dieu* tombait au *jeudi* 13 *juin* ; l'année suivante, au *Jeudi* 28 *mai* ; ce serait donc à la *Fête-Dieu* de l'année 1592 que d'*Epinac*, *Nemours* et S. *Sorlin*, se seront trouvés tous les trois à Lyon le même jour.

1591. — *Mai*... M. *de Saint-André* sort de prison ; *Marguerite de Saint-Mégrin*, sa femme, s'oblige personnellement au payement de sa rançon. A. BERNARD, *Les d'Urfé*, p. 292.

1591. —*Mai et juin*... Les *Dauphinois* avertis du départ de *Nemours*, lèvent le siège de *Saint-Genis d'Aost*, et viennent se jeter sur le *Lyonnais*. La compagnie de M. *d'Albigny*, que le duc avait laissée pour la défense du pays, laissa paisiblement l'ennemi venir s'établir et lever des contributions à la *Guillotière*. — Après ce coup de main, les *Dauphinois* passèrent le *Rhône*, attaquèrent

Givors, s'emparèrent de cette ville, et firent prisonnier le Seigneur *de Neres-tang*, qui y commandait pour les Ligueurs. S'étant répandus dans le pays, et ayant éprouvé quelques pertes dans une embuscade qui leur fut tendue par le Seigneur de *Saint-Martin*, près le *Dargoire*, ils repassèrent le fleuve, laissant M. *de Bothéon* à *Givors* pour demanteler la place. J. MORIN, v, 586; A. BERNARD, p. 296. Voyez ci-après, **7** *février* 1592.

1591. — *Juin* **3.** Le duc *de Nemours* s'empare de la ville de *Bourg-Argental*, qui était occupée par les troupes royales, sous le commandement du duc *de Ventadour*. Voyez l'*Alm. de Lyon*, p. 1760, p. 31, 3e partie.

1591. — *Juin* **5.** Le Consulat commet les sieurs *d'Aveyne, de Vaulx, Proust* et *Poculot*, échevins, «pour assister à l'eslection des courriers de la *Confrairie de Sainct Bonaventure*, qui se fera demain jour de *Sainct Claude*.

1591. — « Le *jeudy sixiesme jour de juing* L'an mil cinq cens quatre vingts unze, au *Couvent de Sainct Bonadventure* de ceste ville, sont comparus, sur les neuf heures du matin, nobles hommes Monsieur Me *Jacques d'Aveyne*, conseiller du roy, tresorier general de France au bureau des finances de Lyon, *François Ptatel*, seigneur et baron de *Vaulx*, deux des Consulz eschevins commis et deputez par les aultres sieurs eschevins, Monsieur Me *Pierre Austrein*, aussi conseiller dud. Sgr. Roy et lieutenant particulier en Seneschaucée et siége presidial de Lyon, *Claude de Bourges, Guillaume Gella, Jehan Pelletier, Amable Thieboz, Estienne Faure, Ponson Bernard, Jacques de Grimo, Ballazard Proust, Benoist Teste* et *Pierre Olivier*, auxquelz comparans frere *Galtier* (?), docteur en theologie, pere gardien du Couvent de l'Observance, a remonstré que, de toute ancienneté, il y avoit une *Confrairie de Sainct Bonadventure* en l'esglise dud. couvent qui estoit regie et gouvernée par les principaulx et plus signalez jeusnes hommes enfans de la ville, par le soing et diligence desquels elle a esté saigement gouvernée et administrée, et le service divin entretenu et observé un bien long-temps; mais depuis quelques années, soit par la malice du temps, *tepidité* et negligence des modernes courriers, elle commence à s'edvanouyr et deschoir de son ancienne splendeur, comme elle fera du tout s'il n'y est promptement pourveu par l'eslection en lad. charge de courrier de quelques signalez personnages bien zelez et affectionnez à l'entretennement et conservation du service de Dieu, qui la remettent sus en son premier lustre : à quoy il a exhorté les susdits comparans.—Sur ce led. sieur *d'Aveyne* a aussi remonstré que, en lad. esglise de sainct Bonadventure, nonobstant l'injure du temps, Dieu a preservé un tres grand joyau et reliquaire qui est le *chef dud. Sainct Bonadventure*, pour la reverence duquel noz ancestres avoient erigé et estably lad. confrairie, laquelle par tradition d'iceulx nos ancestres a esté de main en main observée et entretenue jusques a noz temps ; et parce que la saincte Escriture et l'Eglise aussi commandent l'observation des traditions de noz peres, lesquelles les heretiques ennemys de Dieu et de son eglise oppugnent et combattent le plus qu'ilz peuvent, il est bien raisonnable, que, suyvant lad. tradition, lad. confrairie soit remise et desormais entretenue et conservée, pourveu que ce soit religieusement et sans bal ou danses ny banquez superflus, pour lever toutes occasions auxd. heretiques d'en mesdire selon leur coustume. — Sur lesquelles remonstrances et propositions lesd. comparans ont procedé à l'eslection et nomination desd. nouveaux courriers, et tous d'une voix ont esleu et nommé pour nouveaux courriers de la presente année Me *Austrein*, conseiller, *Regnauld*, avocat, *Henry*, advocat, et *Champaigneu*, lesquels, le lendemain septieme desdicts moys et an, ont esté mandez en l'hostel commung de ladicte ville, où sont comparus lesd. sieurs *Austrein, Regnauld* et *Henry* qui ont esté priez d'accepter la charge de lad. courrerie pour l'année advenir, ce qu'ilz ont accepté. »

1591. — *Juin* 7. Les échevins « ont commis le sieur *Proust* (un d'eux) pour recepvoir et prendre le *mot du guet* de Mgr *de Nemours* ou de Mgr *de Lyon* qui le donne en son absence, pour le bailler aux capitaines penons de ceste ville, et aultres qui ont accoustumé de recepvoir. »

1591. — *Dimanche* 9 *juin*. «En ensuyvant ce qui a esté accoustumé de long-temps estre observé à tel et semblable jour que ce jourd'huy, jour feste de la saincte Trinité, Nobles *Jacques d'Aveyne*, *François Platel*, seigneur et baron *de Vaulx*, *Claude Poculot*, *Jehan Charbonnier*, *Michel de Pures*, *Janetto de Lequi*, *Jehan Yvernogeau* et *Antoine Charrier*, consulz eschevins representans le corps commung de ceste ville, se sont presentez au *College de la Trinité*, regy et gouverné par ceulx de l'*Ordre* et *Société du nom de Jesus*, où y estans, après avoir conferé avec Me *Bernardin Castor*, l'ung de lad. société et principal dud. College, des obligations, conventions et choses esquelles iceulx sieurs de lad. Société sont tenus pour l'education et instruction de la jeunesse, suyvant les contractz et actes passez entre lad. ville et ceulx dud. ordre et société, seroient lesd. sieurs eschevins allez en l'eglise dud. College pour y entendre la grande messe, à la celebration de laquelle, et après l'Evangile dict, led. sieur *Castor* a offert, presenté et delivré auxd. sieurs eschevins, ung gros cierge de cire blanche, sur lequel les armoyries de lad. ville sont peintes, en hommaige et recognoissance de l'obligation que lesd. sieurs de lad. Société ont à lad. ville, et aux eschevins d'icelle, desquelz ilz tiennent led. College, tant pour l'instruction de lad. jeunesse aux bonnes lettres que pour aultres occasions plus amplement declairées auxd. contractz et capitulations cy-devant passez entre eulx, supplians lesd. sieurs eschevins d'estre tousjours, comme ilz ont esté, les protecteurs d'iceluy college. A quoy a esté respondu par la voix dud. sieur *d'Aveyne*, qu'ilz acceptent led. cierge, en recognoissance des articles et capitulations portées par lesd. contractz et actes, et que, en perseverant tousjours par iceulx sieurs de lad. Société à bien instruyre et enseigner lad. jeunesse, comme ilz ont faict jusques icy, ilz seront tousjours aymez, cheris, respectez et honorez par le Consulat, voyre par tous les habitans de lad. ville, ainsy que leur ordre et qualité le merite. » A. C. fol. 141.

1591. — *Juin* 20. *Séance consulaire.* « Sur les remonstrances du capitaine penon et des principaulx habitans du penonnage et quartier des *Carmes*, que jusques icy ilz ont esté paisibles et bien unys pour l'amitié et concorde qui est entre lesd. habitans, laquelle pourroit estre alterée et du tout rompue s'il estoit permis qu'ung nommé *André Bartholy*, cordoannier, vînt habiter aud. quartier, et s'y remuast à ceste prochaine feste de S. Jehan, ainsi qu'il a proposé de faire ; car estant, comme il est, homme seditieux et querelleux, et qui a desja faict plusieurs querelles et scandales, et mis la main aux armes aud. quartier, malaisement se pourra contenir sans apporter ou susciter quelques querelles aud. quartier, qui jusques icy est demeure paisible, à quoy ils requeroyent d'estre pourveu. —Les sieurs eschevins desirans que tous les habitans de la ville, leurs citoyens, vivent et s'entretiennent en toute unyon, concorde et amitié, empeschent pour le bien public que led. *Bartholy* se remue et aille habiter aud. quartier, attendu que pour n'y estre agreable aux aultres habitans, il n'y pourra apporter que schisme et division contre et au prejudice du repos public.»

1591. *Juin* 20. Les eschevins desirans satisfaire à la volonté de Mgr le duc *de Nemours*, ..., qui les a instamment priez par deux diverses lettres de faire recepvoir Me *Jehan de Ville*, en l'estat de Me barbier et chirur *gien*, luy ont accordé *lettres de muistrise* en ceste ville, en tant qu'ilz le peuvent faire, et non aultrement. et sans tirer ce faict à conséquence, et que ce soit sans alteration ny dérogation des droitz et privileges d'autruy, desquelles lettres la teneur s'en suit :

« Les Consuls et eschevins de la ville de Lyon, à tous ceulx qui ces presentes verront, sçavoir faisons que, voulant effectuer le desir que nous avons tousjours eu d'obeyr au commandement de Mgr le duc *de Genevois et de Nemours*, pair de France, gouverneur et lieutenant général pour le Roy en ceste ville et pays de Lyonnois, Forests, Beaujolloys et Auvergne, avons, en sa faveur et consideration, en tout qu'à nous est en ce permis, qui nous concerne, et sans préjudice de droict et privileges d'autruy, permis et permettons à M° *Jehan de Ville*, barbier et chirurgien, qu'il puisse et luy soit loisible d'exercer l'estat de maistre barbier et chirurgien, et à ces fins louer et tenir boutique en costed. ville, et y jouisse des droitz et privilleges desquelz ont accoustumé de jouyr lesd. maistres barbiers et chirurgiens en icelle ; prions pour ce Messieurs les Seneschal et gens tenans le siege presidial de lad. ville et aultres qu'il appartiendra, de laisser et faire librement jouyr de lad. maistrise led. *de Ville*, et ne souffrir luy estre sur ce faict, mis ou donné aulcun empeschement. En tesmoings de quoy, nous avons faict expedier et signer la presente par le secretaire et greffier de lad. ville, et y mettre le scel des armes d'icelle, ce vingtiesme juing l'an mil cinq cens quatre vingtz onze. »

1591. *Juin* **21.** Les eschevins advertis du decès du sieur *François Fortis*, capitaine penon du quartier de *Sainct-Vincent*, de l'hoirie et succession duquel l'on se veut saisir par droict d'aubeyne, comme n'estant led. *Fortis* naturel François, mais Florentin, s'estant de bonne foy habitué en ceste ville, tant soubs les privileges des foyres y establyes (dont ilz sont les vrays protecteurs et conservateurs), que par l'affection que, dès son jeusne aage, il a portée à lad. ville, bien et repos d'icelle, pour raison de quoy il estoit tenu d'ung chacun pour vray et naturel citoïen, et comme tel luy avoit-t-on fyé, en ce temps plain d'ombrage, soubçon et defiance, le commandement et intendance sur l'ung des principaulx quartiers de la la ville où il s'est si dignement et vertueusement comporté jusques à son decès qu'il a merité que l'on conserve à ses vrays et legitimes heritiers ce peu que, par son industrie, labeur et travail, il leur a delaissé par son decès : et parce que Mgr *de Nemours*, gouverneur et chef de lad. ville, pour favoriser quelque sien serviteur, ou pour quelques aultres considerations, a donné, par led. droict d'aubeyne, ce qui est de l'hoirie et succession dud. defunt, les sieurs eschevins, comme peres du peuple et conservateurs des privileges des foyres, ont resolu de prendre ceste cause en main, et à ces fins prier S. E. de n'user ni permettre que l'on use en cest en droit d'aulcune force ou violence, mais d'en deferer la direction et jugement souverain à la justice, comme il a esté faict de toute anciennelé ; constituans pour leur procureur M° *François Faur*, procureur es cours de Lyon, pour se joindre avec les heritiers dud. *Fortis*, aux fins de demander et requerir la main levée des biens dud. Fortis saisys à la requeste du procureur du Roy.

1591. *Juin* **24.** Publication 1°. des *Lettres de Grégoire XIII*, *exhortatoires et monitoires aux princes, ducs, marquis, comtes et autres grands seigneurs et nobles du royaume de France suyvans le parti d'Henry de Bourbon, jadis roy de Navarre à fin qu'ils ne le suyvent d'avantage, et ne le favorisent en quelque façon que ce soit ; 2°. du Monitoire du même pape, sur censures et peines aux archevesques, evesques, abbez, etc., constituez au royaume de France,* *à fin qu'ils se despartent du tout, laissent et quittent Henry de Bourbon, jadis roy de Navarre, et ses adherans, fauteurs, etc. (1).*

Cette publication fut faite par commandement de *Pierre d'Epinac*, donné à *Lyon* le 22 *juin* 1591. Voici le procès-verbal qui en fut dressé :

« Aa nom de nostre Seigneur Jesus-Christ, *Amen.*

« Soit manifeste et notoire à tous et à chascun de ceux auxquels les lettres cy devant escriptes concernent, touchent ou peuvent toucher et qui en quelque maniere y ont ou pourront avoir interest pour l'advenir; que l'an de la Nativité de N. S. J. C,, mil cinq cens quatre vings et vnze, indiction quatriesme et le vingt-quatriesme jour de juin, feste de S. Jean Baptiste, patron de ceste ville de Lyon ; l'an premier du pontificat de nostre S. Pere Gregoire XIIII : je *Jeau Livet*, notaire royal et secretaire de l'archevesché de Lyon, citoyen de ladiste ville, pour proceder à l'execution des deux bulles ou lettres apostoliques, originales, monitoriales..... données à *Rome* à *S. Pierre*, l'an de l'incarnation de N· S. 1590, le premier jour de mars...,. je me suis transporté en l'eglise cathedralle de *S. Jean*..... en laquelle plusieurs du clergé et de la noblesse, et grande multitude de péuple, tant de la ville que dehors, y venus pour gagner les indulgences octroyées par noz saincts peres à ceux qui visiteront ladite église, la vigile et jour dudit S. Jean Baptiste, patron de ladite eglise) estoyent assemblez pour ouyr le divin service et gaigner lesdites indulgences, et à l'yssue de la grande messe, je me suis arresté au portail de ladite église, et là tout debout parmy une grande affluence de personnes, tant du clergé, noblesse que tiers estat, j'ai leu, exposé, recité et publié de mot à mot, à haute, claire et intelligible voix, tant en latin qu'en françois, lesdites deux bulles ou lettres originales.... et après j'ay affigé les mesmes bulles ou lettres originales aux portes de ladite eglise..,.. et finalement, après ung competent espace de temps, j'ay osté de là et retiré par devers moy les originaux des mesmes lettres, et ay affigé et laissé aux mesmes portes.... les coppies d'icelles en latin et françois, deuement collationnées auxdits originaux et s'accordant à iceux... Ces choses ont esté faictes..... ès presence de venerables personnes M. *Antoine Bussillet*, prestre chanoine de l'eglise de S. Paul, venerable M. *Flory Blanchery*, prestre chanoine de l'eglise collegiale *S. Nizier* de Lyon, aumosnier de Mgr le reverendissime archevesque dudit Lyon, noble *Guyot de Masso*, receveur des deniers communs, dons et octroys de la ville de Lyon, *Jean Pillehotte*, libraire de la Sainte Union, tesmoings à ce specialement appelez. Et ont encore assisté Mgr le reverendissime Messire *Pierre de Pinac*, archevesque, comte de Lyon, ... M. *Claude de Chalmazel*, doyen et comte de l'eglise de Lyon, *Estienne de la Barge*, abbé de S. André lez Clermont, archidiacre et comte en ladite eglise, vicaire general au spirituel et temporel dudit sieur archevesque, *Loys de Saconay*, chantre et comte en ladite eglise, ... *Antoine Emanuel Chalom*, chanoine et secretain de S. Nizier, et official ordinaire de Lyon, *Nery de Torveon*, chanoine et obeancier de l'eglise collegiale de S. Just, *Jean Faure*, tresorier de l'eglise S. Jean, *Claude le Riche*, *Gaspard de Sueres* et *Guillaume Petit*, chanoines de ladite eglise de S. Just, *Clemeut Girinet*, secretain de S. Estienne, *Vidal* et *François Besset*, chanoines de l'eglise S. Paul, et plusieurs autres du

______

(1) Ces deux pièces ont été imprimées séparément à Lyon, par *Jean Pillehotte*, 1591, in-8. Elles sont suivies du mandement de d'Epinac et du procès-verbal de publication (B. de Lyon, n° 25201, tome 20).

clergé en grand nombre. — E y ont encore assisté très haut , très puissaut et très illustre prince Mgr *Charles Emanuel de Savoye*, duc de *Genevois* et de *Nemours*: .... Mgr *Henry de Savoye*, marquis de *S. Sorlin* , son frere, le sieur *de Monestier*, lieutenant de la compagnie dudict sieur de Nemours ; le sieur *de Beaucressant*, lieutenant de la compagnie dudict sieur marquis de S. Sorlin , ... M. *Claude de Torvéon*, conseiller du roy et lieutenant criminel en la senechaussée et siege presidial de Lyon, *Pierre Austrein*, lieutenant particulier, *Georges Grollier* , *Hugues Broquin, Georges l'Anglois* , et autres conseillers dudict siege presidial , maistre Pierre *Bullioud*, procureur du roy audict siege . avocats, procureurs, et autres de la justice: nobles hommes M. *Jacques d'Avcine* , conseiller du roy , thresorier general de France au bureau des finances de Lyon, *Nicolas* de Chapponay , seigneur *de l'Isle* , *François Platel* , seigneur et baron de *Vaux, Claude, Poculot, Loys Prost, Jean Charbonnier , Michel de Pure , Janetto de Lequi , Jean Yvernogeau*, dict *de Tholouze* , *Antoine Charrier* et *Antoine Teste* . consuls et eschevins de ladicte ville de Lyon ; suyvis de M. *Claude de Rubys* , procureur general . *Benoist du Troncy* , secretaire et greffier, *Bertrand Castel*, voyer de ladicte ville ; et en après des sieurs *Pierre Allard* , conseiller au siege presidial, *François de Rusinant* , *Guillaume Gellas, Amable Thierry, Gaspard du Coing* , *Jean Pelletier* , *Ponson Bernard*, son lieutenant , *Jean Baptiste Buisson* , *François Bernard* , capitaines penons, etc. En foy et tesmoignage de quoy, je notaire royal et secretaire susdict , ay faict et passé , souscrit et publié ce present acte et instrument de publication, notification et execution desdites lettres , audict Lyon le jour et an susdicts. J. **Livet.** »

1591. —*Juillet* 2, Le Consulat fait payer à *Jehan Barril* , dit *Jangot* , patissier , cent dix écus pour les frais de deux dîners qu'il a faits , l'un , le jour de la *Sainte Trinité* , au collège des *Jesuites* , où les échevins ont assisté , selon l'ancienne coutume , et l'autre à l'hôtel de ville , le 28 juin où il y eut trois plats garnis , « lequel dernier disner fut faict pour traiter un ambassadeur souysse du canton de *Fribourg*, et les capitaines , lieutenans et euseignes des quatre compagnies de lad. nation qui sont en garnison en ceste ville... »

1591. — *Juillet* 13. *Anne d'Urfé* écrit de *Montbrison* aux échevins de Lyon.

« Messieurs, j'ay bien vollu accompagner la lettre que j'escript à Monsieur de Lion (*Pierre d'Epinac*), de celle-cy, pour vous dire que je suis extremement pressé d'aller secourir ceux du *Puy*, tant par les deputez qui sont encore ici que par les lettres que m'en escriptvent journellement les Consuls et habitants de la ville, qui m'ont aujourd'huy mandé que l'ennemy a assiégé *Sainct-Vidal*, et que la pluspart des habitants de leur ville sont sur le point de se revolter, se voyant dénués de tout secours et d'ung homme de commandement, et que toutes ces considérations me font resoudre de m'y acheminer, pour le désir que j'ay à leur conservation, pourvu qu'il plaise à mondit sieur *de Lion* et à vous de m'envoyer une compagnie de *Suisses*, avec les deux gens d'armes de Messieurs de *Rochebonne* et d'*Albigny*; de quoy je vous supplie bien humblement, estant ceste affaire bien important pour tout le party, et qui rapporteroit beaucoup d'incommodité à *Lyon*, estant le commerce de ce cousté là. Faites donc ce bien à ces pauvres gens , qui vous en supplient et moy aussi de rechef, et je ne manqueray, en ce faisant, de m'y acheminer promptement. Et en ceste espérance je demeureray, Messieurs, vostre bien humble à vous faire service. **Urfé.** A *Montbrison*, ce 13 *juillet* 1591 .» A **Bernard,** *Les d'Urfé*, p. 400.

1591. — *Juillet* 17. *Anne d'Urfé* écrit de *Montbrison*, aux échevins de Lyon :

« Messieurs, N'ayant eu responce de la lettre que je vous ay escripte touchant une compagnie de Suisses, que je vous avois requis m'envoyer pour mener en *Velay*, où je suis tellement pressé m'acheminer, qne je ne puis plus reculer de partir, et suis contrainct me mettre aux champs vendredy prochain infailliblement, fort ou foible ; je vous ay bien vollu faire ceste recharge, pour vous supplier bien humblement, Messieurs, me volloir ayder et secourir de ladicte compagnie de *Suisses*, et la m'envoyer, s'il vous plaist, en toute diligence par le droict chemin de *Lyon* au pont de *Sainct-Rambert*, où ils apprendront de mes nouvelles, et les attendray aux environs de là ou de *Sainct-Bonnet le Chastel*, affin de se joindre à moy. Vous savez, Messieurs, que cela est très-nécessaire à la conduite du canon, et que, conservant le *Puy* et le *Velay*, c'est toujous nous eslargir, et rendre le trafic et commerce libre de ce cousté-là, comme j'espère faire, s'il vous plaist de m'ayder de ladicte compagnie; de quoy je vous en supplie. Et en ceste espérance je demeureray à jamais, Messieurs, votre bien humble à vous faire service, URFÉ. *Montbrison*, 17 juillet 1591.

P. S. Messieurs, passant ladicte compagnie par le pont de *Sainct-Rambert*, elle pourra savoir de mes nouvelles de Monsieur *de Pravieu*, qui est audict *Sainct-Rambert*. A BERNARD, p. 401.

1591. — *Juillet...* Les échevins écrivent au duc *de Nemours* que tout est calme depuis la retraite de l'ennemi, qu'il peut achever lui même ses opérations en *Bourgogne*, et que l'état des affaires permet d'envoyer au *Puy* les compagnies qu'il avait détachées de son armée, au premier bruit de l'excursion des royalistes du *Dauphiné*.

— Des négociations ont lieu avec les *Viennois* et le colonel *d'Ornano*, pour l'exécution de *la trève des laboureurs*. On se plaignait respectivement d'infractions à cette convention. D'une part, le capitaine *Cambray*, qui commandait le *Château de Chandieu* pour les *Lyonnais* avait enlevé le bétail dans tous le rayon de la place ; de l'autre *d'Ornano* menaçait de faire en represailles des courses dans le *Lyonnais* où ceux de son parti occupaient plusieurs postes. Il fit en outre injonction aux *Lyonnais* de lui remettre *Chandieu*, et, pour appuyer cette demande, il saisit une assez grande quantité de marchandises qui remontaient le *Rhône*, à la destination de *Lyon*. Cette guerre de pillage fut terminée par une convention portant que, durant trois semaines à partir du 15 *Juillet*, « il ne seroit fait aucunes courses ou actes d'hostilité, tant en « *Dauphiné* que *Lyonnois*, sur personnes de quelque qualité et condition qu'elles « soient ne portant les armes sous quelque pretexte que ce soit; estant seu- « lement permis aux gens de guerre de se faire la guerre, sans préjudice de « ce que dessus. » J. MORIN, V, 387.

1591. — *Août* 25. Les deputez de la part de Mgr le duc *de Nemours*, etc., et ceux de M. le colonel *Alphonse d'Ornano*, et de M. *de Botheon*, etc. s'estant assemblez au lieu de *S. Genis-Laval*, afin d'adviser aux moyens qu'il y auroit les plus propres de rapporter quelque repos aux habitans de l'un et l'autre gouvernement et soulagement desdits pays, ci-devant assez travaillez des ravages, courses et foules, que les gens de guerre, d'un et d'autre party licentieusement ont faict : attendant qu'il plaise à Dieu donner plus de moyen à l'une et à l'autre province, de pouvoir estre avec la voysinance et intelligence que ci-devant ils ont eu ensemblement, ont d'un commun accord et consentement arresté et resolu les articles qui s'ensuyvent, lesquels seront de part et d'autre, pour tousiours inviolablement gardez et observez.

PREMIEREMENT. Qu'en consequence du traicté faict et publié le 15 juillet dernier passé, dans le *Lyonnois, Forestz, Beaujolois* et *Dauphiné*, les gens de guerre d'un et d'autre party ne pourront faire aucunes courses ny acte d'hostilité sur les gens d'eglise, marchands, laboureurs ny autres personnes, de quelque estat et condition qu'ils soyent, ne portans les armes.

Et affin qu'aucune difficulté ne puisse naistre... sur le present article, ceux sont declarez et entendus porter les armes, tant seulement, lesquels sont enroolez soubs charge de capitaine, et prennent solde, n'estans comprins entre ceux de la qualité susdite qui portent les armes, les habitans des bourgs, lesquels en portent esdites villes, bourgs et chasteaux pour leur garde et seureté, ne faisans la guerre hors desdites villes, bourgs et chasteaux, ensemble les prevost des mareschaux, lieutenant de courte robe, chevalier du guet, leurs archers et autres ministres de la justice. — Comme aussi il ne sera permis auxdites gens de guerre, soubs pretexte et occasion que ce soit, prendre, arrester ni saisir le bestail arable et de labeur, chevaux, jumens, mulets ou mules,... sur peine de la vie à ceux qui contreviendront à ce que dessus... Et affin que le pauvre peuple soit soulagé,.... a esté accordé que, soit pour l'entretenement de la garnison de *Chandieu*, et pour autre occasion, il ne sera prins ni levé aucune contribution dans le pays du *Daulphiné*, comme au reciproque, ceux du party contraire ne prendront ny leveront dans le gouvernement de *Lyonnois, Forestz* et *Beaujolois*, aucunes tailles, contributions et subsides, pour quelque cause ou occasion que ce soit ...... Que le commerce entre la ville de *Lyon* et celle de *Vienne* et autres villes desdits gouvernements, soit par eau, soit par terre, sera libre entre les uns et les autres..... Faict et arresté à *Sainct-Genys-Laval*, le *vingtiesme jour d'Aoust* mil cinq cens quatre vingts et onze. — Ce traité fut approuvé par *Alphonse d'Ornano*, lieutenant général au pays de *Dauphiné*, le 25 août, et par *Guillaume de Gaduigne*, sieur de *Bothéon*, lieutenant au gouvernement de *Lyonnois*, le 27 du mois. Publication en fut faite le lendemain, à son de trompe, par les carrefours de la ville de Lyon (Extrait sur l'imprimé de *Pillehotte*, in 8° de 7 pages; B. de Lyon, t. 20 du n° 25201.)

1591. *Août* 27. Les ligueurs du *Puy* tiennent, dans la salle du chapitre, un conseil sous la présidence du duc *de Nemours* A. **Bernard**, p. 305.

1591. *Août*... Le Conseil d'Etat séant à Lyon approuve, après en avoir référé au duc *de Nemours*, les articles d'une trève discutés à *S. Genis Laval*, entre la ville de *Lyon* et celle de *Vienne*. Cette trève qui ne devait durer que jusqu'au 10 *septembre*, fut ensuite prolongée jusqu'à la fin de *novembre*. J. Morin, **V**, 388-9.

1591. — *Août.....* Le sieur *Oddet Croppet*, après avoir été trente ans capitaine penon du quartier S. Jean et Portefroc, donne sa démission. *Claude de Tourvéon* est nommé à sa place. S. Voyez ci-dessus au 4 *nov.* 1589.

1591. — *Août.....* Le Marquis *de Saint Sorlin* auquel son frere avait laissé le commandement des troupes de l'Union en *Bourgogne*, pour passer dans le *Bourbonnais*, livre combat au baron *de Senecey*, et le fait prisonnier. Transfuge de la Ligue, *Senecey* avait combattu, l'année précédente dans le *Lyonnais* contre les troupes royales. Les échevins qui lui avaient voué un grand ressentiment pour avoir reçu à rançon le colonel *Ornano*, qu'il avait pris au combat de *Givors*, obtinrent qu'il fut amené à *Pierre-Scise*; mais, quelques mois après, il fut rendu à la liberté, par ordre de *Nemours*. J. Morin, **V**, 588.

1591. — *Septembre* 15. Le duc *de Nemours* part du *Puy* pour l'*Auvergne*, à la tête d'une armée d'environ 10,000 hommes, dont 200 de cavalerie. A. Bernard, p. 303.

1591. — *Septembre...* Le Consulat écrit au *roi d'Espagne* pour solliciter un secours mensuel en argent. J. Morin, V, 389.

1591. — *Septembre...* Un *Lyonnais*, M. *Camus de Riverie*, réfugié à *Vienne*, se plaint aux échevins de *Lyon* de quelques dommages que les gens de guerre lui ont fait éprouver. Le Consulat répond « qu'il n'a fait trève sinon avec « ceux du *Dauphiné*, et non avec ses ennemis réfugiés, qui étoient tenus pires « ennemis que les autres. » J. Morin, V, 389.

1591. — *Octobre 31. Anne d'Urfé* écrit, de *Cervières*, aux échevins de Lyon :

« Messieurs, Encores que je m'assure que le contenu en la lettre que Mgr *de Nemours* vous escript, vous fera assez connoistre les ecclaircissemens qu'il a lieu de la calompnie qu'on avoit imputée au sieur *du Vent*, mon secretaire, et que la vérité de toutes choses en cela, avec la lettre de mondit Seigneur, le vous rendront assez méconnaissable, je ne laisseray de vous faire ce mot pour vous supplier de toute affection, vouloir ayder de ce dont vous pourrez estre requis en général ou particulier par le dit *du Vent*, affin de le récompenser de la perte estreme que les ennemys luy ont causée en rançon excessive et aultrement. J'auray part à l'obligation qu'il vous en aura, et vous en feray service en ce que vous cognoistrez et treuverez bon de m'employer, d'aussy bonne volonté que je prie Dieu, Messieurs, vous conserver en toutte prospérité ; vous baisant bien humblement les mains. Vostre bien hnmble à vous faire service, Urfe. — C'est de *Servieres*, le dernier jour d'*octobre* 1591. A. Bernard, p. 402.

1591. — *Novembre...* Le *duc de Savoie*, menacé dans ses possessions de *Bresse* par le mouvement combiné des royalistes de *Dauphiné* et de *Bourgogne*, engage les *Lyonnais* à rompre la trève qu'ils ont conclue avec les *Dauphinois* ; mais la ville de *Lyon* se trouvant presque dégarnie de troupes par l'expédition du duc *de Nemours* en *Auvergne*, le Consulat est forcé de prolonger la trève pendant le mois de *décembre.* J. Morin, V, 390.

1591. — *Novembre...* Le Consulat fait payer à Mgr *d'Epinac* 534 écus d'or pour 6 mois d'une rente de 666 écus 2 tiers que ce prélat prenait sur la recette générale des finances. *Archiv. du Rhône*, ix, 214. Voyez ci-après au 22 *octobre* 1593.

1591. — *Décembre 2. Anne d'Urfé* écrit, de *Montbrison*, aux échevins de Lyon :

« Messieurs, selon le commandement qui m'a esté faict par Mgr *de Nemours*, de vous mander de sa part de luy faire envoyer quatre milliers de grosse poudre à canon, je n'y ay voulu manquer par ce porteur exprès, auquel je vous supplie, suivant cela, de luy faire deslivrer ladicte quantité le plus promptement que vous pourrez, affin qu'il la fasse conduire dans cette semaine à *Cerviere*, où je ne fauldray de me rendre dans jeudy, pour y attendre toutes les troupes que je pourray assembler, et de là marcher au rendez-vous qui m'a esté donné par mondict Seigneur, avec la poudre que vous ferez, s'il vous plaist, accompagner jusques à *Loyre* : Et en ceste esperance, je demeureray à jamais, Messieurs, vostre bien humble à vous faire service. Urfé. » A. Bernard, p. 402.

1591. — *Dimanche 15 décembre.* Les terriers et maistres des mestiers esleus pour l'année prochaine 1592 ayant été appelez et mandez à l'hostel de ville... pour procéder, selon l'ancienne coustume, à l'eslection et nomination des consuls eschevins de la prochaine année, et y comparans tous, sauf quelques ungs pour l'indisposition de leurs personnes et pour estre occuppez de leurs affaires particulières..., auxquelz Me Claude *de Rubys*, procureur général de ladite ville, a remonstré qu'il se resjouyssoit grandement et louoit Dieu de voir une si belle assemblée de bons et tant zelez catholiques pour une si bonne œuvre que celle pour laquelle elle estoit faicte, qui est pour l'eslection des nouveaux eschevins pour l'année prochaine, qui sont les vrais recteurs, moderateurs et protecteurs du peuple, lesquels pour ce doibvent estre choisis et recherchez d'une grande prudence, sans y apporter faveur ny support, tout de mesme que faict un saige et bon advise marchand qui, pour l'exercice de sa negociation, choisit et prend ordinairement un bon, saige et fidele facteur et negociateur, comme aussi en une navire periclitante l'on choisit ordinairement un saige et bien experimenté pilote pour la rendre et faire surgir au port descend, ainsi, qu'il est advenu aux deux dernières années que, pour la longue expérience fidelité affection et sainct zele que l'on avoit cogneue aux sieurs consulz eschevins, on les a continuez pour deux années en la charge de i'eschevinage, contre les anciennes coustumes de ladite ville. Mais, par ce qu'il est bien raisonnable que l'on leur baille quelque respit pour vacquer à leurs affaires particulières, et que, pour ce, il y en entre d'autres en leur lieu et place, qui supportent à leur tour le grand et lourd faict des affaires du public, cette assemblée a esté faicte et convoquée.... pour procéder à ladite eslection, pour laquelle, outre la nomination desdits maistres des mestiers, lesdits sieurs eschevins ont, selon l'ancienne coustume, aussi esleu deulx terriers qui ont esté de leur corps, qui doibvent sortir de la charge à la fin de l'année, lesquels sont bien instruicts des affaires publiques, et cognoissent très-bien ceulx qui doibvent estre appelez en ladite charge, pour laquelle ils scauront très-bien eslire personnages d'honneur et de qualité qui servent de conseil à tout le reste du corps, ayant la preseance en icelluy, qui saichent aussi respondre de vive voix aux ambassades, remonstrances, plaintifs et autres choses qui se presentent d'heure à aultre au Consulat, personnages aussi qui soient bien zelez et très-affectionnez au party de la Sainte Union que cette ville a embrassé, et qui ayent les moyens de fournir promptement desniers, l'urgente nécessité des affaires se presentant, et descharger les six vieulx qui sortiront de charge, des sommes de desniers qu'ils tiennent à change pour les affaires de ladite ville et communauté, lesquelles troys qualitez et conditions requises en ceulx qui seront esleus et nommez pour nouveaux eschevins, il a prié et requis toute l'assemblée de mettre en consideration et y avoir egard.

Après lesquelles remonstrances, lesdits terriers et maistres des mestiers ont fait et presté le serment ès mains du secretaire de la ville, en présence de Bertrand Castel et de Mathieu Ollier, mandeurs ordinaires de la ville, tesmoings à ce appelez et requis. Après lequel serment ledit sieur d'*Aveyne* a dict que, à son grand regret, il a été continué en la charge d'eschevinage pour deux années subsecutives, et encores qu'il fut occupé de beaucoup d'autres affaires tant pour le public que pour son particulier, et qu'il est bien raisonnable que luy et ses compaignons en la dite charge en soyent desormais excusez et deschargez, et à ces fins, que aultres y soient esleus et appelez, et, pour ce, se conformant aux remontrances dudit sieur de *Rubys*, a nommé du costé de *Forvières* troys personnages dignes de beaucoup plus grandes charges, assavoir Monsieur Me *Claude de Torveon*, conseiller du roy et lieutenant general en sénechaussée et siège présidial, seigneur très zélé et très affectionné au party de la Sainte Union, et qui, auparavant les présents troubles, a faict grands et signalez services au public qui, par son bon et saige conseil, ayant la preseance au Consulat, comme il en est très-digne, pour sa vertu et sçavoir toutes choses, ne pourra que bien réussir au contentement d'ung chacun, joinct qu'il est un des principaux bourgeois de la dicte ville, natif d'icelle, et duquel le père a esté aussi eschevin ; — le sieur *Guillaume Cella*, aussi natif de la dicte ville, fils d'un père qui a été troys ou quatre foys échevin de la dicte ville, comme luy l'a esté aussy, et où il a faict très-bien et fidèlement le debvoir de sa charge d'eschevin ; — le sieur *Martin Couvet*, homme de très grands moyens et facultez qui encores qu'il ne soyt natif de la ville comme les aultres, y a toutesfoys le principal de son bien, et qui est recogneu pour bien affectionné au bien et repos d'icelle pour les grandes sommes et desniers qu'il luy a prestés; ... adjoustant que le lieu de sa nativité qui est *Bourg en Bresse*, ne le peult empescher d'arriver à la dicte charge, parce que tous ceux qui sont nays au pays de *Bresse* comme luy, lors que le roy le tenoit, sont censez et tenus, par arrest de la court, pour nays et naturels françois; — et du costé de *St-Nizier*, a esleu et nommé le sieur *Jacques Jacquet*, pour estre aussi personnage notable et de grands moyens, natif de la ville, qui a esté eschevin d'icelle par deux ou troys fois, en quoy il s'est vertueusement comporté ; — le sieur *Jean-Claude Regnault*, homme d'honneur et de réputation, d'ancienne famille, le père et ayeul duquel ont été plusieurs foys de la dite charge d'eschevinage ; — le sieur *Ponson Bernard*, aussi très zelé au bien et repos de la ditte ville, natif d'icelle, et ayant charge honorable, en laquelle il s'est toujours vertueusement et fidèlement comporté, le nom desquels six par luy nommez, il a repeté... — Après le sieur *Poculot*, aultre terrier, a dit que, au temps malheureux où nous sommes, il fault necesairement fouyr toutes divisions et partialitez, et que, ayant ceste ville embrassé le party de la Sainte Unyon, il est très-nécessaire, pour le bien et repos d'icelle, que tous les habitants soient bien unis et concordent ensemble, et, pour ce, se conformant à l'eslection et nomination que ledit sieur d'*Areyne* a faicte desdits sieurs *de Torveon*, *Gella* et *Couvet*, du costé de *Forvières*, et desdits sieurs *Jacquet*, *J. B. Regnault* et *Ponson Bernard*, de l'aultre costé, il les a pareillement nommez, comme personnages d'honneur et de vertu, comme aussi, après luy, a faict le sieur *Jehan Sonerat* (?), drappur, mais le sieur *Nicolas Bouiller*, aultre drappier, a remonstré que, à la vérité, ledit sieur de *Torveon* est personnage d'honneur et de mérite, très zelé et affectionné au party de la Sainte Union, mais que les affaires de la ville requièrent un homme tout entier, c'est-à-dire, qui ne soit occupé ailleurs, pour y vacquer à toutes heures, ce que ledit sieur *de Torveon* ne pourroit faire, pour les grandes occupations qu'il a tant à l'administration de la justice que au Conseil d'estat où il est appelé pour sa prudence et vertu ; et d'aultant aussi que led. sieur *Couvet* n'est naturel françois, mais natif de Bresse, et qui n'a maison ni aulcucuns fands ni heritages dans la ville, ... il a nommé en leur lieu led. sieur *de Rubys* et Me *Hugues Valentin*, greffier de l'eslection de Lyonnois, approuvant au surplus l'eslection des aultres quatre..... Sur quoy led. sieur *de Rubys* a dict qu'il ne pouvoit ny ue debvoit éstre appelé en ceste charge, pour estre assez occupé de celle de procureur general de lad. ville, qui de soy est incompatible avec l'eschevinage et qui est grandement onereuse. A quoy led. *Bouiller* ayant repliqué qu'encores que lad. charge de procureur soit onereuse, il s'en peult descharger pendant le temps de son eschevinage, joinct qu'estant, comme il est, versé et bien instruict aux affaires de la ville, il y pourra beaucoup mieulx pourvoir que ceulx qui n'y ont jamais esté. Sur quoy led. *de Rubys* a declairé et protesté qu'il n'acceptoit lad. charge, et que si les aultres maistres des mestiers sont de la mesme opinion que le sieur Boullier , il s'en portera pour appelant; relevera son appel et en pousuivra ung arrest avant que d'entrer en lad. charge. Sur quoy tous les aultres maistres des mestiers ont à haulte voix protesté que puisqu'ilz sont appelez pour choisir et nommer lesd. sieurs eschevins, que leurs voix doibvent estre libres , et, ponr ce, qu'ils nomment led. sieur *de Rubys* pour l'ung des six, pour les raisons alleguées par led. Boullier, approuvant au surplus la nomination des aultres, priant pour ce, tous unanimement, led. sieur *de Rubys* d'accepter lad. charge , luy déclairant qu'ilz le tenoient pour leur pere, et qu'il leur avoit ja tant faict de bien et esperant qu'il leur en feroit encores à l'advenir dont Dieu le recompenseroit, aultrement protestent de se retirer chascun chez soy pour faire aultre nomination. Laquelle charge , pour ce , led. sieur *de Rubys* recognoissant ceste grande affection dont tout ce peuple luy faisoit demonstration, et craignant quelque esmotion et division populaire, a acceptée; et pour ce, tous unanimement ont esleu et nommé pour eschevins desd. années prochaines , oultre les cinq vieulx qui demeurent en charge , lesd. sieurs *de Rubys* . *Gilla* , *Couvet*, *Jacquet*, *Regnauld* et *Bernard* , auxquels et aux cinq qui demeurent en lad. charge, selon les anciennes coustumes. ilz ont donné le pouvoir mentionné au syndicat qui sera ouvert et publié le jour feste *Sainct Thomas* prochain en l'eglise *Sainct Nizier* , lequel neantmoyngtz leur a esté leu et stipulé par lesdits secretaire et greffier , en la presence desd. tesmoingz.

1591. — *Décembre* 21, M. *Pierre Duboys* , avocat es cours de Lyon , prononce l'Oraison doctorale dans l'eglise de *S. Nizier.* — Le Consulat lui fait payer dix écus sol, pour avoir fait cette Oraison.

1591. — *Décembre* 23 Le Consulat ordonne « que, pour subvenir aux urgentes affaires de la ville qui se presentent d'heure à aultre pour raison dequoy l'on a saisy les louages des maisons dont les proprietaires sont absens d'icelle, à cause des presens troubles , que les inquilins desdites maisous seront contraintz de payer lesdits louages qui escheront à la prochaine feste de noël, nonobstant les quittances qu'ilz pourroient avoir desdits proprietaires , sauf à eulx leur recours pour leur remboursement contre iceux proprietaires , ou s'en prevaloir sur les termes advenir desdits louages. »

1591. — *Décembre* 29. Les eschevins , accompagnés de plusieurs notables personnages , se transportent en l'eglise collégiale de *l'Isle Barbe* aux fins de rendre à Dieu, le *vœu* qui fut faict par la ville et communaulté de Lyon à sa divine majesté et à la glorieuse et très sacrée *Vierge Marie* , au temps de la derniere contagion de peste , dont lad. ville fut affligée , pour l'accomplissement duquel vœu lesdits sieurs eschevins ont faict uug don à ladite eglise d'ung fort beau calice et de sa patene d'argent doré... ils déclarent avoir faict ce don pour le service commung de ladite église , et non pour ung pretendu service des oblations qui sont faictes en icelle..... » Voyez ci-dessus au 11 *septembre* 1590.

1591. — L'essayeur de la monnaie est depuis peu décédé, après avoir légué ses biens, par égale moitié, à l'Hôtel-Dieu et à l'Aumône générale. Le sieur *Gabriel Thomas* , ancien garde pour le roi à la monnaie de Lyon , représente aux recteurs de l'Hôtel-Dieu que cette charge ne pouvant rester plus longtemps vacante, il convient de commettre une personne qui ait les qualités requises pour l'exercer. Le bureau arrête qu'il en conferera avec l'Aumône. DACIER, I, 153.

1591. — PUBLICATIONS ; *Responce* au cartel d'un politique bigarré qui ne s'est osé nommer ; *Jecté de nuict à la porte du sieur de Rubis..* Par M. C. D. P. avec la coppie dudit Cartel. A Lyon.... In-8. de 8 et 7 pages.

(B. de Lyon, tom. 20 du u°. 25201 , exemplaire dont le titre a été lacéré au bas).

Si je ne m'abuse le *Cartel* doit être de *du Verdier* qui ne devoit pas être l'ami de *Rubys*. En voici les premiers vers :

> Celuy a bien le cœur lâche, coart , infâme,
> Et jamais son renom n'afranchira de blâme ,
> Qui, comme le roseau par les vens agité,
> Foible, va chancelant d'un et d'autre costé :
> Le vent s'en joue aussi , et le moindre zephire
> Se faschant contre luy, le derracine et tire,
> Et le laissant couché perd sa vive beauté.....

Le poëte rappelle les principaux titres que *Rubys* avoit à l'estime des Lyonnois, avant de se jeter dans les rangs de la ligue : puis il enumère les maux qu'il fait à sa patrie. Il termine son *Cartel* par ces vers :

> Ce ne sont Lyonnois qui se sont revoltez ,
> Ce sont des estrangers (par malheurs) adoptez.
> Vivez donc, Lyonnois, affranchis de tout *blame*
> Peut estre que le temps quelque jour sera *calme,*
> Et rayez d'entre vous ce simulé *Rubis,*
> Ce n'est autre que verre (coloré) de vil pris.

La *Responce au Cartel* paraît avoir été improvisée par un ami de *Rubys,* et je ne vois pas à qui on pourrait l'attribuer. Je n'en citerai que ces vers :

> Sydrach avec les siens, au péril de leur vie
> Meprisant d'un grand roy le vouloir et l'envie,
> Ne voulut adorer la haute image d'or,
> Pour, complaisant au Roy, à son Dieu faire *tor.*
> Où la loy et le roy ne sont de mesme face,
> Il faut , chassant le roy, a la loy faire place.
> Ainsi pour son Dieu seul et pour sa saincte loy,
> Au tyran Lyon *nie* d'obéyr, non au roy....

1591. — *Description du politique de nostre temps ;* dediée au feu roy *Henry III* (en vers). A Lyon par *Jean Pillehotte ,* 1591. In f°. de 8 pages (B. de Lyon , tom. 20 du n°. 25201).

Cette pièce ne serait-elle point de *Pierre Matthieu ?* En voici quelques vers :

> Ce nom de politique estoit un nom d'honneur
> C'estoit le juste nom du juste gouverneur (1),
> D'un prudent magistrat, qui , pour raison civile
> Scavoit bien policer les membres d'une ville,
> Et qui, sage et accord, par accordans discordz
> De citoyens divers tiroit de bons accordz,

(1) *Henri de Montmorency,* maréchal de *Dampierre ,* gouverneur du *Languedoc.*

Comme fait *Evilthou* (1) quand son luth il marie,
Qui de tons differens faict naistre une harmonie
Dont il prend noz esprits, et, par un son vainqueur,
Desrobe nostre oreille et nous pille le cœur.
Aujourd'huy ce beau nom , souillé de mille vices,
N'est plus qu'un nom d'horreur qui destruit les polices...
. . . .

. . . .
L'auteur et le patron de l'erreur *politique,*
Ce fust un grand vieillard, maigre, ridé , éthique,
Portant l'œil enfoncé et le have sourcil ,
Chargé d'ans et de poil , d'horreur et de soucy:
Comme le teint d'un mort , pasle étoit son visage ;
Sa tête ressembloit un arbre sans feuillage ;
Une longue toison de barbe luy pendoit ,
Qui bien loin du menton sur le sein descendoit.

1591. — *La Vie et Faits heroicques du mareschal d'Aumont.* Avec *la Quenouille des dames d'Autun ,* aux habitans de leur ville. A Lyon, par *Jean Pillehotte.* 1591. In 8*. de 8 f.

D'*Aumont* aux Dèmons tu croiras
Et t'y fieras entièrement ,
D'Aumont des Demons garderas
Ces tables de commandement.
  Pour estre libre tu n'auras
Ny foy, ni loy, ny sacrement :
Du nom de Dieu ne parleras
Sinon que par parjurement.
  Autre Paradis n'attendras
Qu'aux delices du temps present :
Du feu d'enfer tu te riras ;
Prends donc tes plaisirs hardiment.
  Mange et bois comme tu voudras.
Après la mort nul sentiment.
Le quaresme tu chasseras,
Les vendredys semblablement.

Tout le reste est du même ton. Nous ne citerons de la *Quenouille* que les vers suivants , qui nous rappellent la xxviiie idylle de Théocrite :

Lorsque la paix est en saison ,
Et la quenouille et la maison
Sont l'honneur d'une chaste dame
Qui n'a d'autre soucy dans l'ame
Que du mesnage et de vertu
Dont elle a le cœur revêtu.
. . . .
C'est l'ornement de sa beauté
Qu'une quenouille à son costé.
Sa main de salive trempée ,
Elle tire de sa poupée ,
A petite reprise un fil
Que, par artifice subtil

(1) Le nom de ce musicien ne se trouve pas dans la *Biographie* de M. Fétis.

De son fuseau qui pirouelle,
Ainsi comme une girouelle,
Elle forme fort proprement,
Et puis, d'un autre maniement ,
Elle le prend , elle le roulle
Sur son fuseau comme une boule.
Qu'elle met auprès de son sein
Pour le tournoyer de sa main.

Cette satire se termine par ces vers que l'auteur propose de faire servir d'épitaphe au tombeau des soldats du marechal *d'Aumont* , morts à l'attaque *d'Autun* :

De la quenouille et du fuseau,
Au lieu de coutelas et picque,
Les femmes battent l'hérétique
Et le terrassent à monceau:
Des François l'ennemi commun
Est vaincu des femmes d'Autun.

1591. — *Des Croix miraculeuses apparues en la ville de Bourges* le jour et lendemain de la feste de l'Ascension, 1591, A Lyon. In 8°. de 8 pages (B de Lyon , t. 20 du n°. 25201 ; exemplaire dont le titre a été coupé au bas pour en faire disparaître le nom de l'imprimeur). Lelong , iv , *suppl.* , 3729.

1591. — *Discours des honneurs , pompes et magnificences* faictes au couronnement de nostre S. Pere le Pape, *Gregoire XIIII*, etc,, traduit d'italien en françois, jouxte la copie imprimée à *Romme* , par *Paolo Diani*, à *S. Marcello*. A Lyon , par *Benoist Rigaud*. M. D. XCI. In 8°. de 32 pages.

L'*Attestation* pour l'impression a été donnée par le dominicain *Pierre de Bolo* , l'*Approbation*, par *Ant. Em. Chalom* , docteur en théologie , official de l'archevêque , et la *Permission* (datée du 2 février 1591). par *Pierre Austrein*, lieutenant particulier à la sénéchaussée de Lyon. Nous ne serions point éloignés d'attribuer cette traduction à *Benoit du Troncy*.

1591. — *Ammiani Marcellini..... Historia......* Lugduni, apud *Franciscum le Preux.* M. D. XCI. Pet. in 8°. — Edition qui ne doit pas être dédaignée et qui paraît avoir été revue avec soin. On n'y trouve pas la faute que cette phrase offre dans les meilleures éditions , et noiamment dans celle de Leyde, 1693 , in fol. , p. 103 ; « ... nec relatu *ineffabiles* , nec rursus mortalibus ap- « petendos.» Au lieu d'*ineffabiles* on lit, et cette leçon est la bonne , *effabiles*. — Voyez sur un passage de cet auteur , relatif à la ville de Lyon , nos *Notes et docum.*, année 357.

1591. — *Les Quatrins du seigneur de Pibrac.. ..* Avec les Plaisirs de la vie rustique...., A Lyon , par *Benoist Rigaud*, 1591 , in 16. (B. de Lyon , 17861).

Voltaire qui trouvait que les *Quatrains* de Pibrac avaient vieillis , essaya d'en refaire quelques uns ; mais cet essai ne fut pas très heureux ; on relira longtemps encore ceux de Pibrac , et les amateurs du vieux langage les préféreront à ceux de François de Neufchâteau , de Sylvain Maréchal et de bien d'autres poëtes moralistes à la glace. Les *Plaisirs de la vie rustique* sont moins connus que les *Quatrains* ; ils offrent cependant de charmants détails, et l'auteur s'y montre le rival de Racan. La description qu'il fait du retour

dans leur chaumière d'un cultivateur et de sa femme , est d'une naiveté admirable :

> Le mari plus lassé , le premier se dépouille :
> Elle, chiche du temps, met aux flancs sa quenouille,
> Et remouillant ses doigts achève son fuseau ,
> Ou devide au rouet un entier echeveau.
> Puis, sans faire nul bruit , près du mary se couche
> Desrobant doucement un baiser de sa bouche :
> Le reste, par honneur, je ne veux publier;
> Mais je ne puis aussi bonnement oublier
> A dire que la nuit leurs amoureuses flammes
> Egalent bien souvent les faveurs des grands dames:
> Si leurs licts etoffez ne sont si richement,
> Pour le moins on n'y gronde, on n'y jure, on n'y ment.
> Si elles n'ont l'attrait de tant de mignardises,
> Leurs cœurs aussi ne sont pleins de tant de feintises,
> Si de musc parfumé ou d'ambre n'est leur sein
> Pour le moins on se peut assurer qu'il est sain ,
> Et qu'au partir de là , on ne prend médecine,
> Ou le breuvage fait de gaiac ou d'esquine.

Pibrac eut un rival en quatrains dans Pierre Matthieu. Voyez les publications de 1610.

1591. — M. *Brunet*, II , 484 , cite , sous cette date, une réimpression du
livre de Guevara *del Menosprecio de la Corte* (du Mépris de la Cour), accompagnée d'une version italienne et d'une nouvelle traduction française par L.
T. L. (*Louis Turquet , Lyonnais*), in 16. — *Du Verdier* n'a pas mentionné
cette traduction dont la première édition, suivant *Rigoley de Juvigny*, daterait
de 1574. On doit encore à *Louis Turquet* la traduction , 1°. du livre de Louis
Vives, *de l'Institution de la femme chrestienne*, à Lyon , *Jean de Tournes*, 1580,
in 16; 2.°du traité d'Agrippa, *de la Vanité des sciences*, Paris, *Jean Durand*, 1582,
in-8°.—*Louis Turquet* était calviniste; il se retira à Genève sur la fin de 1552(?)
ayant eu deux maisons démolies à Lyon, à cause de sa religion. Le 28 de septembre 1573, lui naquit , à Genève , *Théodore de Mayerne* , lequel eut pour
parrain *Théodore de Beze*. L'abbé *Pernetti* s'est trompé quand il a dit que *Turquet*
avait dédié sa traduction du traité de *Vives* aux filles de *Mandelot* qui devait
être en horreur aux protestants dont il avait été le persécuteur. Cette dédicace
datée de Lyon, le xv de septembre 1580, est signée Jean de Tournes. Voyez
Niceron , XVII , 20 ; Bayle , édition *Beuchot* , X , 123. Voyez ci-après
les publications de 1592.

1592. — *Janvier* 1. Le Consulat écrit au duc *de Nemours* :

« Monseigneur, l'assurance que V. E. nous a donnée par ses lettres
du 21 du passé , que nous aurions le bonheur de vous voir bientost
nous a apporté un bien grand contentement, par le desir que nous avons
de vous voir en bonne santé, et nous conjouir avec vous de vostre heureuse
expedition. Cependant il a esté advisé et resolu au conseil de Mgr le marquis
de continuer la tresve et suspension d'armes avec le *Daulphiné* pour encores
tout le moys , soulz touttes foys vostre bon plaisir, qui , nous croyons, s'y
conformera, pour le peu de moyens que nous avons de faire la guerre et
empescher les courses qui se pourroyent faire en vostre gouvernement ,
lesquelles ne servent que de noise et de desolation au pauvre peuple , tant
d'ung party que que d'aultre; qui nous faict vous supplier tres humblement le

prendre de bonne part , et nous continuer vostre bienveillance, etc. De *Lyon*, ce 1er janvier 1592. S.

1592, — *Janvier* 4. Le Consulat écrit à M. *de Montmorency* ;

« Monseigneur , pour response à voz lettres (du 18 decembre , datées de *Pezenas*) qu'il vous a plu de nous escrire pour l'eslargissement de *Philibert Foretz* , nous sommes infiniment marriz qu'il vous ait donné faulx à entendre, se disant avoir refugié à Montpellier et y avoir demeuré par 5 ou 6 ans ; car d'y avoir refugié, il n'en avoit aulcune occasion , n'ayant jamais esté recherché icy en sa personne ny en ses biens ; et d'y avoir demeuré le temps qu'il a dit, il ne peult estre ; car il est nostre naturel concitoyen, domicilié en ceste ville, et y tenant tousjours boutique ouverte. Mais pour vous faire entendre au vray l'occasion de son emprisonnement, nous vous dirons sans aulcun fard, que luy n'estant recherché ny soupçonné, mais tenu pour catholique , natif et habitant de la ville , s'alloit promener plus que souvent au faux bourg de la Guillotiere, de là le Rhosne. Or advint-il qu'ung jour, l'ung des magistrats de ceste ville, conseiller au siege presidial , estant notable à la porte du pont par où l'on va audit faux-bourg , ledit *Foretz* y passe à son accoustumée , en quoy l'on ne luy donna aulcun empeschement ; mais le commis que nous y avons d'ordinaire dit audit notable que ledit *Foretz* alloit bien souvent , et presque tous les jours , sans qu'il appercust qu'il y eust aulcunes affaires. Ce que entendant, ledit sieur conseiller le feist appeler, et estant devant luy, s'enquit où il alloit. A quoy répondit, à la Guillotiere pour ses affaires. Surce, ledit sieur conseiller luy demanda d'où il estoit. Il repond , de la ville, et qu'il le debvoit bien cognoistre, parce qu'il estoit de son pennonage , et il y demeuroit. Enquis donc plus oultre s'il estoit catolicque ou huguenot , il fut lors si impudent qu'il repondit que Dieu lui avoit faict ceste grace que de l'avoir inspiré depuis deux ans seulement de le recognoistre, et d'avoir abjuré l'erreur de l'eglise papistique : qu'il estoit à la verité huguenot , et qu'il le vouloit estre , voire s'il debvoit perdre cent vies, si aultant il en pouvoit perdre. Sur cela, ledit sieur conseiller luy repliqua qu'il n'estoit pas gueres sage, et s'il ne parloit aultrement qu'il l'enverroit en prison. Il respondit qu'il ne s'en soulcioit point, et qu'il vouloit mourir pour ceste querelle. A cause de quoy, voyant sa si grande opiniastreté, ledit sieur conseiler le feist conduire es prisons royalles où estant entré, il feist par mocquerie trois cabrioles , disant ; « Voicy pour les huguenotz desquelz je suis et » veulx estre. » Or despuis estant interrogé sur ce faict, il a toujours soutenu , voires encores plus impudemment qu'il estoit et vouloit estre hereticque. Or, Monseigneur, vous qui estes ung des plus zelez seigneurs et fervens catholicques, que jugerez-vous d'ung garnement tel que cestuy-là, qui, en une ville tres catholicque, ose dire qu'il a abjuré l'erreur de nostre esglise. Nous ne croyons pas que s'il en avoit aultant soustenu en vostre presence que vous ne lui eussiez faict oster la vie sur le champ. Par quoy nous ne debvons ny ne pouvons estre accusez d'avoir pour cella, rompu et alteré la tresve que nous avons avec vostre excellence et ceulx de vostre gouvernement; car cestuy-cy est naturel habitant de ceste ville. Que si bien despuis il a negotié à Montpellier, ce n'est pas à dire pour cela qu'il s'en doibve dire habitant, joinct que nous ne nous sommes point rendus parties civiles contre luy, mais nous nous sommes remis à la justice d'ordonner sur son eslargissement, comme elle verra estre à faire par raison, aprez toutes foys qu'il nous aura payé ce à quoy il a esté cottisé pour les frais insupportables que nous avons sur les bras pour la conservation de ceste ville, et consequemment des biens qu'il y a, et es environs d'icelle. Nous vous tenons pour seigneur tant bien né et doué de tant d'équité et de vertus, que considerant bien ce que dessus , vous jugerez qne l'on a procédé en ceste affaire comme il se debvoit , voires mesme plus doulcement ; donc nous vous supplions tres humblement, Mgr, de croyre qne, quoiqu'il ayt faict entendre , nous demeurerons toujours , etc. De Lyon, ce 4 janvier 1592. — Le colonel *Alphonse d'Ornano* écrivil du St-Esprit le 17 *janvier* au Consulat, pour le prier de vouloir bien, à sa considération, faire relâcher le sieur *Foretz* , arrêté à Lyon depuis la fin de novembre dernier, contre les traités et accords qui sont entre cette ville et le colonel, sous prétexte seulement qu'il étoit de la religion. Il le dit natif de Lyon et habitant de *Montpellier,* allant à Lyon pour faire des emplettes , etc. S.

1592. — *Janvier,...* M. *d'Illins* , président au parlement de Bourgogne , avoit fait demander au Consulat les loyers de sa maison du *petit-Palais,* louée à la ville, depuis longtemps pour le logement du gouverneur; il reclamoit 750 écus sol, pour le louage de trois années. Le Consulat lui écrivit que la cause du retard étoit la nécessité où avoit été la ville de Lyon d'imposer des taxes sur chaque maison de la ville ;... que ces taxes pour sa maison montent à la moitié du louage d'une année ;... que le receveur de la ville lui payera 300 écus sur les premiers deniers de sa recette; pour le reste, on le prie de prendre un peu patience, mais surtout de considérer pour l'avenir que *les loyers des maisons de la ville avoient depuis les troubles diminué de moitié , y en ayant presque autant de vacantes que d'occupées,* et en conséquence de vouloir en modérer le prix, autrement le Consulat en louera une autre beaucoup plus logeable , etc. — M. *d'Illins* répondit de *Grenoble,* le 21 *janvier* , qu'il n'avoit pas traité avec le Consulat, auquel en général et en particulier , il avoit toujours desiré rendre honneur et service ; mais qu'il n'avoit à faire qu'avec le s. *de Masso*, son obligé; que c'étoit avec lui qu'il auroit à démêler de bonne foi et en termes de justice les points portés par la lettre du Consulat, etc. — Les échevins repliquèrent à cette lettre par une du 29 *janvier*; ils assurent M. le président « qu'ils n'ont jamais douté de son « affection et bonne volonté envers le général de cette ville, comme aussi, « de son côté, le Consulat respectoit ce seigneur, comme ses vertus et le « grade qu'il tenoit le méritoient, comme il a pu le connoître en ces temps « de troubles.... » Il ajoute cependant que, quoique le louage de sa maison soit passé au sieur *de Masso*, le sieur président savoit très-bien qu'il l'étoit pour l'habitation de M. le gouverneur, et que le Consulat en devoit garantir M. *de Masso* ; enfin il lui réitère les mêmes offres de payement, déduction faite de sa taxe , ainsi que la demande d'un rabais sur le loyer , le bail étant expiré , etc. S.

1592 — *Février* 7. Le capitaine *Nerestang*, qui commandait à *Givors* , écrit au Consulat pour lui demander quelques secours en hommes et en armes, les ennemis se préparant à l'attaquer , et lui à se bien deffendre, S. Voyez ci-dessus *mai et juin* 1591.

1592. — *Févrisr* 8. Par lettres datées de Lyon , le duc *de Nemours* fit don des fruits et revenus des biens de *Jean Martin,* de *Beaujeu,* tenant le parti contraire à la Sainte Union , au sieur *de Nagu-Varennes,* capitaine du château de *Beaujeu,* pour lui fournir les moyens d'entretenir et récompenser ses soldats. *Arch. du Rhône*, XII, 102.

1592. — *Mars* 21. Le Consulat écrit au pape *Clément VIII* ;

« Tres sainct Pere, Nous ne serions pas dignes de la charge qui nous a esté commise , si , au nom et pour tous les habitants de cette ville, tres devotz et tres affectionnez au sainct siege apostolicque, nous ne vous congratulions de vostre heureuse eslection au Pontificat , et non seulement avec tous les aultres bons catholicques de ce royaulme jadis tres chrétien , mais aussi avec tout le reste de la Chrestienté bien sentant de la religion catholicque , apostolicque, et romaine , nous ne rendions graces à Dieu infinies d'avoir inspiré , par son Sainct Esprit, le sacré college apostolicque de vous asseoir sur la chaire de S. Pierre, en ce temps auquel la saincte eglise de Dieu est plus agitée des vents de l'heresie et en plus grand danger de submerger qu'elle n'a jamais esté , laquelle prend esperance de se rendre au port assuré de son salut, vous ayant pour gouvernail et pour pilote trez sage et trez experimenté ; et par le secours aussy qu'elle compte de recepvoir desdons et graces spirituelles et temporelles de V. S. comme trez prudent et trez digne dispensateur qu'elle en est, et dont ceste ville en particulier se ressentira, s'il plaira à V. S., comme nous l'en supplions trez humblement d'unir et incorporer au *College des Peres de la société du trez sacré et trez sainct nom de Jesus*, une petite *chapelle* à simple tonsure , fondée au dedans d'icelle sous le nom de *S. Cosme et S. Damien*, dont M. *Philippe Letier* est prebendier , et un petit prieuré fondé en noz faulx bourgs à l'honneur de *S. Hyrenée*, duquel est titulaire Me *Claude de Digny;* l'ung et l'aultre desquels prieur et chapelain n'ont jamais en soucy ni cure de faire faire le service divin esdictz prieuré et chapelle, mais seulement d'en retirer le revenu qui seroit bien employé à l'entretenement desd. Peres jesuites pour establir en leurd. college un cours en theologie et philosophie pour l'instruction de la jeunesse , tant de ceste ville que de toute la province , qui par ce moyen seroit relevée d'aller, en ce temps miserable, rechercher la science à cent lieues loing. Ce que nous desirons qu'il plaise à V. S. d'incorporer lesd. *prieuré de S. Hyrence* et *chapelle de S. Cosme et S. Damien*, aprez le decez toutesfois desd. *Letier* et *de Digny*, est en consideration de ce que lesd. Peres Jesuites s'acquitteront trez dignement et fidellement du service qui y doit estre faict , selon l'intention des fondateurs , et pour leur bailler moyen de continuer les bons offices et debvoirz qu'ilz ont faict en la ville depuis qu'ilz s'y sont retirez , tant par leurs predications et sainctes exhortations accompagnées d'une vie exemplaire de toute vertu , que pour les lectures ordinaires qu'ilz ont faictes et qu'ilz continuent aud. college : ce qui a , par la grace de Dieu , entierement purgé ceste ville de l'heresie que nos par trop proches voysins de Geneve et cantons heretiques de Souysse y avoient plantée ez années 1550 , 1560 , 61 et 62 , que commencerent les miserables troubles dont ce royaulme est affligé. Ceste grace et octroy , Trez Saint Pere, gravera en nos cueurs et de toute nostre postérité une perpetuelle memoyre de prier Dieu de vous faire regner longuement en terre , et en aprez vous couronner de la couronne de gloire en son royaulme eternel. De Lyon , ce 21 mars 1592, De Vostre Saincteté les trez humbles, trez obeissants et trez affectionnez serviteurs et orateurs , les consuls , etc. S.

1592. — *Même jour Mars* 21. Le Consulat écrivit au cardinal *Cajetan* , se félicitent de ce que S. E. ayant été le spectateur et le témoin des besoins et de l'état de l'église de France, pourra être son avocat et son protecteur auprès du S. Siège , et rendre à S. S. un compte favorable des prières introduites par les *Jésuites à Lyon,* des prédications et des saintes exhortations qu'ils ne cessent de faire et qui ont tant servi à purger cette ville de l'hérésie. Quant au *prieuré de S. Irenée,* le Consulat expose qu'il y a plus de vingt ans que ceux qui en ont été pourvus n'y ont fait aucune résidence, ni aucun autre devoir de vrai religieux, etc. Le Consulat prie le cardinal de l'assister de sa faveur auprés du S. Père , etc. S.

1592. — *Avril 6.* Mariage de *Balthazar de Villars* avec *Louise de Langes.* Moreri. Voyez ci-après au 9 *août* 1630.

1592. *Avril 7.* Le Consulat ordonne que Mᵉ *Jean Ducurtil*, avocat, sera saisi au corps et conduit es prisons de l'archevêché, pour lui être fait et parfait son procès extraordinaire sur le contenu de certaines lettres missives qu'il a écrites à *Tours*, à certains personnages tenant le parti contraire à la Sainte Union, lesquelles ayant été surprises, ouvertes et lues, ont été trouvées scandaleuses et calomnieuses. S.

1592. — *Avril 9.* Les echevins font très expresses défenses aux commis des portes et chaines, de laisser désormais entrer ou sortir « aucunes femmes qui sont masquées, mais les faire demasquer, de quelque qualité qu'elles soient. pour obvier aux inconvéniens que pourroient avoir un habit et masque de femme. » S.

1592. — *Avril 12. Dimanche* « fut baptizé un *Turc* en l'église *S. Jehan*, d'aage de 40 ans, par M. l'archevesque. Le parrain fut **M.** *de Nemours*, les marraines Madame *de Mandelot* et Madame *de Grizelles*, et y avoit un tres-grand nombre de peuple. » *Arch. du Rh.* xii, 164.

1592. — *Avril 14*, Quelques pauvres du *Dauphiné* étoient venus à Lyon et s'étoient arrêtés sur le pont du Rhône pour mendier. On leur avoit fait quelques aumônes, et cela en avoit attiré un plus grand nombre. Le Consulat fit appeler les recteurs de l'aumône générale, et ayant ensemble considéré que, dans le grand nombre de pauvres, il pourroit se glisser des soldats déguisés qui pourroient s'emparer de la porte du pont; que d'autres pourroient apporter à la ville la maladie contagieuse,... on arrêta qu'il sera enjoint à tous les pauvres étrangers de vuider la ville; que les recteurs visiteront les divers quartiers pour les en faire sortir; enfin, quant à ceux qui sont sur le pont, qu'il leur sera fait à tous une aumône générale en pain et argent, avec ordre de ne plus revenir, et défense de leur faire l'aumône à l'avenir, S.

1592. — *Mai 3.* Le Consulat écrivit à M. *de Dijon*, que depuis les troubles, il n'avoit pas reçu lettre qui lui fit autant de plaisir ainsi qu'à toute la ville, que celle qui lui annonce la concession faite par S, S., de l'union de la *chapelle de S. Cosme et du prieuré de S. Irenée* au *Collège des Jésuites de Lyon*; il le prie encore pour obvier à quelque resignation de prendre date de lad. concession, s'il se peut, du jour de la grace faite par S. S.

1592. — *Mai 4.* Le duc *de Nemours* avoit ordonné de travailler aux fortifications de la ville, et de faire des retranchemens au faubourg de la Guillotiere. Le Consulat demande à chacun des receveurs genéraux du Lyonnois, Forez et Beaujolois, l'avance de 200 écus au moins, pour l'exécution de ces travaux. S.

1592. — *Mai 4.* Le Consulat écrit au cardinal *Cajetan* :

« Monseigneur, L'experience que, par longues années, nous avons eue du fruict que nous a apporté le *Collège de la Société* (de Jésus) de laquelle vous estes très digne modérateur, tant pour l'instruction de la jeunesse à la vertu et bonnes lettres que pour la manutention de la religion catholique, apostolique et romaine, à laquelle les desvoyez ont esté rappelez et les bons confirmez par les sainctes exhortations et doctes prédications des Pères de ladite société, nous a meus de faire tres humble supplication et requeste à N. S. P. d'unir aud. college le prieuré de S. Hirenée qui est en noz fauxbourgs, et une petite chapelle qui est dans les murailles de ceste ville, pour du revenu desd.

benefices bailler quelques moyens auxd. Peres de se nourrir, recepvoir les passagers de lad. Société, et entretenir des docteurs régents en la theologie et philosophie; ce que S. S. nous a très libéralement accordé, dont tous noz concitoyens ont receu ung merveilleux contentement. Mais ayant ouy ung certain bruict sourd que l'on vouloit retirer Me *Bernardin (Castor)*, pere recteur d'icelluy collége, pour luy bailler charge plus grande ailleurs, leur joye s'est convertie en deuil pour l'apprehension qu'ils ont d'une si grande perte. Ayant remarqué le debvoir qu'il a mis presque *incredible*, non seulement à maintenir led. Collége en l'estat qu'il l'a trouvé, mais encore à l'accroistre et embellir de plus des trois quartz, encores que son administration ayt esté en temps auquel ceste ville a esté le plus affligée de trois fleaux de Dieu, pendant lequel temps il a faict cognoistre à ung chacun sa grande doctrine et insigne œconomie, qui seroyent encores bien requises, voyre tres necessaires pour l'establisement et confirmation de lad. union aud, collège, à cause de quoy nous vous avons bien voullu faire ceste despesche, à son desceu toutesfois, pour vous supplier tres humblement de nous le laisser et continuer encores pour deux ou trois ans en sa charge de principal recteur dad. collége; en quoy il ne fera pas moindre fruict au général de lad. Société pour l'*importunité* de ceste ville qu'il feroit s'il estoit employé ailleurs. Nous vous en aurons une obligation generale et particulière, etc. De Lyon; ce 4 mai 1592. — Le *7 juillet* suivant, lé Consulat répondant à une lettre du P. général des Jesuites du 8 juin, le remercie de ce que la nouvelle charge donnée au *P. Bernardin* ne l'enlevera pas au collège qui a besoin de ses talents dans l'administration. Il le prie de faire ressouvenir à S. S. sa promesse de réunir au collège le prieuré de S. Irenée. Le Coulat s'étoit obligé à payer au collège jusqu'à ce temps là une rente de deux mille livres pour le nouveau cours de philosophie, etc. S. — Le P. *Bernardin Castor* professa pendant onze ans la rhétorique au collège de Lyon; il succeda, comme recteur au P. *Emond Auger* qui avoit été chassé de Lyon par les ligueurs, vers ia fin de fevrier 1589. Lorsque sa Société fut exilée, il quitta Lyon le 31 *janvier* 1595, et n'y revint pas; il mourut à Rome le 15 mars 1634, âgé de 90 ans. Voyez ci-dessus *année* 1589, *ad calcem*; au 28 *mai* et au 9 *novembre* de la même année.

1592. — *Mai* 25. Trève convenue et signée à *St-Genis-Laval* entre les députés du colonel *Alphonse*, d'une part, et les députés de M. *Lesdiguieres*, d'autre part. Pages 11 et suivantes du *Manifeste* que nous mentionnerons à la fin de cette année.

1592. — *Mai* 27. *Claude de Guise*, abbé de Clugny, écrit au Consulat :

« Messieurs, par la voye de M, le prieur *de la Magdelaine*, je vous escrivis à ce qu'il vous plaise me vouloir octroyer le passeport et sortie de 4 milliers de *rosettes* seulement.... Toutesfoys j'ay pensé vous faire cette seconde,... pour vous supplier affectueusement me vouloir accorder la sortie de 6 milliers. J'estime tant de vostre courtoysie que ne desnierez la supplication que je vous en fais, joint que, bien que les pieces (lesquelles, Dieu aydant, j'espere faire faire) me demeurent pour la conservation de cette *place* qui est à vostre disposition, neantmoyns elles seront toujours pour le service de la Saincte Union. Si me faictes tant d'amytié d'accorder ce que je vous requiers, je vous prieray croyre qu'à aultre endroict où j'auray moyen de vous faire service, ce sera avec aultant de bonne affection que, vous ayant baysé les mains, je demeureray à jamais, Messieurs, vostre entierement plus affectionné amy à vous faire service. CLAUDE DE GUISE. A *Lordon* (³), 27 may. » S.

1592. — *Juin* 22. Lettre de M. *de Langes* au Consulat.

« Messieurs, je m'estois mis en opinion que ma longue absence en toute patience, mes deportements de tout le temps passé, et nommement puis ces derniers troubles, les instances et humbles prières et requisitions que je vous ay faict avec offre de vous servir et obeir; mes services faictz au public puis 41 ans en ça; les miseres et calamitez où je suis esté plongé puis troiz ans et tant, où j'ay perdu mon filz unique et enduré tant de mauvaise fortune, que bien souvent pour mon allegement j'ay souhaité la mort (s'il est loysible à ung chrestien de la demander) qui est la fin des miseres de cette vie. Et oultre le travail d'esprit celui du corps, ayant quasi continuellement esté malade de fort aspres et dangereuses maladies dont vous n'avez pas esté ignorans, feroient qu'à la parfin vous auriez quelque pitié et compassion de vostre pauvre concitoyen agité de tant de sortes d'afflictions en ce sien ancien aage. Mais, puisque tout cela ne peult amollir vos cueurs, ny les prieres et commandements de Mgr *de Mayenne*, exhortations de Mgr le légat *Cajetan* et intercession de tant de gens de bien, et que je voy bien qu'il faut que je perachève ce peu de temps qui me reste à vivre en mesme misere et calamité, et que la charité chrestienne est tellement refroidie en mon endroict qu'il n'y a point de justice qui face pour moy, ny de raison qui soit bien precise,.... si j'ay mal faict, qu'on me baille des juges non suspects; je me soubzmets et me representeray à jour nommé..... quelque permission que j'aye de Mgr de Nemours de pouvoir aller et sejourner partout où bon me semblera dans son gouvernement, je ne feray jamais chose qui ne soit avec le bon plaisir de Messieurs du Consulat;.... Je vous prie donc, messieurs, de me permettre que je me puisse retirer en mes maisons des champs pour y séjourner, et ce, sous vostre protection et sauvegarde, et m'en octroyer une permission; car aultrement, je ne m'y tiendrois asseuré, mesme que, par vostre ordonnance, elles ont esté desarmées, et n'y a-t-on pas laissé une meschante forche; ce qui n'a esté faict à aulcun autre de tout le gouvernement. Si je me suis, puis ces troubles, comporté avec toute modestie, je prendray peine de encores mieux faire, mesme quand je chemineray soubz voz aisles et protection. Et ce attendant que Dieu vous aye faict cognoistre mon innocence, et inspiré d'avoir pitié, misericorde et commiseration de moy,.... je prie Dieu, messieurs, vous donner en santé heureuse vie, et vous preserver de la maulvaise fortune en laquelle je suis tombé sans qu'il y ayt aucune chose de ma faulte. De Trevoltz (Trévoux) le 22 juin 1592. Vostre tres humble et affectionné serviteur, DE LANGES. »

P. S. J'ay presenté à Mgr *l'archevesque* une lettre de Mgr le cardinal *Cajetan* qui m'a esté envoyée de Rome, par laquelle, ainsi que j'ay veu, il luy faict entendre la compassion et commiseration que S. S. a de mes miseres et calamitez; le priant et exhortant la part où il sera de besoing, affin de nous sortir de telles afflictions, et nous remettre en nostre patrie, biens et honneurs. Je proteste, Messieurs, que je n'ay faict instance desdictes lettres, et neanmoings que je loue mon Dieu que mon innocence soit si loing cogneue, et par tels seigneurs et personnaiges, et deplore ma maulvaise fortune de ce que ceux qui ont veu, exploré, consideré et examiné mes actions, tant de tout le temps passé que par ces presents troubles, et auxquels j'ay tousjours offert servir et obeir, me tiennent telles rigueurs que si je les avois offensez, et me traitent en ethnique et publicain. J'entends qu'il y a de pareilles lettres à Mgr *de Nemours* et à vous, Messieurs. J'ay apprins la volonté de mondit Sgr *de Nemours*. Je me recommande en toute humilité à vos bonnes graces, charité et misericorde. » Voyez ci-après au 6 *novembre*.

1592. — *Même jour 22 juin.* Lettre de M. *de Langes* à *Benoit du Troncy*, secrétaire du Consulat.

«Monsieur, Il y a fort longtemps que nous avons juré amytié ensemble, et confesse que j'en ay receu de grands fruictz, dont je desirerois prendre mon revenche, si j'en avois les moyens comme j'en ay la volunté. Ce sera quand Dieu m'en fera la grace. L'on cognoist les bons amys aux grandz et importants affaires. Je suis constitué, puis trois ou quatre ans, en extremité, misere et calamité ; et quelques poursuites et honnestes offres que j'aie sceu faire, aulcuns m'ont tellement traversé qui m'ont tenu le corps de la ville pour obstacle. Encores que je sache assez que la pluspart cognoist assez ma fidelité, et n'a pas opinion que je veuille faire chose quelle que ce soit à desplaisir, j'ay apprins qu'on y a faict une resolution de ne rappeler dans la ville aulcuns des absens pendant la tresve. Je ne scay si cela se doibt entendre de moy. Quoiqu'il en soit, puisque je suis si *desastré* et infortuné que ceux desquels j'attendois tout secours et protection, comme peres du peuple, ayant tousjours bien merité du public, me font *contrecarre* et ne me veulent faire justice et raison, je vous prie, Monsieur, procurer que, au moings, je me puisse retirer en mes maisons des champs,...... soulz la protection du Consulat ; car aultrement, pour ne me vouloir aulcunement despartir du commung, comme je ne fiz oncques, je ne m'y voudrois asseurer. Mes maisons sont devalisées, et nommement des armes qui y estoient ; si on me les rendoit, au moings celles qui seroient plus pour la deffense que pour assaillir, j'estimerois d'y dormir plus seurement. Toutes fois je desire prendre une chambre dans l'*Isle-Barbe*..... J'y serois avec un peu plus d'assurance et sans dangier ; mais, quoiqu'il advienne, je ne veux rien faire que ce ne soit avec le bon plaisir de Messieurs du Consulat, en quoy je scay, Monsieur, que vous avez bonne part, et que vous me vouldrez faire paroistre vostre amitié en affaire si charitable, dont je vous auray perpetuelle obligation pour vous faire service et d'aussi bon cueur que vous presenteray mes affectionnées recommandations. Je prie Dieu vous donner en bonne santé heureuse et longue vie. De *Trevolz*, ce 22 juin 1592. Vostre plus ancien frere et affectionné serviteur. DE LANGES. — S.

1592. — *Juin 26. Le Consulat à M. de Langes :*

« Monsieur, Nous avons receu voz lettres accompagnées de celles que Mgr l'illustrissime et reverendissime cardinal *Cajetan* nous escrit en vostre faveur, pour réponse auxquelles nous vous prions de croire que nous sommes infiniment desplaisans des accidens et infortunes cottées par voz dites lettres, et desirerions vous gratiffier à vostre contentement, n'y ayant pas ung d'entre nous qui, en son particullier, ne vous soit serviteur. Mais ce que vous desirez vous retirer à l'Isle, tire apres soy une telle conséquence, que, à nostre grand regret, nous ne le pouvons accorder. Bien trouverions-nous bon que ce fut en vostre maison de *Laval*, où il ne vous sera faict aulcun desplaisir, ayant sauvegarde de Mgr *de Nemours*, que, nous nous asseurons, ne vous sera refusée. La maison est tres belle et plaisante, et non gueres esloignée de ceste ville, où voz amis vous pourront aussi bien visiter qu'ailleurs. Par quoy ou la continuation de vostre demeure à *Trevoulx* ne vousseroit agreable, il nous semble que vous ne devez rechercher lieu plus propre ni plus commode que cestluy-là. Qui est tout ce que nous vous pouvons dire en responce à voz dites lettres ; sauf que si, en aultre chose, nous vous pouvons faire service, nous nous y emploicrions de la mesme affection que nous saluons voz bonnes graces de nos bien affectionnées recommandations, priant Dieu vous donner, etc. De *Lyon*, ce 26 juin 1592. S.

1592. — *Juillet* 2. M. *de Langes* au Consulat :

« Messieurs, Vous estes tousjours juges et tesmoings de ma vie passée. Quarante ans sont escheuz que j'ay commencé de servir le public en la justice aux plus honorables charges. Vous sçavez comme je m'y suis comporté, et comme j'ay prins peine de conserver les droictz de la communaulté. J'ay heu cest honneur d'avoir esté de vostre compaignie, et, lors des plus importantes affaires, j'ay faict plusieurs voyages où m'a esté commandé pour voz affaires où je vous ay rapporté tout contentement ; et ne trouverez en voz registres que je vous en aye demandé taxe, me contentant que celluy d'entre vous, Messieurs, que j'accompagnois , fist les frais du voyage. Ce n'est pas que je n'eusse beaucoup proffité demeurant en la ville de laquelle je suis absent avant la derniere prinse des armes , puis laquelle je me suis comporté sans m'entremettre d'aucunes affaires qui vous eussent peu desplaire et prejudicier. Lors de l'edict du mois d'aoust, j'ai presenté ma requeste, et requis pouvoir jouir du benefice d'icelluy, offrant faire le serment de la Saincte Union ; ce qui me fust accordé à l'assemblée de l'*Arbresle*, par l'assemblée des trois estats y assemblez. J'ay sceu que encores que la plus part de vous, Messieurs, l'eussiez trouvé bon, toutes foys aulcuns de vostre Conseil gagnarent le dessus, et firent limiter mon retour à l'une de mes maisons des champs, qui depuis m'ont esté pillées. Mgr le Reverendissime *Cajetan* insista sur mon restablissement ; je ne peuz l'obtenir ; et, sur la plainte qu'il en fist en plein conseil à Paris, Mgr *de Mayenne* l'ordonna ; Madame *de Nemours* vous en pria. Il n'en a rien esté faict, et on m'a remis au retour de Mgr *de Nemours*. J'ay prins tout de bonne part, comme encores les autres traitements que l'on m'a faict, quelques rudes qu'ils ayent esté, et que je ne l'eusse mérité du public. Pendant mes miseres et calamitez, estant çà et là vagabond, mendiant mon habitation en païs estrangiers ; ne pouvant trouver lieu asseuré pour ma retraicte ; j'ay perdu mon filz unique, que je nourrissois à intention de servir ung jour la ville, et succeder en ma charge. Cela m'a esté une affliction incroyable, et qui vous a deub mouvoir à quelque compassion, vous qui avez des enfans, et qui pouvez avoir experimenté combien la perte en est fascheuse quand on en a quelque bonne esperance , en pouvez mieux juger en particullier. Messieurs, il n'y a personne de vous qui aie recouru à moy au faict de ma charge que je n'aie prins peine de luy faire justice et de le rendre content. Je scay bien qu'on ne peult pas tousjours satisfaire au demandeur et defendeur, et rendre l'ung et l'aultre coutens. En somme, je ne flz oncques desplaisir à personne, et ne vouldrois l'avoir faict ; neantmoins je me treuve hors de voz bonnes graces, et comblé de toutes miseres affections et calamitez, et lorsque je suis parvenu à mon ancien aage, qui debvrois jouir de quelque aise et repoz , et du fruict de mes longues labeurs, je me treuve privé de ma patrie, de ma maison, de la compaignie de ma femme et enfans, et tenu en la ville que j'ay servi en ma jeunesse pour ung ethnique et publicain. Je scay que Mgr *de Nemours* desiroit mon retour, suivant la promesse qu'il m'en avoit faict ; je tenois que vous l'auriez pour agreable, et que vous l'auriez permis pour la consideration que vous avez heue de mes de fortunes et la souvenance de mes services passez. J'ay treuvé tout le contraire. Que faict, Messieurs, que à present que je scay ce que porte la Bulle de nostre Sainct Pere, pour d'encourir les peynes d'icelle, je vous supplie trez humblement qu'il vous plaise m'accorder mes requestes, et ne plus empescher mon restablissement ; vous offrant servir et obeir avec toute sincerité, affection et legalité que vous penseriez desirer, et me donner acte de mes offices, affin que à la posterité il ne me puisse estre imputé que j'aie jamais heu volunté de suivre aultre desseing ny party que celuy de la communaulté, en laquelle j'ay tousjours estimé que Dieu assistoit par son Sainct Esprit. Vous ferez chose digne de vous, et sortirez ung de voz concitoyens d'une peine et affliction à luy insupportable. Et à tous vous baisant les mains, je prie Dieu vous donner, Messieurs, en santé, heureuse et longue vie. De *Tournon*, le 2 de juillet 1592. Vostre tres humble et tres affectionné serviteur, De Langes. — S.

1592. — *Juillet* 7. Le Consulat à M. *de Casault* (1) :

« Monsieur, il n'y a aulcun de nous en particullier qui ne soit infiniment marry de vostre infortune, et qui n'en ait ung extresme regret, tant pour vostre aage et qualité que pour le zèle et affection que vous avez tousjours eu au bien et repoz de ceste ville: ce que nous sommes resoluz, et l'estions, avant la reception de voz lettres, de representer à Son E., et la supplier tres humblement de vous revoquer de ce petit ostracisme auquel vous estes relegué : lequel cependant nous vous prions de supporter avec la constance et grandeur de courage qui vous a accompaigné jusques icy. En quoy vous ferez reluyre en ceste obscurité, vostre vertu, comme le soleil en plein midy; considerant que toutes choses sont subjectes à vicissitude, et que la prudence humaine se recognoist plus en l'adversité que es choses prosperes. Asseurez-vous doncques que nous ferons envers Son Exc., lorsqu'elle sera sur son partiment (car plustost il ne vous seroit proffitable) tout ce que vous sçauriez desirer, Monsieur, etc. De *Lyon*, le 7 juillet 1592. »

1592. — *Juillet* 7. Le Consulat écrit à M. *de Dijon*, ambassadeur de la Sainte-Union à *Rome*, pour le remercier de ses bons et signalés services, et surtout du dernier, par lequel il avoit obtenu de S. S. l'union des benefices cidevant accordés au collège des *Jésuites* de Lyon ; il le supplie de poursuivre l'expédition de cette affaire. — Le Consulat avoit constitué au collège une rente annuelle de 2000 livres pour l'établissement d'un cours de philosophie, et l'entretien des régents à ce necessaires ; il prie M. *de Dijon* d'y faire consentir le Pere général de l'ordre des *Jésuites*, et de l'engager à *écrire de bonne encre* au Père recteur du collège. afin que ce cours puisse être établi pour la prochaine *St Remy*. — Le Cousulat avoit écrit en même temps au général des *Jésuites* pour le remercier de ce que la nouvelle charge dont il avoit voulu honorer le P. *Bernardin* (*Castor*), recteur du collège, ne l'enlevoit pas à ce collège et à cette maison dont il étoit le principal restaurateur, et dont l'éloignement eût causé les plus grands regrets à toute la ville, surtout en ce moment où l'on étoit sur le point d'y établir un cours de philosophie pour compléter l'instruction de la jeunesse, etc. S. Voyez ci-après au 3 *août*.

1592. — *Juillet* 9. « Arriva à Lyon une troupe de *Napolitains* qui s'en allarent par eau sur le *Rosne* contre *Vienne*, et passa la cavallerie par *Lyon*, et s'en alla à *Vienne* par le *Daulphiné* : et ledit jour, s'en alla M. *de Nemours* avec le *Marquis* son frere, à *Vienne*, et se rendirent ceux de *Vienne* audit sieur *de Nemours*, lequel mit au *chasteau du Pipet* dudit *Vienne* M. *Desnoyers*, et à *la Bastie* M. *de Jussieu*, et le gouvernement de la ville à M. *de Maugiron* qui avoit fait rendre la ville. » *Arch. du Rh.*, XII, 164. — Pour justifier cette reprise d'armes et la rupture de la treve arrêtée le 25 *mai* précédent, le Consulat fit imprimer une espèce de manifeste qui contenait les motifs qui avaient dirigé le duc *de Nemours*. (Voyez les *publications* de cette année). Le 11 de ce

<hr>

(1) *Antoine Grollier*, sieur *de Cazault*, lequel ayant été emprisonné lorsque les Lyonnais se déclarèrent pour la ligue, se sauva de *Pierre-Scise*, avec *Imbert*, son frère, *sieur du Soleil*. J. Morin, V, 325. Voyez aussi la préface du *Recueil* de M. *Grollier de Servières*, Lyon, 1729, in-4, et ci-après, 9 *nov.* 1594.

mois, il fit une circulaire aux chefs et magistrats des villes de *Bourgogne* et du *Beaujolois* pour leur annoncer la prise de *Vienne*. S.

1592. — *Juillet* 17. Le Consulat au duc *de Nemours* :

« Monseigneur, nous sommes tant jaloux de vostre santé que nous ne sçaurions demeurer ung seul jour sans en avoir asseurance ; à cause de quoy nous avons despesché ce messager exprès ; pour nous en rendre certains par l'advis que nous supplions tres humblement V. E. de nous en donner par lui. Cependant nous certiffions V. E. que touttes choses sont icy en fort bon estat; l'heureux succès de vostre heroïque entreprise ayant apporté ung grand plaisir et contentement à ung chacun, et donné occasion à tous d'en louer Dieu, et le prier, comme en nostre particullier nous supplions tres humblement sa divine Majesté de vous donner, etc. De *Lyon*, le 17 juillet 1592. » S.

1592. — *Juillet* 17. Lettre de *Claude de Guise*, abbé de *Clugny*, au Consulat :

« Messieurs, Le succès de *Vienne* dont il vous a pleu me faire le discours par les vostres, est suffisant tesmoignage à tous d'ung très louable et important effect de la prudence de Mgr *de Nemours*, secondée de vostre bon advis et vigilance : Vous asseurant que, de ceste heure, je disposeray tous mes subjects pour en rendre graces à Dieu, et luy supplier d'assister toujours de ses saintes forces, les desseings de S. E. en voz bons offices et labeurs au bien du pays. C'est ung commencement qui me faict esperer un grand advancement en nostre party, et ung desiré repoz, tant à vous qu'à tous voz voisins. Donc ung chascun par commune congratulation vous doigt à jamais honorer et cherir : et pour mon particulier j'en auray telle memoyre et de voz bonnes volontez en mon endroict, qu'il ne se presentera occasion de vous servir que je ne face d'aussi bon cueur que vous avoir presenté mes humbles et plus affectionnées recommandations. Je prye Dieu de vous donner en parfaicte santé, Messieurs, heurense et longue vie. A *Lordon*, ce 17 juillet 1592. Vostre bien humble et trez affectionné amy à vous faire service. CLAUDE DE GUISE. » S.

592. — *Juillet* 18. Le duc *de Nemours* au Consulat :

« Messieurs, Je pris hier *Saint Marcellin* sur les gens du collonel *Alphonce*; mais la place est si mauvaise qu'il y aura de la peine à la garder. Vous m'obligez beaucoup par la memoyre que vous avez de moy, et vous en remercie avec toute l'affection qu'il m'est possible, ne voulant desormais manquer à vous faire sçavoir par toutes les occasions de mes nouvelles, et des succès que Dieu nous envoyra; lequel je prye, Messieurs, vous avoir en sa saincte et digne garde. De l'*Albene*, ce 18 juillet 1592. Vostre plus affectionné et meylleur amy à vous servir, CHARLES E. DE SAVOYE. » — S.

1592. — *Juillet* 20. Le Consulat écrit au duc *de Joyeuse*, gouverneur en *Languedoc*, qu'il croit du devoir de sa charge de lui faire part de ce qui se passoit en ce pays pour l'assurance que la nouvelle lui en sera plus agreable que celle de la trève faite ci-devant par Mgr *de Nemours* avec le colonel *Alphonce*. Cette trève avoit été résolue pour de bien bonnes considérations, mais à la charge tres expresse que le Sr *Lesdiguieres* l'approuveroit; ce qu'il n'avoit voulu faire, mais, au contraire, ayant déclaré qu'il avoit commandement exprès de son roi de n'y entrer, et d'incommoder le plus qu'il pourroit cette ville et le gouvernement, etc. S.

1592. — *Juillet* 30. Le Consulat adresse à S. A. (le duc *de Savoie*) des remerciments de la faveur et prompte expédition accordée à son député pour l'exemption des tailles tant patrimoniales que *négociales* pour les biens roturiers tenus par des citoyens de Lyon en ses états de *Bresse* et de *Savoye*; mais Messieurs de la Chambre de *Chambéry* faisant difficulté de vérifier les lettres accordées à ce sujet quant à ce qui regardoit les *tailles négociales*, le Consulat supplie S. A. de lui accorder sur ce des lettres de Jussion, etc. S.

1592.—*Juillet* 30. Le Consulat écrit à Messieurs de la cour du parlement de *Dole* et aux maire et échevins de *St Claude* pour les prier de faire relacher quelques balles d'ouvrages d'impression intitulées le *Cours civil*, qui avoient été arrêtées à *St Claude*, comme venant de *Genève*, et étant suspects d'hérésie. Le Consulat assure que cet ouvrage n'est point tel; que ce sont les heritiers de feu *Guillaume Roville* qui faisoient venir ces balles de *Genève* qui y etoient déja du vivant du Sr *Roville*, lequel étoit aussi trèsbon catholique, et avoit été échevin, etc. S.

1591. *Juillet* 31. Le duc *de Nemours* au Consulat :

« Messieurs, encores que le sieur *de Casaulx* m'ait donné plus de desplaisir que je n'en receus jamais de personne, neanmoins oubliant ce qui s'est passé, pour l'amour de vous, je suis content de lui pardonner, et, pour le mérite de vostre affection envers moy, je veux perdre la memoire de sa mauvaise volonté, faisant estat que si elle continue, vous me serez en tesmoignage que c'est ingrattement et sans sujet. Il peut donc aller et venir en toute asseurance où bon luy semblera : car, pour vostre consideration, je seray bien aise en toute occasion de luy faire plaisir. Et sur ce, je finiray priant Dieu, etc. Du camp *dès Eschelles*, ce dernier juillet 1592. Vostre plus affectionné amy à vous faire service, CHARLES DE SAVOYE. » S.

1591. — *Août* 1er. Le Consulat à M. *de Villards*, lieutenant-général en la sénéchaussée de Lyon.

Monsieur, parce que quelques ungs de noz concitoyens ont prins ombrage de vostre sejour à *St Genis* (*Laval*), nous vous prions, pour lever tous mescontemens, de vous retirer à Vienne jusqu'au retour de Mgr *de Nemours*, suivant la permission que vous en avez de S. E. Nous avons si bonne opinion de vous, que nous croyons que vous n'en ferez aucune difficulté : qui nous occasionnera de ne vous en faire plus longue lettre, mais la clorre par prière à Dieu qu'il vous donne, etc. De *Lyon*, ce premier d'aoust 1592. S.

1591. — *Août* 3. Le général des *Jésuites*, CLAUDE AQUAVIVA, écrit de Rome au Consulat, en réponse à une lettre du 7 *juillet*. Il le felicite de son zèle pour l'accroissement de son collège ; il ne peut qu'approuver son dessein, et quoique la province se trouve à présent fort chargée de plusieurs cours de philosophie, toutefois l'importance de la ville de Lyon et l'obligation que l'ordre lui doit est si grande qu'il ne voudroit faire le refus de cette autre création, pour laquelle il avoit donné tout pouvoir au P. Provincial pour en accorder selon le bon plaisir du Consulat. De son côté, il ne fera faute de le servir, en ce que lui sera possible, tant en la poursuite de l'union demandée, laquelle l'ambassadeur poursuivoit avec zele auprès de S. S., qu'en tout autre chose où il plairoit au Consulat l'employer pour le service de Dieu, lequel il prie conserver les échevins avec toute la ville en tout heur et prospérité, etc. Vostre tres affectionné serviteur en N. S., CLAUDE AQUAVIVA. — Cette lettre est écrite de la manière la plus nette, en caractères imitant ceux de la typographie. S. Voyez ci-dessus au 7 *juillet*.

1591. — *Août* 6. Le sieur *de la Forge*, procureur syndic du Forez expose au Consulat, qu'il a plu à M. *de Nemours* d'accorder à **Lyon** 11000 écus sur le pays de *Forez*, pour être employés aux pionniers de la fortification ; mais que, sur les remontrances qui lui furent faites, M. *de Nemours* avoit accordé une exemption de 500 écus ; que cependant M. *Martin*, receveur dudit pays poursuit le payement du tout, ce qu'on ne pense pas être fait par ordre du Consulat ; le priant de lui faire savoir ce qu'il en est. Par *Post-scriptum*, il dit avoir reçu la lettre que le Consulat a écrite au tiers état du pays de *Forez*, concernant Messieurs les *Jésuites* pour y avoir la *Philosophie*; que cela est venu très-à-propos, d'autant que pour affaires, il se dispose à ce moment parcourir les principales villes ; qu'il leur en fera part, et les exhortera d'y entendre, étant chose qui lui semble très-à-propos pour l'instruction de la jeunesse à meilleur compte.....

Le Consulat lui répondit le 9 *août* qu'à juste raison, il avoit douté que ce n'étoit point la ville de *Lyon* qui poursuivoit le payement entier des 1100 écus... ; qu'il en écrira au sieur *Martin*, et que le procureur syndic pourra se pourvoir comme il le trouvera bon. — Le Consulat le prie, comme il s'y est offert, d'exhorter les villes du pays de contribuer à une si bonne et sainte œuvre que l'établissement d'un *cours de philosophie au collège des Jésuites de Lyon*........ ; que sa mémoire en sera éternisée, et, pour son regard, le Consulat lui en saura un grand gré, etc. S.

1591. — *Août*... On rapporte vers ce temps une lettre de M. *de Lancosme*, député de l'Union à Constantinople à M. le Commandeur de *Dijon*, ambassadeur de *France* à la cour de *Rome*, datée du 10 *juillet*, et reçue le 20 *aout*. — M. *de Lancosme* écrit de la prison des tours du Canal de la *Mer noire* ; il raconte d'une manière lamentable les persécutions qu'il a éprouvées, depuis l'arrivée à *Constantinople*, de M. *de Brèves*, envoyé d'*Henry IV* à la *Sublime Porte*. — Il semble que M. *de Lancosme*, étant de la maison de *Savari*, devoit être parent à M. *de Brèves*. — On lit dans la généalogie de cette maison de *Savari de Lancosme*, en *Tourraine*, que *Jacques Savari Lancosme*, ci-devant colonel d'infanterie, fut nommé en 1582, par *Henri III*, ambassadeur à *La Porte*, où il étoit mort en 1591; que *François Savari*, seigneur *de Brèves*,.... l'avoit suivi, et qu'il fut nommé en sa place où il resta jusqu'en 1606, après avoir conclu le 20 mai 1604, avec le sultan *Achmet*, un traité avantageux à la nation françoise et à la religion. Le sieur *de Lancosme*, dans cette lettre, ne le désigne point comme son parent; mais que le Sr *de Brèves* s'étoit associé honteusement avec cet affronteur qui se faisoit nommer le baron *de la Faye*, et avec lequel il avoit contracté indissoluble société et amitié ; qu'ils avoient suscité contre lui les ministres de la cour ottomane dans l'intention de le chasser pour s'établir lui-même ambassadeur ; que le Sr *de Brèves* l'avoit accusé auprès des ministres de trahir cet empire, en écrivant à S. M. catholique et à S. S. qu'il étoit traître à son roi. Le Sr *de Lancosme* s'étoit justifié de son mieux, et quant au point d'être traître à son roi, il avoit protesté qu'il avoit toujours été, et étoit très fidele serviteur et ambassadeur de la couronne de *France* ; que celui que ses ennemis appeloient roi en étoit indigne pour être hérétique.... Un de ses cousins, seigneur *de Puillorens*, avoit été mis en prison avec lui ; c'étoit un jeune homme, chef de sa maison, et orné de vertueuses qualités. Le reste de sa famille avoit été mis aux fers. Après avoir séjourné en diverses prisons plus horribles les unes que les autres, les ministres firent un jour semblant de s'être trompés et l'avoient remis en liberté ; mais le Sr *de Brèves* s'étoit emparé de sa maison et de ses meubles, se servant de son secrétaire qu'il avoit séduit. Enfin on fit mettre le sieur *de Lancosme* dans la prison de la tour du Canal de la *Mer noire* avec ses deux cousins, ayant chassé le reste de sa famille qui ne vouloit, suivant lui, tenir le parti du roi. Pour ravoir sa liberté, ses ennemis disent qu'il faut attendre la volonté du *roi de Navarre*, pour savoir ce qu'il voudra ordonner, etc. — Cette lettre n'est qu'une copie; on ne voit pas comme elle a pu être envoyée à Lyon. S. Voyez ci-après au 20 *novembre* 1593, et M. MORIN, *Hist. de Lyon*, V, 396.

1592. — *Octobre* 19. ARTICLES baillés par les Consuls, Eschevins de la ville de Lyon aux sieurs *Gella* et *de Villars*, allans aux Estats convoqués par Mgr le duc *de Mayenne*, lieutenant-général des états et couronne de France, pour l'élection d'un roi très-chrétien.

Puis que, etant defaillie la legitime succession à la couronne de France, tant par les lois fondamentales du royaume qui n'y admettent nul qui ne soit capable du nom de roy très chrétien, que par la disposition du droit commun, par laquelle le droit de succession en ligne collatérale ne s'étend point outre le septième degré, et que cette monarchie, depuis qu'il a plu à Dieu délivrer ce royaume de l'idolatrie et superstition des payens, et l'appeler à la foi de J. C., a été toujours appuyée sur le beau titre de très chrétien, acquis par les grands devoirs que nos rois, assistés de leurs sujets, ont faits pour la tuition de la religion catholique; et aux fins que Dieu et le monde voyent que la prise des armes faite par les princes, prélats, seigneurs et villes catholiques n'a été à autres fins que pour la conservation de cet état en son entier, et la defense de notre religion catholique, apostolique et romaine contre les efforts des hérétiques et faux catholiques mêlés avec eux pour violer l'état et les lois, et faire tomber cette couronne entre les mains d'un heretique relaps; et attendu que la présente assemblée est principalement convoquée pour procéder à l'election d'un roy, les sieurs *Gella* et de *Villars* se conformeront avec la pluralité des autres bonnes villes de France pour l'élection d'un roi qui soit né François, aux fins qu'ayant sucé, avec le lait de sa nourrice, l'amitié que toutes gens d'honneur ont naturellement de leur patrie, il ait d'autant plus de zèle à la conservation de l'état, des lois fondamentales du royaume, et embrasse avec d'autant plus d'amitié la tuition et défense de ses sujets.

Et-pour ôter toute ambiguité, altercation et dispute qui pourroit naître de la généralité du nom de François, sous pretexte que les bornes et limites de la France ont été ampliées et limitées diversement par diversité des temps, des règnes et des pertes et conquêtes qu'ont fait nos rois à diverses fois, declareront lesd. deputés qu'ils entendent comprendre *sous le nom de France*, prenant du côté de septentrion *tout ce qui est par deçà les rivieres du Rhin et de Meuse*, s'étendant du côté de ponant jusques à l'*Océan* appelé *britannique* et aux *Monts Pyrénées*; et du côté du levant aux montagnes du *Dauphiné* et aux *Alpes de Savoye* : et du côté du midi, à la *mer Méditerannée*, autrement appelée *mer Gallique*, et déclareront qu'ils tiennent tous les princes et seigneurs qui sont nés et habitent dans l'enceinte de ces limites, pourvu qu'ils soient capables de ce titre honorable de très-chrétien; ce que nul ne peut être, sinon qu'il soit très ferme catholique, et n'ayant jamais été non seulement hérétique, mais en façon que ce soit, fauteur ou adhérent des hérétiques, encore qu'il soit du nombre de ceux qui ayant abhoré les inhumains massacres de *Bloys*, se sont employés pour la défense et tuition de l'état de la religion catholique, ou du parti de la Sainte Union;

Qu'il jure et promette, comme ont toujours fait les anciens rois de France, d'exterminer les hérétiques hors de ce royaume, et ne jamais permettre qu'il y ait dans icelui exercice d'autre religion que de la catholique, apostolique et romaine, et promette de n'avoir jamais paix, conférence ou alliance avec les hérétiques, leurs fauteurs ou adhérens;

Qu'il promette faire des édits par lesquels sera enjoint et préfigé temps aux ministres de Luther, Calvin et leurs complices, pour vuider le royaume, à peine de la vie, et pour enjoindre à tous les sujets de tous ordres et qualités, de renouveler le serment de l'Union, et, par spécial, de vouloir vivre et mourir en la religion catholique, apostolique et romaine, avec commandement à tous ceux qui ne voudront faire ledit serment de vuider le royaume, et vendre les biens qu'ils y possèdent dans certains temps ; lequel passé, ils seront déclarés confisqués à la Couronne, sans espérance d'y pouvoir jamais revenir ;

Qu'il promette renouveler les édits faits par les feus rois *François Ier* et *Henri II* pour la punition des hérétiques, et rétablisse les chambres à cet effet ordonnées par leurs majestés et les cours souveraines, et raffraichisse le pouvoir par eux donné aux baillis et sénéchaux pour les juger en dernier ressort ;

Et parce qu'il est bien difficile que ceux qui une fois ont goûté *le poyson de l'hérésie*, quelque profession qu'ils fassent d'être catholiques, n'ayent intérieurement quelque ressentiment de le renier dans leur ame, que tous ceux qui ont autrefois fait profession d'autre religion que de la catholique, apostolique et romaine, ou qui ont adhéré au parti desdits hérétiques, et leur ont assisté pendant les troubles, déclarés incapables de tenir offices ou bénéfices en ce royaume ;

Que le Concile de *Trente* soit publié et observé en ce royaume, tant es cours spirituelles que temporelles, et, à-ces-fins, enjoindre aux cours souveraines de ce royaume de le publier sans aucune modification ou restriction ;

Que le roi reconnoisse le siège apostolique et N. S. P. le Pape pour souverain chef de l'église; rétablisse son autorité en ce qui est du spirituel; se montrant par effet le premier fils de l'église ;

Qu'il assigne terme aux princes, prélats, gentilshommes et autres qui, pendant les troubles, ont suivi le parti des hérétiques, dans lequel ils seront tenus abandonner ledit parti, et lui venir faire le serment de fidélité, et rendre le devoir que bons et loyaux sujets doivent à leur roi et prince légitime, autrement ledit temps passé, ils seront déclarés déchus de toutes dignités, prérogatives ou prééminences; même les nobles du titre de noblesse, déclarés à l'avenir roturiers et taillables, eux et leur postérité née et à naître; leurs fiefs et maisons nobles acquises et confisquées à la Couronne, et les bénéfices des ecclésiastiques déclarés vacans et impétrables, et S. S. suppliée de pouvoir, en leur lieu, des personnes idoines et capables qui lui seront nommées et présentées par S. M., suivant les concordats et anciens privileges de l'église gallicane ;

Et aux fins que S. M. aye moyen de résister par ci-après aux hérétiques et leurs fauteurs et adhérens, elle sera suppliée qu'il lui plaise, suivant la trace de ses prédécesseurs très-chrétiens rois de France, même du grand roi *Philippe-Auguste* et *Louis VIII*, son fils, qui dressèrent de leur temps, des Croisades contre les hérétiques *Albigeois*, le comte *de Toulouse*, et autres princes et seigneurs leurs fauteurs et adhérens, faire obliger tous les ordres et états, tant ecclésiastiques que laïcs, ensemble toutes les provinces qui se trouveront en la présente assemblée, du secours qu'ils seront tenus lui fournir, soit d'hommes ou d'argent, pour faire tête aux hérétiques, et les chasser hors du royaume ; et de ce, faire un état certain, pour le lever par forme de subvention quand l'occasion se présentera; lequel secours ne pourra être exigé et employé à autre affaire que pour faire la guerre auxdits hérétiques, ni les deniers être distribués par ceux qui seront commis et députés par chacun état en chaque province, pour en faire la recette et dépense à autre effet que de ladite guerre contre les hérétiques, laquelle cessante en cessera la levée ;

Que la ligue offensive et déffensive sera renouvelée par S. M. avec S. S., le roi catholique et avec autres princes et potentats, tant de dedans que dehors le royaume, qui y voudront entrer pour la tuition et defense de la religion catholique, apostolique et romaine et l'entière extirpation de l'heresie du temps ;

S. M. sera aussi suppliée, pour rendre à ce royaume son ancienne splendeur, pourvoir en premier lieu au fait de la justice ; et pour faire cesser le désordre qui y est, provenant la plupart de l'incapacité de ceux qui sont admis à l'exercice d'icelle, faire cesser à l'avenir la venalité des offices de judicature, et rétablir l'élection et nomination auxdits offices, quand vacation en adviendra, à la forme portée par l'article 39ᵉ de l'édit fait aux Etats tenus à Orléans, en l'année 1560.

Et pour faire cesser le désordre que la multiplication des offices a apporté en ce royaume, et decharger les finances de France de la grande charge qu'apporte le payement de tant de gages, qu'il lui plaise reduire tous les offices, tant de judicatures que de finances, à l'ordre et au nombre qu'elles étoient lors du décès du feu roi *Henri deuxième*, que Dieu absolve ; supprimer dès-à-present ceux qui ont été erigés depuis, et, pour faire cesser l'interêt de ceux qui sont pourvus desdits offices, faire fonds de la vente des biens des hérétiques et des rebelles pour être employés au remboursement de la finance que les pourvus desdits offices feront apparoir être entrés aux coffres du roi sans fraude ni dissimulation, et par bons et fidèles acquets ;

Comme aussi remettre les anciens gouvernements en leur entier ; leur rétablir ce qui en a été démembré, et en pourvoir gratuitement les princes et seigneurs qui, par leurs vertus et mérites, s'en rendront dignes et capables ;

Rétablir la liberté du commerce en son entier, avec pouvoir à tous sujets de S. M. de transporter, d'une province à autre, dans ce royaume, toutes denrées et marchandises, sans être tenus de demander autre passeport, en payant les droits qui, pour ce, seront dus par ordonnance de S. M. ;

Ordonner que les villes, communautés et provinces de ce royaume, qui ont tenu, pendant les troubles, le parti de la Sainte Union, demeureront quittes et déchargées à tout jamais, de toutes levées de deniers faites durant lesd. troubles et depuis les horribles massacres de *Bloys*, tant par forme d'emprunt sur les habitans ou lieutenans ou négocians esdites provinces, de quelque état, qualité ou condition qu'ils soient, ou par forme d'imposition sur les personnes, biens, denrées ou marchandises ou autrement, en quelque façon et manière que ce soit, par les mandements et ordonnances des gouverneurs des villes et provinces ; à la charge néanmoins que les comptables ou autres qui ont eu le maniement, en rendront compte à la chambre des comptes ;

Comme aussi ceux qui ont acheté nouvellement, ou racheté rentes ou possessions vendues par ordonnance desdits gouverneurs en demeureront quittes et déchargés valablement à l'avenir, sans qu'il leur en puisse rien être querellé ou demandé ;

Sera S. M. suppliée de reduire les monnoyes à leur ancien poids et alloys, et faire cesser l'exposition de tant de fausses monnoyes qui ont été fabriquées depuis, et au préjudice de l'édit des monnoyes qui fut publié en novembre 1577 ;

Que dorénavant, il ne sera fait en ce royaume, aucune imposition ou nouvelle levée de deniers, sinon par édit qui sera vérifié ès cours de parlement, où les interessés seront reçus en leurs oppositions et remontrances, sur lesquelles leur sera pourvu par lesdites cours, sans que S. M. leur en puisse interdire la connoissance; pour la levée desquelles impositions sera procédé sur les biens et non sur les personnes, soit des échevins ou administrateurs des biens des communautés ou des particuliers; et lesdites exécutions faites par huissiers ou sergents, et non par soldats ou gens de guerre;

Que les finances seront ramenées à leur ancien ordre, et toutes natures de deniers qui se levent, comme tailles, taillons, compris ce qui est ajouté pour la gendarmerie, réparations des villes, châteaux et forteresses, seront dorénavant employés auxdits effets pour lesquels la levée en fut premierement accordée, aux fins que les villes et places frontieres soient duement fortifiées, les gendarmes payés, à ce que S. M. en tire service en cas de necessité, et que les gendarmes ayent occasion de se comporter modestement au soulagement et décharge du pauvre peuple;

Et parce que l'une des choses qui a plus rendu les feux rois odieux à leurs sujets a été les inventions malheureuses et detestables que faisoient journellement ceux que l'on appeloit *partisans*, à la foule et oppression du pauvre peuple; que tous partisans et faiseurs d'inventions nouvelles, tant regnicoles qu'étrangers, soient chassés, et défenses à eux faites de s'approcher de S. M., sur peine d'être punis comme ennemis et perturbateurs du repos public; et attendu les grands et démesurés profits qu'ils ont tiré sur le pauvre peuple, que toutes assignations qui leur auront été données, ensemble toutes constitutions de rentes faites à leur profit, sur les fermes du royaume soient revoquées, cassées et annullées, et les nouvelles impositions mises s u le peuple à cet effet, abolies, sans espoir d'être jamais remises sus;

Que les édits par lesquels est défendu aux étrangers de tenir aucunes fermes en ce royaume, par eux ni par interposites personnes soient rafraichis et étroitement entretenus sans fraude ni dissimulation, et les baux ci-devant faits au profit desdits étrangers, soit directement ou indirectement, cassés et résolus;

Qu'il plaise au roi faire élection de quelques personages d'age, autorité et savoir compétent, tirée de sa cour souveraine, et les distribuer par les provinces de ce royaume, pour être chefs et superintendans de la justice, aux fins de régler les désordres que le malheur du temps et les guerres civiles ont introduits en la justice. — Délibéré à *Lyon* le 19 d'*octobre* 1592.

N. Des instructions particulières furent données aux députés; en voici le préambule :

Si, de toute ancienneté, l'on a eu la bonne et louable coutume d'assembler les états generaux du royaume, lorsqu'il s'agissoit de pourvoir à une affaire très importante pour le bien et repos public, Mgr le duc *de Mayenne*, très digne lieutenant général de l'etat et couronne de France, a eu très juste occasion de les convoquer *en cet interrègne*, auquel et par lequel ce royaume jadis très chrétien et très florissant est venu par une sédition et par les guerres civiles au période de son entière ruine, étant tombé en toute irrévérence envers Dieu, désobéissance aux magistrats, corruption des mœurs, changemens de lois, mépris de justice, *abolition des lettres*, vengeances horribles, méconnoissance de consanguinité et parentage entre le tiers état, oubliance d'amitié, extorsions, violences, pilleries, rançonnemens, ruine de pays, saccagemens de villes, brûlemens d'édifices, confiscations, fuites, bannissemens, proscriptions cruelles, meurtres inhumains, forcemens de femmes, violemens de filles, altérations de police et autres infinis excès et misères insupportables, piteuses à voir et tristes à raconter : ce bon et sage prince donc usant de l'autorité qui lui a été baillée a recherché par tous les moyens et par patentes et lettres closes, exhorté et prié toutes les provinces et principales villes de ce royaume de députer quelques notables personnages des trois ordres et etats, bien affectionnés et zélés à l'honneur de Dieu, manutention de la religion catholique, apostolique et romaine, et au repos public, pour se transporter en la ville de *Soissons,* et être ensemblement procédé à l'élection d'un roi catholique... » S.

N. *Guillaume de Villars,* avocat à la sénéchaussée et conseil de la ville, et *Guillaume Gella,* échevin, que le Consulat avoit choisi pour ses députés, ne consentirent à se rendre aux états convoqués à *Reims,* que lorsque le Consulat leur eût promis que, s'il advenoit qu'ils fussent volés ou faits prisonniers, soit à l'allée, soit au retour, on payeroit leur rançon, et on les releveroit de toutes pertes, dommages et interêts. S., *Arch. du Rh.* viii, 33.

1592. — *Octobre* 29. Le Consulat commet le sieur *Charrier,* un des échevins, pour retirer les armes que M. *Hugues Athyaud,* nagueres décédé avoit des hérétiques et politiques absens de son quartier et penonage pour en décharger sa veuve et ses héritiers. — Le 5 *novembre* suivant, le Consulat nomma pour capitaine penon du quartier de la rue *Tramassac,* vacant par la mort de feu M. *Hugues Athyaud,* le sieur *Yvernogeau,* dit *de Toulouse,* échevin, lequel ayant accepté, prêta le serment requis. S.—*Hugues Athyaud,* docteur en droit, etc., fut un des bienfaiteurs de l'Aumône générale. *Biogr. Lyonn.*

1592. — *Novembre* 3. Le Consulat, attendu les services que la ville reçoit journellement de M. *de Tourvéon,* lieutenant général criminel, et de M. Pierre *Bullioud,* procureur du roi, les exempte du subside du vin de leur crû qu'ils feront entrer sans fraude, comme ils l'ont fait par le passé. S.

1592. — *Novembre* 6. *Nicolas de Langes,* président du parlement de *Dombes* et du siège présidial de Lyon, dédie au duc *de Nemours* la traduction qu'il a faite d'une *histoire de Louis XII,* composée en latin par *Humbert Vellay* (ou *Veillet*) de *Savoie,* dont il avait trouvé le manuscrit dans sa maison de Laval. — Cette dédicace est datée de *Trevols* en Dombes.) — La traduction de *Nic. de Langes* a été réimprimée d'après un nouveau manuscrit, à la suite de l'édition donnée par *P. L. Jacob,* des *Chroniques de Jean d'Auton;* Paris, 1835, 4 vol. in-8° (*Courrier de Lyon* du 17 septembre 1834). *Nicolas de Langes* mourut en avril 1606. Sa première femme se nommait *Louise de Vinols;* elle descendait peut-être de *Vinols* qui reçut dans son hôtel le *chevalier Bayart,* le 6 *décembre* 1521. Cette même année 1521, il y avait dans le Consulat un *Antoine de Vinol.* Voyez ci-dessus au 22 *juin.*

1592. — *Novembre* 10. *Séance consulaire,* Le sieur *Jean Baptiste Buisson,* marchand libraire de cette ville, remontre que le sieur *Deslorens* (1), docteur médecin, lui a commis un traité de médecine par lui nagueres composé et non encore mis en lumiere, lequel il desireroit que ledit *Buisson* fit imprimer, comme il a déjà fait et fort avancé, l'ayant premièrement fait voir aux docteurs théologiens de cette ville, qui n'y ont trouvé aucune chose contre la foi et religion catholique ; mais parce que ledit sieur *Deslorens* lui a fraîchement envoyé une *Epistre liminaire* dédicatoire dudit livre et traité d *Mgr le cardinal de Bourbon,* ledit *Buisson* ne l'a voulu mettre en lumière que

(1) Probablement *André du Laurens,* né à *Arles,* qui fut premier médecin de *Henri IV,* et qui mourut en 1609. Voyez son article dans la *Biogr. médicale* de Panckoucke.

sous le bon plaisir et consentement des sieurs échevins, les requerant de lui faire entendre, sur ce, leur bonne volonté.—Ce fait mis en délibération, a été avisé et résolu que, d'autant que cette ville est, par la grâce de Dieu, vraiment catholique, ayant vivement embrassé le parti de la sainte Union contre les hérétiques et leurs fauteurs et adhérens, ils ne peuvent ni doivent permettre l'impression de ladite *Epistre liminaire*, parce qu'il seroit mal séant qu'en cette ville, fussent publiées, par le moyen de ladite epistre, les louanges dudit sieur cardinal qui tient le parti contraire de la Sainte Union, et favorise de tout son pouvoir les hérétiques ; n'empechant toute fois que l'impression du livre ne soit parachevée. S.

1592. — *Novembre* 10. Les sieurs *François et Nicolas Capponi*, compagnons *florentins*, tenant banque en cette ville, remontrent au Consulat que les nations étrangères qui étoient en cette ville lors de la venue de la compagnie suisse du capitaine *Haris* (?), s'étoient libéralement et amiablement chargées et cotisées, pour la solde de ladite compagnie, du payement de la somme de mille écus; que de cette somme, la portion de la nation florentine qni exsitoit alors en cette ville, étoit de 200 écus qui furent départis entre onze bonnes maisons et banques de ladite nation florentine; que les dix autres se sont depuis retirées à *Florence*, ne restant de ladite nation florentine que ladite banque de *Capponi*; que cependant on veut les contraindre de payer eux senls toute la portion taxée sur les Florentins. Ils requierent le Consulat, protecteur des foires et des marchands étrangers, de prendre en main leur défense. — Le Consulat considérant l'équité de cette remontrance, arrête que M. le marquis *de Saint Sorlin* sera supplié d'exempter les sieurs *Capponi* de ladite imposition, ou au moins qu'ils ne soient tenus de payer que leur taxe propre, sans, pour ce, altérer les privilèges des foires, et sans tirer à conséquence. S.

1592 — *Novembre* 15, *Dimanche*. On fait une procession générale pour prier Dieu d'inspirer les états généraux de France à élire et créer un bon roi catholique. — Le Consulat y assiste portant des cierges de cire blanche qui coûtèrent 12 écus. S.

1592. — *Novembre* 19. Le Consulat arrête de faire supplier Mgr le marquis *de Saint Sorlin*, *gouverneur du pays de Dauphiné*, de faire défenses à tous capitaines, lieutenants, soldats et autres de prendre leurs contributions sur les villages qui sont assignés aux garnisons de *Vienne*, *Crémieux*, et ailleurs que aux villages et sur les lieux mêmes, et de n'empêcher le commerce et apport des denrées au marché de Lyon. S.

1592. — *Novembre* 23. Le Consulat donne charge à *Jean Berthaud*, *batelier de la ville*, de se saisir de tous les bateaux qui sont sur les ports de la ville, pour dans iceux conduire en la ville de *Vienne* Mgr le marquis *de Saint Sorlin* et les troupes qui l'assistent. — Le 1er. *décembre* suivant, on fit payer à un autre batelier, 120 écus pour descendre par eau à *Vienne* M. *de Saint Sorlin* avec ses gentilshommes et gardes, et aussi trois compagnies *Suisses*. S.

1592. — *Novembre* 24. *Séance consulaire*. Le sieur *François de Castres*, *Portugais*, demande à être désormais tenu pour *combourgeois* de la ville, et à être rayé du rôle des étrangers, attendu qu'il a maison acquise et métairie aux champs, et que jusqu'ici, il a contribué, comme les autres habitans, aux charges de la ville. — Le Consulat ordonne que le sieur *de Castres* apportera les quittances des deniers qu'il dit avoir payés comme habitant de cette ville, pour être fait droit sur sa requête ainsi que de raison. S.

1592. — *Novembre* 26. Les consuls echevins de la ville de Lyon certifient à tous, etc., que la nuit du 3o *avril* 1562, les sectateurs de la nouvelle opinion (*qu'ils prétendent religion réformée*) se saisirent de cette ville, et s'en étant rendus paisibles possesseurs, dépossédèrent les échevins catholiques, qui pour lors étoient en charge, et, en leur lieu, en élevèrent d'autres de leur religion, qui prirent et embrassèrent les affaires de la ville; et pour fournir aux frais de la guerre *contre la majesté du roy*, saisirent tous les biens meubles et marchandises des habitans catholiques, et encore les marchandises de quelques marchands tant forains qu'étrangers qui fréquentoient les foires de cette ville ; lesquels biens et marchandises lesdits occupateurs firent transporter à Genève et ès villes des cantons protestans; mais, pour couvrir le larcin ou vol public, lorsqu'ils furent contraints d'acquiescer à l'édit de pacification, fait au mois de *mars* 1563, pour laquelle exécution, lors venant le seigneur *de Vielleville*, maréchal de France, commis par S. M., lesdits *échevins du mois de may*, ne voulant être taxés des voleries par eux faites pendant leur échevinage, firent des obligations particulières à ceux auxquels appartenoient les marchandises par eux saisies, et promirent de payer les sommes contenues par lesdites obligations dans un temps limité et porté par icelles, et à ces fins obligèrent et hypothéquèrent tous les biens de cette ville; en laquelle étant entré ledit sieur maréchal pour l'exécution dudit édit, la première chose à laquelle il vaqua, fut à rétablir en icelle l'exercice de notre religion catholique, apostolique et romaine, et en après à remettre les échevins catholiques en leurs charges et fonctions de l'echevinage, dont ils avoient, comme dit est, été depossedés ; mais ils ne voulurent entrer en ladite charge , sinon après un desaveu par eux fait de tout ce qui s'étoit passé en ladite ville pendant lesdits troubles , avec protestation solemnelle de ne jamais payer aucune chose des sommes contenues esdites obligations , comme ayant été faites et créées contre le service du roi, et par personnes qui n'en avoient aucun pouvoir , comme de fait *il n'en a jamais rien été payé et ne sera pour l'avenir* , quelque instance qu'en veulent faire les porteurs desdites obligations ou leurs héritiers et ayant droit. Le Consulat ayant fait expédier le présent acte a *Nicolas Audrand* , marchand de Montélimart, mari de *Marie Malleval*, fille de feu *Laurent Malleval* , qui étoit tuteur de *Guillaume Reynon* , fils de feu *Jean Reynon* , lequel *Jean Reynon* se prétendoit un des créditeurs créés par lesdits supposés échevins du mois de may , les dettes passives desquels, comme dit est, nous avons protesté de ne payer, comme nous n'avons encore fait et ne ferons , atteste de plus que , dans les archives, ne s'est pas trouvée la prétendue obligation faite au profit dudit *Jean Reynon* de la somme de 91 écus à 48 s. pièce. En témoin de quoi avons fait expédier le présent acte par le secretaire de la ville, et y mettre le scel authentique des armes de la ville, le 26 novembre 1592. S.

1592. — *Décembre* 7. Le Consulat reçoit lettres de M. *de Nemours* par lesquelles il leur donne avis qu'il s'est saisi de la ville et du château de *Montbrison*. On ordonne de lui répondre pour le gratifier et le prier d'avoir l'œil sur le sieur *d'Ausserre*, juge du *Forez*, comme très grand ennemi qu'il a toujonrs été du parti de la Sainte Union. — Vers le même temps, on envoya à M. *de Nemours à Montbrison*, une pièce de vin contenant 16 douzaines de bouteilles, à cause de la rareté du vin audit lieu. S.

1592. — *Décembre* 19. Le Consulat désirant remettre l'église de l'ordre de *S. François*, surnommée des *Cordeliers*, en son ancien lustre et en la *bellesse* qu'elle étoit auparavant les premiers troubles advenus en France en l'an 1362 , donne aux religieux et père gardien dudit ordre la somme de 100 écus pour employer à la fabrique d'une *paire d'orgues* pour le service de Dieu en ladite église, à la charge d'y mettre les armoiries de la ville. S.

1592. — *Décembre 22.* M. *de Guise* et *l'archevêque de Lyon* arrivent à *Paris.* Lestoile.

1592. — *Décembre 23.* Les 36 capitaines penons, leurs lieutenants et enseignes ayant été mandés au Consulat, le sieur *de Rubys* les engage à redoubler de soins pour la garde, surtout pendant les fêtes, et en l'absence des quatre compagnies suisses. M. *Pierre de Montconis,* capitaine penon du quartier du *Plâtre,* répond, au nom de tous les penons, que combien que le guet soit grandement incommodé et harassé d'une si fréquente garde, si est-ce que considérant qu'elle se fait pour la commune conservation et repos public, ils la feront exactement ; priant néanmoins et requérant les sieurs échevins de procurer envers S. E. le bref retour des *Suisses.* — On ordonne qu'il sera fait le lendemain, une recherche bien exacte par tous les quartiers de la ville, et que réitératif commandement sera fait à cri public, à toutes personnes d'aller au guet et garde. S.

1592. — Les recteurs exerçant la police dans le claustral de *l'Hôtel-Dieu,* y font construire une *prison* où plus tard furent enfermés plusieurs individus en vertu de *Lettres de cachet.* Dagier, I, 158.

1592. — La plus petite monnoie étant de deux sous tournois, les pauvres ne peuvent recevoir de fréquentes aumônes ; les recteurs de *l'Hôtel-Dieu,* émus de compassion, invitent le Consulat à faire frapper de plus petites monnoies pour la facilité du peuple et le soulagement des pauvres. Dagier, I, 159.

1592. — Publications : *Manifeste des consulz, escherins, bourgeois et habitans de la ville de Lyon,* sur le faict de la prise de *Vienne,* rupture de la trefve, et entrée de l'armée de monseigneur le *duc de Nemours* dans le pays de Dauphiné. A Lyon, par *Jean Pillehotte,* 1592. In-8° de 36 pages (B. de Lyon, t. 3 du recueil, n° 25415). Voyez ci-dessus au 25 *mai.*

1592. — *Excellent et tres vtile traicté de ne recevoir diverses religions en aucun royaume......* Faict latin par M. maistre *Jacques Pamelie* (de Pamèle), docteur theologien, et rendu françois par *Benoist Dutroncy.....* A Lyon par Jean *Pillehotte.* 1592. Pet. in-8°. — Le traducteur, dans son épitre dédicatoire aux échevins de Lyon, nous apprend que le traité de *Jacques de Pamèle* lui a été communiqué par M. maistre *Pierre Austrain,* conseiller du roi, etc. qui lui « a donné le loisir de le faire tellement quellement parler « françois. » Sa traduction fut revue par le P. *de Bollo,* dominicain, qui avait prêché en 1585 le Carême à Lyon où il avait logé chez le custode *Amyot.* M. ; C. B. *Mél.,* p. 259.

1592. — *L'Horloge des princes* (?)... par *Ant. de Guevare,* traduit de castillan en françois par *R. B. de Grise,* depuis reveu et corrigé par *N. de Herberay,* seigneur *des Essarts....* A Lyon, par *Benoist Rigaud,* 1592. In. 12. — Edition citée par *Bayle,* art. Guevara. Voyez ci-dessus les publications de 1591, et ci-après au 16 *juin* 1598.

1592. — *Introduction au traité de la conformité des merveilles anciennes avec les modernes,* ou traité préparatif à l'*Apologie pour Herodote...* par *Henry Estienne.* A Lyon, par *Benoist Rigaud,* 1592. In-8°.

Cette édition citée par Sallengre, *Mém.* 1, 43, me paraît suspecte. Je doute qu'on ait réimprimé à Lyon, pendant que cette ville combattait pour la foi catholique, un livre qui contient une foule d'anecdotes, de traits satiriques et d'épigrammes contre les prêtres et les moines. *Henry Estienne* habitait alors *Genève*, et s'il existe une édition de son *Apologie pour Herodote*, portant la date de 1592, elle aura été probablement imprimée à *Genève* où les libraires de Lyon, faisaient souvent réimprimer des ouvrages que la censure n'aurait pas permis d'éditer en France. *Estienne* ne quitta Genève pour rentrer dans sa patrie qu'en 1597, et c'est au mois de *mars* de l'année suivante, et à *Lyon* où il arriva malade, qu'il termina sa longue et laborieuse carrière. L'auteur des *Eclaircissemens* placés en tête du *Catalogue* de M. *Fůlheul*, met sa mort au 15 *janvier* 1598, sans dire où il a pris cette date, et il ajoute, après mille autres, qu'il mourut dans l'*Hôpital de Lyon* (p. xxix). Nous ne croyons pas qu'*Estienne* qui devait avoir à Lyon bien des amis, surtout parmi les libraires et les imprimeurs ait été réduit à cette extrémité (1), mais, comme il était protestant, il est hors de doute qu'il a dû être inhumé dans le cimetière de l'*Hôtel-Dieu*, où il y avait un local spécialement destiné à ceux qui mouraient dans le sein de l'église prétendue réformée. « A « l'occasion de son enterrement, dit l'abbé *Pernetti* dans ses *Lyonnois dignes* « *de mémoire*, tome 1, p. 305, il fut établi que le convoi funèbre des pro- « testans seroit escorté par un détachement du guet, précaution devenue « nécessaire pour les préserver des insultes de la populace. » Nous reviendrons plus tard sur ce point historique, et nous renvoyons, en attendant, aux *Annales de l'imprimerie des Estienne*, par M. *Renouard*, p. 439 de la deuxième édition.

1592. — *Michaelis Hospitalii... Epistolarum seu Sermonum libri sex.* Lugduni, Per *Hugonem Gazeium* (Hugues Gazeau). M. D. XCII. Pet. in-8°. Voyez ci-dessus au 17 *décembre* 1559. ·

1592. — *Les tragedies de Robert Garnier....* A Lyon, pour *Paul Frellon* et *Abraham Cloquemin.* M. D. XCII. A l'*Escu de Coloigne.* In-12 caract. italiq. — M. *Brunet* cite sept éditions lyonnaises des tragédies de Garnier, qui avait alors autant d'admirateurs que *Racine* et *Corneille* en ont eu depuis. Une de ses meilleures pièces est sa *Cornélie* où *Cicéron* figure en tête des interlocuteurs et ouvre la scène par un monologue de 150 vers. L'orateur romain joue un role dans un certain nombre d'ouvrages dramatiques ; mais il n'appartenait qu'à *Voltaire* de lui faire parler un langage digne de l'auteur des *Catilinaires.* Voici cependant quelques vers sententieux que *Robert Garnier* met dans la bouche de *Cicéron*, lesquels peuvent justifier jusqu'à un certain point, les éloges unanimes qu'il reçut de ses contemporains :

> Il n'y a foy qui dure entre ceux qui commandent :
> Egaux en quelques lieux, toujours ils se desbandent;
> Ils se rompent toujours, et n'a jamais esté
> Entre rois compagnons ferme société.

> L'envie est toujours jointe à la prospérité ;
> L'un est de l'heur d'autruy volontiers despité ;
> Et d'autant estimons nostre fortune pire
> Qu'à quelqu'un d'entre nous elle semble sourire.

(1) La Bibliothèque de Lyon possède un volume fort précieux qui a appartenu à *Henry Estienne*; c'est le *Denys d'Halicarnasse*, de l'édition de *Robert Estienne*, Paris, 1546-7, infol., relié avec le *Dion Cassius* du même imprimeur, Paris, 1548, et l'*Appien* de *Charles Estienne*, Paris, 1551. Cet exemplaire est semé de notes marginales de la main d'*Henry Estienne*; et il est à croire qu'il l'avait apporté avec lui, lorsqu'il quitta *Montpellier* pour venir à *Lyon*.

Nous sommes insolens des presens de fortune,
Comme s'elle devoit nous estre tousjours une,
Tousjours ferme et durable, et qu'elle n'eust les piez
Comme elle a sur le haut d'une boule liez.

Rien ne vit immortel sur la terre globeuse :
Tout est né pour despouille à la mort rapineuse,
Les paysans et les rois semblables à la fin,
S'en vont tous pesle mesle engloutis du destin.

Ces derniers vers nous rappellent ceux de l'académicien Thomas :

Qu'importe, lorsqu'on dort dans la nuit du tombeau,
Qu'on ait porté le sceptre ou trainé le rateau?
On n'y distingue point l'orgueil du diadème ;
De l'esclave et du roi la poussière est la même.

Epître au Peuple.

1593. — *Janvier* 20. Ouverture des états généraux convoqués à *Paris* par le duc *de Mayenne.* — Les députés du gouvernement du *Lyonnois* à ces états furent : *Pierre d'Epinac,* archevêque et comte de Lyon , primat des Gaules ; — *Marc de Saconins de Pravieux* , chanoine chamarier et comte de l'église de S. Jean ; — *Guillaume de Villars* , avocat au siège présidial de Lyon ; — *Guillaume Gelas* , bourgeois et echevin de Lyon ; — Maistre *Jacques Groslier* , praticien de *la Bresle ;* ce dernier député pour le plat pays du *Lyonnois.* Voyez les *Procès verbaux des états généraux de* 1593, publiés par M. AUGUSTE BERNARD, p. 12, 195, 687, et *passim.*

1593. — *Mars* 8. Les ouvriers imprimeurs parcourent la ville en récitant les *plaisants devis du Seigneur de la Coquille.* Voyez le *Catalogue* de M. *de Soleinne,* tome I, n. 909 ; ci-dessus, au 1ᵉʳ *sept.* 1566, et au 17 *nov.* 1578 ; ci-après, au 6 *mars* 1594.

1593. — *Mars* 18. *Séance consulaire.* M. *Louis Orlandin,* controlleur des droits de douane de la ville de Lyon, propose de remettre sa charge entre les mains du Consulat qni retient pour cette place M. *Marc de Pogges.* S.

1593. — *Mars* 23. *Séance consulaire.* Comme, depuis quelque temps, plusieurs *hérétiques* et *politiques* qui, à cause des troubles, s'étoient absentés de la ville y sont rentrés sans aveu ni passeport valable, chose qui met les gens de bien en défiance de leur repos, on ordonne que les capitaines penons feront visite générale, chacun en son penonage pour faire vuider de la ville tous ceux de la qualité susdite qui y sont restés sans bon et valable sauf conduit ; laquelle visite sera continuée de huitaine en huitaine. Et parce que la plupart entrent par la riviere, par la commodité des *besches* qu'ils trouvent à l'endroit de l'*Observance,* des *Deux Amans* et du faubourg de Vaize, on fait defenses à toutes batelieres , de ne remonter plus haut leurs besches, pour passer et repasser l'eau, que le corps de garde qui est à la porte de *Pierre-Scize.* S.

1593. — *Avril* 1, Le Consulat ayant égard à l'extrême pauvreté et indigence des PP. *Cordeliers de S. Bonaventure* , et pour les aider aux dépenses à faire pour le passage des religieux de leur ordre allant au chapitre général en *Espagne* , leur accorde par aumône 33 écus 1/3 (100 livres). S.

1593. — *Avril* 1. Mort de *Rolin de Semur,* chanoine et comte de l'église de Lyon , lequel fut inhumé à *S. Jean* dans la chapelle proche la croisée, du côté de l'horloge , avec cette épitaphe : *Hic jacet venerabilis et egregius dominus Rolinus de Sinemuro Lugdun. eccles. canonicus et comes qui obiit Kal.*

Aprilis anno Domini M. V.ᶜ LXXXXIII. Requiescat in pace. Respice finem. (*M.*) — Vers la fin du XVᵉ siècle, il y avait deux chanoines probablement de la même famille , *Jacques* et *Pierre de Semur* (DE SINEMURO). *Josse Bade* leur dédia les *Silvæ morales* imprimées par *J. Trechsel*, Lyon , 1492, in-4°. *Bibliogr. lyonn. du XV.ᵉ siècle*, n°. LXXV.

1593. — *Avril* 6. Le Consulat averti que l'ennemi couroit impunement et librement jusques sur le pont du *Rhône* , ordonne que , pour arrêter ses courses , les habitans de *la Guillotiere* tiendront une sentinelle au clocher de l'église de la *Magdelaine* , et qu'ils feront des tranchées aux avenues des chemins. —Le *7 mai*, les courses continuoient encore; le Consulat ordonne aux habitans de *la Guillotiere* de faire bonne garde, leur declarant que la ville sera toujours prête à leur donner secours.

1593. — *Avril* 10. Le Consulat fit nettoyer de pierres et terres le chemin étant sur la montagne allant aux *Capucins* , à cause du *pardon* qui devoit s'y faire le lendemain, — On fit payer 12 écus aux archers, qui avoient demeuré, jour et nuit, au couvent des *Capucins*, pendant l'oraison des 40 heures pour empêcher qu'il n'y survint quelque scandale.

1593. — *Avril* 11. « Durant la semaine saincte, il y eust un grand pardon general en la ville de Lyon , octroyé par nostre S. Père le Pape . qui dura quarante heures, et estoit aux *Capuchins* où il y avoit un *capuchin* qui exhortoit le peuple à crier MERCI A DIEU, et demander pardon. Toutes les paroisses des eglises y alloyent, et y demeuroit chascune paroisse une heure avec grande devotion , et y alloit on tant de jour que de nuit. Passé laquelle semaine saincte , les processions cesserent de aller au pardon comme de coustume , qui estoit de estre vestu de toille et ceint d'une corde : et de l'*Hospital* où le pardon estoit . il fut mis aux *Augustins* , et neantmoins tousjours continuoit aux eglises. » *Arch. du Rh*, , XII ; 164.

1593. — *Avril* 13. Le Consulat accorde au chevalier *de Saulez* sauf-conduit pour pouvoir en toute sureté venir en cette ville et y séjourner aussi longuement que *le Chapitre provincial de l'ordre de S. Jean de Jerusalem* s'y tiendra. S.

1593. — *Mai* 1. Le Consulat à M. *de Langes* ;
« Monsieur, Nous avons reçu la lettre que vous avez escrite à M. *de Rubys*, aux fins qu'il vous fust permis de venir en vostre maison de Cuires pour rendre le vœu que vous avez faict à l'esglise de l'*Isle-Barbe* , ce que nous eussions très volontiers accordé pour le desir que chacun de nous a en son particulier de vous faire service ; mais certaines considérations qui se sont presentées , nous meuvent de vous prier de differer et surseoir pour quelque temps ce voyage ; la sursoyance duquel ne vous apportera aucune incommodité , et nous baillera satisfaction et contentement. Nous vous en prions donc , Monsieur , et de conserver en voz bonnes graces voz, etc. De Lyon , ce 1ᵉʳ may 1593- » S. Voyez ci-après au 2 *août*.

1593. — *Mai* 6. Sur la plainte de M. *Jacques Maistret*, évêque de *Damas*, suffragant de Mgr l'archevêque de Lyon et *curé de S. George*, de l'insulte qui lui a été naguères faite par les habitans de ladite paroisse , d'avoir la nuit voulu forcer sa maison , rompu ses vitres et portes pour l'offenser , le Consulat ayant fait mander le capitaine penon du quartier *St. George* , ses lieutenant et enseigne, on les exhorte de désormais vivre paisiblement avec leur curé , et d'empêcher qu'il ne lui soit fait tort , comme s'étant mis en la protection et sauvegarde de cette ville , en laquelle les sieurs échevins l'ont pris et mis. S.

1595. — *Mai 7*. Le Consulat arrête que les 20,000 écus demandés par le duc *de Nemours* à la ville de Lyon, pour les frais de la guerre, seront pris sur la recette de la douane. — On ne retira de la douane que 5000 écus. Dans sa séance du 22 *mai*, le Consulat, arrêta que les 15,000 écus qui restoient à fournir à Mgr *de Nemours* seroient empruntés, sous le cautionnement des échevins, et l'avance en fut faite par les sieurs *Prost*, *Yvernogeau* et *Teste*.

1595. — *Mai 7*. Le Consulat renouvelle l'ancienne ordonnance pour faire garder les portes par les notables de la ville à tour de rôle. J. Morin, V, 411,

1595. — *Mai 13*. Le Consulat ordonne que M. *Guyot de Masso*, receveur des deniers communs de cette ville, retournera en l'Hôtel commun d'icelle pour y faire sa résidence continuelle, comme il avoit fait avant les présents troubles, depuis lesquels il s'en est distrait pour pourvoir à quelques siennes affaires particulieres, etc. — *Guyot de Masso* étoit à Paris au moment où la ligue éclata à Lyon; il y resta jusqu'à ce temps, et, dans ses comptes, il déclare qu'il le fit pour ne pas participer à la ligue. Le sieur *Blache*, son commis, avoit continué l'exercice en son nom. S. — *Guyot de Masso* étoit frère d'*Antoine de Masso* qui fut l'orateur de la St Thomas en 1556. *Antoine* avoit épousé *Bonne Bullioud*; il la perdit en 1577, pendant son séjour à *Paris* où il avoit été député par la ville. A cette occasion, il écrivit à son frère *Guyot*, vne lettre qui mérite d'être publiée:

« Je me trouve si changé depuis le decès de feu ma *bonne partye*, que j'en delaisse non seulement mes actions ordinaires, mais à peine recousnois-je aucune chose en moy du passé, tellement que toutes mes joyes sont converties en melancolie extresme. Ce qui me souloit plaire à Paris, me sert d'un ennuyeux et fascheux souvenir. Brief je suis reduict en estat que je ne recoys aultre plus grande consolation sinon quand je me propose et asseure de la reveoir quelque jour au repoz eternel dont je souhaiterois l'heure presente, si je ne craignois offenser Dieu. Quoiqu'il en soit, je ne fais estat d'avoir jamais aulcune joye en ce monde, ayant perdu celle pour laquelle je desirois mon bien. Je m'asseure que vous me jugerez ou bien à desloysir ou fol de vous escripre ce que dessus; mais, quelqu'en puisse estre vostre jugement, il me semble que j'allège mon mal à vous le communiquer; mesme il me semble que nostre esloignement a doublé mon tourment. Brief, s'il ne vient de Dieu, il est impossible que je n'en puisse jamais resouldre. Cependant je vous prie faire continuer le service divin pour son ame, et souvenir M. *de Langes* de vous bailler l'epitaphe qu'il luy avoit faict, et retirer de luy cependant qu'il est de bonne volonté, le marbre qu'il m'a promis pour faire graver ledict epitaphe, auquel toutes foys vous ne ferez toucher que vous ne m'en ayez envoyé la copie par la poste.... » S. Voyez ci-dessus au 10 et au 21 *septembre* 1572, et au 9 *mars* 1589.

1595. — *Mai 18*. Le Consulat délègue deux de ses membres pour faire partie du Conseil d'état qui siégeait auprès du duc *de Nemours*. J. Morin, V, 412.

1595. — *Mai 18*. Le Consulat désirant empêcher la ruine prochaine du portail de *l'église de l'Observance*, pour être ladite église de fondation royale, et servant d'embellissement à la ville, tant pour son assiette que pour sa structure; ne voulant aussi que la mémoire du fondateur d'icelle ne se perde, ordonne qu'une somme de 180 écus que le sieur *Fortis* doit pour droits de douane sera payée aux religieux dudit couvent pour être em-ployée aux **réparations** dudit portail. S.

1593. — *Mai...* L'archevêque de Lyon assiste aux conférences de *Surène* comme député de l'Union. *Recueil* d'ISAMBERT, xv, 58 et suiv.

1593. — *Mai.* « ... Fut pendu et bruslé sur les *Terreaux*, ung qui avoit fait des ducatons faux d'*Espaigne*. » ARCH. DU RH., XII, 164.

1593. — *Juin 5.* Le Consulat ratifie la nomination faite pour cette année, des courriers de la confrérie de *St Bonaventure*, savoir, du côté de *Fourviere*, de MM. *Scarron* et *Coulaud*, et, du côté du *Rhône*, de MM. *Scarron* (fils du sieur maître des ports) et *Bernard* (fils de *François*), tous quatre avocats. S.

1593. — *Juin 10.* Le Consulat fait rendre à la veuve de *Benoist Meslier* les armes qui furent, après le décès de son mari, remises à la garde de *Laurent Archimbaud*, penon, aux fins d'être vendues par ladite veuve, à l'enchère, au profit des enfants et heritiers dudit *Meslier*. S. Voyez ci-dessus au 10 *mars* 1590.

1593. — *Juin...* « Environ la *Feste-Dieu*, et un peu auparavant, l'on se donna garde d'une entreprinse qui se faisoit sur *Lyon* en faveur de l'*Espaignol* par M. *de Nemours*, et disoit on que ledit sieur *de Nemours* vouloit mettre des *Gascons* aux portes, et oster les *Suysses* pour envoyer, comme l'on disoit, devant *Grenoble* où le duc de *Savoye* estoit pour faire la guerre contre le sieur *Lesdiguieres*, ce que l'on ne voulut permettre.

« En ce temps, le pardon estoit aux *Minimes*, et y eust un *predicateur* qui dit tout haut en chiere le jour de la *Feste-Dieu*, que il avoit veu quatre hommes devant ses fenestres, environ deux heures aprez minuit, qui conspiroyent la trahison, disant entre eux que s'ilz ne se saysissoyent de la porte de *la Guillotiere*, ilz ne feroyent rien. Outre ce, disoit que ceux qui oyent le service divin d'un prestre que l'on sçait estre de mauvaise vie, peschent mortellement, et allegua les Conciles et apporta des livres en chiere. » *Arch. du Rh.* XII, 165; J. MORIN, V, 112.

1593. — *Juin 18.* Le Consulat ayant fait appeler à l'hôtel de ville quelques notables et les capitaines penons, *Claude de Rubys* prenant la parole, s'élève contre les soupçons dont le duc *de Nemours* est l'objet; il remontre comment, ayant été prié de la part de la ville d'accepter le gouvernement, ce prince avoit laissé toutes autres affaires et honneurs qu'il avoit en France, pour venir, au mépris de sa vie, secourir cette ville et cette province d'où il avoit chassé l'ennemi qui avoit la campagne libre jusqu'aux portes de Lyon; que les politiques, sachant bien qu'il est leur plus terrible adversaire, ont répandu artificieusement le bruit qu'il vouloit se rendre maître absolu, afin de le mettre en mauvais ménage avec les habitants. *Rubys* parla ensuite des dangers qui resulteroient d'une division. Il leur rapporta l'histoire de l'ingratitude des *Israëlites* contre *Moyse* après qu'il les eût tirés de la servitude de *Pharaon*, et fait passer à pied sec la *Mer rouge*; et de fraiche mémoire, ce qui advint aux *Tholosains*, lesquels ayant donné occasion à M. *de Joyeuse*, leur gouverneur, de les abandonner et se retirer en une sienne maison des champs, furent en après contraints de l'aller requerir et le supplier de revenir pour empêcher les ravages que l'ennemi faisoit aux environs de *Tholose*; ce qu'il fit au grand contentement du peuple tholosain; chose qui pourroit advenir à cette ville, au grand préjudice d'icelle, si S. E. est avertie que l'on tienne cette calomnie pour chose assurée. L'orateur finit par conclurre à ce que l'on donnât sur de tels propos tout contentement et toute satisfaction à Son

Excellence. — L'assemblée declare d'un commun accord qu'on suppliera très humblement S. E. de n'avoir égard à ce qui s'est passé et dit jusques ici..., et qu'on la priera de trouver bon que les gardes, rondes et patrouilles soient plus grandes qu'elles n'ont été, jusqu'à ce que les deux compagnies suisses qui sont à *Vienne* soient de retour en cette ville, pour la garde de laquelle elles sont soudoyées ; de faire retirer les troupes qui sont aux environs, et de mettre enfin dehors tous les huguenots et politiques qui sont retournés depuis peu de temps. S.; J. MORIN, *Hist. de Lyon* V, 414.

1593. — *Juillet* 1. Le Consulat désirant rendre la rue du *Garillan* accessible, suivant le commandement qu'on en a de Mgr *de Nemours*, ordonne qu'elle sera réparée de telle façon que l'on y puisse aisément aller à cheval de fond en cime, et ce, aux depens des propriétaires des maisons qui sont sur ladite rue. S.

1593. — *Juillet* 3. Le Consulat arrête qu'il se fera deux fois par semaine, en l'hôtel de ville, une assemblée de quelques notables bourgeois pour avoir leurs conseils. S.

1593. — *Juillet* 13. Comme il restoit encore des bâtiments de l'ancienne *Citadelle*, le magasin qui servoit à tenir les poudres et les autres munitions de guerre, le Consulat ordonne de le démolir rez pied rez terre, afin de faire disparaître les derniers vestiges de ce fort. S.; J. MORIN, V, 415. Voyez ci-dessus au 2 *mai* 1585, et ajoutez à ce que nous avons dit sous cette date : Ce fut dans un tripot nommé *le Pourcelet*, que l'on résolut de ruiner et abattre la *Citadelle* de Lyon ; et c'est de là que les partisans de cette démolition furent nommés les *Pourcelets liguez de Lyon.* Voyez les notes sur la *Satyre menippée*, t. 1, p. 18 de l'édition de 1752, et les *Nouveaux mélanges* de M. BREGHOT DU LUT, p. 194.

1593. — *Juillet* 17. « Fut dict à Lyon que M. *d'Espernon* avoit esté tué en *Provence* devant *Aix* qu'il avoit assiegé, et n'en fut rien.

« En ce temps là, le pardon estoit aux *Cordeliers*, et continuoit on à faire grosse garde dans la ville, et marchoyent de nuict, du costé de *Saone*, la part du *Change*, deux penonaiges. » *Arch. du Rh.*, XII, 165.

1593. — « Le *mardy* 20 *juillet* 1593, ayant été rapporté à Mgr *de Nemours*, gouverneur de Lyon, etc., que M° *Benoist du Troncy*, controlleur du domaine du roy, secretaire et greffier de ladite ville, avoit fait voir et communiqué à Messieurs les Consuls echevins d'icelle, ou partie d'iceux, un avis qui lui avoit été donné de Bourgogne, de la prise de *Chastillon sur Seine*, par les régimens du baron *de Thenissey*, qui se jactoient de retourner en ces quartiers, pour en faire de même de cette ville, et y ériger et rebâtir une citadelle par le commandement de S. E., pour raison duquel avis lesdits sieurs échevins ont redoublé leurs gardes, de quoy ladite Excellence se trouvant offensée, fit constituer prisonnier ledit sieur *du Troncy* ès prisons royales de la ville, esquelles il a été detenu jusqu'au *vendredi* 23 dudit mois qu'il en a été elargi à la requête et poursuite des sieurs échevins, lesquels depuis l'ont pris et mis en la protection et sauve-garde de ladite ville. — Le 27 *juillet*, le Consulat fit payer au sieur *du Troncy* 30 écus sol pour les frais par lui faits et supportés en la prison où il a été detenu par commandement de Mgr *de Nemours*, pour les avis qu'il avoit donnés d'une entreprise, et la dépense de trois messagers envoyés en Bourgogne, pour se justifier de l'accusation que l'on lui mettoit sus d'avoir controuvé lesdits avertissemens. S.; J. MORIN, V, 416 ; C. B., *Mél.*, p. 99.

1593. — *Juillet* 20. Mariage de *Pierre Austrein*, lieutenant particulier en la senechaussée de Lyon , avec *Nonciades de Gayan* , célébré dans l'église de *S. Paul*. M.

1593. — *Juillet* 29. Messieurs du *Chapitre de St. Nizier* remontrent au Consulat que qnelques revendeurs fromagers, de leur autorité privée , occupent la place qui est derrière l'église, par des bancs qu'ils y ont dressés, et par là empêchent et rendent inutiles les boutiques que le chapitre a fait faire sur cette place , laquelle servoit autrefois de cimetière à ladite église. Le Consulat ordonne que commandement sera fait auxdits revendeurs fromagers et autres d'enlever leurs bancs, avec défenses d'y en mettre sous peine de confiscation , etc. S.

1593. — *Juillet* 30. Le Consulat desirant pourvoir à la sureté de la ville pendant l'absence de Mgr *de Nemours*, ordonne que itératif commandement sera fait à tous chefs de maison d'aller au guet et garde , sauf à ceux qui pour leur âge , grade et dignité , en ont été ci-devant excusés , etc. S.

1593.—*Juillet*. Mgr d'*Epinac*, à son retour de Paris , s'étant arrêté dans sa maison de campagne à *Vimy*'(aujourd'hui *Neufville*), y recoit la visite des principaux citoyens de Lyon qui lui font la peinture la plus déplorable de la servitude où la ville est réduite. J. Morin , V , 417.

1593. — *Août* 2. Le Consulat à M. le president *de Langes* :

« Monsieur , Nous avons esté advertys que, soubz passeport que vous avez obtenu de Monseigr le duc *de Nemours*, vous vous estes retiré *à Cuires* dont plusieurs de nos concitoyens sont en ombrage , tant pour la proximité du lieu , que des personnes qui vont vous veoir ; et craignant que par le moïen dudit ombrage, il ne vous advienne quelque déplaisir, vous avons despesché le present porteur accompagné de la présente pour vous prier de, au plus tost vous en retourner à *Trevoulx* ou bien en vostre maison de *Laval*, attendant le retour de S. E. , laquelle nous a tousjours donné à entendre qu'elle n'entend que les passeports qu'elle donne puissent empescher ou alterer aucunement les resolutions et volontez de nostre Consulat; ce qu'il vous plaise prendre en bonne part : et nous asseurant que vous ne différerez de vous retirer incontinent en l'un dedits lieux, tel qu'il vous plaira, pour obvier à tous accidens et ombrages, ne la vous ferons plus longue : ains, après avoir salué voz bonnes graces de nos affectionnées recommandations , nous prions Dieu qu'il vous conserve, etc. De Lyon ce 2 août 1593. » S. Voyez ci-dessus au 1er. *mai*.

1593. — *Août* 3. Le Consulat fait payer à *Jean Truchet* 9 écus 9 s. pour une chaine de fer pesant 183 livres à 3 s. la livre , achetée de lui pour barrer les rues *Tupin* et *Raisin*. S.

— Un nommé *Damien Armand*, tailleur de draps, rue *St. Jean*, refusoit toujours d'aller en garde en personne, et faisoit naître contestations; le Consulat duement informé de la mauvaise volonté dudit *Armand* , ordonne qu'il vuidera la ville dans trois jours, à peine de prison et de 100 écus d'amende. S.

1593. — *Août* 24. « Fut publiée à Lyon une trefve generale par toute la *France*, en lequelle n'estoit compris le duc de *Savoye* , lequel avoit un moys pour se déclarer aprez la publication desdites trefves. » *Arch. du Rh.*. xii , 165. — Cette trève avait été conclue entre le Roi et la Ligue. le 30 *juillet* , et c'est d'*Epinac* qui la fit publier à *Lyon* par les échevins. J. Morin , V , 417.

1593. — *Août* 24. Reglement que Monseigneur le duc *de Genevois* et de *Nemours* a ordonné estre observé en cettè ville de Lyon pendant la trève generale.

Defenses sont faites à toutes personnes, tant bourgeois et habitans de cette ville que forains, de quelque qualité et party qu'ils soyent, de tenir aucun propos scandaleux ny au desavantage de l'Union des Catholiques, et advantage du party contraire, ny user de paroles insolentes qui puissent mouvoir à contention ou sedition, souz peine d'amende arbitraire et de punition corporelle, s'il y eschet.

Sont aussi faictes defenses à toutes personnes tenant party contraire d'entrer en cette ville sans permission ou passeport, à peine d'être retenus comme prisonniers de guerre, sçavoir est les gentilshommes et gens de guerre de son Excellence, les marchans et habitans des villes et champs des eschevins, desquels passeports sera faict registre par ceux qui les donneront, à peine de nullité d'iceux.

Ceux qui entreront en ceste ville, en vertu desdites permissions et passeports seront tenus laisser leurs arquebuses et pistoles au commis de la porte qui ne les rendra sinon au sortir, ou qu'il y eust notable bourgeois de la ville qui s'en charge : et seront iceux forains tenus declarer leurs noms et demeurances, et le lieu où ils iront loger.

Les hosteliers seront tenus porter chacun jour à celui des eschevins ou autre à qui sera baillé le departement du quartier, les noms, surnoms et qualitez de leurs hostes, et pareillement les bourgeois qui retireront en leurs maisons aucuns de leurs amis ou autres pour y loger, seront tenus faire le semblable, à peine de cinquante escus d'amende pour le bourgeois, et du double pour l'hostelier ; et outre d'estre les forains, desquels n'auront esté portez les noms, de bonne prise, comme prisonniers de guerre.

Toutes personnes qui voudront entrer en cette ville par vertu desdits passeports et permissions s'arresteront aux barrieres, esquelles ils seront instruits des presentes ordonnances, et seront les chariots, charrettes et charges recogneues, avant que passer la barriere, afin d'obvier aux surprises.

Pareillement les basteliers qui viendront d'amont ou d'aval la riviere, seront tenus d'arrester et garrer (sic) aux chaysnes, et le faire sçavoir à ceux qui commanderont aux passages de la rivière, pour envoyer recognoistre leurs basteaux ; et ce à peine de confiscation desdits bateaux et marchandises.

Les capitaines penons, Suysses ou autres, qui entreront en garde aux portes, le matin, feront faire la decouverture ez environs avant que d'abattre le pont levis, et ouvrir les grandes portes, et en après iront en personne, ou envoyront un de ceux qui auront commandement en la compagnie, avec le commis de la porte, par les logis et hostelleries des faux bourgs, recognoistre quelles gens il y aura logez, et le soir feront le semblable : de quoy ils donneront advis aux eschevins.

Les bourgeois et habitans de la ville qui voudront sortir pour leurs affaires, seront tenus en advertir leurs capitaines penons, et prendre passeport des eschevins, lequel contiendra les lieux où ils voudront aller, et de laisser personnes pour aller aux gardes et satisfaire aux charges ordinaires, comme les autres bourgeois : de quoy ils apporteront certification de leurs capitaines penons, laquelle sera gardée au greffe de la ville : leur faisant defenses de sortir sans avoir satisfait à ce que dessus, à peine de vingt escus d'amende pour la premiere fois, du double pour la seconde, et de plus grande par après, s'ils y retournent.

Avons enjoint à tous capitaines penons et autres ayans commandement tenir la main à l'observation et entretenement du present reglement , à peine d'amende et d'estre degradez de leurs charges.

Les hosteliers et cabaretiers des faux bourgs de la ville seront tenus d'avertir tous les soirs les Notables et commis des portes , des personnes qu'ils auront logez en leurs lougis ou cabarets , de leurs noms , surnoms et qualitez ; à peine de dix escus d'amende pour la premiere fois , de punition corporelle pour la seconde.

Et afin qu'aucun ne puisse pretendre cause d'ignorance , nous avons ordonné que ledit reglement sera leu et publié à son de trompe et cry public aux lieux accoutumez , et mis par affiches aux carrefours et portes de ceste ville , ensemble en des poteaux qui seront apposez au-devant des barrières et aux advenues de la riviere , tant dessus que dessoubs.

Fait à Lyon le 24 jour d'*aoust* 1593. Signé: Charles de Savoye. (Imprimé à Lyon par *J. Pillehotte* , in-8° de 8 pages (B. de Lyon , t. 22 du n°. 25201).

1593. — *Août, Pierre Barriere* , natif d'*Orléans* , qui avait été batelier , qui depuis avait eu quelque commandement dans les troupes du duc *de Nemours* , ayant conçu le projet de tuer le roi, fait faire ses funérailles dans *l'église de S. Paul* , et prend ensuite le chemin de *Paris*. Il avait communiqué son projet à un dominicain nommé *Séraphin Banchi* , qui n'ayant pu l'en détourner , fit avertir le roi. Arrêté à Melun , *Barriere* fut rompu vif le 26 *août* 1593. Du Verdier , *Prosopogr.* , p. 2585 ; Matthieu , *Hist. d'Henri IV* , p. 150 ; *Mém.* de Chiverny , etc.

1593. — *Septembre 2.* « Entra à Lyon Mgr *d'Epinac*, qui venoit de *Paris* à l'assemblée des estats pour l'eslection d'ung roy de France. » *Arch. du Rh.* , XII , 165.

1593. — *Septembre 7.* Le Consulat étant averti qu'un nommé *Lentilly* et les pere et fils *Viriat* (?), apothicaires, demeurent fermes et opiniâtres en *l'huguenotisme* , et sont fort scandaleux au peuple catholique, ordonne qu'ils vuideront promptement la ville. S.

1593. — *Samedi* 18 *septembre.* Sur les dix heures du matin, messieurs les Consuls estant assemblez en la maison et logis de M. Me *Claude de Rubys*, premier échevin, pour traiter des affaires de ceste ville , notamment pour adviser des moyens de trouver la somme de 8000 écus demandée à ladite ville par Mgr *de Nemours*, pour, par le moyen d'icelle, licentier les troupes qu'il a en Beaujolois et autres lieux proches de ladite ville, lesquelles apportent de l'ombrage aux habitans d'icelle, pour le bruict qui court qu'elles se jactoient de se saisir de ladite ville. — Après avoir chargé le sieur *Luc Mey*, courtier juré sur la place des Changes, de trouver à interest ladite somme, sous l'obligation de quatre d'entr'eux , tels que voudroient choisir les presteurs ou crediteurs de ladite somme, est survenu M. Me *Pierre de Montconis*, seigneur de *Liergues*, conseiller au siege presidial de la ville, lequel a remonstré que le peuple est fort mal content du ravage que font lesdites troupes sur le plat-pays : on craint fort qu'elles ne veuillent surprendre ladite ville, comme la rumeur en est grande, à quoy plusieurs notables bourgeois desireroient qu'il fut promptement pourvu par barricades qui seroient advisées entre les sieurs eschevins et notables bourgeois, pour ce assemblez en l'Hostel-de-Ville. comme l'on a accoustumé, ou doit-on faire en peril eminent, requeroit pour lors ladite assemblée estre faite: ce que luy ayant esté accordé par lesdits sieurs eschevins, lesdits notables bourgeois ont esté convoquez à trois heures de relevée dudit jour audit Hostel-de-Ville, où tous lesdits sieurs eschevins se sont trouvez, *sauf le sieur de Rubys*, pour estre occupé ailleurs ; et des Notables sont comparus M. Me *Pierre Austrein*, lieutenant particulier, et messieurs *Scarron*, tresorier general au bureau des finances, *Arthus Henry*, aussi tresorier general au bureau des finances, le sieur *de Montconis* et M. *Pierre Allard*, conseillers au siege presidial, M. *Pierre Bullioud*, procureur du roy, les sieurs *Alexandre Polaillon, François Benoist, Jean Pelletier*, M. *Richard de Serracin*, visiteur du sel, M. *Guillaume Scarron*, gardien (?) des portes de la ville, *Michel de Pure*, l'Esleu *Pinet, Gaspard du Coing, Estienne Faure, Jean-Baptiste Boyllon, François Bernard* et plusieurs autres, en la présence desquels le sieur *de Montconis* a representé le travail et inquietude d'esprit dont tout le peuple est travaillé pour la defiance et ombrage qu'il a des troupes et gens de guerre, qui, en ce temps de tresve, tournoient aux environs de la ville, sur laquelle le commun bruict est qu'il y a entreprinse ; pour à quoy pourvoir ladite assemblée avoit esté convoquée. Sur quoy a esté repondu par les sieurs eschevins que, dès ce matin, ils avoient faict les mesmes et semblables remonstrances à *Son Excellence* que celles du sieur *de Montconis*, laquelle ils auroient humblement suppliée de licentier lesdites troupes pour faire cesser tout ombrage, et mettre la ville en repos, mais que S. E. leur a dit qu'elle desiroit mettre lesdites troupes en garnison en quelques lieux de son gouvernement, ce qu'elle ne pouvoit faire sans argent pour payer leur solde, et, pour ce, demandoit à estre secourue par ladite ville de la somme de 8ooo écus, laquelle luy estant promise, elle feroit promptement retirer ses troupes, lesquelles n'estoient telles ny si grandes qu'on les faisoit, et que, pour en esclaircir le cœur de ceux qui en avoient mauvaise opinion, S. E. a voulu que la ville deputât cinq ou six notables personnes pour les aller recognoistre sur les lieux, et en faire leur rapport; ce qui luy a esté accordé par les sieurs eschevins, lesquels neantmoins, pour contenter ladite assemblée, ont demandé l'avis des assistans sur ce qu'ils doivent faire pour la conservation de la ville. Et comme la pluspart, et voyre presque tous les comparans eussent esté d'advis que , pour conserver ladite ville , il falloit redoubler les gardes d'icelle, et poser deux penonages extraordinaires, l'un du costé de *Fourvières*, et l'autre du costé du *Rhône*, au lieu qui seroit advisé par le sieur *Thierry* , faisant la charge de *sergent-major* en ladite ville ; que l'on mettroit des notables aux portes ; que , peudant ce temps de vendanges, defenses seroient faictes aux chefs de maison de sortir de la ville, sans l'expresse permission du Consulat ; que l'on supplieroit S. E. de licentier ses troupes , notamment celles de *Bourgogne* et d'*Auvergne* , et que, pour ce faire , il seroit bon de le secourir de la somme par lui demandée , laquelle toutesfois ne lui seroit payée sinon après que ses troupes seroient retirées hors de son gouvernement, et que l'on feroit, ce soir, une recherche exacte par tous les quartiers de la ville, sans nulle maison excepter. — Et comme ceux qui n'avoient pas donné leur advis vouloient opiner, voilà un faux advertissement ou rapport donné à ladite assemblée que le sieur *de Disimieu*, l'un des capitaines entretenus de *Son Exc.*, venant de *Dauphiné*, bien accompagné de gens cuirassés, avoit tué à la porte du Pont du Rhône, *Jean Thevenon*, commis de la ville en ceste porte, pour ce qu'il luy en refusoit l'entrée, estant armé et suivi comme il estoit : lequel rapport a donné une telle alarme que ladite assemblée s'est rompue, et tout en un instant le peuple a prins les armes et s'est *barriqué* ez avenues des rues et places publiques ; mais, après qu'il est apparu que ledit rapport estoit faux, les barricades ont esté levées par le commandement desdits sieurs eschevins qui, à ces fins, se sont transportez par tous les quartiers de la ville : en quoy l'on a pu recognoistre la bonté et l'obéissance du peuple qui ne vise qu'à sa conservation sans avoir aucun maltalent ni mauvaise volonté contre la personne de *Son Exc.*, d'autant que , au plus fort de l'alarme, et lorsque le peuple estoit le plus esmu, elle est venue de son logis au corps de garde du *Change* jusques à la *Juiverie*, et a commandé de lever les barricades que l'on y dressoit. Ce qui a esté faict, chacun luy portant l'honneur et l'obeissance accoustumée. S.

1593. — *Septembre* 18. *Samedi.* « Environ l'heure de cinq heures du soir, se firent les *barricades* à Lyon, parce que l'on se doubtoit que M. *de Nemours* se vouloit saisir de ceste ville, comme de faict le soupçon estoit grand, car il tenoit *Vienne, Montbrison, Thizy, Toysset* et autres places, et disoit on qu'il vouloit mettre garnison, et durarent lesdites barricades une nuict entiere : Le *pardon* estoit pour lors à la *Platiere*.

« Le lendemain (1) les barricades se firent encore sur le soir plus fortes que par avant, d'autant que ledit sieur *de Nemours* vouloit empescher que l'on ne les fit, mesmes que il fit mettre à bas celles de la rue *Trois-Maries* où luy fut présentée l'halebarde pour se retirer, de laquelle *rue* M. *Allard* estoit penon, et estoit bien barricadée la ville. L'on assiegea ledit sieur *de Nemours* en son logis, *rue St-Jehan* avec ses gentilshommes, et manda l'on aux villages que toutes les trouppes qui se treuveroyent dudit *de Nemours* fussent chargées. Et durarent lesdites barricades puis ledit jour jnsques le lendemain *St-Matthieu* audit moys, et ledit jour *St-Matthieu*, fut mené prisonnier en *Pierre-Scize* (2), et plusieurs de ses gentilshommes en autres endroits. » *Arch. du Rhône*, xii, 165 ; *Mém. de la Ligue*, v, 455.

. **1593.** — *Même jour, dimanche* 19 *septembre*. « Tous les eschevins, *sauf le sieur de Rubys*, se sont assemblez à l'Hostel-de-Ville, *sur les 9 heures du matin*, pour adviser de pourvoir aux presens troubles qui peuvent attirer quant et eux une bien grande conséquence, voyre la ruyne entiere de la ville, tant pour le mescontement que peut avoir reçu *le prince* qui luy commande, que pour le desespoir que le peuple a de son salut et repoz, sur tant d'advertissemens qui luy sont donnez de toutes parts que les troupes qui sont si proches de la ville, et qui ravagent le plat-pays, contre et au préjudice de la tresve generale publiée par tout le royaume, se jactent d'estre appelées pour la construction d'une citadelle, pour rendre la ville en servitude perpétuelle ; et parce que, ez affaires d'une si grande consequence concernant le repoz public, il estoit très requis et nécessaire d'avoir l'advis et bon conseil des principaux et plus notables habitans de la ville, notamment de messieurs du clergé qui y ont interest particulier comme ont le reste du peuple, a esté advisé d'en prier un bon nombre. Ce qu'estant faict par les mandeurs ordinaires, y sont comparus pour le clergé : M. *Claude de Chalmazel*, doyen et chanoine de l'église de Lyon, M. *de Pravieulx*, aussi chanoine de ladite église ; M. *Chalons*, official ordinaire ; pour les finances : M. *Scarron*, tresorier general ; pour la justice : Mᵉ *Pierre Austrein*, conseiller du roy, lieutenant

----

(1) *Dimanche* 19. Le duc *de Nemours* se confiant encore aux charmes du pouvoir, s'était rendu avec la pompe attachée à sa dignité, dans l'église de S. Jean pour y entendre la messe ; mais, à l'issue du service divin, le peuple accompagna de ses cris le prince, qui fut obligé de se renfermer dans son hôtel. On confina en même temps, dans leurs maisons, les citoyens qui paraissaient être attachés à son parti, entr'autres *Claude Rubys*, qui dès-lors n'exerça plus ses fonctions d'échevin. J. Morin, V, 419.

(2) D'illustres personnages furent détenus dans le château de *Pierre-Scise* ; entre autres *Jacques d'Armagnac*, duc *de Nemours*, en 1476, *Louis Sforze*, duc de *Milan*, et son frère, le cardinal *Ascagne*, en 1500 ; *Henri Corneille Agrippa*, en 1535 ; *Guillaume Postel*, en 156. ; le baron *des Adrets*, en 1568 ; *Cinq-Mars* et *de Thou*, en 1542, etc., etc. Voyez le *Calendrier* de M. *Cochard* pour 1829, et le tome 2 de l'*Album du Lyonnais*, édité par M. Bottrel, en 1844.

particulier au siège presidial, et Me *André Laurens*, juge conservateur des privileges des foires, M. *Pierre de Monteonis*, seigneur *de Liergues*, conseiller audit siege, et Me *Pierre Bullioud*, procureur du roy, et pour notables bourgeois : M. *Arthus Henry*, tresorier general, nobles hommes *Nicolas de Chapponay*, seigneur *de l'Isle de Feysin*, *François Platet*, seigneur et baron *de Vaux*, en Beaujolois, sieur *Alexandre Pollaillon*, *François Benoist*, seigneur *de la Chassaigne*, M. *Guil'aume de Villars*, *Michel de Pure*, *Antoine Charrier*, *Gaspard du Coing*, *George Louis*, *François Girard*, *François Bernard*, *Jean de Martieu (?)*, *J. B. Buysson*, *Jacques de Gryeu*, *Jacques Cellier* ; tous lesquels ayant conferé avec lesdits sieurs eschevins sur le fait qui se presente, et murement consideré l'importance d'iceluy, d'où despend le salut et la ruyne de la ville et conséquemment de toute la province, ont solennellement protesté qu'ils ne se veulent despartir du serment que la ville a fait à la Sainte Union des catholiques, ni de l'obeissance et fidelité qu'ils doivent à l'estat royal et couronne de France dont Mgr *de Mayenne* est le protecteur et le lieutenant general ; et, pour s'y conserver, ont unanimement resolu de se jeter entre les mains de Mgr le reverendissime archevesque de Lyon, messire *Pierre d'Epinac*, leur tres digne prelat ; le suppliant de prendre leur protection, et les assister en la tres humble remonstrance qu'ils doivent faire à Mgr *de Nemours* que les troubles fraîchement advenus en ceste ville, ne proviennent d'ailleurs que du mescontentement que le peuple a de ce que, au prejudice de la tresve generale de ce royaume, S. E. a fait venir en son gouvernement, non seulement les troupes de gens de guerre qu'elle avoit à sa solde auparavant la tresve, mais en a fait lever d'autres en *Bourgogne* et *Vivarais* qu'il a hâté de rapprocher de cette ville, sans qu'il ait aucun sujet de vexer et tourmenter ceux de son gouvernement par les ravages et violences plus que barbares desdites troupes mal disciplinées : qui faict que le peuple est entré en ombrage et defiance de son repoz, par le moyen de plusieurs advertissemens à eux envoyez de divers lieux par personages notables très affectionnez au bien de l'Union, et qui ne desirent que la conservation de l'estat et couronne de France en son entier ; et par le moyen aussi de quelque attentat sur la liberté de ladite ville. Pour faire cesser lequel ombrage, il a esté resolu en ladite assemblée, outre la resolution d'aujourd'huy, que l'on renouvellera la prière faite à S. E. de licentier toutes ses troupes, et de les faire promptement vuider son gouvernement ; et que jusques à ce, ou que autrement soit ordonné, *les portes et chaînes de la ville ne seront ouvertes* ; — qu'une recherche bien exacte sera faite par tous les quartiers et penonages de la ville, et que tous les étrangers que l'on jugera ne pouvoir nuire estant hors d'icelle, en seront mis hors : et quant aux autres qui pourroient ombrager le peuple, comme gentilshommes, capitaines ou leurs semblables ayant commandemens, seront priés de se contenir en leurs logis, sans en sortir, et de remettre aux penons des quartiers où ils sont logez, leurs armes pour y estre conservées et gardées, et leur estre rendues quand l'occasion echerra. Et d'autant que au *château de Pierre-Scize*, y a un capitaine à la devotion de Son Exc., auquel on ne se peut tant assurer, comme l'on feroit d'un citoyen de ceste ville, si on luy en avoit commis la garde, ou bien aux *Suisses* qui sont en garnison en ladite porte, a esté resolu que ce soir, lorsque la garde desdits Suisses qui est dans ledit château se renouvellera, sera enjoint au capitaine des Suisses de ladite porte, d'y envoyer une quinzaine de bons soldats suisses qui puissent aisement conserver la place à la devotion de la ville (1). S.

______

(1) Du moment des barricades, les principaux penonages se mirent sous les armes. Le Consulat paya ensuite les dépenses qui avoient été faites par les penons. Ainsi, il fit payer à *Pierre*

1593. — *Même jour, Dimanche 19 septembre, après midi.* Au logis de Mgr l'*Archevêque de Lyon,* y estant ledit Sgr *Archevêque,* nobles hommes *Jacques Jacquet. Claude Vize, Guillaume Gella,* Me *Hugues Valentin,* greffier, *J. A. Regnault, Ponson Bernard, Martin Couvet,* seigneur et baron *de Montribloud, Charles Neyrat, Louis de Berny,* et *Durand Colhabaud,* échevins (Il y manquoit le sieur *de Rubys,* qui ne reparut plus au Consulat, et *Amable Thierry*). — Attendu que le sieur *Loys Prost et son fils* n'ont voulu obeir à la priere et commandement à eux fait, de la part du Consulat, par le sieur *de Berny,* de se contenir en leur maison, sans sortir en rue, et que, en dedain et mespris de ce, ils sont sortis allans par la ville, a esté ordonné aux sieurs *Vize* et *Regnauld,* de faire traduire ledit sieur *Prost pere et son fils, ez prisons de l'Archevesché,* jusques à ce qu'autrement soit ordonné par le Consulat, et aussi de faire conduire en l'Hôtel de Ville, les pieces sur roues qu'ils ont en leurs maisons, et pareillement celles qui sont en la maison de *J. B. Lequi* ; et pour ce, est mandé à tous capitaines et soldats qui sont en garde, et au chevalier du guetet son lieutenant, de prêter main forte, s'ils en sont requis par lesdits sieurs *Vize* et *Regnauld.* — On commet le capitaine *Bayard,* pour assister aux capitaines penons qui entreront au *corps de garde des Changes,* jusqu'à nouvel ordre. — On députe les sieurs *Valentin, Gellas,* M. le conservateur (*Laurenz*), M. *Rollin,* M. *de Liergue* et M. le procureur du roi pour adviser des moyens de la conservation de la ville. S.

1593. — *Lundi 20 septembre.* Séance consulaire tenue à l'Hôtel de Ville, où assistoient tous les échevins (sauf les sieurs *de Rubys* et *Thierry*), et pour notables, M. *Chaslon,* official ordinaire, M. le trésorier *Scarron,* Me *Laurens,* conservateur et juge gardien des foires, M. *Pierre de Montconis,* et M. *Pierre Allard,* conseillers, M. *de l'Isle de Feysin.* M. le baron *de Vaux,* sieur *Alexandre Polaillon, Michel de Pures, Antoine Charrier,* l'avocat *Scarron, Gaspard du Coing,* et *J. B. Buysson :* — Parce que le *château de Pierre-Scise* est fort suspect au repos de la ville, il a été resolu et arrêté que l'on en sortiroit le capitaine *Donat,* qui y commande avec les soldats qu'il a sous lui, et, en son lieu, y commettre le capitaine *Lafonte* avec telle quantité de *Suisses* que l'on jugera necessaire pour la garde et conservation de la place (1). Le sieur *de Vaux* est chargé de faire exécuter cette ordonnance. — On députe le capitaine *Bartholy* pour accompagner le procureur syndic du plat-pays qui ira aux compagnies qui sont parmi ce gouvernement, pour les faire retirer en vertu des lettres que Mgr *de Nemours,* leur commandant, leur baillera. — Ordonne que les gentils-hommes qui sont près la personne de Mgr *de Nemours* se retireront, chacun en son logis, et pour le regard de la personne de *Son Exc.,* elle sera priée, pour sa sureté contre la rigueur du peuple, de ne sortir de son logis, et d'y faire celebrer la messe, auquel sien logis, on permettra que toutes choses qui lui seront necessaires pour la vie, lui soient portées. — Et parce que les gentilshommes qui doivent se retirer en leurs logis, sont bien pourvus d'armes offensives, a été ordonné que lesdites armes seront prises par inventaire, et mises en la *Maison de la Douane* sous la garde du sieur *Gellas* à ce commis. — On fait payer aux palefreniers de Mgr *de Ne-*

Bullioud, procureur du roi, capitaine penon des rues *S. Jean* et *Tramassac,* 86 écus, et 116 écus au sieur *Vize,* capitaine du *Port S. Paul.* Ces payements se firent le **28 septembre** et jours suivants. Ce sont surtout les penonages du côté de *Fourvières* qui figurent dans les mandements. S.

(1) On fit payer de suite au capitaine *Lafonte,* à cause de cette commission, 20 écus, et 6 écus aux *Suisses* qui lui firent escorte. Ce capitaine avoit, à *Pierre-Scize,* 25 soldats auxquels on payait 220 écus par mois. S.

mours 6 écus pour acheter des provisions nécessaires pour les chevaux de S. E., pendant sa captivité. —*Hugues Court*, messager de la ville est dépêché avec des lettres pour le duc *de Mayenne*. S.

1593. —*Septembre* 20. Le Consulat écrit à messieurs *de Chevrieres, de la Liegue, de la Pie* et *de S. Forgeux*. Après leur avoir fait part des événements de Lyon, « .... nous desirerions, leur dit-il, qu'il vous pleust de nous assister à ce besoing de votre personne, et de plus de voz amys que vous pourrez recouvrer, parce que nous voulons *tretous*...... avoir advis des principaux seigneurs de ce pays comme vous. Ce sera ung acte digne de vous et d'ung bon voysin et amy, tel que nous vous avons tousjours tenu. Et parce aussi que les trouppes (du duc *de Nemours*) commettent une infinité d'insolences, il nous semble que vous ferez un sacrifice agréable à Dieu de les faire charger par les communes à son de tocsin ; ce qu'estant faict en quelques endroitz, pourra refroidir les autres de passer plus oultre, et les occasionnera de se retirer en leurs maisons. Nous vous supplions donc d'y pourvoir, etc. » S.

1593. — *Septembre* 20. Le Consulat à Mgr *de Mayenne* :

« Monseigneur, nous avons ci-devant protesté à V. E., tant par lettres envoyées par l'ung de nos messagers ordinaires que par aultres, desquelles le sieur *de Bourg* s'est nagueres chargé, que ceste ville ne se despartira jamais du serment qu'elle a faict au party de la Saincte Union, ny moings de la fidellité et obeyssance qu'elle doibt à l'estat royal et couronne de France, dont vous estes, Mgr, le seul protecteur et lieutenant general : et, comme à tel, vous raffreschissons le mesme serment, et protestons la mesme fidellité et obeyssance. Que si bien le peuple de ceste ville s'est barriqué et a prins les armes pour s'opposer aux desseings que, de divers endroictz et de plusieurs signalées personnes, l'on avoit eu advis que Mgr *de Nemours* avoit de se saisir de la ville, et de s'en rendre seigneur absolu, et en icelle eslever une citadelle pour nous asservir à perpetuité : ce n'a point esté pour offenser sa personne, ny pour distraire ladite ville dudit serment, mais seulement pour la conserver en son ancienne obeyssance à ladite couronne, de laquelle il sembleroit que l'on la vouloist distraire par la force des armes : car combien que *S. E.*, à nostre requeste et instante poursoite, ayt faict publier la tresve generale, que, pour bailler quelque repoz et soulagement au pauvre peuple, vous avez soigneusement et prudemment contractée : si est-ce qu'elle a faict approcher de ceste ville toutes ses forces tant de pied que de cheval, et, non contente de ce, en a faict lever de neuvelles en *Bourgogne* par les sieurs baron *de Thianges* et *Thenissé*, et en *Nivernois* par le sieur *de Montreal*, pour les joindre aux aultres qui font et commettent des actes, sur le plat-pays, si barbares et tant insolites que la plume se refuse pour ne les exprimer. A cause de quoy *sahmedy* dernier, nous taschasmes de remedier à ce qu'il n'en advint aulcun trouble ou scandale, et à ces fins, suppliasmes tres humblement S. E. de licentier ses trouppes, mesme les estrangieres, et les faire sortir de son gouvernement, aux fins que le pauvre plat-pays pult jouir du benefice de la tresve : ce que S. E. nous declara ne pouvoir faire, mais qu'elle desiroit les mettre en garnison ès villes de son gouvernement pourveu que l'on luy baillast les moyens de payer leur solde ; et, à ces fins, demanda d'estre accommodée par la ville de 8 mille escuz. Sur laquelle demande nous feimes appeler à nostre hostel commun quelques ungs des plus notables de noz concitoyens, lesquelz y comparoissans, furent en deliberation de se saigner, pour satisfaire à la vollonté de S. E., pourveu qu'elle licentiast promptement sesdictes forces. Voicy de malheur, ung faulx bruict que le sieur *de Disimieu*, l'ung de ses capitaines entretenuz avoit tué nostre commis à la porte du *Pont du Rhosne*,

dont le peuple, à nostre insceu, fut tellement esmeu, que, en ung clin d'œil,
il prit les armes, et se barriqua par touttes les advenues des rues et par les
places publiques, et despuis n'a voulu poser les armes ; mais, quelques remonstrances que nous lui sçachions faire, s'oppiniastre de les avoir en main
jusques à ce que lesdites forces ayent vuidé ce gouvernement. Mais, pour
cela n'a l'on jamais attenté à la personne de S. E., à laquelle jusques icy a
l'on tousjours porté aultant, voyre, nous disons, plus d'obeissance que l'on
n'avoit jamais faict aux roys ny princes souverains. Car lorsque leurs majestez
imposoient quelques nouveaux subsides, ou faisoient quelques levées extraordinaires de deniers sur le peuple, nous nous y opposions par tres humbles
remonstrances. Ce que nous n'avons faict pour son regard ; car, encores
qu'il ayt triplé et quadruplé les tailles sur le plat-pays, et que, nonobstant ce,
sa gendarmerie des champs *y a esté fouler* comme les aultres, si est-ce que,
tant s'en fault que l'on ayt donné aulcune demonstration de mescontentement, que, au contraire, ceste ville luy a fourni, despuis le moys d'octobre
dernier en ça, pres de 80 mille escus, deniers comptans, sans ce qu'elle a des-
bourcé d'ailleurs pour l'entretenement des garnisons de *Vienne*, qui revient à
une bien grande somme ; ce qui a reduict noz concitoyens à si petit pied,
qu'ilz se tiennent pour plus que miserables. Mais tout cela ne les eust faict
prendre les armes, sans la crainte qu'ilz ont eue d'estre pour jamais asserviz
soubz une pire domination. Ce dont nous avons bien voulu donner advis
au vray à V. E., et la supplier tres humblement de prendre ceste ville en sa
speciale protection et sauve garde, et à ces fins nous assister, Mgr, comme
voz, etc. » S.

1593. — *Le mardi 21 Septembre*, sur les dix heures du matin, les
troubles continuant, ... une partie de tous les ordres et etats d'icelle se
sont assemblés en la maison archiepiscopale, pour prier Mgr l'*Archevêque*
d'aviser aux moyens que l'on croîroit les plus propres de rassurer et donner
quelque contentement au peuple, sans qu'il y eût aucune altération contre
et au prejudice de la personne de Mgr *de Nemours* ; en laquelle assemblée
où présidoit mondit Sgr *l'Archevêque* (entre les bras duquel en ces nouveaux troubles la ville s'est jetée) , se sont trouvés, pour le clergé, M.
de Chalmazel, doyen de l'église de Lyon, reverendissime pere , messire *Jean
Maistret*, suffragant, M. *de Pravieux* ; M. *de Chevrieres*, et M. *Chaslon*,
official ordinaire ; pour la noblesse, le seigneur *de Rochebonne* : pour
échevins, M** *Jacquet*, *Valentin*, *Gella*, *Regnaud*, *Bernard*, *Couvel*,
Noyrat et *de Berny* ; pour la justice, M**. *Austrein*, lieutenant particulier,
André Laurens , conservateur , *de Montconis*, *de Chabannes*, *Allard*,,
Rollin et *Bullioud*, procureur du roi ; pour les finances, M. le tresorier
général *Scarron* ; et pour notables bourgeois, les sieurs *de Serracin*, visiteur
du sel, *A Polaillon*, *de Chapponay*, seigneur *de l'Isle*, *du Coing* et *J. B.
Buisson* ; tous lesquels ayant pris siege confusement, et sans observation
d'aucun ordre selon leurs qualitez (sauf Messieurs du clergé à la droite
de Mgr l'archevêque), pour traiter desdits moyens, est survenu le Sgr *de
Javersy* , capitaine de la la garde de S. E. , lequel a remontré qu'elle
a un grand mecontentement, et a contre cœur les sentinelles que l'on a
posées devant son logis , et qu'elle desireroit que l'on s'assurât de sa
personne par une bonne et sure garde que l'on lui donneroit telle que
l'on voudroit choisir.... Depuis est aussi survenu le Sgr *de Marolles* qui,
continuant de la part de S. E., le même *plaintif* qu'avoit representé le
Sgr *de Javersy*,² a dit que Mgr *de Nemours* ne desire pas mieux que de rassurer la ville ; que, quelque chose qui soit advenue, il ne s'en absentera

point , mais que , pour plus grande assurance , il se retirera où, pour le mieux , il sera avisé... Le fait mis en deliberation , a été resolu que , pour bailler quelque contentement au peuple, mal édifié des mauvais conseils qui ont été donnés à S. E. , et pour empêcher que , par cette furie populaire , il ne fut attenté à sa personne , et pour relever aussi le peuple de la garde ordinaire qu'il conviendroit faire au logis de S. E. , elle sera priée de trouver bon que, pour la sureté de sa personne, elle soit remise au Château de *Pierre-Scize* , où l'on lui portera tout l'honneur et le respect qu'elle sauroit desirer, où elle pourra mener quant et soy, pour lui faire honnête compagnie, un couple de gentilshommes tels quelle voudra choisir avec quelques uns des principaux et plus necessaires officiers domestiques. Et pour lui faire entendre cette résolution , et le prier de la recevoir de bonne part, comme venant de ceux qui , comme ses tres humbles serviteurs , desirent son salut , lesdits sieurs *Jacquet* et *Noyrat*, echevins , *Laurens* , conservateur, *de Serracin* , *du Coing* , et *Buisson* ont été commis et députés. Et, pour ce qu'il seroit très honnête et bien seant de l'accompagner, et demeurer quant et lui, de quelque personnage notable de la ville, pour lui donner quelque contentement et plaisir par honnêtes discours et bienseantes remonstrances, ledit sieur *Laurens* a été prié de prendre cette charge, pendant deux ou trois jours, jusqu'à ce qu'il y ait été autrement pourvu ; ce qu'il a très liberalement accepté, encore que, pour l'exercice de sa charge, il soit grandement occupé. —Lesquels députés etant accompagnés de bonne et sure garde , ont conduit par eau *Son Excellence* , entre *deux et trois de relevée*, au *Château de Pierre-Scize*, accompagnée quelle étoit des siens (1).—Et parce que, pendant ces troubles, il est expédient d'avoir un chef auquel on puisse avoir recours , afin de pourvoir promptement aux affaires , Mgr *l'archevêque* a été prié d'accepter cette charge , de *donner le mot*, et faire en icelle ce qu'il jugera par sa prudence être requis et necessaire , comme prélat tres experimenté qu'il est ès affaires d'état, et très zelé au bien et au repos de toute la ville et de toute la province. — A été aussi ordonné audit conseil que , pour certaines bonnes considérations, le sieur *d'Andelot* sera tiré du lieu de *Pierre-Scize*, et remis en son logis accoutumé de Lyon, près l'église S. Jean , sur la foi qu'il n'en sortira qu'autrement soit ordonné. Le sieur *Gella* est chargé d'exécuter cette ordonnance , et ordre au capitaine *Lafonte* de remettre le sieur *d'Andelot* au sieur *Gella*. P. CAYET, *Chronologie novenaire* ; J. MORIN , V , 422.

1593. — *Septembre* 21. Le Consulat au *Reverend Père général des Jésuites* :

« Monsieur, les deux reverends peres *Castor* et *Majorius* vous certifieront de la continuation de nostre bonne volonté envers leur saincte societé, laquelle nous avons toutes les occasions que l'on scauroit desirer, d'honorer et respecter, tant pour la vertu et doctrine que bonnes mœurs de ceulx qui en font profession ; lesquelz depuis que ceste ville a eu le bonheur que de les recevoir chez soy, ont faict un merveilleux fruict

---

(1) Le 2 *octobre*, le Consulat fit payer à un charpentier 45 écus pour un *corps de garde* et une *sentinelle* (guérite) faits dans le château de *Pierre-Scize* ; on acheta pour le réparer , des pierres de St-Cyr que l'on paya 33 écus. — Le 5 *octobre*, on compte à *Etienne Billet*, maitre serrurier, 91 écus pour la *ferrure* qu'il avait faite pour la sureté du château, et, pour empêcher que les prisonniers ne pussent en sortir , on fit couper tous les arbres qui étaient à l'entour du château. Il y avoit en tout 40 soldats, sous le capitaine *Lafonte* ; leur solde, pour chaque mois, se montoit à 310 écus (Toutes les précautions furent inutiles. Voyez ci-après au 26 *juillet* 1591). S.

qui va augmentant de jour en jour , pour les lectures ordinaires qu'ils font tant de theologie que de philosophie. Pour à quoy les maintenir et fournir à la despense qu'il lenr convient pour ce faire , on a trouvé moyen de faire resigner en leur faveur le *prieuré de S. Hirence*, duquel vous avez aultresfois ouy parler , et qne S. S. leur avoit accordé ; à laquelle pour ce , nous en faisons encore tres humble requeste par noz lettres que nous vous prions de lui presenter avec lesdits sieurs *Castor* et *Majorius* , et d'avoir ceste ville pour recommandée en voz bonnes prieres et oraisons , comme , de nostre part , nous demeurerons tousjours, Monsieur, voz tres humbles et tres affectionnez serviteurs. De Lyon ; ce 21 *septembre* 1593. S. — Les deux jésuites dont il est question daus cette lettre sont probablement les mêmes que ceux dont parle *Poullin de Lumina* dans son *Abrégé chronologique* , p. 223.

1593. — *Septembre* 21. M. *de Chevrières* écrit au Consulat , en réponse à la lettre du 20.

« Messieurs , je vous ay , ce matin , despesché ung gentilhomme sur le mesme subjet de celle que vous m'escripvez. Je vous diray ¦seulement que je suis après à veoir s'il y a quelque chose qui branle à la campagne pour m'y opposer. Si vous jugez que , toutes choses laissées , je vous doibve aller trouver, je le feray incontinent, et demeureray cependant Messieurs , vostre bien humble à vous servir. Myolans. Ce 21 septembre 93. » S.

1593. — *Septembre* 21. M. *de Chalmazel de la Pie* écrit au Consulat, en réponse à sa lettre du 20 :

« Messieurs, J'ay receu ce soir celle qu'il vous a pleu m'escripre, suivant laquelle je n'aurois failly me rendre en vostre ville avec bonne troupe de mes amys pour vous tesmoigner l'estat que j'ay tousjours fait de l'honneur que me faictes de m'aymer , et le zele que j'ay au bien et repoz de vostre ville et de la province , si je n'eusse jugé vous pouvoyr estre plus utile pour rester encores à la campagne ; parce que je desire d'asseurer quelques villes et forts circonvoysins d'icy, et empescher que les troupes qui sont aux champs ne s'y logent. Je pars presentement pour essayer de desloger les garnisons qui sont dans *Feurs*. Ayant fait cela , comme je l'espere , j'essayeray de donner une *venue* à quelques regimens qui ravagent le pays. Toutesfois si vous jugez, Messieurs, que je vous puisse servir , toutes choses laissées, je ne manqueray à me rendre à vous au jour que vous me marquerez par ce porteur que je vous envoye exprès; n'ayant rien plus en affection que le bien et repoz de vostre ville, de laquelle depend le nostre. Attendant donc de voz nouvelles, je demeureray , Messieurs, vostre très humble et affectionné serviteur, de Chalmazel , A *St. Marcel* , ce 21 *septembre* 1593. » S.

1593. — *Septembre* 22. Lettre du Consulat aux Consuls de *St.-Genys-Laval* :

« Messieurs. le porteur nous a rendu voz lettres qui ont esté lues au Conseil tenu près la personne de Mgr l'*Archevesque*, où il a esté resolu que desormais on ne permettra plus que aulcunes compagnies de pied ou de cheval tiennent la campagne : et a-t-on, pour ce, envoyé le sieur *Bartholy* pour les faire retirer , avec charge expresse que , où elles ne voudront obeyr , de faire assembler les communes à son de tocsin pour leur courre sus, comme nous vous prions de faire avec voz amys , si vous vous cognoissez les plus fortz. Le trompette duquel vous nous escripvez est ici. L'on commande à son capitaine de se retirer ; s'il ne le faict, il fauldra user de contrainete. Tenez-nous tousjours advertiz de ce que vous apprendrez...... »

— *Même jour*. Le Consulat aux échevins de la ville de *Coindrieu* ;

« Messieurs, parce que nous ne desirons pas moins que vous le repoz de vostre ville, et que nous desirons qu'elle jouisse du benefice de la tresve, nous avons député le capitaine *Chevallier* pour vous assister de recouvrer vostre liberté, auquel nous vous prions de donner créance de ce qu'il vons dira de la part de Mgr de Lyon et de la nostre, etc. »

1593. — *Septembre* 22. Le Consulat écrit aux consuls et officiers de *Villefranche*, qu'il a un grand regret des ravages que les troupes de Mgr. de *Nemours* avoient faits aux environs de leur ville ; l'état de la ville de *Lyon* et ses troubles l'ont empeché de pouvoir leur donner des secours, mais il les invite à s'aider des forces des communes à son de tocsin, pour mettre en pieces ceux qui les troublent ; à cet effet il envoie auxdits consuls de *Villefranche*, le capitaine *Chorlier* qui les aidera dans les expeditions, etc. S.

— *Même jour*. Le Consulat écrit aux echevins de *Trévoux* que l'assurance qu'il a qu'ils ne desirent pas moins leur liberté que lui, l'a porté à les exhorter à l'acquerir, et s'ils avoient besoin de leur assistance, de le leur faire savoir par le sieur *Bartholy* que le Consulat envoie exprès vers eux. S.

1593. — *Septembre* 22. Le Consulat à Mgr le Marquis *de Saint-Sorlin* :

« Monseigneur, nous desirerions bien avoir meilleur subject de vous faire scavoir des nouvelles de ces quartiers que nous n'avons ; mais puisque la malice du temps nous a enfanté des troubles plus fascheux que nous n'avons encore eu depuis les premiers de l'an 1562, nous rendons graces a Dieu que, au commencement d'iceulx, il n'y ayt eu auloune effusion de sang qui eust esté grande, si l'on eust hazardé d'executer les desseings qui estoient sur nous. Il n'est pas que vous ne sçachiez bien, Monseigneur, qu'il y a longtemps que le peuple de ceste ville a pris ung ombrage, voyre une creance tres asseurée, par les frequens advis que l'on avoit de plusieurs lieux, que Mgr vostre frere projettoit de faire une *Citadelle* pour se rendre seigneur absolu d'icelle ville, ce que nous n'avons jamais voulu croyre, jusqu'à ce qu'estant publiée la tresve, et S. E. requise et tres humblement suppliée licentier ses trouppes, tant s'en fault qu'elle l'ayt voulu faire, qu'elle les a faict approcher de la ville le plus qu'elle a peu, et, non contente de ce, en a faict lever de nouvelles tant en *Bourgogne* que *Vivarais*, soubz la charge des sieurs *de Thianges*, *de Thenissey* et *de Montreal*, soubz pretexte de les jetter en *Savoye* pour le secours de Son Altesse, laquelle estant entrée en ladite tresve faisoit cesser le pretexte. Et neantmoings S. E. hastoit, par messagiers exprès, les dictes nouvelles trouppes pour se venir joindre aux aultres qui estoient ès environs de *Villefranche* qui n'est qu'à 5 lieues de ceste ville, faisant actes plus que barbares et inhumains. D'ailleurs les chefs desdictes trouppes semoient partout ung bruict que leur rendez-vous estoit en ceste ville où ils esperoient de s'enrichir ; dont nostre peuple s'est tellement esmeu qu'il a converty sa longue patience et taciturnité en furie ; et comme nous estions, sabmedy dernier, extraordinairement assemblez en l'Hostel de Ville pour moyenner l'assoupissement de ces ombrages, il print les armes à nostre desceu, se barriqua si bien, et a tellement continué d'une telle et si grande animosité, que, pour la seureté de la personne de S. E., et donner quelque contentement à tous noz concitoyens jaloux de leur salut et repoz et de se conserver au party de la

Saincte Union et couronne de France, nous avons prié Sadicte Exc. de se retirer au Chasteau de *Pierre-Scize*, où il luy sera porté tout tel honneur, respect et obeissance quelle scauroit desirer; ce quelle nous a très volontiers accordé; et au mesme instant, encores que le temps fust assez incommode, pour la grande pluie qu'il faisoit, y est monté par eau avec telle compagnie qu'il luy a pleu choisir, tant de ses gentilshommes que officiers domestiques, entre lesquelz est le sieur *Girard Bouvercet* (?) que l'on a opinion avoir esté le principal conseil des actions et suspects desportemens de S. E., laquelle nous vous asseurons ne recevra aulcun desplaisir en sa personne, mais defererons le jugement deffinitif de ceste affaire à Mgr de Mayenne vostre frere : qui nous faict vous prier de ne vous en remuer aulcunement, ny, pour cela, envoyer aulcunes forces par deça, parce que cela ne feroit qu'en aigrir les affaires, et luy apporter plus tost desplaisir que service, joinct que l'on est resolu d'assembler toutes les communes à son de tocsin, conduites par bons capitaines pour tailler en pieces tout tant de trouppes qui s'approcheront desormais d'icy. De cela nous avons bien voulu vous donner advis, et prie de croyre que, quelque chose qui se soit passée , nous ne lairrons de demourer tousjours, Monseigneur, vos humbles et affectionnez serviteurs, les Consuls, etc. De Lyon, ce 22 septembre 1593. » S.

1593. — *Septembre* 23. Le Conseil établi à Lyon sous l'obéissance d, Mgr le duc de *Mayenne*, envoie au duc de *Nemours* la déclaration suivante :

« Monseigneur, la crainte que nous avons eue de perdre nostre liberté, et les grands indices que nous avons veus, qui ont esté suivis de preuves tres certaines que vous vouliez par force vous rendre maistre de nostre ville , ont contrainct les habitans d'icelle de s'armer pour leur conservation , suyvant plusieurs remonstrances et protestations qui vous avoient esté faictes. Les choses ont passé si avant que vous ne pourriez jamais vous confier de nous, ny nous prendre asseurance de vous , et pour ce nous vous supplions croire que nous mourrons plustost que de nous remettre jamais souz vostre domination et gouvernement, les raisons n'en estant que trop legitimes , ny encores de Monsieur le *Marquis* vostre frere, seulement pour la proximité qui est entre vous et luy : car jusques à ceste heure nous n'avons aucune occasion de nous douloir de luy. Partant, Mgr, nous vous supplions de vouloir vostre repos et asseurance et la nostre, et deposer volontairement le soing de ce gouvernement, que nous cognoissons aussi bien estre trop peu de chose pour vous, et auquel nous ne consentirons jamais que vous demeuriez. Si vous nous faictes ce bien, et vous donnez à vous mesme ce repos, promettez nous que vous remettrez les places entre les mains de ceux qu'il plaira à Mgr le duc de *Mayenne* de commettre, auquel nous envoyerons de nostre part, s'il vous plaist faire le semblable de la vostre. Et cependant faire cesser tous actes d'hostilité de la part de voz trouppes , comme nous ferons aussi de nostre costé , contremandant tous nos amis que nous avions envoyé querir : demeurant cependant toutes choses en l'estat qu'elles sont, attendant qu'il aye pleu à Mgr le duc de *Mayenne* en ordonner. — Faict au conseil estably en la ville de Lyon, sous l'obeyssance de Mgr le duc de *Mayenne*, le 23 septembre 1593. Signé P. Matthieu. » — Cette pièce a été imprimée à la suite du *Discours... sur la prinse des armes* du 18 septembre (Voyez ci-après les publications de 1593).

1593. — *Septembre* 23. Le Consulat fait payer au capitaine *Laforge* 100 écus pour reconnoissance des services signalés qu'il a faits à la ville pendant les presens troubles. — Ce capitaine commandoit à 60 soldats que l'on avoit placés aux faurbourgs de *Vaize* et de *S. Just*.

— On fit aussi payer 100 ecus au capitaine *Bourdillon* pour lever une compagnie de gens de pied pour la garde de *Givors*.

1593. — *Septembre 23.* M. *d'Albon de St Forgeux* écrit au Consulat, en réponse à sa lettre du 20.

« Messieurs, dès hier matin, je fis response aux vostres , et M. *de la Pie* (*Chalmazel*) m'a faict cest honneur que de m'estre venu visiter, et plusieurs autres gentilzhommes ; lesquelz et moy avec eulx, attendons en bonne devocion de voz nouvelles. Cependant les trouppes tant de pied que de cheval se rendent en *Forez*, et à ce que nous pouvons descouvrir proposent y faire leur gros, attendant leur chef. Il y en a encores qui sont esparses çà et là en ces quartiers dont on a attrapé quelques ungs que je tiens prisonniers. Vous pourvoirez à ce qu'il sera expedient de faire en ceste occurrence et aultres qui surviennent d'heure à heure, dont le porteur informera à quoy il sera besoing necessaire de pourveoyr. A quoy attendant responce ; cependant vous pouvez disposer de ce que je pourray faire pour le bien de la ville et du pays ; je le feray d'aussi bon cœur, comme je prie Dieu, Messieurs, vous donner en santé, longue et heureuse vie. *De vostre maison, ce 23 septembre 1593.* Vostre très humble voysin et plus fidelle amy pour vous faire service. BERTRAND D'ALBON (1). » S.

1593. — *Septembre 24.* Le capitaine *Baron* et le sergent *Lestra* sont commis par M. *le reverendissime archevéque, commandant de la ville,* pour conduire hors de ce gouvernement les troupes du sieur *de Montreal* et du baron *de Grinet* (?), ainsi que celle du baron *de Thenissey.* S.

1593. — *Septembre 24.* Noble *François Platet,* baron *de Vaux,* prie le Consulat ne permettre que le sieur *François de Ruzinant,* bourgeois de Lyon , soit emprisonné, à l'occasion des presents troubles ; mais de lui permettre de demeurer dans sa maison, offrant de le cautionner et de le représenter à requisition. Le Consulat adhère à cette demande. S.

1593. — *Septembre 24.* M. *de la Liegue* écrit au Consulat, en réponse à sa lettre du 20 :

« Messieurs, ce qui m'a retardé jusques à present de venir rejoindre Mons. *de Chevrieres* est les occasions que je vous diray,.... s'il vous plaist de me faire entendre vostre voullonté ; je ne fauldray de m'acheminer pour vous aller trouver : car pour une si bonne et si sainte cause, je n'y veux espargner ma vie ny mes moyens. J'attendray donc vostre voullonté , et demeureray, Messieurs, vostre plus affectionné voisin pour vous faire servisse (sic). LA LIEGUE. A *Riverie,* ce 24 septembre 1593. — P. S. Messieurs, depuis ma lettre ecrite, j'ay prié mon frere d'estre le porteur de la presente. » S.

1593. — *Septembre 26.* Le prince *Henry de Lorraine* écrit de *Mascon* au Consulat :

« Messieurs, j'ay receu voz lettres et sceu ce qui est advenu en vostre ville. Je me suis acheminé incontinent en ce lieu, pour faire tout ce que je pourray à la conservation de nostre religion, du party et du pays ; à quoy je croys que vous serez tousjours disposez. J'ay amené des forces, et en attends pour cest affaire. Affin que plus particulierement

---

(1) Cette lettre a du être écrite du château de *St-Forgeux* , résidence habituelle de *Bertrand d'Albon.* Voyez le *Mémoire sur la Ligue,* attribué à *D. Thomas,* p. 37.

je puisse sçavoir l'estat de toutes choses , je vous envoye ce porteur, vous priant de croyre tout ce qu'il vous dira de *Mascon* , et vous asseurer , etc. » S.

1593. — *Septembre 27.* « ..... Vint le marquis *de St Sorlin,* frere du sieur *de Nemours* qui estoit à *Ryom* en Auvergne jusques au faubourg *St Yrigny,* où illec tuarent le portier et un sergent royal nommé *Latua,* blessarent plusieurs personnes, et tuoyent et emmenoyent prisonniers ceulx qu'ilz trouvoyent, violoyent filles et femmes, et en menoyent le bestial et tout ce qu'ilz trouvoyent par le *Lyonnois,* à *Vienne* , tant aux villages que par champs. » *Arch. du Rh.,* xii, 166.

1593. — *Septembre 28.* Le Consulat au marquis *de Saint-Sorlin* :

« Monseigneur, sitost que les tumultes furent arrivez en ceste ville pour les justes soupçons suivis de preuves très claires que Mgr vostre frere pretendoit avec la force des armes et les trouppes qu'il avoit es environ d'icy, et qu'il faisoit venir de plus loing, se rendre maistre de ceste ville, nous vous despeschasmes la lettre cy-joincte (celle du 22 *septembre*), par laquelle nous vous faisions entendre ce qui s'estoit passé; mais vostre Exc. n'ayant esté trouvée à *Ryom,* nous avons advisé de vous faire encores ceste despesche pour vous dire et asseurer que ce que nous avons faict n'a esté par aulcune passion, inimitié ou animosité, mais seulement pour nous conserver et deffendre nostre liberté, *comme nous avons faict du temps des roys.* M. *de Trapes* vous va trouver pour vous faire entendre en quel estat sont les affaires, et que, à cause de quelques violences qui ont esté faictes à l'endroict de noz concitoyens, mesmes contre femmes et enfans, à peine avons nous peu contenir le peuple qu'il n'oultrageast les gentilzhommes qui sont icy. Et si les violences continuent, nous prevoyons qu'il nous seroit impossible d'eviter quelque grand inconvenient, duquel, vous, Mgr, et nous, aurions regret par après. Mais, s'il vous plaist faire contenir vos trouppes, nous envoyerons homme vers Mgr le duc *de Mayenne,* pour luy rendre compte de nos actions, et obéir à ce qu'il nous commandera. Et, s'il vous plaisoit d'y envoyer ung de vostre part, les choses pourront prendre quelque meilleur acheminement au contentement de toutes les partyes. Cependant, Mgr, nous desirons de vous rendre tout honneur et service tres humble, et prions Dieu, etc. De Lyon, ce 28 septembre 1593. » S. Voyez au 27 *octobre.*

1593. —*Septembre* 28. Lettre du Consulat à Madame *de Nemours* (Anne d'Este) (1) :

« Madame, nous protestons Dieu que nous avons un extresme regret de ce qui s'est passé despuis huict jours en ça en ceste ville, ne fut-ce mesme que pour l'heureuse memoire de feu Mgr *de Nemours,* et pour les desplaisirs et mescontemens que V. E. en aura peu recepvoir : mais quand elle aura entendu nos doleances et juste occasion de la prinse des armes par nostre peuple, nous nous asseurons tous de vostre bonté et naturelle affection que vous avez à ce royaulme, comme *niece ou petite fille de ce bon roy pere du peuple Loys douziesme* que Dieu absolbe, que vous jugerez tousjours que nous n'avons que bien faict d'empescher que ceste ville et toute la province qui en despend, en fut distraite par le maulvais conseil que quelques domestiques et familiers de Mgr le duc *de Nemours* vostre filz luy ont donné de s'en saisir et rendre seigneur absolu, et pour s'y maintenir d'y reédiffier une citadelle. Vous avez bien sceu , Madame , l'ombrage que toutes les provinces et villes de France

(1) C'est à l'occasion de l'entrée que fit cette princesse à Lyon , le premier septembre 1566, qu'eut lieu la *chevauchée de l'asne,* dont nous avons parlé sous cette date.

ont prins de la secrette et longue conference que S. E. avoit eue à une lieue
d'icy avec les principaulx agens du *roy de Navarre*, despuis laquelle il s'est
saisy des villes de *Vienne* et de *Montbrison*, faict fortiffier et rendre comme
imprenable le chasteau de *Thoissey* et celuy de ladite ville de *Montbrison*, par
le moyen desquelles places il nous a blocquez de tous costez; et, pour les asseurer, et celles qu'il a prinses en Auvergne, a desarmé nostre arsenac de
pieces, pouldres et balles. Pour tout cela, encores que ce fust au grand prejudice et interestz de ceste ville et de toute la province, nous n'avons jamais
faict aulcune demonstration de mescontement, mais luy avons tousjours porté
tel respect, honneur et obeyssance qu'ung prince souverain eust sceu desirer
de ses naturels subjects. De cela ne nous pourra-t-il dementir ; car il a disposé librement de toutes les finances de ce gouvernement, triplé et quatriplé
les tailles, pourveu aux offices vacans soubz ung grand sceau de ses armoyries, tenu par le grand maistre *Girard* (1) ; donné, par droict d'aubayne,
les biens des estrangiers, encores que ce fust contre le prejudice des foyres de
la ville, et au prejudice d'une declaration faicte par le *roy*, veriffiée en la cour
du parlement de Paris, au proffict de ceulx de *Savoye* qui estoyent venuz
habiter en ladite ville, dez le temps que ledit pays de *Savoye* obeyssoit à S.
M., a faict *vendre* aussi, par droict de desherence, des biens des naturels francoys, voire mesmes avant leur mort. Tout cela, encores qu'il donnoit occasion au peuple d'ung tres grand mescontement, ne l'a point esmeu de prendre
les armes ; mais ayant advis de toutes parts, de son desseing de se vouloir
saisir de ceste ville, et ayant S. E. esté priée de licentier ses trouppes pour
donner, pendant le temps de la tresve, quelque repoz et soulagement au pauvre plat pays que, sans aulcune pitié, elles ont ruyné et rendu miserable, tant
s'en fault qu'elle ayt accordé ceste juste requeste, que, au contraire, elle en
a fait lever des nouvelles, tant de pied que de cheval, de *Bourgogne* et *Viva-
rez*, soubz la conduicte des sieurs *de Thianges*, *de Thenissez* et *de Montreal*,
sous pretexte de les jetter en *Savoye* pour le secours de Son Altesse, laquelle
ayant accepté la tresve et licentié son armée, faisoit cesser ledit pretexte.
Mais il n'a laissé pour cela de faire haster par messagiers exprès lesdites nouvelles forces pour les joindre à celles qui estoient levées auparavant la tresve,
et les approcher de si près de noz portes, que, en une nuict, elles s'y pouvoient rendre pour en susprendre une ou deux, comme elles mesmes s'en
jactoient par les champs, disant partout qu'elles venoient icy en garnison.
La longue patience du peuple souvent irritée, l'a contrainct de prendre les
armes, se barriquer et se saisir de sa personne, avecq resolution de mourir
plustost que de le recepvoir jamais pour gouverneur, ny Mgr *le Marquis* son
frère pour la proximité du sang, encores qu'il soit prince tres debonnaire et
bien nay. Nous vous avons bien voulu faire ce discours, Madame, pour vous
faire cognoistre nostre innocence, et juger que le conseil qu'a eu Mgr *de
Nemours* luy a esté traistre, perfide et très pernicieux. L'on en accuse deux ou
troys que nous ne voulons nommer ; nous remettant à la suffisance de ce
present porteur pour vous particulariser plus amplement leurs actions et
desportemens, et en laquelle opinion ilz sont envers le peuple, joinct
qu'il nous semble que la prolixité de ceste lettre vous sera fascheuse et desagreable, comme excedant les bornes d'une missive, à laquelle, pour

---

(1) Morin (v, 435.) l'appelle *Girardi*. Il est aussi question, dit-il, dans Mezerai, d'un Fer-
rarois, inventeur d'impôts, à l'âme de fer, qui était le conseiller intime de *Nemours*. C'est sans
doute, ajoute-t-il, ce *Janetti de Lequi*, qui s'empressa de quitter Lyon, après le 18 *septembre*,
avec quelques autres ligueurs. — Ce *Janetti*, ou plutôt *Janetto de Lequi*, est le même que *Jean
de Paligue*, qui fut échevin de 1588 à 1592.

ce, nous mettrons fin, après vous avoir très humblement baisé les mains, souhaitté tout bonheur et longue vie , et prié Vostre Excellence, Madame, que, quelque chose qui se soit passée, nous tenir pour voz tres humbles et tres obeyssans serviteurs. Les Consulz, etc. De Lyon, ce 28 septembre 1593. » S.

1593. — *Septembre 28. Henri IV* écrit aux Echevins de Lyon :

Tres-chers et bien amez, le soin que nous avons du bien public de ce royaume n'a pu permettre qu'ayant entendu le tumulte advenu dans vostre ville, nous ne soyons entrez en consideration et crainte du danger que cet accident y pourroit apporter, ou ailleurs dans ce pays, de quelque entreprise de noz ennemys... Ce qui doit inciter ceux qui y ont quelque interest d'y user de toutes les precautions et remedes qui s'y peuvent apporter. Et ayant, sur ce advisé d'envoyer par de là nostre amé et feal le sieur *de la Fin*, conseiller en nostre Conseil d'estat, pour faire office de nostre part envers les sieurs gentilshommes du pays, à ce que, par une bonne intelligence, ils veuillent tous soigneusement prendre garde et s'employer à maintenir vostredite ville en seureté contre tous desseins qui pourroyent estre faicts au dommage d'icelle et du pays par les ennemys. Nous luy avons aussi donne charge d'y faire intervenir noz forces et serviteurs, si le besoin le requiert, et de vous y offrir toute assistance de nostre part : et nous remettant à ce que luy avons ordonné de vous representer sur ce, de nostre bonne intention au repos public de cedit royaume et à la conservation et prosperité particuliere de vostredite ville, nous n'estendrons la presente plus avant, que à prier Dieu qu'il vous ayt, très-chers et bien amez, en sa saincte garde. Escript à *Fontainebleau*, ce 28ᵉ jour de septembre 1593. Signé HENRY, et plus bas *Revol*. » Voyez l'abbé SUDAN, *Recherches sur le retour de la ville de Lyon à la monarchie sous Henri IV*, etc., p. 5, et ci-après, au 20 *octobre* (1).

1593. — *Septembre* 29. Le Consulat écrivoit aux *Cosses* de *Charly*, *Vernaison* et *Grigny*, que, pour la conservation de leurs biens, femmes et enfans,

---

(1) M. *Berger de Xivrey* publie , sous les auspices de M. le Ministre de l'Instruction publique, un *Recueil des Lettres missives de Henri IV*. Celles que ce prince a écrites au Consulat lui ont été communiquées par M. *Grandperret*, archiviste de la ville ; on les retrouvera , à leurs dates, dans nos *Documents*. En voici une qui se trouve dans un des Mss de la Bibliothèque confiée à nos soins; elle est adressée à *Duplessis Mornay*, et n'a point échappée à l'auteur de son article inséré dans la *Biographie universelle*; mais , comme le style en a été modernisé , nous croyons devoir l'offrir à nos lecteurs telle que nous pensons qu'elle a été écrite :

« Monsieur *du Plessis*, j'ay vn extresme desplaisir de l'outrage que vous auez receu auquel je participe comme roy et comme votre amy. Pour le premier je vous en feray justice et je me la feray aussy. Si je ne portois que le second tiltre, vous n'en auez nul de qui l'espée fut plus preste à desgaisner ny qui apportast plus gayement sa vie que moy. Tenez cela pour constant, qu'en effect ie vous rendray office de roy de maitre et d'amy : sur cette vérité, je finis priant Dieu vous tenir en sa garde. De *Fontainebleau*, ce 16 novembre (1597). »

Du Plessis répondit au roi :

« Sire, j'ai sceu du sieur du *Morier* ce qu'il a pleu à Vostre Maiesté luy dire, et depuis receu par M. *de la Bastide* celles de vostre Maiesté , lesquelles me font tarir et la voix et la plume, capables , sire, d'endormir ma douleur, n'estoit que la plaie en est au cœur qui ne sommeille point. Cependant ce m'est une grande consolation que Vostre Maiesté le prenne comme sien. Je prens donc, Sire, cette patience autant qu'un cœur ulceré le peut, mais neantmoins toujours tressain et entier en tout ce qui est pour vostre service, vers lequel je ne pense pas me pouvoir acquiter, mesme par plusieurs vies. Sire , ce qui me reste de plus seur, c'est de supplier assiduellement le Createur qu'il donne à Vostre Majesté, en toute prosperité, longue vie. »—Cette lettre n'est pas datée.

ils doivent empêcher de tout leur pouvoir que l'ennemi ne se saisisse de leurs châteaux ; pour ce, d'y mettre de bons hommes surs , lesquels, tenant bon dedans, ils seront secourus des forces que *Lyon* leur enverra; qu'ils eussent donc à bien prendre garde de n'être surpris, parce que ce seroit leur entiere ruine , etc.

1593. *Septembre* 30. *Séance consulaire,* « Parce que les nouveaux troubles non seulement continuent, mais croissent et s'enaigrissent de jour à autre, et qu'il est très requis d'avoir un chef bien versé aux affaires d'état, pour, selon les occurrences, y pourvoir , il a été advisé , jusqu'à ce que Mgr *de Mayenne* y ait pourvu de supplier de rechef Mgr *l'Archevesque* de prendre cette charge tant pour la ville que pour les champs ; et, pour l'assister de conseils, choisir dans tous ordres et états tels personnages qu'il jugera capables.

Me *Gaspard Merle* étoit secrétaire du *Conseil d'état* tenu à Lyon près la personne de Mgr *d'Epinac ,* commandant en cette ville ; *Pierre Matthieu* étoit aussi secrétaire de ce Conseil ou de l'archevêque ; le sieur *Merle* avoit pour clerc *Barthelemy Baret.* — En *novembre,* les échevins *Jaquet* et *Thierry* furent deputés par le Consulat pour assister au Conseil d'état. S.

1593. — *Septembre* 30. Le Consulat à M. le colonel *Alphonse* :
« Monsieur , lorsque , pour le tesmoignage de l'ancienne amytié de laquelle vous honorez ceste ville , il vous plaist luy offrir voz forces pour son secours, nous ne pensions pas que les affaires vinssent à une telle aigreur qu'elles sont depuis venues. Cela fut cause que nous n'acceptasmes sur le champ voz honnestes offres, craignant mesme qu'on ne le prist pour une rupture de la tresve , mais les inhumanitez plus que barbares dont use l'ennemy nous meuvent de recourir à tous noz bons seigneurs et amys entre lesquels nous vous avons tousjours eu pour très asseuré, et par ce vous prier de ne nous laisser à ce besoing : en consequence , et pour l'execution du 13ᵉ article de la tresve , et si vous accordez ceste nostre requeste , nous vous prions de faire acheminer voz forces droict en ceste ville, le plus promptement qu'il vous sera possible.... » S.

1593. — *Septembre* 30. Le marquis de *Saint Sorlin* au Consulat :
« Messieurs . j'ay veu les lettres que vous m'avez escriptes par M. *Destrappes,* et ouy les remonltrances qu'il m'a faictes pour m'induire à la douceur et poser les armes jusques à l'avenue de M. *de Mayenne* ; mon frère et lieutenant general de l'estat, et jugé par consequent du tort et de l'oultrage commis en la personne de Mgr *de Nemours,* mon frere. Il n'y a celluy de vous en general et particullier qni ne sçache assez si mon naturel est enclin au sang et à la cruauté, et , si pendant l'absence de mondit sieur frere, lorsque j'avois cest honneur de vous gouverner, si mes commandemens seulement , mais ma volonté s'est estendue à chose qui aye apporté dommage ou prejudice à aucun de vous. J'atteste le Dieu Tout-Puissant, vray scrutateur de vos cœurs, et clairvoyant aux plus secrettes pensées des hommes, si, après son divin service , j'ay rien eu tant en recommandation que la manutention de la justice et conservation de vostre autorité, et si je n'ay tousjours post posé mon proffit particullier au general contentement d'ung chacun de vous. Et aujourd'hui , sans que aulcun de vous se peust plaindre de moy, en mon absence, et sans estre ouy, en temps de tresve , contre tout ordre de justice, peu souvenans du memorable service que Monsieur mon frere a faict non à l'estat seulement , mais à toute la religion chrestienne, conservant *Paris ,* le payer d'une si pauvre recompense , et m'outrer de juste douleur, retenant en une estroicte prison la plus chere personne que j'aye au monde ! Et

encores, non contents de ça, induictz et poussez par la passion d'aulcuns particuliers, sans vous avoir meffaict, me declarer incapable et indigne de vous pouvoir jamais servir ! c'est trop d'outrages, Messieurs, pour incliner et ployer ung courage tel que le mien à la douceur. Toutes foys, ayant tousjours choisi Dieu pour source et guide de mes actions, et à luy remis la vengeance du tort qui m'est faict, j'appelle à sa divine justice de l'injure qui nous est faicte, et remetz à son juste jugement et au vostre, la punition de ceulx qui, par secrettes menées, ont ourdy à Monseigneur et frere ceste trame; esperant que le temps, vray miroir des plus secrettes meschancetez, vous dessillera les yeulx et fera cognoistre qu'autre (ne) vous peult servir avecq plus d'affection que moy, contre la volonté duquel tous les ravages se font ; lesquelz cesseront neantmoings quand vous m'envoyrez deux ou trois gentilshommes de ceulx que vous nommera ledict sieur *Destrappes*, pour avoir telle confiance en eulx qu'ils me diront et confesseront la verité du faict ; ce qui vous sera facile, voulant conserver mon amytié et la volonté que j'ay de vous servir tous en general et en particulier, comme celui qui desire demourer, Messieurs, votre plus affectionné à vous servir. Henry de Savoye. De *Vienne*, ce 30 *septembre* 1593. S. J. Morin ; V, 422.

1593. — *Octobre* 1. M. *de l'Estrange d'Hautefort*, goùverneur du *Puy*, avoit écrit au Consulat pour solliciter la delivrance de M. *de Montréal*, prisonnier à *Pierre-Scize*. Le Consulat lui répond qu'il desireroit bien lui être agréable, mais que la crainte que le peuple avoit que le sieur *de Montréal* . etant gentilhomme de cœur et de valeur ne voulut se venger de sa détention, en se joignant avec M. *le Marquis* qui fait au pays une guerre plus que scythique, ne permettoit pas de lui rendre la libert.é — L'élargissement de M. *de Montréal* fut aussi demandé par une lettre signée de 20 catholiques du *Vivarais* et par Madame *de Chevrieres* qui assuroit que la parole que M. *de Montréal* donneroit au Consulat seroit inviolablement gardee.— M. *de l'Estrange* écrivit encore, quelque temps après, pour réclamer les sieurs *de Baies* et *de la Bastide*. S.

1593. — *Octobre* 2. Fut crié à Lyou, à son de trompe que les habitans qui estoient avec le Marquis de *S. Sorlin* eussent à se retirer en ladite ville, dans trois jours, à peine de punition corporelle, confiscation de leurs biens, et leurs femmes et leurs enfants mis hors de ladicte ville. *Arch. da Rh.*, xii, 166.

1593. — *Octobre* 2. *Séance consulaire*. Est comparu au present Consulat Mgr le baron *de Pierre*, qui a representé les lettres de Mgr *de Savoye* adressées aux sieurs eschevins, auxquels, conformement au contenu esdites lettres, il a fait entendre le deplaisir que S· A. a reçu des nouveaux troubles advenus en cette ville, ne pouvant croyre que Mgr *de Nemours*, en ait donné occasion, pour la conservation de l'honnur et de la personne duquel S. A. proteste de n'espargner jamais les moyens que Dieu lui a donnez, s'asseurant que Mgr *de Mayenne* sera de la mesme volonté; et parce que sadite A, a tousjours eu le bien et repoz de cette ville en beaucoup de recommandation, elle croyt que lesdits sieurs eschevins se rendront si faciles à tout ce qui sera jugé à propoz, pour le contentement de mondit seigneur *de Nemours*

---

(1) J'ai quelques raisons de croire que le marquis *de Saint-Sorlin* était à *Riom*, lorsque son frère fut emprisonné. Il paraît qu'en apprenant cet événement, il se rendit à *Vienne*. Le 3 *octobre* il était à *Brignais*.

et *pour la* securité de cette ville que Sadite A. aura plus de subjet de continuer la bonne volonté qu'il leur a tousjours portée que de la desnouer ; et que, à ces fins, il a deputé exprès ledit sieur baron *de Pierre* vers Mgr *de Nemours* et M. *le Marquis* son frere, aux fins de composer à l'amiable ce differend, et leur faire poser les armes. — A quoy les sieurs eschevins ont repondu qu'ils ont un très grand regret d'avoir esté contraincts de prendre les armes pour conserver leur ancienne liberté sous l'obeyssance de l'Estat royal et Couronne de France, et que Mgr *de Nemours* ne se peult plaindre de l'obeyssance qu'ils lui ont portée jusques à la prinse des armes, parce qu'ils luy ont porté aultant d'honneur et de respect, comme s'il avoit esté leur prince souverain ; mais ils ont esté contraincts de penser à la conservation de cette ville, par les advis qu'ils ont eus de tous costez «qu'il se vouloit rendre sei-« gneur absolu de la ville, et, pour se l'asseurer, y reediffier une citadelle; » ce qu'ils ont recognu par plusieurs indices très apparents, notamment en ce que, depuis la publication de la tresve générale, estant requis de licentier ses troupes, pour le soulagement du plat pays qu'elles ont misérablement ravagé, tant s'en fault qu'il l'ayt faict, qu'au contraire il en a faict lever d'autres tant de pied que de cheval, en *Bourgogne* et *Vivarais*, pour les joindre à celles qu'il avoit auparavant la tresve, soubz prétexte de les jetter en *Savoye* pour le secours de Son Altesse, lequel pretexte cessoit, puisque S. A. estoit entrée en ladite tresve, et avoit licentié son armée. Et peut-on bien recognoistre et marquer de quelle animosité et inimitié S. E. et M. *le Marquis*, son frere, sont poussés envers cette ville par les cruautez et grandes inhumanitez plus que barbares que mondit sieur le Marquis a commises et faict exercer par ses troupes contre les habitans de la ville et du plat pays ; ce qu'ils desireroient qu'il plust audit sieur baron *de Pierre* de leur representer, d'autant que, les continuant, ils perdront beaucoup de leur honneur et reputa-tion, et « contraindront la ville d'appeler à son secours, voyre ceulx qui luy « ont esté par le passé ennemys, comme le seigneur colonel *Alphonse* et aul-« tres tenans party contraire à la Saincte-Unyon, de laquelle, nonobstant « ce, ladite ville ne se despartira jamais. » — Sur quoy le sieur baron leur a remonstré que Sa Saincteté et S. A., et tous aultres princes catholiques qui sont du party de la Saincte Union trouveront tousjours maulvais que l'on s'ayde pour ce differend, de ceulx qui ont tenu le party contraire, et qu'il fera tout son possible pour faire condescendre leurs Excellences à quelque bonne tresve jusques à ce que Mgr *de Mayenne* ayt ordonné sur ce différend. S.

1593. — *Octobre* 2. Le Consulat fait payer au sieur *Roybon*, contrôleur de la maison de Mgr *de Nemours*, 20 écus et 47 s., pour le rembourser des frais de certaines reparations faites au logis dudit seigneur. S.

1593. — *Octobre* 2. Le Consulat au marquis *de St-Sorlin* :

« Monseigneur, les lettres que M. *de Trappes* nous a rendues de vostre part nous ont grandement resjouys, en ce qu'elles nous donnent quelque esperance que, par vostre prudence et sagesse, les massacres, forcemens de femmes, violemens de filles, ravages et aultres actes inhumains (tant s'en fault que chrestiens) cesseront, jusqu'à ce qu'il ayt pleu à Mgr *de Mayenne* vostre frere de juger et ordonner sur les justes occasions qui nous ont meu de prendre les armes pour rompre les desseings que Mgr *de Nemours* avoit sur nostre repoz, lesquelles, par nos precedentes, nous vous avons à peu près representées, et que vous mesmes qui estes prince d'un tres bon naturel et bien nay, pouvez par vostre gentil esprit et solide jugement, aisem ent juger considerables. Mais quant à ce que V. E. se deult de ce que nous l'avons forclos de la recognoistre jamais pour nostre gouverneur, nous la supplions très humblement de croyre que cela ne procède point d'aulcune animosité particulière que nous ayons contre elle, par ce que, en toutes voz actions, nous vous avons recogneu pour très debonnaire, et bien affectionné au bien et repoz de ceste province (laquelle aussy ne vous a donné occasion d'estre aultre), vous ayant tousjours respecté, honoré, obey, comme si vous eussiez esté son souverain seigneur. Mais la proximité du sang qui est entre Son. Exc. et la vostre, nous doibt servir de legitime excuse de souffrir jamais que vous nous puissiez commander, de crainte que vous, qui estes prince, et qui, comme tel, avez les mains plus longues qu'il ne seroit besoing à ceulx à qui vous portez inimitié, ne vous ressentiez tost ou tard de ce qui s'est passé contre ceulx qui ont eu juste occasion de se conserver en leur ancienne liberté, soubz l'estat royal et couronne de France, dont nous ne nous despartirons jamais, non plus que du service que nous vous avons voué, si, usant de la bonté naturelle qui est en vous, et de l'affection particuliere que vous dites avoir eue à ceste ville, vous faites cesser les courses et ravages de voz trouppes, dont nous vous prions tres humblement, pour empescher que, par ung desespoir, nostre peuple fasse chose dont vous serez et nous aussy desplaisans ; car nous vous prions de croyre que ces mouvemens n'ont point esté suscitez par les passions d'aulcuns particuliers, ains des actions et desportemens de Mgr *de Nemours*, non de son naturel, mais par le maulvais et tyrannique conseil qu'il a eu près de soy ; lesquelz.... desportemens ont tellement irrité tous noz concitoyens qu'il sera malaisé de le conserver si vous continuez les funestes commencemens de vostre cruelle guerre : laquelle, conduite comme elle est, effacera de beaucoup de vostre honneur et reputation, dont nous sommes marrys pour la bonne et sincere affection que nous vous avons tousjours portée, et que nous desirons de continuer ; pour à quoy parvenir, le dict sieur *de Trappes* s'en retourne vers Vostre Excellence, suffisamment instruit de ce que nous pouvons faire pour vostre satisfaction et contentement : sur la suffisance duquel nous reposans, nous ne vous ennuyerons d'une plus longue lettre ; mais, après vous avoir très humblement baisé les mains, nous prierons Dieu vous donner, Mgr, en bonne santé et longue vie, tout bonheur et contentement. De Lyon, le 2e d'*octobre* 1593. » S.; *Documents* de M. Godemard, p. 36.

1593. — *Octobre*. 2. Le Consulat au Colonel *Alphonse* :

« Monsieur, nous vous aurons à jamais obligation de vous rendre très humble service pour la diligence dont il vous a pleu d'user, d'assembler voz forces pour nostre secours ; lesquelles nous vous prions de haster le plus qu'il vous sera possible, et pour plus commodement passer la riviere, les faire acheminer à la Guillotiere, pour passer l'une après l'aultre sur nostre pont. Elles n'y scauroient estre sitost que l'on desire pour la bonne opinion que nous en avons, recepvans le commandement d'ung tel chef que vous estes, qui avez l'honneur de Dieu et la foy en singuliere recommandation. L'asseurance que nous avons de les veoir bientost, et de leur faire si bon et honneste traictement qu'elles auront occasion de s'en contenter, nous fera clorre la présente, après avoir prié Dieu vous donner, etc. » S.

1593. — *Octobre* 2. Le colonel *Alphonse* écrit au Consulat :

« Messieurs, je viens de recepvoir vostre lettre, et veu ce que vous me mandez pour le passage d'*Andance* : sur quoy je vous diray que si j'eusse cogneu qu'il eust esté utile pour vostre service, je n'eusse tant tardé à le choisir. Cela fait que je vous supplie de trouver bon que ce soit par vostre ville, aux conditions que vous m'avez marquées, et à de plus restrainctes si elles sont nécessaires ; car je vous veulx faire paroistre que je suis plein de franchise ; et si, pour plus grande seurté, vous desirez avoir des *hostages, je vous offre mes enfans*, comme j'ay déjà (proposé)...... de vous faire, affin que vous soyez libres de soubçon. Ce que j'en fais, est pour obvier la longueur que ce seroit de faire passer une si grande trouppe de cavalerie que celle que j'espère vous conduyre par *Andance*. Je ne perds point temps pour la faire advancer : et de faict, ce soir, messieurs *de Botheon*, comte *de la Roche* et *de Gouvernet* sont arrivez icy avec leurs compagnies ; les aultres les suyvront de près. Dieu aydant, pour satisfaire à la resolution sur celles que je vous escriviz tenir par mon trompette, que j'attends en bonne devotion. Et sur ce, je vous supplieray de croyre que le desir que j'ay de vous honorer et servir n'est borné que des limites de l'impossibilité , et que je suis, Messieurs, vostre affectionné, etc. ALFONSE D'ORNANO. A *Moras,* ce 5 *octobre* 1593. »

Lettre du même au Consulat :

« Messieurs, je vous ay escript ce matin bien au long, qui me gardera d'user de redite. Ceste sera seulement pour vous donner advis comme ces messieurs du *Conseil d'estat de Vyenne* m'ont envoyé un nommé *Plantier*, sur la resolution que eulx et moy avions prinse pour faire des contributions ; me faisant entendre plusieurs choses toutes contraires à la promesse qu'ilz m'avoyent faicte. *Voilà tousjours des fruictz du maintien de leur parolle.* D'ailleurs, ilz m'ont asseuré que M. le vicomte *de Tavannes* estoit arrivé avec ses forces, et que vous estiez d'accord avec M. le marquis *de S. Sorlin.* Si cela est , je vous supplie me le mander librement, affin que les trouppes que je faisois preparer pour vostre secours n'ayent peine de s'advancer davantage. Vous m'obligerez beaucoup de me mander promptement vostre resolution, laquelle attendant, vous croyrez, s'il vous plaist, que , quoyqu'il puisse arriver, je seray tousjours, etc. ALFONSE D'ORNANO. A *Moras,* ce 5 *octobre.*

Le Consulat répondit le même jour qu'il pretextera le commun proverbe QU'IL NE FAULT PAS SE FIER A CEULX DE VIENNE (1): car ce qu'ils avoient rapporté au *Colonel* que *Lyon* estoit d'accord avec le *Marquis* , n'étoit qu'un artifice pour retarder le secours que cette ville attendoit de lui en bonne devotion, lequel secours le Consulat le prioit de faire hâter le plus qu'il lui seroit possible, et lui faire passer la riviere où il jugera être le plus commode. « Que si bien M. *le Marquis*, ajoute le Consulat, nous a faict rechercher de quelque sursoyance d'armes, ce n'a esté à aultre bien que, soubz couleur de ladicte sursoyance, mettre en liberté, s'il eust peu, les capitaines que nous tenons prisonniers. Nous vous prions de nous faire sçavoir deux jours auparavant que (vos trouppes) arrivent, affin que nous pourvoyons aux étapes et munitions necessaires. Cependant nous vous baisons tres humblement les mains, etc. » S.

1593. — *Octobre* 2. Lettre de M. *de Chevrieres* au Consulat :

« Messieurs, je vous envoye la responce que m'a faict M. *le Coronel* par où vous verrez la diligence qu'il met pour nostre secours, et comme il se plaint du retardement que l'on a faict pour l'accepter. J'avois prié *Andanse* (2), suivant ce qu'il m'avoit mandé, de lui preparer un port asseuré,..... et maintenant il veut prendre son chemin par vostre ville, chose qui nous rapporteroit une grande longueur ; car il s'y perdroit cinq jours avant qu'il puisse estre à l'ennemy, et joinct avec moy, oultre le grand desgat que vous recevrez en voz vendanges, et m'osteroit moyen d'executer les desseings et en-

---

(1) Voyez au 2 *mars* 1589, la note au bas de la page.

(2) *Andanse* ou *Andance*, petite ville du Vivarais (*Ardèche*), au confluent du Rhône et de la Drôme.

treprinses que j'ay pour la ruyne entiere des ennemys. Par quoy, messieurs, je vous supplie de luy faire ung despesche, et l'incitez à passer par *Andanse*, et nous serions joincts ensemble le mesme jour, et le lendemain nous verrons les ennemyz, lesquelz seront contrainctz de combattre ou de fuir devant nous et nous quitter la campagne. S'ilz combattent, j'ay esperance d'en avoir la victoire. S'ilz s'enferment à *Vyenne*, je prendray *Coindrieu* et *Givors* à leur barbe ; et puis nous irons à vous pour veoir ce qui sera le plus necessaire de faire, ou d'aller du costé de *Thoissey*, ou secourir *Montbrison*. Je vous supplie de vouloir considerer qu'il n'y a rien tant necessaire pour nous mettre tous en repoz que d'user de diligence et ne perdre temps, comme vous ferez, si ne rompez le cou à l'offre que vous avez faicte au Coronel de passer dans vostre ville ; et mesme qu'il nous donne assez de longueur sans en mettre davange. Je vous prie le haster par vostre despesche que m'envoyerez ponr luy faire tenir. De ma part, je l'en solliciteray diligemment. Cependant tenez nous prets deux collevrines et vng canon et munitions pour tirer 400 coups, affin de les souster quand il sera besoing ; et me despeschez le syndique du pays pour mettre ordre aux vivres que nous ferons cependant, en attendant la venue du sieur Colonel. Je vous prie encore ung bon coup de considerer tout ce que dessus, et le prendre de bonne part ; car je veux exposer ma vie et (celle) de tous mes amys pour faire paroistre l'affection que je porte pour le bien de ceste cause et le particullier de vostre ville ; priant Dieu vous donner, etc. MYOLANS. *De S. Chamond*, le 2 octobre 1593.

« P. S. Messieurs, asseurez-vous que pour avoir raison de noz ennemyz, il me coustera la vie. Ils ont faict leurs tours, mais le nostre sera aux despens de leurs testes. Je despesche encores presentement pour avancer le *Coronel* et pour le haster. Les trouppes de M. *de S. Sorlin* sont logées à *Ste-Colombe*, la plus part. Ceulx de *Vienne* ne les veulent laisser entrer. Croyez, Messieurs, que vous verrez beau jeu, et bien tost. Faictes donc ce despesche au *Coronel* affin qu'il passe à *Andanse* et non à *Lyon*, et qu'il se joigne à moy. » S. —Voyez dans le *Censeur* (journal de Lyon) du 1ᵉʳ juillet 1841, un extrait de prétendus mémoires inédits de *Gaspard de Chevrieres*, archidiacre de St-Jean, à Lyon, qui attribue à *Jacques Mitte de Chevrieres*, son neveu, toute la gloire d'avoir fait rentrer la ville de Lyon sous l'obeissance du roi.

1593. — *Octobre 3.* « Fut crié à son de trompes par la ville de Lyon que personne n'eust à recognoistre le S. *de Nemours* et le marquis de S. *Sorlin*, son frere, par après, pour gouverneurs, pour avoir voulu par iceulx aliener ladite ville, et que, pour l'eslection dudit gouverneur, en seroit pourveu par le S. *du Mayne* (Mayenne), lieutenant general de l'Estat de France : et gouvernoit pour lors l'archevesque de Lyon. — Ledit jour arriva au faulxbourg de *Veize*, deux cents chevaulx du sieur *de Thianges*, pour le secours de la ville, qui ne voulurent point combattre contre le marquis *de S. Sorlin*. » ARCH. DU RH. XII, 160.

1593. — *Octobre 3.* Le marquis *de S. Sorlin* au Consulat :

« Messieurs, sur ce que M. *d'Estrappes* m'a proposé de vostre part, je l'ay prié de vous faire entendre ce qui est de mon intention. Je vous supplie de le croyre, et d'avoir la mesme creance à ce qu'il vous dira que si moy mesme je vous donnois ceste assurance ; et, m'en remettant à sa suffisance, je supplieray Nostre Seigneur, messieurs, vous tenir en sa saincte garde. A *Brignais*, ce troisiesme *octobre* 1593. Vostre plus affectionné et meilleur amy. HENRY DE SAVOYE. » S.

1591. — *Octobre 4.* Le Consulat à M. le prince *de Mayenne*, fils du duc:

« Monseigneur, voyant les preparatifs que ceux qui estoient destinez pour forcer nostre ville font pour nous assaillir, nous vous avons cy-devant, par deux diverses foys, supplié de ne nous abandonner point, et ne permettre que la necessité nous contraigne de chercher protection ailleurs ; mais maintenant la cruaulté de laquelle usent ceux qui sont avec Mgr le marquis *de Saint-Sorlin*, nous faict encore recourir à vous, estant les inhumanitez telles qu'elles seroient odieuses à tous les plus barbares hommes du monde ; car, pour ne parler point du pillage et du sang, *la violence a passé le terme que l'on ne pardonne ny à aage ny à sexe.* Il s'est trouvé une si grande quantité de femmes honteusement forcées et violées, que l'horreur que nous avons du faict, nous garde de vous en dire davantage. Ceste extremité nous faict de nouveau recourir à vous, et vous representer que nous ne nous sommes armez que pour nous garder d'une domination violente et servile, de laquelle on nous menaçoit, et pour vivre et mourir au party de l'Unyon des catholiques, et de n'estre distraicts de l'estat et couronne de France , et par consequent de l'obeissance de Mgr *vostre pere*, de laquelle Mgr *de Nemours* nous vouloit separer, comme de longtemps il s'en estoit distrait. Cela vous doibt inciter à ne nous abandonner point, et tant d'*ames innocentes* qui sont en la campagne exposées à la cruaulté de noz ennemys ; ce dont nous vous supplions très humblement ; vous protestant neantmoings que où nous serions decheuz de la protection que nous attendons de Mgr vostre pere et de vous, et que nons soyions contraincts de recourir ailleurs, que ce ne sera point nostre faulte, mais une pure necessité. Secourez doncq, Mgr, les bons catholiques de l'Unyon, les fidelles subjects de la couronne, très hnmbles serviteurs de Mgr vostre pere et de vous ; et, en ce faisant, attendez de nous une constance ferme au party des catholiques pour la conservation de la religion apostolique et romaine. etc. De Lyon, ce 4 de octobre 1593. » S.

1593. — *Octobre 5.* Le capitaine *la Verdiere*, chargé de la garde du *chasteau de Sainct-Cyr*, avoit demandé au Consulat un passeport pour quitter ce lieu, et s'offroit avec ses compagnons pour le service du duc *de Mayenne* et du Consulat. Celui-ci le félicite de la résolution qu'il a prise de servir le duc *de Mayenne*, et l'incite à remettre le *chasteau de Sainct-Cyr* ès mains du capitaine *Laforge.* S.

1593. — *Octobre 5.* Le Consulat écrivoit à M. *de la Castelliere* pour le remercier des bons offices qu'il avoit rendus à ceux des habitans de *Lyon* qui avoient des biens à *Millery*, pour la conservation de leurs fruits ; il le prie de les continuer, et, à cet effet, de se fixer à *Millery.* S.

1593. — *Octobre...* (*circa*) L'ordonnance qu'on va lire et dont l'original existe dans les archives de la ville, ne porte ni titre ni date, mais tout donne à croire qu'elle a été rendue par le gouverneur de Lyon , et qu'elle est bien de la fin du 16ᵉ siècle, du temps des guerres civiles qui désolaient nos contrées :

« Sur les remontrances qui nous ont été faictes de la part des sieurs Consulz eschevins de ceste ville, que, depuis quelques jours, certains *bandoliers* de ladite ville se sont assemblez et tiennent les champs , bien montez et armez, et la pluspart masquez et desguysez, pour prendre quelques notables habitans de la ville qui, *en ce temps de vendanges*, vont en leurs métairies, lesquels estans prins, ils meynent prisonniers en certains lieux où ils ont leur retraite, et là composent avec lesdits prisonniers à grandes et excessives rançons. Nous desirans pourvoir à telz abbus et à la seureté des bons habitans de cette ville qui pour leurs affaires particulières pourront aller aux champs, avons enjoint et enjoignons à tous les cosses, manans et habitans de ce gouvernement de Lyonnois et Beaujolois de s'assembler et courre sur tels personnaiges qu'ilz verront tenir les champs armez en plus grand nombre que de roys, ou comme que ce soit desguisez, et de se saysir de leurs personnes et les conduire et amener prisonniers en ceste ville, avec promesse de la somme de cinq cens escuz, qui sera baillée en pur don par lesdictz Consuls eschevins à ceulx qui se seront saisys desdictz bandoliers entre lesquels sont comprins les dessoubz nommez : *Raverye l'aisné, Lagoulte, Lespine, Lavaure, Marthelanches, La Bussière, Fontaine-Rousse, Durand.* » Nouv. Arch. du Rhone, t. 1, p. 51.

1593. — *Octobre* 7. *Jacques Barsot, libraire,* expose au Consulat que le 29 *septembre,* il avoit été envoyé en *Bourgogne* par les échevins, à Mgr le prince *de Mayenne* pour le supplier de hâter l'envoi de ses forces au secours de la ville de Lyon ; qu'au retour de ce voyage, il fut pris par l'ennemi, et emmené prisonnier au village de *Brignais* où il a été cruellement traité, ayant pour prison, tantôt un coffre, tantôt un tonneau, d'où il n'a pu sortir que moyennant 15 écus de rançon, outre son épée et son manteau qui lui furent ostez ; pour le payement de laquelle somme, sa femme a été contrainte de vendre jusqu'à son lit. Les sieurs échevins suffisamment informés, lui accordent 25 écus pour tout dédommagement. S.

1593. — *Octobre* 8 ou 10. Lettre de M. *de Chanvallon* au Consulat :

« Messieurs, *Monsieur* me despescha vendredy vers vous où je me souhaite avecq aultant de volonté de vous faire service, que j'en ay de commandement et d'impatience d'y arriver. J'escris à Mgr *de Lyon,* comme icy l'on m'a conseillé d'envoyer querir ung passeport. Je l'ay faict, et ne perdray une heure de temps que je puisse employer à vous aller trouver, m'estant le sejour fort fascheux et à celuy qui m'envoye qui vous cherit et vous ayme comme sa vie. Je vous en diray davantage bientost, et non sitost que je le desire : cependant, Messieurs, je demeure vostre plus humble à vous faire service (sans lieu ni date). Chanvallon ».

Nota. M. *de Chanvallon,* envoyé par M. *de Mayenne,* vint à Lyon avec une escorte de 12 chevaux et 6 hommes de pied. Le Consulat paya 94 écus à l'hôte du logis du *Lion d'or,* en la paroisse *S. Paul,* pour la depense qu'ils y fierut pendant 12 jours. Il fit présent à M. *de Chanvallon* d'un cheval qui fut achelé de Madame *de Bryon,* au prix de 400 écus, pour se reconnoître de ses peines et services. A son départ de Lyon, on le fit escorter jusqu'à Châlons-sur-Saône avec onze chevaux. S.

1593. — *Octobre* 11. « Fut faict treve entre la ville de Lyon et le marquis *de S. Sorlin* et *de Nemours,* et s'en allarent les trouppes en *Foretz.* » *Arch. du Rh.,* XII, 167.

1593. — *Octobre* 13. Le Consulat au duc *de Mayenne :*

« Monseigneur, nous avons donné advis à V. E. par deux messagiers, et mesmes par l'ung de noz principaulx concitoyens des mouvemens de ceste ville, qui ne sont provenuz d'ailleurs que du desir d'estre et demeurer pour tousjours au party de la Saincte Unyon et de l'Estat et couronne de France, soubz vostre obeissance, dont, oultre les advis que nous avons eu de divers endroictz, il nous est apparu, par une infinité d'indices, que Mgr *de Nemours* nous vouloit distraire, comme il l'eust effectué si nous ne l'eussions prevenu : qui l'a tellement animé contre la ville et tout le plat pays, qu'il y a fait exercer des inhumanitez plus que barbares, soubz la conduicte de Mgr *le Marquis,* son frere : ce qui a mis nostre peuple en ung tel desespoir que peu s'en est fallu qu'il ne se soit jetté sur les chefs et principaulx capitaines que S. E. avoit à sa suitte, que nous tenons soubz bonne et seure garde ; mais l'arrivée bien à propoz de **M. *de Chanvallon*** a apporté quelque peu de refrigeration à la vehemence de l'ardeur des interessez, pour s'estre ledict Seigneur incontinent employé à parachever une *suspension d'armes*, de laquelle on avoit recherché S. E., jusques à ce que par vous, Mgr, estant icy, il eust esté pourveu par vostre prudence auxdits mouvemens ; laquelle suspension a esté obtenue avecq une tres grande difficulté, et soubz protestation faicte par S. E. qu'*estant mise en liberté, elle courra la fortune du roy de Navarre*, pour avoir sa raison de ceste ville qui demourera tousjours en la resolution qn'elle a prinse de ne le recognoistre jamais plus pour gouverneur ni Mgr *le Marquis*; lesquelz en vostre consideration ont esté cy-devant respectez, honorez et obeys de nous aultant et plus que s'ilz eussent este noz souverains seigneurs. Cela. Mgr, nous a meuz de renvoyer vers V. E. le sieur *Prudent*, pour vous supplier tres humblement d'avoir pitié de ceulx qui se jettent entre voz bras, aux fins que, les prenans en vostre protection, il vous plaise de vous acheminer promptement par de là, aultrement nous prevoyons que toutes choses iront en confusion pour le peu d'asseurance que nous avons en la foy promise par deux princes qui ne *couvent* ou respirent la vengeance que par feu et sang ; ce qui nous a meuz *malgré nous*, d'appeler à nostre secours, oultre celuy que nous a amené M. le vicomte *de Tavannes*, le colonel *Alphonse* et ses forces, en consequence du 15e article de la tresve generale, *non que pour ce nous ayons aulcune intelligence avec luy, ny moings de volonté de suyvre le party qu'il a tenu, ce qui n'adviendra jamais*; ains pour nous defendre de la violence qui, sans juste occasion, estoit exercée sur nous. Pour faire cesser laquelle, ledict sieur *de Chanvallon* avec le sieur baron *de La Pierre*, qui avoit esté envoyé icy par S. A. *de Savoye* sont allez trouver à *Vyenne* Mgr *le Marquis*, d'où estant de retour ledict sieur *de Chanvallon* a proposé de retourner en diligence à V. E., et y conduyre le sieur *d'Albigny*, l'ung des principaulx conseillers de mondict sieur *de Nemours*, qui l'a deputé pour vous faire entendre exprès ses doleances, auquel nous vous supplions très humblement de n'adjouter aulcune foy et de ne permettre qu'il puisse s'emboucher avec le *roy de Navarre*, vers lequel le sieur *de Montbellet*, frere du sieur *de Maugiron*, a esté envoyé par leurs excellences, ce qui peult avoir provoqué les forces que l'on dict que le baron *de Biron* conduict en *Dombes*, lesquelles se joignant avec celles de Mgr *de Nemours*, entretenues par la suspension d'armes, nous pourroient attaquer nonobstant ladite tresve generale ; qui faict que nous vous supplions de rechef, Mgr, de haster vostre venue par deçà, et y amener quelque docte conseiller de la cour, bien zelé au party de la Saincte Unyon, pour surintendant de la justice, dont nous avons bon besoing, et encores plus de vostre presence ; attendant laquelle nous prions Dieu, etc. De Lyon, ce 13 de *octobre* 1593. » S.

1593. — *Octobre* 14. Publication des *Articles de la suspension d'armes*, pour la ville de Lyon, pays de Lyonnois, Forests et Beaujolois, moyennez par M. le baron de *la Pierre*, envoyé de la part de Mgr le duc de *Savoye*, et Messieurs les viscomtes *de Tavannes* et *de Chanvallon*, envoyez de la part de Mgr le duc *de Mayenne*, lieutenant general de l'Estat et Couronne de France, et de Mgr le Prince son fils : accordez par Mgr le marquis *de S. Sorlin*, et approuvez par Mgr le duc *de Nemours* et *de Genevoys*, et Messieurs du Conseil estably en la ville de Lyon pour le gouvernement de ladicte ville et desdicts pays de *Lyonnois, Forests* et *Beaujolois*, sous l'auctorité et obeyssance de mondict seigneur duc *de Mayenne*. — Ces *Articles* signés par *Henry de Savoye* (marquis *de S. Sorlin*), sont datés de Vienne le 13 *octobre* 1593. Ils furent approuvés le même jour pour le duc de *Nemours*, par *Pierre d'Epinac* (au nom du Conseil établi à Lyon), et enfin par les échevins de Lyon ; ils ont été imprimés par *Jacques Roussin*, in 8° de 12 pages (B. de Lyon, t. 72 du n° 25201).

Voici les principaux articles de cette convention :

« La decision de tous les differens survenus à cause des mouvemens passez est remise au jugement de Mgr *de Mayenne*..... Tous actes d'hostilité cesseront de part et d'autre, et il y aura suspension d'armes pendant deux mois ... Tous les gentilshommes et capitaines de la suytte de Mgr *de Nemours* qui sont detenus à raison desdits mouvemens seront mis en liberté, après toutesfois qu'ils auront fait promesse de ne porter directement et indirectement les armes contre la ville de Lyon et province de ce gouvernement. De ce nombre sont exceptez ceux qui servent à la justification de ce qui a esté faict en ladicte ville de Lyon ; à sçavoir les sieurs marquis *de Fortunat*, *de Bonmercat*, *La Bretonniero*, *Donat* et *Figarelli*, lesquels demeureront prisonniers en chambres claires ,..... neantmoins ledict Marquis *de Fortunat*, en consideration de sadicte qualité, pourra demeurer prisonnier en maison bourgeoise. Les *Suisses* qui sont à *Vienne* seront renvoyez à *Lyon* avec leurs armes et bagaiges... La tresve generalle faicte entre Mgr le duc *de Mayenne* et le *Roy de Navarre* sera observée d'une part et d'autre. »

1593. — *Octobre* 14. Le Consulat au pape *Clément VIII* :

« Très Sainct Pere, par nos precedentes, nous avons donné advis au vray à V. S. de l'occasion des nouveaulx troubles advenus en ceste ville, mais parce que l'on luy aura peu figurer la cause aultre qu'elle n'est, et que, pour en donner quelque creance, l'on se sera artificiellement aydé du secours que nous avons accepté du colonel *Alphonse*, nous exposerons sommairement et au vray à V. S. ce qui est, et la supplierons tres humblement de croyre que nous n'avons prins les armes que pour empescher que la trop grande ambition de Mgr *de Nemours*, jadis nostre gouverneur, ne nous separast du party de la Saincte Union des Catholiques de ce royaulme et de l'estat et couronne royale d'iceluy, comme il avoit projetté de faire, et qu'il eust executé si nous ne l'eussions prevenu ; depuis laquelle prevention, M. le *Marquis* son frere, conduisant les trouppes qu'il avoit assemblées pour se saisir de ceste ville, a commis et exercé ez environs d'icelle des actes si inhumains et barbares, accompagnez de tant de cruaultez et *violemens de filles de neuf à dix ans*, que nous avons esté contraincts d'accepter le secours que ledict *colonel* nous avoit offert, pour empescher que les brutaulx desportemens ne passassent plus oultre. Mais, comme nous estions sur le point de nous ayder dudict *Colonel* et de ses forces, sont de bonheur arrivez en ceste ville deux ambassadeurs, l'ung de la part de *S. A. de Savoye*, et l'aultre de Mgr *de Mayenne*, pour disposer leurs Exc. à une suspension d'armes, jusques à ce que Mgr *de Mayenne* eust ordonné sur noz differends ; laquelle suspension a esté ordonnée avec grande difficulté, et soubz protestation que Mgr *de Nemours* a faicte que estant mis en liberté, il courra la fortune *du roy de Navarre*, vers lequel il a despesché exprès ung gentilhomme. En quoy, V. S., par sa prudence, pourra remarquer l'estat miserable auquel nous sommes reduicts par celuy que nous avions recherché sur tous les aultres seigneurs pour nous commander, et auquel nous avons porté aultant d'honneur et obeyssance que à noz roys et princes souverains, ce qui le peult avoir meu de voler plus hault, se saisissant de nous et de nostre ancienne liberté ; ce que nous supplions très humblement V. S. de mettre en consideration, et de croyre que nous exposerons et noz vies et noz biens pour nous conserver au party de l'Unyon, et obeyr aux commandemens de V. S. et du S. siege apostolique dont nous sommes et demeurerons toutes noz vies, Très Sainct Pere, tres humbles, très obeyssans et très devots serviteurs et orateurs, les Consuls et eschevins de la ville de Lyon. De Lyon, ce 14 de octobre 1593 ».

Le Consulat ecrivit le *même* jour, au commandeur de *Dijon*, pour le prevenir qu'ayant été contraint d'accepter le secours du colonel Alphonse, il avoit cru devoir en informer S. S., afin que ses adversaires ne pussent se servir ce cette occasion pour desservir la ville de Lyon auprès d'elle. Il le prie de présenter ses lettres au Pape, et de l'assurer que jamais il ne se départira du parti de la Sainte Union. Cette ville lui auroit une grande obligation s'il pouvoit obtenir un bref de S. S. pour commander à Mgr *de Nemours* et à M. *le Marquis* son frere, de poser les armes et ne ravager plus cette province.

Vers les premiers jours de *novembre*, le Consulat repondit à M. *de Dijon* sur la demande qu'il avoit faite de l'avance d'une somme pour l'aider à continuer son état en cour de Rome, qu'il le prioit de croire que la ville de Lyon n'avoit été, depuis plus de 5oo ans, en une plus grande nécessité et detresse; que la longueur des troubles, les levées extraordinaires de deniers qu'avoit fait M. *de Nemours, les dépenses journalieres de la ville montant à* 12,000 *escus par mois*, le mettoient dans la malheureuse impossibilité de lui rendre ce service. Il le prie de vouloir bien cependant continuer ses services pour cette ville, et de présenter ses lettres au Pape. S.

1593. — *Octobre* 16. M. *de Serracin*, par une lettre datée de *Paris*, rappelle au Consulat qu'il lui a déja écrit deux fois. Il demande ce qui est survenu à *Lyon* depuis son depart, et si les trouppes de M. *le Marquis* sont toujours autour de la ville, et continuent à faire des ravages et des actes d'hostilité; puis il ajoute que le duc *de Mayenne* luy a juré et promis « que si ledit sieur *Marquis* ne veut obeyr à ce qu'il luy a mandé par le sieur baron *de Luz*, que, toutes affaires postposées, il s'acheminera par deçà pour s'opposer à ses desseings ; estant très desplaisant entendre que nostre ville souffre et patisse, laquelle il ayme sur toutes les villes de France, et ne cessera qu'il ne l'ayt mise en repoz... » On lit encore dans cette lettre : « Madame *de Nemours* m'a mandé quérir ce jourd'hui, laquelle est fort faschée et desplaisante des affaires survenuz en nostre ville, et n'en accuse que cest homme de bien *du Girard*. Elle est resoulue de partir mardy prochain de ceste ville pour s'acheminer à *Vienne*, pour paciffier noz miserablez troubles, s'asseurant que Mesgrs *de Nemours* et *Marquis*, ses enfans luy obeyront en tout et partout.... »

Le Consulat, en repondant au sieur *de Serracin*, lui expose les ravages exercés par M. *le Marquis*, ce qui lui avoit fait accepter le secours offert par le colonel *Alphonse*, qui avoit amené jusqu'aux portes de la ville 6oo cavaliers et 1ooo braves arquebusiers, lesquels estant joints avec 25o chevaux que le vicomte *de Taranes* avoit conduits à Lyon, eussent, comme on le voit, rendu bientôt le pays libre; mais que la venue de M. *de Chanvallon* et de M. *de la Pierre* avoit amené une suspension d'armes, jusqu'à ce que M. *de Mayenne* eût ordonné sur les differens. Le Consulat charge donc son deputé de solliciter Son Exc. de se rendre en ce pays où la paix ne peut se rétablir sans sa présence.

1593. — *Octobre* 17. M, *de Chevrières* ecrivoit au Consulat : « ... Les ennemis sont logez en toutes mes terres du coté de *Forez*, mesme en celle de *Chevrières*, où ils ont voulu forcer ma maison, d'où ils ont été repoussez.,.. » A. BERNARD, p. 331.

1593. — *Octobre* 20. Quelques notables bourgeois de la ville, ayant des enfans au college de messieurs les Pères *Jésuites*, remontrent au Consulat que, contre la coutume de tout temps observée audit collége, même depuis l'établissement des PP. *Jesuites*, les docteurs régens *veulent lire à leurs* écoliers *la grammaire d'*ALVAREZ (1), *au lieu de celle de* DESPAUTERE, ce qui seroit pervertir l'ancien ordre de doctrine ; le Consulat ordonne que lesdits sieurs régens seront priés de ne pas changer ledit ancien ordre, etc. S.

1593. — *Octobre* 20. « La réponse que le Consulat fit à la lettre d'*Henri IV* du 28 *septembre*, fut adressée à M. *de la Fin* le 20 octobre seulement. Il paraît que l'on mit quelque temps à convenir de la manière dont elle seroit redigée. Cette reponse même n'a pas été insérée dans le registre des lettres du Consulat avec les autres. Heureusement elle s'est trouvée en copie avec ces mots sur le dos : *Reponse au S. de la Fin sur la lettre du R. de N. du* 20 *octobre* 1593 : *a été signée en cette forme :*

« Monsieur *de la Fin* fera, s'il lui plaist, entendre à S. M. que cette ville de Lyon se sent grandemeut obligée pour les offres qu'il nous a apporté, tant par la lettre qu'il nous a rendue, que parce qu'il nous a fait entendre de bouche de sa part, et aussi qu'elle trouvera en nous une tres humble et tres obeissante affection de luy rendre service pour tesmoignage de cette obligation (2). Il luy donnera aussi asseurance de nostre part que le mouvement qui est advenu en ceste ville, n'a point esté pour nous remettre en la puissance des estrangiers, ny leur donner par iceluy aucun advantage ; mais plustost pour nous garder d'une violence par la quelle on nous vouloit asservir à une domination particuliere, et nous separer de l'estat et couronne de France, à laquelle nous voulons et desirons estre inseparablement joincts. Et de cette nostre volonté, nous avons donné ung notable tesmoignage, non seulement par le serment que nous avons faict depuis ce trouble, et voulons inviolablement observer, par lequel il est porté que, tout ainsi que nous voulons demeurer fermes et constans au party general de l'Union des catholiques, aussi voulons nous demeurer inseparablement unys à l'estat et couronne de France ; sans consentir d'en estre distraictz ; mais encores, en ce que nous ayant M. le colonel *Alphonse* offert assistance contre les violences dont l'on usoit contre nous, nous avons accepté son secours, comme pensans que nostre cause fust commune à tous les François de quelque party qu'ils soyent, lesquels doibvent craindre, eviter et empescher de leurs pouvoirs la dissipation de cest estat. Et certainement les secours qui nous sont offerts par ledit sieur colonel *Alphonse*, et qu'il nous a amené fort près de nous, a esté une des choses qui a, autant que aulcune autre, arresté la violence de nos ennemys et advancé la tranquillité que nous attendons en ce pays, dont cette ville a une très grande obligation à S. M. et audit sieur Colonel pour la diligence dont il a usé. — Remontrera aussy et asseurera à Sadite Majesté que, en toute cette action, nous avons monstré que nous n'avons jamais pensé donner aucun advantage aux estrangiers, lesquels nous tiendront pour ennemys quand ils cognoistront qu'ils nous voudront separer de la couronne de France, soubs laquelle nous

---

(1) Cette grammaire, préférable à celle de Despautère, fut publiée pour la première fois à Lisbonne, en 1572, sous ce titre : *de Institutione grammatica libri tres.* Elle fut adoptée dans presque tous les collèges des Jésuites, et probablement dans celui de Lyon, à la rentrée des classes de l'année 1593, malgré l'opposition des notables bourgeois de cette ville ; car elle fut imprimée l'année suivante à Lyon, par *Hugues de la Porte*, avec un privilège donné aux frères *de Gabiano*, par le P. *Bernardin Custor*, le 8 janvier 1593. *Pillehotte* en donna une nouvelle édition, en 1598.

(2) Ici se trouvent deux lignes qui ont été effacées, et cette note à la marge : « Il faut oster « ce qui est en la rature comme ayant esté remis plus bas. » Voici ces deux lignes : *En tout ce qui ne sera contre le party general de la Sainte Union des catholiques, de laquelle nous ne voulons ny ne pourons nous despartir.* Note de M. S.

nous maintiendrons tousjours de tout nostre pouvoir ; attendant qu'il ayt pleu à Dieu nous donner, par une bonne reunion, la tranquillité et le repoz dont le royaume a besoing. — Fait et arresté en l'hostel commun de ladite ville, y estant les sieurs consuls eschevins et ung bon nombre de principaulx bourgeois et habitans d'icelle, ce 20e jour *d'octobre* 1593. Signé DUTRONCY. » S.

1593. — *Octobre* 21. Le Consulat au colonel *Alphonse* :

« Messieurs, nous continuerons à vous remercier bien humblement des effects de vostre affection et bonne volonté envers ceste ville, laquelle, non plus que nous en nostre particulier, n'en sera jamais ingratte, où les occasions se presenteront de vous faire service. Nous vous envoyons copie de la reponse que nous avons faicte (hier) par forme d'instruction et memoyre à la lettre que M. *de la Fin* nous a apportée de la part de la Majesté du Roy son maistre ; laquelle en noz consciences nous ne pouvions faire autrement, tenants le party que nous avons promis et juré de la Saincte Union, laquelle response, vous cognoissant, comme nous faisons, seigneur de bon et solide jugement, nous croyons vous sera plus agreable que le faux rapport qui peult vous avoir esté faict par l'ung de voz soldatz à qui le baron *de Vaulx* feit cacher l'*escharpe blanche* qu'il portoit, dont nous estant enquis au vray, nous avons trouvé le faict estre ; que passant ledit soldat par les rues, sans manteau, avec ladite escharpe, laquelle scandalisoit le peuple, le sieur baron *de Vaulx* luy demanda, qui il estoit ? à quoy il respondit qu'il vous appartenoit. Sur ce, le sieur *de Vaulx* luy repliqua que tous ceulx qui sont à vous seront tousjours lez très-bien venuz en ladicte ville ; mais qu'il le prioit de ne mettre en evidence ceste escharpe, laquelle n'apportoit que scandale au peuple ; mais, aprez, blasphemant Dieu, respondit qu'il n'estoit point *trahistre*, A laquelle responce le sieur *de Vaulx* demanda que c'est qu'il vouloit entendre par cela? Le soldat lui repliqua qu'il n'estoit *trahistre à son Roy*. Ce que le sieur *de Vaulx* prit pour injure, et, sur ce, alla prendre son espée, et retourna audit soldat, le pria de cacher ladite escharpe, ce qu'il feit à l'exhortation de quelques siens compaignons qui s'y trouvèrent. Voilà au vray le faict que ledit sieur *de Vaulx* a faict entendre à ce porteur vostre secretaire, qui faict que nous vous prions de ne le prendre qu'en bonne part. Vous baisant sur ce très humblement les mains, priant Dieu, etc. S.

1593. — *Octobre* 22. Le Consulat délivre à Mgr *d'Epinac* un mandement pour être payé du receveur general des finances à Lyon de 6000 écus pour son traitement de *garde des sceaux de France* pendant l'année 1592, à raison de 500 écus par mois. *Arch. du Rh.*, IX, 214. Voyez ci-dessus, *novembre* 1591.

1593. — *Octobre* 24. M. *de Serracin* écrit, de *Paris*, au Consulat :

« ...... Je suis, matin, après disner et soir, à solliciter Mgr *de Mayenne* d'accelerer son voyage *à Lyon*, et je n'y oublie rien. Mesdames les duchesses *de Mayenne* et *de Montpensier* favorisent ma négociation, et pressent fort mon dit Sgr d'aller veoir nostre ville. Madite dame *de Montpensier* a espousé nostre party envers tous ; elle est resolue de faire le voyage avec mondit Sgr, et veoir ses terres de *Dombes* et *Beaujolois*, et remercier Mgr *de Nemours* si elle luy parle, du bon mesnage qu'il a faict en icelles..... J'ay esté fort ayse entendre qu'avez suspension d'armes. Prenez garde, s'il vous plaist, que, pendant icelle, l'on ne machine en nostre ville quelque conspiration........ Il fault dormir les yeux ouverts comme le lievre. Messieurs de ceste

ville (les echevins de Paris) vous louent de vous estre secouez du joug de tyrannie,...... et toutes les foys qu'ilz me voyent, ilz me recommandent de
vous escrire que preniez garde que l'oiseau ne sorte de la cage, affin qu'il ne
mange voz semailles.......»

1593. — *Octobre* 27. Le Consulat à madame *de Nemours* :

« Madame, nous prenons Dieu à tesmoing du regret que nous aurions de
vous donner nouvelle fascherie par une iterative recharge des advis que, par
deux despesches, nous avons donnez à V. E. des occasions qui ont contrainct
ceste ville de prendre les armes pour rompre ou empescher les desseings que
Mgr *de Nemours* avoit projettez sur elle : toutesfoys nous vous dirons librement avec supportation (1) que, depuis ces mouvemens, Mgr le marquis *de
St-Sorlin* a permis tant de ravages et violences exercez sur noz concitoyens
trouvez hors la ville et sur le plat pays, que l'inimitié que l'on avoit conceue contre Leurs Excellences est tellement accreue, que nous ne voyons aucun moyen de l'adoulcir que par la seule presence de Mgr *de Mayenne*. Et
parce que nostre peuple ayant pressenty vostre venue par deça, commence à
s'en remuer pour la mauvaise opinion qu'il en a prinse, et qu'il est à craindre
que V. E. s'approchant de ce gouvernement, l'on ne retournast à nouveaux
troubles qui pourroient enfanter chose desagreable à V. E. et à nous aussi ;
pour le desir que nous avons de jouir de quelque repoz, nous avons despesché
exprès ce porteur, nostre concitoyen, vers V. E. pour la supplier très humblement de ne passer plus oultre jusqu'à ce qu'il ait pleu à Mgr *de Mayenne*
de nous honorer de sa personne, et qu'il ait mis ordre à noz differends.....
cependant, s'il plaist à V. E. d'envoyer icy le seigneur *de Neuschelles*, pour
nous faire entendre de bouche vostre volonté, il y sera le très bien venu,
comme, pour nostre particulier, seroit V. E. si nous pouvions tant gaigner
sur le peuple que vostre venue ne luy apportast point d'ombrage. Qui faict
que nous vous supplions tres humblement, Madame, de ne laisser pour cela
de nous tenir pour voz très humbles, etc. S. Voyez au 28 *septembre*.

1593. *Octobre* 31. Le colonel *Pfeffer* écrit au Consulat :

« Messieurs,.... j'espere que si Mgr *du Mayne* (*Mayenne*) vient à Lyon, il
ne manquera pas, comme ung prince bien sage et prudent qu'il est, à y remettre voz affaires en bon repoz ; et quant à ce qui touche messeigneurs et
superieurs en vostre endroict,..... je vous prie de croyre qu'ilz ne vous de-
laisseront jamais ny vostre ville aussy, et mesmement vous pouvez faire estat de mon particulier qui ne manquera jamais à vous faire fidelz services,
comme j'espere l'avoir faict jusques en ça, et ce pour vous et pour vostre
ville, et pour tous les vrays catholiques de la France. Je n'ay doubte aussy
que vous n'ayez encore en bonne memoire, comme, avant quelques ans passez, *l'Espernon* est arrivé en vostre ville de Lyon avec un bon nombre de chevaux, et, comme à l'entour de là, il avoit une bonne part d'infanterie soubz
l'umbre de les vouloir conduyre en *Daulphiné*, mais, après que je suis esté adverty d'ung de mes bons amys que ce n'estoit qu'une finesse, et que ledit
Espernon estoit deliberé de prendre la *citadelle de Lyon* (2), je n'ay failly le
faire scavoir à feu Mgr *de Mandelot*, et ce par jour et par nuict ; de maniere
que ledit Sgr *de Mandelot* m'en a tant remercyé et promis de ne l'oblier du
temps de sa vie, et m'en a escript que si je ne l'eusse sitost adverty, qu'il
fust esté surpris. — En après, messieurs, il y a beaucoup de gens d'honneur qui m'ont faict entendre que mon filz s'est très bien comporté en ce

(1) Les Anglais ont conservé ce mot qu'ils traduisent en latin par *sustentatio*.
(2) Voyez ci-dessus au 2 *mai* 1586.

remuement de vostre ville, et ce pour vostre service ; car il scait bien qu'il ne doibt servir à personne qu'à vous aultres, messieurs de la ville, et que pour cela il a gagné M. *de Nemours* pour ennemy, tellement que vous avez bonne occasion de vous fier en luy..... (Le colonel continue à parler de son fils ; il desire savoir si son service est agreable ou non au Consulat, afin, dans ce dernier cas, de le rappeler avec son *enseigne*. C'est par affection pour cette ville qu'il l'y avoit envoyé).... Il me semble estre necessaire pour le bien de vostre ville de donner aultre ordre à voz affaires touchant les soldatz de ce pays cy qui sont maintenant à vostre service, voyre d'en licentier une enseigne de *Lucerne* et une aultre de *Frybourg*, et prendre en leur place deux aultres, assavoir l'une des deux Cantons de *Ury* et *Schwitz*, l'aultre des Cantons de *Undervalden* et *Zug* ; et ainsi vous auriez de tous les six Cantons catholiques des soldatz, et, de chacun, un capitaine, et n'eussiez aussi pas davantage que vos quatre enseignes, comme auparavant..... Vous auriez aussi de tous lesdits six Cantons en tous voz besoings et necessitez certains secours, qui est la vraye fasson pour faire peur à voz ennemys, et ce pour vostre meilleur repoz et seureté : vous priant d'entendre cela de moy en bonne part, etc. De *Lucerne*, le dernier jour de octobre l'an 1593. Vostre tres humble et aultant affectionné serviteur et amy. LUDOVICUS PFYFFER. — Le Consulat lui répondit le 10 *nov.*, en renouvelant les tesmoignages du contentement qu'il a toujours eu du *Capitaine*, son fils, qu'il reconnoit pour sage, vertueux et très fidèle (1). Il remercie le *Colonel* des services qu'il a rendus a cette ville, et est reconnoissant des bons avis et des honnêtes offres contenues en sa lettre. Voyez ci-après au 9 *décembre.*

1593. — *Novembre 8.* Bref de S. S. aux échevins de la ville de Lyon (2).

« CLÉMENT P. P. VIII,

« Très chers et bien amez fils, salut et benediction apostolique. Ez grandes tempestes desquelles ce noble royaulme de France est dez longtemps agité, nous et tous les gens de bien avons esté principalement entretenuz et consolez selon Dieu de ceste seule esperance qui est appuyée comme ung ferme fondement, de la saincte et salutaire unyon des princes et villes catholiques dudit royaulme : car nous esperons en la bonté et toute puissance de Dieu, que, à la parfin, après une longue tourmente, la bonace et la tranquillité reviendra, et que la gloire de ceste couronne ressuscitera, si les princes et citez qui ne se sont pas moins pieusement que vertueusement vouez à la defense de la religion catholique et romaine, au salut du royaulme et de l'ancienne majesté des roys, demeurent pour toujours fermes en concorde et unys de volonté, et que, pour quelque occasion que ce soit, ils ne se laissent destorner de leur bon propos et resolution. Et pour ce, ne nous peult-il rien advenir de plus grief, ni plus à contrecueur, que d'entendre que l'unyon et concorde des catholiques tant necessaire en France, soit, pour chose legiere, diminuée ou corrompue. Par quoy il n'est point besoing de vous declairer plus amplement quelle tristesse nous avons de ces nouveaux mouvements de vostre ville, desquelz, par voz lettres du 14 octobre, vous nous avez donné advis ; car, par voz prudences, vous le pouvez aisement juger. Nous cognoissons les fi-

---

(1) Le 24 *décembre*, le Consulat renvoya le capitaine *Pfeffer*, qui était tombé malade, au colonel son père, en le priant de le renvoyer dès que sa santé se rétablira, ou, en sa place, le capitaine *Guillaume* pour commander son enseigne. S.

(2) On n'a pas trouvé le bref original, mais seulement la copie insérée aux registres des actes consulaires. S.

nesses et tromperies de Sathan, lequel s'efforce de separer et diviser les choses qui en J. C. sont ensemblement unyes et conjoinctes; car il n'est pas
ignorant que ses subtilitez ne soyent renversées par cette pie et invincible
unyon ; et au contraire que le royaulme divisé en soy tombera, comme il est
porté par l Evangile, en desolation et ruyne ; mais, par la grace de Dieu, nous
esperons meilleures choses; nous promettant de vostre modestie tout ce que
l'on doibt esperer de gens graves et prudents, lesquels ne doibvent rien avoir
de plus cher et exquis que la conservation de la religion catholique et le salut
public du royaulme et de la couronne royale, qui, comme nous avons dict, est
maintenue principalement en ce siècle, par l'unyon, concorde et bonne intelligence des princes et villes catholiques. Certainement, nous, pour le soing
pastoral que nous debvons avoir à toute l'eglise universelle de Dieu , sommes en grand soulcy tant de tout le royaulme en general, qui nous est tres
cher et recommandable, que de vous en particulier. Car d'ung amour et charité paternelle, nous embrassons vous et vostre ville pour beaucoup de considerations, mais principalement pour vostre grande affection à la religion
catholique, et pour l'honneur et reverence que vous avez tousjours portez à
ce sainct siege apostolique. Par quoy, louant en nostre Seigneur le debvoir et
affection que, par vozdictes lettres, vous dites avoir envers nous et ledict
Saint Siege, nous vous exhortons bien fort de bien considerer dequel poids
est cest affaire ? quels maux et quelles incommoditez peuvent venir de ceste
source, tant au public que au particulier ? de peur que, pensants eviter de
petits dangiers, vous ne tombiez (que Dieu ne veuille!) en plus grandes
ruynes, et, pensants secouer un joug, vous ne vous soubzmettiez à un aultre
plus grief et insupportable au peril de la religion. Le nœud et sommaire de
toutes choses est que l'ancienne vraye religion soit conservée, sans laquelle
ny la patrie, ny la liberté, ny la republique aussy ne se peult maintenir. Mais
tous les sages et prudents hommes entendent fort bien que les affaires de la
religion sont en grand dangier et peril, s'il n'y a une bonne concorde entre les
catholiques, laquelle, pour ce, doibt estre soigneusement retenue; car nous
ne doubtons point que, Dieu aydant, le differend d'entre nostre cher et bien
aimé filz le duc *de Nemours* et vous, ne se puisse par voz prudences et modes-
ties composer et accorder, parce que la vertu de ce prince nous persuade qu'il
preferera tousjours à toutes aultres choses le bien et le repoz public tant necessaire en ce temps, y intervenant la pieté et autorité de vostre venerable
archevesque, nostre frere, auquel nous avons soigneusement escript de tout
cest affaire, affin de le pacifier entierement, et qu'aprèz l'expiration de vos
tresves, la paix tant desirée et necessaire s'ensuyve. Dieu qui est le donneur
et amateur de toute consolation, charité et paix, rompra et arrachera, comme
nous esperons, toutes les semences de ces discordes, et renouvellera l'ancienne bienveillance et amytié entre vous; ce que nous prions ce mesme
pere de misericorde et auteur de tout bien d'envoyer bientost , et que vous
soyez tousjours semblables à vous-mesmes pour la propagation de la religion
et defense de la Saincte Unyon. Donné à Rome, au palais de St Pierre,
soubz le sceau du pescheur , le 8 de novembre 1593 ; de nostre Pontificat, l'an deuxiesme. Signé SYLVIUS ANTONIANUS. » S. Voyez ci-après au
25 de ce mois.

1593. — *Novembre* 20. Le Consulat écrit à M. *de Bresves*, ambassadeur de
France au *Levant*, que *Jean Boisset*, jeune homme de 18 à 19 ans, natif de
Lyon « cupide de voir le monde, comme en ce temps la jeunesse n'est gueres
« bien arrestée, » voulut voir les *Espagnes*, et de là, passer par mer en *Italie*;
que, dans le trajet, le vaisseau tomba au pouvoir d'*Hassan-Pacha*, de
sorte que *Boisset*, étant devenu son prisonnier, fut mis, comme esclave, à la

cadene. Le Consulat ne croit pas que le grand empereur des *Turcs* veuille approuver cette prise, attendu l'amitié et bonne intelligence que lui et ses agents ont tousjours eue avec la *France*. Il prie donc M. de Bresve, comme protecteur des sujets de ce royaume à *la Porte*, de s'employer pour la liberté du pauvre adolescent qui n'a aucun moyen de se racheter, soit par lui, soit par ses parents, etc. S. Voyez ci-dessus, *août*, 1592.

1593. — *Novembre* 25. Lettre du Consulat à *Clément VIII* :

« Très Sainct Pere, le bref dont il a pleu à V. S. de nous honorer nous sera tousjours plus cher et recommandable que aultre chose que nous ayons en nos archives et aurons vos sainctes exhortations contenues en iceluy pour ung commandement absolu que jusques à la mort nous executerons ; car nous ne nous despartirons jamais de la religion catholique et romaine, et de l'obeissance que nous debvons à V. S. et au Saint Siege, non plus que à l'estat royal et couronne de France, inseparable pour le regard de la religion catholique, apostolique et romaine. Que si bien nous avons secoué le joug de servitude auquel Mgr *de Nemours* nous vouloit soubzmettre, pour cela nous n'avons jamais pensé de nous distraire ny de l'ung ny de l'aultre, mais au contraire, ce que nous avons faict a esté pour nous y maintenir et conserver, comme V. S. le cognoistra tousjours par nos actions et desportemens. Les violences qui ont esté executées ès environs de ceste ville par les forces de Mgr *de Nemours*, conduites par M. le marquis, son frère, nous avoient, à la vérité, et à nostre très grand regret, contraints d'accepter le secours que nous avoit offert, au temps de la tresve generale, M. le colonel *Alphonse*, qui commande pour le *roy de Navarre* en *Dauphiné*, mais, pour cela, il n'est jamais entré en noz cueurs de recognoistre aultre roy ni souverain seigneur que celuy que V. S. aura approuvé, dont nous la supplions très humblement de s'asseurer et de croyre qu'il ne tiendra à nous que mondict Sgr *de Nemours* ne soit mis en pleine et entiere liberté, pourveu que nous soyons asseurez de la nostre, et exempts de la vengeance de laquelle il nous a tousjours menacez depuis les nouveaux mouvements, qui, par la grace de Dieu, ont rompu le desseing qu'il avoit projetté de distraire de la couronne (de France) l'ung des plus beaux fleurons qu'elle ayt, qui est ceste ville et province, laquelle demeurera pour jamais tres obeissante à V. S. et au Sainct Siege, dont nous vous supplions tres humblement, Très Sainct Pere, de vous asseurer, et de nous tenir tousjours pour voz tres humbles et tres devotz serviteurs et orateurs , les consuls eschevins de Lyon. Lyon, ce 25 novembre 1593. » — Le Consulat écrivit aussi au cardinal *Aldobrandin* qui lui avoit adressé le bref de S. S., qu'*il ne reconnoitra jamais autre prince pour chef que celui qui sera donné ou approuvé par S. S.*, etc. S.

1593. — *Décembre* 9. Le Consulat écrivoit au colonel *Pfeffer* qu'il le remercioit de l'avis qu'il lui donnoit des protestations que le *roy de Navarre* avoit faites aux *Cantons protestans* ; que cela le confirmoit en l'opinion qu'il avoit tousjours eue que *la conversion estoit feinte et simulée pour parvenir à la couronne de France, ce que Dieu ne permettra jamais*, puisqu'il lui avoit *fait une barbe de paille*. L'on avoit opinion qu'il continueroit la trève jusqu'au mois de mars, pour, en attendant, tâcher d'avoir son absolution de Sa Sainteté, etc. Voyez *supra* au 31 *octobre*.

1593. — *Décembre* 15. Ensuite de la resolution prise au Conseil d'état contre les gens suspects qui sont venus à Lyon avec des passeports, le Consulat ordonne que le sieur d'*Ambeyrieu* sera tenu d'en sortir dans demain. S.

1593. — *Décembre* 19. Les Terriers et Maistres des mestiers élus pour la prochaine année 1594, ayant esté mandez à l'Hostel de Ville, à 9 heures du matin, pour procéder à l'eslection des Consuls eschevins de la prochaine année, et y comparaissans tous, sauf quelques uns pour indisposition de leurs personnes, mais toutes fois en si petit nombre que, pour leur absence, ladite eslection n'a pu estre différée, auxquels M. *Guillaume de Villars*, commis à l'exercice de procureur general de ladite ville, a remontré que *le nombre de douze eschevins estoit plus grand qu'il n'est à Paris, Rouen, Toulouse* et autres bonnes villes de la France, tandis que nos majeurs n'ont été chiches d'honneurs et dignitez et ont voulu chacun y participer par le choix et nomination qui a de coustume de se faire annuellement de deux maistres de chaque mestier, d'aultant que cela oste toute occasion mesme aux plus vils de penser estre meprisez et délaissez, au contraire leur donne un argument d'eux estimer estre grandement honorez en la republique, puisqu'ils donnent les plus grands honneurs aux aultres, et qu'ils font et nomment les eschevins, qui, par après, font les penons, lieutenans et enseignes en chaque quartier, distribuant par là mesme les charges à ceulx mesmes qui leur ont baillé l'honneur en gros. Ce n'estoit pas une petite affaire que d'avoir à constituer quelcun en dignité et rang superieur aux aultres. *Le roy universel, ayant à donner à toute la populace des animaux (un chef), créa ung supérieur et constitua ung eschevin en ceste cité ronde entourée du crystal des cieulx. Il eust recours au conseil de la Saincte Trinité, disant :* Faciamus hominem, *où auparavant il n'avoit usé que de ce mot* Fiat. Le Bon Pasteur ne voulut fier et commettre la conduite et regence de ses ouailles au bienheureux *S. Pierre*, qu'il ne se fust asseuré s'il l'aymoit. Partant il falloit avec beaucoup de consideration estimer et peser la prudence et amour envers la patrie et leurs concitoyens de ceulx qu'ils avoient à nommer et eslire, et, à l'auctorité qu'ils leur donneroient, joindre l'obeissance, le respect et reverence de leur part. Le vray et asseuré moyen de nourrir le corps politique en concorde et unyon, fondement et racine du repos, seminaire des bons citoyens, moisson fertile de tranquillité, et la mere nourrice de la paix. Et parce que les Consuls sont magistrats, selon la force du mot, ils doibvent *mieux* que les aultres apporter du soing et de la diligence en l'administration commise. Ils sont fort semblables aux tribuns du peuple colloquez sur chacune des tributs esquelles *Romulus* divisa le peuple romain, auxquels, par après, le peuple donna toute auctorité de commander et ordonner sur eulx, comme establys pour les deffendre de la puissance et oppression. *Item* et ceulx qui despuis, changeant soubz, les empereurs, la republique de forme de gouvernement, furent appelez à *Rome* et ailleurs, deffenseurs de la cité et du lieu; qui, pour ne cesser jamais d'estre ce qu'on les disoit, debvoient porter à leur ville et à leur lieu, affection de peres, et l'estant, tenir au lieu, et en avoir tels soings que de leurs enfans. Les empereurs, par exprès, ordonnerent qu'ils fussent bons catholiques, *L. deffensoris,* §. *col de deff. civil* ...... Car, Peres ne peuvent estre ceulx qui nous veulent arracher du ventre et giron de nostre vraye mere, l'esglise. C'est pourquoy toutes les loix des empereurs, des roys de France, et les particuliers statuts de ceste ville deffendent qu'aulcun heretique, fils d'heretique, ou suspect et favorisant l'heretique ne soit nommé. Nous avons encore les espaules froissées, mâchées et courbes de la pesanteur de leur joug et domination furieuse de 1562 et 1563, et ne nous en pouvons relever droictz. Nous avons encore les dents agacées de l'aigreur et de l'amertume du fiel de leur rage et de leurs traitemens envers les bons citoyens. Ils ont espuisé le fonds de deniers qui estoit en la recepte de la ville, et l'ont delaissée engagée et oberée. Ce seroit n'avoir point de cœur que de tomber sous leur domination. A ceste occasion, l'asseurance que l'on a des cinq eschevins qui sont pour sortir hors de charge, joincte à la necessité des affaires de la ville ; le peril qu'il y a pour la religion au changement, lequel les seditieux attendent pour remuer, doibt faire bander ung chacun à la continuation, quand ce ne seroit que pour achever l'œuvre si heureusement commencé et acheminé pour la liberté de ce pays. A *Paris*, quoiqu'ils ayent des statuts comme icy, ils ont continué leurs prevost desmarchands et eschevins, à cause de la continuation des estats où ilz ont commencé d'assister. *Epaminondas* continua son *magistrat* de 4 mois plus qu'il ne lui estoit permis par les loix , pour mettre à fin un desseing qu'il avoit projetté de faire rebastir et repeupler *Messennie* (Messene), ce qu'il fit ainsi que recite *Plutarque*. Nostre reverendissime *archevesque* qui, en la temporelle conduicte et administration, ne nous refuse sa paternelle affection, et qui voit plus clair et au loing que nul aultre ez affaires, non seulement de ceste ville, mais de tout le royaulme de France, juge necessaire ladite continuation, et a prié les cinq qui en doibvent sortir d'y entendre ; mais, par leur modestie, ils l'ont refusé. Les sieurs officiers de la seneschaussée et siège presidial, la chose mise en deliberation en leur chambre et bien examinée, en ont recogneu le besoing, et par quelques ungs d'entr'eulx, le jour d'hier, en vinrent prier le Consulat. La religion, la patrie qui se representent par les gens de bien, esquelz elles resident et sont conservées, les en prient et exhortent. Et quoique les terriers, au choix qu'ilz ont faict des six qu'ilz nommerent, se soyent comportez si sincerement qu'il n'y ayt occasion d'en rejeter aulcun , si est-ce que demeurant la bonne opinion de leur modestie, et eulx exempts de toute ambition, plus tost que la ville periclite, ilz oblieront encore pour ceste année, leurs affaires privées, embrasseront les peines et travaux de la charge publique, pour rendre à la ville tesmoignage de vrays citoyens catholicques. »

Après lesquelles remonstrances et exhortations,.. les Maistres des mestiers, après avoir ensemblement conféré..., ont unanimement et concordement nommé et confirmé pour Consulz eschevins de la prochaine année les onze qui sont presentement en charge, à sçavoir *Jacques Jaquet, Claude Vize,* Mᵉ *Hugues Valentin, Guillaume Gella, Amable Thierry, Regnauld, Ponson Bernard, Martin Couvet,* sieur et baron *de Montribloud, Charles Noyrat, Louis de Berny* et *Durand Colhabaud* ; et par ce moyen, ont continué en leur charge lesdits sieurs *Jaquet, Gella, Regnauld, Bernard* et *Couvet,* et ce, nonobstant les remonstrances qui, sur ce, leur ont esté faictes par lesdits sieurs *Jaquet* et *Gella,* terriers, qu'il suffisoit, et qu'on se debvoit contenter qu'ils eussent servi le public les deux dernieres années pleines de troubles et d'affaires insupportables, et que, selon l'ancienne coustume, l'on debvoit proceder à nouvelle eslection, et les descharger de l'eschevinage, afin qu'ilz pussent vaquer à leurs affaires particulieres, etc. S.

1593. — *Décembre* 19. Le Consulat écrit au cardinal *Aldobrandin* que S. S., à son heureux avénement à la couronne du S. Siège, avoit accordé l'incorporation de la *chapelle de S. Cosme* et *du prieuré de S. Irénée* au *Collège des PP. Jésuites de Lyon*. après le décès toutefois, ou la cession des titulaires; mais que nouvellement *Frère Claude de Digny, prieur de St. Irénée,* désirant que la lecture du cours de philosophie et de théologie fut entretenu audit college, avoit librement et volontairement cédé et remis ledit prieuré ez mains de S. S.. en faveur dudit college. Le Consulat supplie donc le Cardinal d'assister les Pères Jésuites de son intercession pour qu'il lui plaise leur faire dépêcher les lettres ou bulles de ladite union et incorporation dudit prieuré audit college ; afin qu'ils puissent entretenir les docteurs requis pour avoir ledit cours , etc. S.

1593. — *Décembre* 23. Le Consulat fait payer au sieur *Urbain Parency*, commis, sous le sieur *Gella*, à *ouvrir les lettres suspectes* depuis 2 ans , la somme de 200 écus pour ses peines et vacations d'avoir fait ladite charge, et pour le reconnoître des chandelles , ficelles , cire d'Espagne et autres choses qu'il a employées en faisant ladite charge, S.

— *Même jour.* On fait payer au conseiller *Allard* 50 écus pour les frais du voyage qu'il va faire pour le bien et service de la ville vers le colonel *Alphonse*. — Il y avoit correspondance suivie avec ce colonel. On fit payer à son trompette 50 écus, pour plusieurs voyages faits à Lyon. S.

1593. — *Décembre* 23. Le Consulat, attendu le refroidissement de la charité et l'excessive cherté des vivres qui réduisent les pauvres couvens mendians de la ville à misérable état, donne en aumône aux religieux des couvents des *Minimes* , *Carmes* , *Augustins* , *Cordeliers* , *Observantins* et *Jacobins*, à chacun desdits couvens 33 écus 1/3. S.

1593. — *Décembre* 30. *Séance consulaire.* Sur l'avis donné de divers endroits, des pratiques qui se brassent pour mettre en liberté Mgr *de Nemours* , ce que advenant , seroit l'entiere ruine et de cette villeet de la province , laquelle liberté ne se peut executer que par intelligence que ledit seigneur pourroit avoir avec sa garde ordinaire, pour à quoi obvier ,.... le Consulat ordonne que les deux notables qui seront desormais envoyés chaque jour pour avoir l'œil sur les actions et deportemens dudit seigneur seront accompagnés de deux bons soldats bien armés....., lesquels notables et soldats prendront alternativement leur refection et repos hors de la chambre en laquelle est ledit seigneur , en laquelle les deux soldats demeureront pendant que les notables prendront à part leur refection, et , après eux , lesdits soldats. Et pour ce , il sera payé , chaque jour, aux notables qui entreront en charge , deux écus sol. S.

1593. — *Même jour.* Le Consulat charge le sieur *Thierry* de pourvoir aux frais nécessaires pour le voyage que M. *Matthieu* (1) va faire en *Suisse*, par délibération du Conseil d'état tenu près la personne de Mgr l'archevêque , aux fins de se trouver à la prochaine diète des *Cantons suisses*, pour obtenir une nouvelle levée de soldats desdits cantons , lesquels seront mis en campagne, si on en a besoin, contre les desseins de Mgr *de Nemours*. — Le sieur *Matthieu (Pierre)* étoit parti avec deux chevaux ; sa dépense, y compris son habillement , s'éleva à 183 écus 11 s. S. Voyez ci-après au *4 février* 1594.

1593 — « ... Une *chanson* contemporaine composée par un *enfant de Lyon* venu au siége de *Pontoise*, raconte ce que firent les *ligueurs du Rhône* dans les environs de *Paris.* « Les Lyonnois montrerent en toute sorte une assurance brave et forte ; ils repousserent l'ennemi et surent l'atteindre avec hardiesse; jamais le cœur onc leur faillit; et la *bande lyonnoise* voulut mourir pour défendre *Pontoise.* » Quant à celui qui faisoit la chanson , « ce estoit « un brave *enfant de Lyon* qui commandoit dedans *Pontoise* une de ces « fortes bandes. » *La Ligue et Henry IV* , par M. CAPEFIGUE , page 275

____

(1) Trompé par quelque historien protestant , M. Morin, p. 341 et 432 du tome V de son *Hist. de Lyon* , a fait de *Pierre Matthieu* un *Père Jésuite.* Cette erreur nous rappelle celle d'un écrivain qui, citant le P. (*Président*) Hénault, l'appelait *il Padre Hénault.* Pierre Matthieu, avocat et père de famille, ne fut pas même *Jésuite de robe courte.* Toutefois, nous ferons observer qu'il existait alors un Père *Matthieu, Jésuite,* ayant pour prénom *Claude* « qui premier présenta la « Ligue au pape. » *Supplém. aux Mémoires* de Condé, 3e partie, p. 285. Voyez aussi la *Satyre ménippée,* p. 116, édit. de 1824.

de l'édition de 1843. — Ne seroit ce point en 1589 que cette *chanson* que nous n'avons pu nous procurer , a été composée ? On lit dans MATTHIEU, *Hist. de Henry III* , livre VIII : « ..., Il (Henri III) fait advancer son armée à *Pontoise* où commandoit *Halincourt* , lequel s'y estoit rendu avec quelques compagnies d'arquebusiers qu'il avoit tiré de la province de *Lyonnois.* La premiere batterie entre les soldats fut de paroles....; des paroles on vint aux mains , aux escarmouches , et puis au canon qui fit bresche capable pour forcer la ville.,... » p. 771 de l'édition de 1631. Voyez ci-dessus aux publications de 1589 , *Brief discours,* etc.

1593. — PUBLICATIONS. *Discours veritable et sans passion* sur la prinse des armes, et changemens advenus en la ville de Lyon, pour la conservation d'icelle sous l'obeyssance de la S. Union et de la Corone de France. Le 18 de *Septembre* 1593. Envoyé par un bon citoyen de Lyon à un sien amy. Avec la proposition faicte à Mgr le duc *de Nemours*, par le Conseil (le 23 sept.). Et le renouvellement du serment de l'Union. A Lyon, 1593. In-8°, sans nom d'imprimeur (B. de Lyon, tome 22 du n° 25201, exemplaire imparfait).

Ce *Discours*, attribué à *Pierre Matthieu*, a été réimprimé dans les *Mémoires de la Ligue*, t. 5, p. 458 et suiv.

1593. — *Advis des causes et raisons de la prinse des armes* en la ville de Lyon pour la conservation de leur (sic) liberté. A *Lyon*. M. D. XCIII, sans n. d'imp. In-8° de 23 p. (B. de Lyon., t. 3 du recueil 23415.) — Ce pamphlet a pour auteur un partisan de la Sainte-Union; «Ratachons-nous, de plus « fort, s'écrie-t-il, avec Monseigneur *de Mayenne*, lieutenant-general de cest « estat royal et le protecteur de nostre religion catholique.... »

1593. — *Response* à la lettre contenant le *Discours veritable* sur la prinse des armes et changemens advenus en la ville de Lyon , le XVIII de septembre M. D. XCIII, servant d'advertissement. In-8° de 14 p. s. n. de ville ni d'imprimeur. — Réimpr. dans le tome 5 des *Mém. de la Ligue.*

« Je suis d'accord avec vous , dit l'auteur anonyme de ceste *Response,* que la venue de Monseigneur vostre archevesque est un effect de la providence de Dieu. Car il ne pouvoit estre parmy vous plus à propos. C'est un des plus asseurez et experimentez pillotes, qui se sont employés au gouvernement de ce navire françois. Il a des dons de nature qui ne sont communs à vn chacun. Surtout il est admirable sur la promptitude et la solidité de son jugement, qui sont deux qualitez qui esgallement concourent ensemble. Il est doué d'une grande generosité qui luy est hereditaire. Il est vostre pasteur qui a esté nourry parmi vous. Feu Monseigneur *d'Albon,* son *oncle* et predecesseur, luy a frayé le chemin pour vous gouverner avec toute douceur et humanité. Vous avez faict une belle resolution de vous jetter entre ses bras pour vostre conduicte , puisque vous avez donné le premier branle à ceste resolution sans advis. Vous avez un peu manqué en cest endroict : mais vous avez reparé la faute en vous mettant souz sa protection. Il ne faut pas douter que toute la noblesse du pays et des gouvernemens voisins ne luy assistent.... Mais sur tout vous ne sauriez pericliter sous l'auctorité de Monseigneur le duc *de Mayenne*, qui advouera vostre resolution : ains plustost l'approuvera. Il seroit bien marry que on peust lire vn jour dans l'histoire de France, que sous son gouvernement ,.. on eust desesperé cest estat.... Ne doutez point qu'à vostre exemple, toutes les autres villes de France ne taschent de secouer le joug de leur domination s'il la cognoissent injuste, pour se reserver et conserver sous l'auctorité et obeissance d'vn roy catholique et trechrestien, tel que nostre St Pere le Pape aura approuvé, et que les trois ordres qui font un corps d'estat en ce royaume auront recognu pour légitime et capable de succéder à la piété et valleur de tant de bons roys que nous avons eu depuis Clovis.

C'est lors que nous verrons tous les François reunis. C'est lors que nous commencerons à respirer de tant de maux et oppressions que nous avons soufferts. C'est lors que toutes choses retourneront à leur premier ordre : que l'ordre de l'église sera recognu comme le premier, et qu'il embrassera à son escient la piété et le service et le culte de Dieu : que la noblesse prendra un peu l'halayne des travaux de la guerre civile, pour veiller à la conservation de cest estat contre les desseins des estrangers, ou pour convertir ses armes contre les infidelles et autres ennemis de Dieu et de son Eglise : que le tiers-estat retournera à sa premiere vacation, le marchand au negoce, l'artisan à la manufacture, le laboureur à la culture des terres. C'est lors que les parlemens reprendront leur dignité, les magistrats leur auctorité, la balance de la justice sera redressée, les bons reconnus et les meschans punis. Mais nous ne pouvons parvenir à tant de biens sans la paix. Cherchons la doncques : demandons la à Dieu qui seul peut nous donner la vraye. O que ce nom de paix a esté odieux despuis quelque temps ! O que ces effects seroient doux et agreables si nous la pouvions avoir ! La paix ne peut estre odieusequ'à ceux qui tirent profit de la guerre ; encores un seul n'y sauroit proffiter qu'au dommage et à la perte de plusieurs, et si ce proffit n'est le plus souvent bien acquis. Et partant il s'esvanouit aussitost qu'il nous est apparu : pour le moins nous ne voyons personne qui veuille advouer qu'il y ait à gagner. Au contraire, nous voyons tant de villes desertes, tant de prouinces ruinées, tant de maisons abbattues, tant de communautez accablées, tant de familles appauvries, que nous avons plus besoing d'hopitaux que de marchez.

« Heoreuse et tres heureuse vostre ville de Lyon, si suyvant le project de vostre resolution, vous restablissez le negoce et le commerce de la marchandise avec les anciens privileges, libertez et franchises que vous avez ci-devant avec tant de peine obtenus de nos Rois. Si vous donnez occasion à l'estranger banquier de revenir, que vos sangsues avoient chassé par leurs extraordinaires extorsions. Si vous vous fussiez maintenu en ces termes dès le commencement de vos troubles, vostre ville seroit la plus riche de ce royaume et peut-estre de l'Europe ; car vous eussiez eu la despouille de toutes les autres villes de France, et par l'apport et rapport des estrangers, vous fussiez esté, comme autrefois, le centre auquel toute la circonference du negoce de vos voisins eust tendu.

« La paix, ceste paix que les humains ne peuvent donner, nous produira le comble de ces felicitez, et nous la verrons bien establie en ce royaume, quand unis en une seule religion nous ne recognoistrons qu'un Dieu, n'obeirons qu'à un Roy, ne croirons qu'une mesme Foy, et n'observereons qu'une mesme Loy : qui sont les beaux mots desquels vous finissez vostre Discours, et dont je me serviray sur la fin de ceste response. Je vous dis A Dieu. »

1593. — *Syllogismes en quatrains* sur l'élection d'un roy. ESTHER cap. 14. *Ne tradas. Domine, sceptrum tuum his qui nonsunt, ne rideant ad ruinam nostram, sed converte consilium eorum super eos, et cum qui in nos cæpit sævire, disperde.* À Lyon, par *Jean Pillehotte*, à l'enseigne de Jésus. 1593. in-8° de 11 feuillets dont la pagination est fautive. — Contient 120 quatrains suivis d'un *Sonnet sur la legation de M. le Cardinal de Plaisance*, et d'une traduction de ce Sonnet en vers latins. » Voici le français :

> Par le vouloir du ciel, le huictiesme Clement
> Commet son cardinal du titre de Plaisance,

Afin d'eslire un Roy cattoliq à la France
Ces noms font esperer un bon evenement.

Comme Henry de Valois fût dompté bravement
Par Clement le vengeur de son horrible offence,
Par ce Clement encor qui a grande puissance
L'autre Henry Bourbonnois perira justement.

C'est un nombre parfaict que le nombre octonaire;
Clement huictiesme aussi doit la chose par faire
Aydé de son légat qui est plein de valeur.

Et de Plaisance alors plaira par œuvre bonne,
Mais le plaisir des bons sera beaucoup meilleur,
Si l'on voit qu'aux mauvais du desplaisir il donne.

L'auteur de ce pamphlet poétique ne serait-il point *André de Rossant* ? tout nous porte à le croire (Voyez ci-dessus aux publications de 1589, *Histoire mémorable*, etc.). J'avais d'abord été tenté de l'attribuer à Pierre d'Espinac, qui faisait aussi des vers français ; mais il paraît que l'illustre prélat n'a jamais livré à l'impression les fruits de sa Muse. Voyez son article dans la *Bibliothèque de du Verdier*, et l'*Histoire de Henry IV*, par *P. Matthieu*, p. 310 de l'édit. in-fol.

1593. — *Les Paraboles de Cicquot*, en forme d'advis sur l'estat du roy de *Navarre*. *Paris*, jouxte la copie impr. à *Lyon*, 1593. Pet. in-8°. — Facétie politique contre *Henry* IV et sa religion. *Cicquot*, ou plutôt *Chicot*, est le nom d'un bouffon qui appartint successivement à *Henri III* et à *Henri IV*. Il est supposé régenter ici son dernier maître, avec la liberté du seul homme de cour auquel tout fut permis (*Catal.* de M. Leber, n.° 4115).

1593. — *Le Rosaire de la tres-saincte Vierge Marie Mere de Dieu.* Extraict de plusieurs graves autheurs, par F. P. Bollo, theologien de Paris, et prieur du monastere de nostre Dame de Confort à Lyon. A Lyon, par *Jean Pillehotte*. M. D. XCIII. In 16 (réimprimé en 1604. B. de Lyon).

Dédicace de l'auteur aux Confreres du Saint Rosaire, datée de Lyon, le premier dimanche d'octobre 1593.

Au verso du titre est ce joli distique tiré des Catalectes des anciens et attribué à Pétrone :

LIBELLUS AD LECTOREM.

Inveniat quod quisque velit, non omnibus unum est,
Quod placet : hic spinas colligit, ille rosas.

Après la dédicace se trouve quatre pièces en vers latins par un anonyme, à la louange de *F. P. Bollo*, avec une traduction en vers français ; nous citerons celle-ci de préférence :

Vere novo tantum Pæstana rosaria florent :
At tua perpetua sunt rediviva fruge.

Le rozier du jardin ne fleurit qu'au printemps ;
Mais le vostre plus saint fructifie en tout temps.

Pierre de Bollo était de *Chambéry*. Il fit ses études à *Paris*. Il prêcha le carême à *Lyon* en 1585, et ce fut probablement dans l'église de *Sainte-Croix*, car il avait pris son logement chez *André Amyot*, custode de cette église.

Le Père *de Bollo* devint prieur des *Jacobins* de Lyon en 1587. Il est auteur de plusieurs ouvrages mentionnés dans la bibliothèque des écrivains de son ordre, tome 2, p. 316. M. *Ch.* Labitte, *Prédicat. de la Ligue*, p. 26, cite le P. de Bollo parmi ceux qui, dans les chaires de province, contribuèrent à faire soulever le peuple à Lyon, et il lui accole le jésuite, *Claude Matthieu*, surnommé le *Courrier de la Ligue*, et sur lequel on peut consulter la *Satyre menippée*.

1593. — *Livre du Mont Calvaire* où sont contenuz les mysteres admirables mis à fin par le fils de Dieu..... Composé par don *Antoine de Guevare*.... Traduict.... par *François de Belle-Forest*, Comingeois. A Lyon, par Benoist Rigaud, 1593. In-16 (B. de L. 6008).

Ce volume ne contient que la première partie du Livre de *Guevare*. La seconde manque à la B. de Lyon. Au verso du titre est un *Sonnet* au lecteur benevole, par *Léonard de la Ville*, Charoloys, maître d'école et écrivain à Lyon, et à la fin du volume : une *Hymne sur le Mont du Calvaire*, par *Pierre Matthieu*, docteur aux loix.

1593. — *Les Essais poetiques de Guillaume du Peyrat*, Tours, Jamet Metayer, 1593. In-12. — *G. du Peyrat* était lyonnais, mais *Laurent Josse Leclerc*, ne croit pas qu'il soit, comme l'ont dit quelques biographes, le petit fils de *Jean du Peyrat*, lieutenant du roi à Lyon, sous *François Ier* (Notes inédites sur *Colonia*, 11, 557). Ses *Essais*, qui ne contiennent que des poésies latines, ont été réimprimées à *Paris* sous le titre de *Spicilegia, poetica*, 1601, in-12. L'auteur ne pensait pas, quand il les composa, qu'il dût un jour embrasser l'état ecclésiastique et devenir l'aumonier d'*Henri IV*, car on y trouve des pièces qui ne sont pas moins érotiques que celles de *Bonnefons* et de *Jean Second*. On a aussi de lui des vers français imprimés à la suite de sa *Philosophie royale du jeu des echets* (Paris, 1608, pet. in-8°). En voici un échantillon extrait de ses *Stances* sur la naissance du Dauphin :

> On dit que Jupiter, ayant reduict en poudre
> Les geans serpens-pieds, par l'effort de son foudre,
> Vint accoler la Terre, epris de son amour,
> Que la Terre conceut les Rois de sa semance,
> Et qu'estant sur le point de leur donner naissance,
> Soubs un palme estendue, elle les mit au jour.

> On dit que la Fortune en fut la sage-femme,
> La Vertu la commere, et qu'une grande dame,
> Qu'on nomme Majesté leur tendoit ses grands bras ;
> Jupiter les baisant leur donna son tonnerre,
> Les laissant çà et là ses lieutenans en terre
> Pour punir les Geans qui resteroient ça-bas.

On attribue à *G. du Peyrat* un *Traité sur l'origine des cardinaux*, etc. dout il existe une édition en caracteres elzéviriens, publiée à *Cologne*, chez *Pierre ab Egmont*, M. DC. LXV, pet. in-12. M. *Brunet* dans sa *Table methodique*, n°. 13051, et M. *Barbier*, dans ses *Anonym*, n°. 13456, citent une autre édition de *Cologne*, chez *le Pain*, 1670, même format. Voyez ci-après *années* 1601 et 1608.

1593. — *Formulaire fort recreatif de touls contracts, donations, testamens,* etc. Par Bredin le Cocu (*Benoist du Troncy*). Lyon (*P. Rigaud*). 1593. In-12. Catal. Falconet, n°° 12239; exempl. reservé à la B. du roi. M. Brunet ne cite pas cette édition, mais il en décrit une de l'année suivante 1594, in-16, II, 310); et il fait observer, à la fin de son article sur ce livre, qu'il a trouvé l'indication d'une édition de Paris, 1590, in-12, dans un Catalogue de livres à vendre à Avignon en 1778. Il est à croire que le *Formulaire* a été publié pour la première fois avant que Lyon eût pris les couleurs de la ligue. Du Troncy, secrétaire du Consulat pendant les troubles qui suivirent cet évenement, était trop occupé par ses fonctions pour avoir le loisir d'écrire de pareilles bagatelles, qui d'ailleurs auraient pu lui nuire dans l'esprit du clergé de Lyon, bien qu'il dise, dans sa préface, que « ce n'est pas à l'homme d'église d'en juger....» Voyez ci-dessus année 1570 (*de la Nature de tous contracts*, etc.). Voyez aussi l'art. TRONCY (du), dans la *Biogr. lyonn.*. — C'est probablement à cause de quelques formules un peu trop graveleuses que du Troncy publia cet opuscule sous le voile de l'anonyme.. Pendant plus de deux siècles le masque dont il s'était couvert n'avait pas été soulevé ; mais aujourd'hui il est bien avéré qu'il est l'auteur de ce facétieux livret. Je ne serais point éloigné de lui attribuer le *Moyen de parvenir* qui bien surement n'est pas de *Béroalde de Verville*, et encore moins d'*Henry Estienne*. C'est une conjecture que je soumets à MM. *Eloi Johanneau*, *Charles Nodier* et *Paul Lacroix*. Il y a trop de choses lyonnaises dans le *Moyen de parvenir* pour qu'un Lyonnais n'y soit pas pour quelque chose. Je ne pense pas que l'on en veuille grossir le bagage de *Louis Garon*, qui, dans les deux volumes de son *Chasse ennuy*, a semé plusieurs contes fort gaveleux qui ne sont pas sans analogie avec quelques-uns de ceux du *Moyen de parvenir* ; car il y a trop d'esprit dans ce dernier ouvrage pour qu'on puisse croire sérieusement que *Louis Garon* y ait mis la main. Le compilateur du *Chasse ennuy* est au prétendu *Beroalde de Verville* ce que *Grécourt* est à *Lafontaine*.

1593.— *La Philocalie* du sieur *Croset*, Foresien, diuisée en quatre livres. etc. A Lyon, pour *Thomas Soubron*, 1593, in-12. — De l'imprimerie de *Estienne Servain*. — Dédicace de l'auteur au chevalier *d'Urfé*. — M. *Coste* possède un exemplaire de ce petit roman qui paraît avoir échappé aux bibliographes, et que nous ne trouvons pas cité dans LES D'URFÉ de M. *Auguste Bernard*.

1593. — *Decisiones Guidonis Papæ.....* innumeris notis paratitlis et scholiis illustratae opera *Petri Mathaci.,,.* Lugduni in officina *Hug. a Porta,* sumptibus Fratrum de *Gabiano.* c IƆ. IC. XCIII- In-4e. (B. de Lyon, 121, 8771).

Dédicace de *Pierre Matthieu* à *Antoine Emanuel Chalom*, conseiller du roi et officiai du diocèse de Lyon, datée ainsi : *Lugdun. Idibus Mart.* M. D. XCIII. On y remarque ces mots :.... *Eorum autem qoi hanc reipublicae utilem operam nacarunt, Guido Papius (sic) gratianopolitani senatus præses, vir fœlicissimi ingenii, cujus ortu commendatur Lugdunensis ager, ut suis Scevolis ac Ulpianis Romanus, nec oleo nec rei pepercit ut expeditam hanc viam posteris relinqueret.*

L'édition *princeps* des Décisions de *Guy Pape* est de 1496, in-fol. *sans nom de lieu* (Panzer, IV, 65). Cet ouvrage a eu un grand nombre d'éditions, et la presse lyonnaise en a fourni sa part ; nous citerons, entre autres, celles de Jacques Saccon, 1504, in-fol., d'Etienne Baland, 1508, in-4°. ; de *Gilles* et *Jacques Huguetan* freres, 1542, in-4e., goth. à 2 col. ; enfin celle des héritiers de *Jacques Junte* (*apud* haeredes Jacobi Iuntae), 1554. in-8°.

1593. — *M. Valerii Martialis Epigrammata* in Cæsaris Amphitheatrum et venationes , etc. *Lugduni* , 1593, In-8°. — Réimpression de l'édition publiée à *Paris* , en 1584. L'auteur du commentaire sur ces extraits de Martial est *Théodore Marcile.* Voyez Gouyet, *Mém. sur le collège royal*, tom 2 , p. 136 ; et ci-dessus au 17 *octobre* 1567.

1594. — *Janvier* 1er. Le Consulat au colonel *Pfeffer* :

« Monsieur , Estant adverti de la prochaine diette de voz cantons catholiques, nous avons deputé ce porteur *Pierre Matthieu.* pour s'y trouver de nostre part , aux fins de faire entendre, en si noble et celebre assemblée, l'occasion qui nous a meu de prendre les armes contre Mgr *de Nemours*, et la supplier tres humblement que si nous avons besoin pour nostre conservation de la levée de quatre ou six enseignes des cantons catholiques, pour tenir la campaigne , il lui plaise d'en accorder la levée ; et parce que . en sa negociation , il pourroit avoir besoing de vostre bon conseil et assistance , nous vous prions de les lui impartir , etc De Lyon , le 1er. janvier 1594, » — Le même jour , le Consulat écrivit aux tres illustres et magnifiques seigneurs advoyers et conseil des six cantons catholiques suisses :

« .... Nous avons deputé le sieur *Matthieu*, nostre concitoyen , present porteur , auquel nous avons donné charge expresse de faire entendre de vive voix à voz seigneuries les justes occasions qui nous ont contraincts de prendre les armes contre celluy que nous avions appelé et reçeu pour nostre gouverneur et moderateur, et pour vous supplier aussi bien humblement que si, pour nous conserver au party de la Sainte Union et à l'estat royal et couronne de France , dont vous estes les vrays protecteurs , nous avons besoin de quatre ou six enseignes de voz cantons catholiques pour tenir la campagne , vostre bon plaisir soit de les nous accorder, etc. « S.

1594. — *Janvier* 3. Le Consulat écrit au colonel *Alphonse* que Mgr *de Nemours* s'étant disposé de continuer la trève pour un mois ou six semaines, il lui a semblé que, pour le repos du pays et du peuple , elle devoit être acceptée , comme, suivant ses dernieres lettres , ledit sieur colonel étoit d'avis , d'après quoi le Consulat avoit envoyé Me Allard vers M. *de Chevrières* pour l'assister au voyage qu'il devoit faire vers ledit seigneur, et conférer ensemble sur ce fait...

Le Consulat ecrivit le même jour à M. *de Chevrières* pour le, porter à de semblables sentiments , rendant hommage à son zèle et à son amour pour le pays , ainsi qu'à ceux de la noblesse. Mais il lui représente que, quoiqu'il ne doute pas qu'avec leurs forces , ils ne se rendent maîtres de la campagne, il n'en seroit pas de même des forts occupés par M. le marquis *de S. Sorlin* , dont il seroit mal aisé de le sortir , et partant la province seroit exposée à de cruels ravages, etc.

Le secrétaire du Consulat écrivoit d'autre part à M. *de Tavanes* , maréchal de France et lieutenant général au gouvernement de Bourgogne, que les échevins ne faisoient traiter avec M. *de Nemours*, de la continuation de la trève pour un ou deux mois , que pour rompre les desseins que la noblesse de la province , d'un parti contraire à la Sainte Union pourroit avoir ; il finit par dire que si S. E. Mgr *de Mayenne* ne vient bientôt, à Lyon, tout ira très-mal , etc. S.

1594. — *Janvier* 10. Le Consulat écrivoit à M. *de Chevrières* qu'il avoit très agréable sa negociation avec M. le colonel , et la sainte résolution qu'ils avoient prise ensemble, d'après laquelle il ne sera traité aucune trève que l'on n'ait bonne assurance de l'observation d'icelle, et que le sieur *de Chevrières* et toute la noblesse n'y ait consenti, sachant bien qu'ils ne prennent les armes que pour le bien et repos de cette province, laquelle seroit grandement soulagée par une bonne et durable trève. M. *Allard* étoit arrivé si tard la veille qu'il n'avoit pu faire le rapport de la négociation, sur laquelle le Consulat fera audit sieur *de Chevrières* plus ample reponse, même de ce qui sera resolu au Conseil sur les desseins que Mgr *de Nemours* avoit fait de se sauver, etc. S.

1594. — *Janvier* 11. Le Consulat avoit envoyé le capitaine *Genoud* vers M. *de Mayenne* pour le supplier d'accelérer sa venue, attendu les circonstances nouvelles et urgentes qui la rendoient de plus en plus nécessaire. *Genoud* fut pris par les soldats de la garnison de Verdun. Le Consulat écrivit (le 11 *janvier*) à M. le Baron *de Verdun* et à M. de *la Bastie*, pour les prier de faire relâcher *Genoud*, et de le laisser remplir sa mission, ce qu'il espère, fondé sur l'utilité de ce message et sur le zèle que lesdits seigneurs ont au bien et repos de leur patrie; ledit sieur baron, suivant en ce, les vestiges de Monsieur son père. Voyez ci-dessus au 27 *février* 1589.

N. Le baron *de Verdun* étoit fils de M. *de Bothéon* auquel le Consulat écrivit ainsi qu'au colonel *Alphonse,* pour les prier de solliciter la délivrance de *Genoud.* S.

1594. — *Janvier* 13. On avoit mis garnison dans la maison du sieur *du Verdier*; les soldats pour être payés de leurs gages avaient enlevé des meubles qu'ils avoient portés dans un cabaret pour les vendre. Le Consulat ordonne que les meubles seront vendus à l'encan et le prix employé à payer la dépense des soldats, depuis le jour où ils sont en garnison chez le sieur du Verdier. S. — Le 15 *novembre* précédent, le Consulat avoit arrêté qu'on poursuivroit en justice le sieur *du Verdier* qui avoit tenu des propos injurieux contre l'honneur des échevins. S. Voyez ci-après au 8 *mai* de cette année et au 25 *septembre* 1600.

1594. — *Janvier* 22. 1. Articles proposés entre M. d'*Ornano,* chevalier des deux ordres du Roy, lieutenant-general pour Sa Majesté au pays de Daulphiné, et le sieur *Allard,* conseiller en la senechaussée et siege Presidial de Lyon, depputé de ladite ville pour le présent traité (1).

2. Premierement : que nonobstant la rupture de la tresve générale en France, ledit sieur *Colonel* promet de demeurer en tresve avec lad. ville, pays de Lyonnois, Beaujolois et Forest, jusques à ce qu'il ayt commandement de Sa Majesté de les rompre auquel cas, et avant que de faire aulcun acte d'hostilité, en advertira ladite ville ung moys auparavant (2).

---

(1) Réponse du Consulat. — Sur le premier article ou plus tost sur le titre d'iceulx nous avons tousjours creu que monsieur le colonnel *d'Ornano* ne nous a point promis secours contre M. le marquis de *St-Sorlin* pour nous faire chose qui fut au préjudice de notre honneur, comme seroit l'approbation des qualités cy apposées qui seroit une tacite recognoissance du Roy, son maistre, au préjudice de nostre party, duquel nous ne voyons encores aucune occasion de nous despartyr, et par ce nous estimons qu'il fault, de deux choses l'une, ou que M. *Allard* prenne qualité de depputé de la ville de Lyon et du Conseil y estably sous l'obeissance de M. le duc de Mayenne, si monsieur le *Colonel* prend les qualités cy-mises, ou bien pour mieux faire, que les qualités soient ostées d'une part et d'aultre, comme il a été observé en toutes les tresves generales et particulières et en tous les traictés qui ont esté faicts entre les deux partis, soit en general ou particulier; et cet article nous ne pouvons passer autrement, parce qu'il seroit par trop préjudiciable à nostre honneur.

(2) Cet article doit être couché réciproquement, assavoir de notre part aussi, où nous aurions commandement de nostre chef de rompre la tresve, nous en advertirions ledit sieur Colonel un moys auparavant.

3. Et neanmoings, sur la proposition faicte par led. sieur *Allard*, de la part de lad. ville, que ladite ville et gouvernement sont infiniment travaillés par les trouppes de M. le Marquis de *S. Sorlin*, avec lequel lad. ville a eu cy-devant tresve accordée. non observée de sa part, on a été contrainct la résouldre et chercher les moyens de finir ou temperer telles miseres par l'assistance dud. sieur Colonel, et sa bonne volonté, duquel on a toute confiance, et encores asseurance qu'il tiendra inviolablement ce qu'il promettra comme chevalier qui n'est moings accompagné de fidelité en ses paroles que de vertu et generosité en ses faits et, à cause de ce, ladite ville ne désire de luy autre ostage que sa foy et parole. Ledit sieur *Colonel* a promis secourir lad. ville, pays et gouvernement de sa personne forces et moyens pour ayder à nétoyer ledit gouvernement, et pour y parvenir prendre en premier lieu *Ste Colombe*, rompre le pont de *Vienne*, et de là aller à *Feurs* et *Donzy* et autres lieux, comme sera jugé necessaire (1).

4. Promet aussy ledit sieur *Colonel* que M. *l'Archevesque de la ville de Lyon*, comme aussi M. *de Chevrieres* et les Seigneurs et Gentilshommes du pays disposeront à leur volonté des places qui seront prinses, pour estre entre les mains de qui sera advisé, ou démantellées (2).

5. Promet encores ledit sieur *Colonel* qu'au cas que, pendant qu'il sera employé en cest exploict, et que luy ou ses trouppes seront dans ce pays et gouvernement, il recoive commandement de Sa Majesté de faire la guerre à la ville de Lyon ou audit Gouvernement, en ce cas, avant que commencer aucun acte d'hostillité, il se retirera avec ses troupes auprès du gouvernement et repassera en *Daulphiné*, laissant toutes les places qui auront été prises entre les mains de ceux qui auront été nommés pour cest effect, sans y laisser aucun des siens, comme pareillement ceulx qui dependront dud. sieur *Colonel*, seront assistés en leur retraicte, et ne seront abandonnés des forces de lad. ville et pays, jusques à ce qu'ils soient retirés en leur gouvernement (3).

6. La ville de Lyon, de son costé, promet ayder des forces qu'elle a, sans toutes fois icelle dégarnir. et néantmoings ne pourront estre moindres que de deux compagnies de gens de pied Francoys et une de *Suisses* (4).

7. Baillera aussi lad. ville et fera conduire deux canons et deux collouvrines avec l'esquipage, charroys. officiers, munitions et pionniers necessaires et pour tirer jusques à mil coups et davantage, s'il y échet, et que lad. ville en puisse fournir, à la charge, et soubs la promesse que ledit sieur *Colonel* faict que, se retirant en *Daulphiné*, les pièces d'artillerie seront renvoyées avec ce qui restera de munitions dans la ville de Lyon, et accompagné desdites trouppes jusques en lieu de seurté (5).

(1) Approuvé comme il est.

(2) Pour oster toutes dissentions qui pourroient arriver sur l'établissement des Gentils hommes pour commander ès places qui seront prinses, semble qu'il sera meilleur dès à present de convenir tout ce qui s'en fera ; premièrement pour le regard de *Ste-Colombe*, attendu que c'est place qui est de grande importance pour Messieurs de la ville de Lyon, il cherchera de pouvoir commettre quelqu'un, en priant Messieurs de la noblesse de l'avoir agréable; et pour le regard de *St-Germain*, *Donzy* et *Sury*, ils désirent qu'ils soient desmantellés; et en ce qui touche *Feurs*, pour estre ville de commerce et où il y a grand marché, semble estre bon qu'elle soit conservée et mise soubs la charge de l'ung de ces deulx aux choix de la noblesse, M. *de Chazeul* ou M. *de la Pie*. Et quant à *Monthrison*, si tant estoit qu'il fust pris, que les fortifications faictes de nouveau au chateau soient démolies et la garde laissée aux habitans, comme elle souloit être cy-devant.

(3) Approuvé comme il est couché.

(4) Idem.

(5) La ville de Lyon ne peult fournir deux canons, attendu qu'il n'y en a qu'un seul dans

8. Et neantmoings, où ledit sieur *Colonel* voudroict attaquer lad. ville de *Vienne*, a esté accordé que, après la prinse de *Ste Colombe*, *Feurs* et *Donzy*, et que l'on aura faict ung fort entre *Toissay* et la riviere pour rendre libre le passage d'icelle, l'armée demeurera en corps, et passera en *Daulphiné* pour l'expugnation de lad. ville de *Vienne*, à quoy ledit sieur *Colonel* sera assisté des pièces qui seront en l'armée et de la compagnie de Suisses, outre les forces lesdits pays, sans que lad. ville soit tenue fournir aucunes munitions, officiers ny charroyrs, lesquelles forces dudict pays seront pour le moings de troys compaignies de gendarmes et quatre cent harquebusiers de pied, le tout soldoyé pour deux moys, lesquels passés, pourront retirer leurs dites forces et canon (1).

9. A esté aussi proposé que où led. sieur *Colonel* trouveroit que besoing fust de passer avec ses forces par la ville de Lyon, soit à l'aller, soit au retour, l'entrée lui sera permise avec sesdites forces, à la charge de passer comme armées ont accoustumé de passer par les villes, et en la forme et tel et petit nombre que sera advisé par la ville (2).

10. Le pouvoir est donné par cette presente à M. le conseiller *Allard* de traicter et resoudre avec M. le colonel *Alphonse d'Ornano*, suyvant les propositions cy-dessus escriptes et les réponses y adjoustées à chacun article, tant de la part de Monseigneur l'*Archevesque de Lyon* et Messieurs du Conseil, que de Messieurs les eschevins de la ville, promettant lesdits sieurs d'avoir agréable et tenir tout ce qui aura esté faict et traicté par led. sieur *Allard*, en la forme que dessus. Faict au Conseil, tenu soubs les seings des secretaires dudit Conseil de la ville de Lyon; à Lyon le xxii° jour de janvier 1594. M.

1594. — *Janvier 27*. Le Consulat au Colonel *Alphonse* :

« Monsieur, Nous vous renvoyons Mᵈ *Allard* suffisamment instruit de nostre intention et de la resolution prinse au Conseil, tant sur les articles proposez de vostre part, que de la creance de Mgr *de La Fin* et des lettres qu'il nous a rendues de la part du roy vostre maistre, vous priant de vous asseurer que nous souffrirons plus tost toutes incommoditez et mesayses que de nous despartir de l'Union des catholiques que nous avons tant de foys jurée et protestée, et que ce que nous recourons en vostre secours n'est qu'en consideration de l'asseurance que nous avons du service que vous avez voué à l'estat et couronne de France dont nous ne nous voulons point separer, et pour la particuliere amytié de laquelle il vous a pleu honorer ceste ville, laquelle aussy estant conservée par vostre moyen à ladite couronne, de laquelle l'on nous a

---

l'arsenal, comme l'on fera voir si besoing est ; encore est-il de *Savoye* et fort pesant, lequel toutes'foys sera baillé avec deux couleuvrines et l'équipage pour tirer six cents coups ou plus, s'il en faict de besoing.

(1) Il sembleroit deshonneste que nous promissions d'aider de notre artillerie à M. le Colonel *Alphonse* pour prendre et retenir une ville sur ceulx de notre party, et pour c'est effet sembleroit juste que mondit sieur le *Colonel* se voulust contenter que nous ne prestassions point d'ayde pour cet effet à M. *le Marquis* ou aux siens, ou, en tout événement, que nous ne soyons point contraincts de luy ayder de notre artillerie, ni des forces qui sont dans la ville, mais s'il voudra se servir de celles de la campagne, il le pourra faire, et semble n'estre point de besoing d'ajouster ce faict pour traiter, à ce traicté, ains d'en faire ung article à part pour estre tenu secret.

(2) Nous ne voyons pas qu'il soit besoing à M. *le Colonel* passer par la ville de Lyon, pour beaucoup de raisons que M. *Allard* peult representer, attendu que le passage d'*Andance* lui est plus commode, et aussi avoit-il proposé de passer par là, lorsqu'il fit promesse à la noblesse, et toutesfois, à son retour, s'il advenoit quelque cas de nécessité l'on pourroit luy accorder le passage par la ville, ainsi qu'il est porté par les dits articles, ou luy faire un pont de batteaux près de la ville en lieu de seurté.

voulu distrayre, vous tiendra tousjours pour son vray protecteur et defenseur, et augmentera l'obligation que nous vous avons pour vous rendre service de la mesme affection que nous vous souhaitons, Monsieur , en tout bonhœur, tres bonne et longue vie. De Lyon, ce 28ᵉ *janvier* 1594. »

1594. — *Février* 2. Le Consulat au Colonel *Alphonse* :

«Monsieur, Nous avons eu à grand plaisir la resolution que vous avez prinse de vous acheminer jusques à *la Guillotiere*, pour conferer avec Mgr l'*Archevesque* sur quelques petites difficultez qui restent a vuyder sur les articles que M. *Allard* vous a aportez, de la part du Conseil et de la nostre. Ceste conference ne sçauroit estre si tost que nous la desirons, et par ce vous prions nous de choisir le jour qui vous sera le plus commode , et de le nous faire scavoir, aux fins de vous préparer le logis pour vous y recepvoir, non si bien que vous meritez, et que nous desirerions, mais selon le temps ; attendant doncques ce bonheur, nous clorrons la presente après vous avoir humblement baisé les mains, et prié Dieu, etc. De Lyon , ce 2ᵉ *febvrier* 1594. »

Le Consulat écrivit en même temps à M. *de Chevrières*, que cette ville lui avoit une bien grande obligation de la peine qu'il avoit prise de se rendre en Dauphiné vers M. le Colonel pour le bien de la province, et de ce qu'il avoit bien voulu accommoder à peu près quelques petites difficultés qui se trouvoient aux articles que M. *Allard* avoit portés au Colonel; que ce Seigneur, pour les résoudre entierement, s'etoit disposé d'entrer en conference avec Mgr l'*Archevêque*. Le Consulat prie M. *de Chevrières* d'être de la partie, et, à ces fins, de se trouver à Lyon, le jour que le Colonel aura choisi pour se rendre à *la Guillotière*..... S.

1594. — *Février* 4. Le Consulat écrit à *Pierre Matthieu*, en Suisse :

Monsieur, voz lettres du 20 du passé nous ont esté très agreables, tant pour l'asseurance qu'elles nous ont donné de vostre santé, et de la bonne chere qui vous est faicte, que pour le bon succès de vostre legation qui aura esté très utile , en ce qne vous avez eu creance de la juste occasion que nous avons eue de prendre les armes pour nous conserver au party de l'Union catholique et à la couronne de France , et d'avoir disposé les seigneurs à nous secourir, si nous en avons besoing ; duquel secours , nous ayant la seigneurie de Lucerne fait promesse despuis vostre partement d'icy, nous vous avons par noz precedentes, comme nous faisons encore par la presente, prié de vous en retourner, ayant prins honneste congé desdites seigneuries redoublant avec eux les *caroux* (1) pour les rendre, si vous pouvez, *aussi bons poëtes que vous*. Et lequel vostre retour nous vous prions de haster avant que les deniers vous deffaillent, parce que nous n'avons pas les moyens de vous en faire seurement tenir par de là, etc. De Lyon , ce 4 de *febvrier* 1594. » Voyez ci-dessus au 30 *décembre* 1593. — *Pierre Matthieu* quitta la *Suisse* vers la fin de *février* ; il était à Lyon le 7 *mars*.

1594. — *Février* 6. *Dimanche*. « Sur le soir , se fit des *barricades à Lyon* , et commençarent endelà la *Saone* , vers *St-Nizier*, et se trouva le lundi matin toute la ville barricadée , qui demandoit un roy bon françois catholique , et se saisit on des plus affectionez du duc *de Nemours* , de son frère le marquis, du duc de Savoye et du roy d'Espague, tant eschevins,

---

(1) *Caroux*. Ce mot ne viendrait il pas du grec ou du latin *caros*, que l'on trouve dans Cœlius Aurelianus, 3 *Acut*. 5 , et qui signifie *Sommeil d'ivresse ?* Voyez ci-dessus les *publications* de 1590.

penons, juges que aultres. » *Arch. du Rh.*, xii, 167. — «.... Les uns
se saisirent de *l'arsenal*, les autres du corps de garde de *l'Herberie*, en
avant été premierement repoussez, mais par la remontrance d'uue *jeune
femme* qui dit à son mari qui conduisoit la bande et l'avoit tenue cachée
dans sa maison, qu'elle aimoit mieux ouir dire qu'il eust été tué que si elle
le voyoit mourir devant sa porte. ils retournent et gagnent le corps de garde.
Le lendemain on crie *Vive le Roy*.» Du Verdier, *Prosopographie*, p. 2586.

1594. — *Février 7.* «..., Le pourtraict da sa Majesté armée (*Henri IV*),
representée naifvement d'après le naturel en un grand tableau faict de la
main de quelque excellent peintre et environnée de lauriers a esté eslevé
avec grand honneur en lieu éminent aux galeries du devant de l'Hostel de
Ville, et de là montré au peuple par l'un des capitaines penons à teste nue,
prononçant à haute voix : Voicy le pourtraict de nostre Roy, il nous veut
conserver en la religion catholique, apostolique et romaine. Obeyssons-luy,
prions Dieu pour sa prosperité, santé et longue vie, et crions tous *Vive le
Roy.* » Du Verdier, *Discours sur la reduction de la ville de Lyon* (1).

1594. — *Février 7.* Le Consulat à M. *Allard :*

« Monsieur, Par nostre dernière despesche à M. le *Colonel*, nous l'avons
prié et vous aussi, de nous donner advis du jour qu'il aura choisy de se
trouver à *la Guillotiere*, pour la conference qu'il desire avoir avec Mgr *l'Archevesque*, aux fins de luy preparer un logis et le recepvoir le mieux qu'il nous
sera possible, selon la commodité du lieu, et parce que depuis nous n'en
avons point eu de nouvelles, et que nous ne voudrions qu'il y arrivast
sans y trouver ses commoditez, nous vous avons desp'sché ce porteur exprès,
pour sçavoir au vray le jour que *cette tant desirée venue et conference* pourra
estre faicte, qui ne sçauroit estre sitost que nous le souhaitons ; ce que nous
vous prions de luy faire entendre, luy baisant tres humblement les mains
de nostre part. Et n'estant la presente à aultres fins, nous prions Dieu vous
donner, etc. De *Lyon*, le *7 febvrier* 1594. » S.

1594, — *Février 8.* « Les enfans de la ville (2) ont fait dresser à la place
du *Change* une pyramide à champ rouge, remplie à l'entour de trophées de
guerre, et au dedans de fagots, fusées et artifices de feu, à laquelle, par
le pied'estal, sur le soir on a mis le feu : ce qui a donné grand plaisir d'une
girandole à la cime ; et ce, en réjouissance de ce que la ville est reduite à l'o-
beyssance de sa Majesté très-chrestienne. — « Ce mesme jour, le peuple,
les armes au poing, ayant manifestement declaré qu'il les avoit prises pour
embrasser le party du roy, on proposa quelques articles qui furent presentés
à *l'Archevesque*, mais ce prélat trouva fort mauvais que l'on se fust si légerement desparti de la *Sainte Union*, attendu tant de protestations dernie-
rement faictes. Partant il estoit d'advis qu'il falloit, avant tout, faire une despesche à S. M. pour la supplier de s'accorder avec Mgr *de Mayenne*, et de
mesme à ce dernier pour le prier d'en faire autant. Et cependant il ne put

(1) On doit à M. *P. M. Gonon* une réimpression de ce *Discours* qu'il a publiée avec d'autres
pièces sous ce titre : *Les Barricades* de 1594, etc. Lyon, 1842, in 8° Voyez sur la réduction
de Lyon, une *Lettre* adressée *à un honneste bourgeois de Paris*, insérée dans le journal de
l'Estoile ; la *Lettre écrite par un serviteur du roy à un sien amy à Tours*, etc., 1594, in-8.° ;
J. A. de Thou, *Hist. univ.*, livre cviii ; est Pasquier, *OEuvres*, t. ii, p. 456 ; J. d'Auton,
Chronique, t. iv, p. 293, édition de 1835 ; J. Morin, v. 454, etc.

(2) Par les *enfants de la ville*, on entendoit la jeunesse de Lyon. S. — Le chroniqueur anonyme dont on a publié le journal dans le t. xii des *Arch. du Rhône*, rapporte que le même jour,
mardi 8 *février*, on prit à Lyon *l'escharpe blanche*.

s'empescher d'accorder que, l'après disnée, l'on iroit trouver M. le *Colonel*, et autres agens de S. M., pour les faire entrer en ville, et, là, conférer avec eux sur certains articles. En execution de quoy, les sieurs *Jaquet*, *Colhabaud* et un autre eschevin, depnté du corps, accompagnés d'un bon nombre de notables bourgeois, se rendirent, sur les trois heures, de l'après disnée, vers M. le *Colonel*, le prierent d'entrer dans la ville avec tel nombre des siens que bon lui sembleroit. Ce qu'ayant accordé, et s'estant acheminé sur le pont du Rhosne, il n'eut pas approché des premieres arcades, qu'une grande multitude de peuple qui le suivoit à la foule, se mit à crier *vive le Roy* (1), comme, au desçu des eschevins, a esté faict par tous les carrefours des rues de la ville par où il est passé, jusques au logis de l'archevesché, où il est allé trouver M. *l'Archevesque*, après toutesfois avoir, en passant, rendu graces à Dieu en l'eglise de *S. Nizier*, de ladite acclamation populaire, en tesmoignage de l'allegresse de tout le peuple : en signe de quoy il a permis que par tous lesdits carrefours, trois trompettes qu'il avoit amenées sounassent : et ayant donné le bon soir à Mgr *l'Archevesque*, après quelques familiers propos, il s'est retiré au logis qui luy avoit esté préparé, estant la nuict close.... » SUDAN, *Recherches sur le retour*, etc., p. 19 ; M. GODEMARD, *Documents*, p. 59,

— *Même jour.* « ,... On députa deux eschevins, accompagnés de trois capitaines penons, pour aller au-devant du président *de Langes* et du lieutenant general *de Villars* son gendre. Ces deux magistrats temoignèrent en cette occasion une pieté singulière ; car, à leur arrivée, ils allèrent à l'église de *S. Jean*, rendre à Dieu des actions de graces, et de là retournerent chez eux, suivis d'une foule de peuple qui tesmoigna ouvertement sa satisfaction, en revoyant ceux qu'il regardoit comme ses peres. Les autres citoyens, honorés par un exil forcé (1) ou volontaire, furent reçus avec un empressement bien capable de les dedommager. » *Mém.* mss sur la Ligue extraits par M. SUDAN, p. 20-23 de ses *Recherches sur le retour*, etc. Voyez aussi *Discours funèbre sur le trespas de Messire B. de Villars*, par F. CHÉRUBIN DE MARCIGNY, Lyon, 1627, in-8.

(1) Voyez sur l'entrée d'*Ornano* à Lyon, un poème italien, *Il d'Ornano Marte, del capitano* BIASSINO LECA *detto* ALCIONE, stampato à *Bourdeo*, l'anno M. D. CII, pet. in-8.

(2) Parmi ces exilés on distingue *Antoine Camus*, président des trésoriers de France ; *Antoine Grollier de Servières*, trésorier général de France, et son frère, *Imbert Grollier du Soleil*, capitaine de la ville ; *René de Thomassin*, seigneur de *Montmartin* ; le sieur *Faye d'Espeisse*, conseiller du roi ; *Pierre Ballion*, seigneur de *Saillans*; *Arthus Henry*, seigneur de *Jarniost*, trésorier de France ; *Antoine Henry*, seigneur de *la Salle*; *Francois Guerrier*, seigneur de *Combelande* et de *Jons*, le seul des échevins qui, en 1589, avait préféré la fuite et la persécution au serment de la Ligue ; le sieur *Meslier*, avocat du roi ; *Thomas Bertho1y*, gendre du lieutenant général *de Villars*; *Vincent Richard*, riche négociant, etc., etc. Mais les Lyonnais n'eurent pas la satisfaction de pouvoir revoir dans leurs murs le respectable P. *Emond Auger*, Jésuite, que les Ligueurs avoient fait sortir de la ville en 1589 ; il était mort à Cosme, en Italie, le 19 janvier 1591. S.

C'est ici le cas de rappeler que *Bertrand d'Albon*, seigneur de *St-Forgeux* et de *Curis*, paraît être le seul gentilhomme dans le Lyonnais qui soit demeuré ferme au service du roi, tandis que dans le Beaujolais, il se trouve nombre de gentilshommes qui restèrent fidèles à la cause royale et qui firent à leurs dépens, chacun de leur côté, la guerre aux Ligueurs. D. Thomas, dans son *Mémoire*, p. 57, cite avec éloge *Nanton*, seigneur de *Pizey* ; le seigneur de *Sainte-Colombe*, son gendre ; le sieur de *l'Escluse* et le capitaine *Tircuir*, soldat de fortune, qui, « ayant donné « le moyen de prendre et d'arrêter le baron de Senecy, reçut une grande somme d'argent de « laquelle il acheta la terre de *Courcelles*, près Belleville ; *Claude de Rebé*, seigneur de *Rel-* « *et d'Amplepuis*, qui employa ses forces contre le seigneur de *Rochebonne*, capitaine de trente « lances pour la Ligue, et le surprit dans une de ses maisons .. »

1594. — *Février* 9. «..... Les sieurs *Jacquet, Vize, Valentin, Gelas, Regnauld, Bernard, Cauvet, Noyrat* et *Collabaud,* consuls eschevins, estant assemblés en la chambre du Conseil de l'Hostel de Ville, *sur les neuf heures du matin,* pour traicter des affaires d'icelle, y sont survenus ung bon nombre des principaulx et plus notables bourgeois de la ville, suyvis d'une multitude de peuple, tous portant l'*escharpe blanche,* lesquels, au nom de tout le reste du peuple, ont protesté de vouloir vivre et mourir en la foy et religion de l'esglise catholique, apostolique et romaine, et de ne permettre jamais qu'aultre religion soit exercée en ladicte ville, et neantmoings que, pour se redimer des miseres et calamitez que souffre ladicte ville et le peuple par toute la province, par les ravages et violences plus que barbares des trouppes de Mgr *le Marquis,* ils veulent desormais se soubmettre et demourer soubz l'obeissance du roy *Henri quatriesme de ce nom,* comme leur prince souverain donné de Dieu, qui, pour le rendre capable de la couronne, l'a inspiré par son Sainct-Esprit d'abjurer toute heresie, et d'embrasser la religion catholicque, apostolicque et romaine ; la majesté duquel ils supplieront tres humblement de laisser pour gouverneur desdictes ville et province Mgr l'*Archevesque,* leur tres digne prelat, lequel Seigneur archevesque ils prient d'accepter ladicte charge, en laquelle tout le peuple luy portera honneur, respect et obeissance. Et parce que, à la derniere eslection des eschevins, ceulx qui devoient sortir de charge à Noël dernier, ont esté continuez par les suffrages des maistres des mestiers, practiquez contre l'ordre et le statut de tout temps observé en ladicte ville, ont requis que les sieurs *Gelas, Regnauld* et *Bernard,* qui devoient, comme dict est, sortir de charge, soyent priez de s'en demettre. Et parce que les sieurs *Thierry, Noyrat* et *de Berny* sont soubçonnez par le peuple d'estre grands favoris de Mgr *de Nemours,* capital ennemy de ladicte ville, ont aussi requis pour la satisfaction et contentement de tous, et pour lever tous ombrages de defiance, qu'ils se despartent aussy de ladicte charge, encores que tout six l'ayent dignement et fidellement exercée. Mais parce que, de toute ancienneté, le nombre des eschevins a esté de douze personnaiges notables, et qu'il est besoing de se pourvoir promptement de six qui en soyent capables, et qui ayent les moyens de descharger les six qui sortent presentement des sommes qu'ils ont empruntées pour les affaires de ladicte ville, et, oultre ce, de fournir ou du leur, ou de leur credit, aux frais qui seront necessaires pour la conservation d'icelle ville en l'obeissance du roy, a esté resolu de proceder ce jourd'huy, sur les troys heures de relevée, à l'eslection et nomination de six notables bourgeois eschevins.

« A laquelle heure de troys de relevée dudict jour *neufviesme de febvrier,* sont comparus audict Hostel de Ville, lesdicts sieurs *Jacquet, Vize, Valentin, Cauvet* et *Collabaud,* qui sont les cinq eschevins retenus en charge pour le reste de la presente année, et avec eulx ung grand nombre de notables, entre lesquels se sont trouvez Messieurs *Nicolas de Langes,* president en la seneschaussée et siege presidial de ladicte ville, *Balthazar de Villars,* lieutenant general civil de ladicte seneschaussée et siège presidial, *Pierre Scarron,* tresorier general de France au bureau des finances de Lyon, *de Vaulx* et de *Liergues,* conseillers audict siège, et aultres appelez par les mandeurs ordinaires de ladicte ville ; tous lesquels ont protesté qu'ils sont infiniment marrys de la demission des sieurs *Gelas, Thierry, Regnauld, Bernard, Noyrat* et *de Berny*..., pour estre personnages notables et tres zelez à la religion catholicque, apostolicque et romaine et au bien et repoz de la ville, comme leurs actions, pendant leur Consulat, en ont donné vray et loyal tesmoignage. Mais, puisqu'ils s'en sont volontairement desmis pour satisfaire à la volonté du peuple, les susdicts comparans ont procedé à nouvelle eslection et nomination d'aultres six notables bourgeois pour exercer ladicte charge d'eschevins, sans toutes foys prejudicier aux anciens statuts de ladicte ville, par lesquels ladicte eslection doibt estre faicte par lesdits maistres des mestiers, soubz le bon plaisir desquels, pource, les dessoubz nommez ont esté esleus et nommez pour eschevins de la presente année, au lieu des susdicts sortis de charge, assavoir, *du costé de Forvieres*, nobles hommes M. *André Laurens*, juge gardien et conservateur des privileges des foyres de ladicte ville, *Alexandre Polaillon* et *Gaspard* (1) *Mornieu*, et, *du costé de St Nizier*, nobles *René de Thomassin*, seigneur de *Montmartin*, *Anthoine Henry*, tresorier general de France au bureau des finances de Lyon, et *Jehan Pelletier*. — Après laquelle eslection, toute ladicte assemblée s'est de rechef resolue de supplier tres humblement mondict Seigneur l'*Archevesque*, voyre le contraindre, si faire se doibt, d'accepter le gouvernement de ladicte ville et province, parce que le peuple a protesté de ne vouloir aultre gouverneur que luy, et de ne poser les armes qu'il n'ayt accepté la charge dudict gouvernement (2)..... » *Documens* de M. GODEMARD, p. 62.

1594. — *Février* 11. Les troupes du Colonel *Alphonse d'Ornano* passent par Lyon pour aller à *Toissay* (probablement *Thoissey*, Ain). *Arch. du Rh⁰* XII, 167.

1594. — *Février* 13. Le Consulat écrit aux magistrats et habitants de *Belleville* pour les féliciter de leur zèle et affection au service du roi. SUDAN, *Recherch. sur le retour*, etc. p. 30.

1594. —*Février* 14. Le sieur *du Garet*, capitaine, deux des échevins et quelques notables bourgeois de *Villefranche*, députés par tout le corps de la capitale du Beaujolais, se présentent au Consulat et déclarent que tous leurs concitoyens ont eu à très-grand plaisir, et ont reçu un contentement indicible des résolutions que la ville de Lyon avoit prises et exécutées, dereconnoître le roi Henri IV pour souverain prince et seigneur, ce que tous les habitants de Villefranche avoient aussi fait. SUDAN, *Recherches*, p. 30.

1594. — *Février* 17. Le Colonel *Alphonse* et M. *Prunier de Saint-André*, président au parlement du Dauphiné, étant venus au Consulat, accompagnés de M. *de Chevrières*, baron de Saint-Chamond, de M. *de Vic*, et autres Seigneurs, ce président exposa «que, estant à la cour de S. M., et sur son partement, pour retourner à sa maison, sadite Majesté luy avoit commandé de passer par cette ville avec le Seigneur *de la Fin*, et de remonstrer aux bons serviteurs qu'elle y avoit, qu'elle aimoit et respectoit grandement ladite ville, laquelle, se mettant en son obeissance, seroit traitée et respectée sur toutes les autres, avec les privileges, libertez et immunitez qu'elle sauroit desirer: luy estant deferé le choix et eslection de tel Seigneur qu'elle voudroit choisir et eslire pour son gouverneur en chef: se pouvant asseurer de sa bonté qu'elle se remettroit tousjours, pour ce regard, au jugement et volonté de ladite ville, ainsy que luy et ledit sieur *de la Fin* en ont eu plein pouvoir, par memoyres et instructions de S. M., que, pour ce, il a exhibés, par lesquels S. M. accordoit le gouvernement à Mgr l'archevesque de Lyon, et, à son refus, au sieur

---

(1) Les Tables chronologiques des échevins lui donnent *André* pour prénom.

(2) *Claude de Rubys*, qui était alors un des douze échevins, ne figure pas dans cette délibération, et n'y est pas même nommé. Déjà il avoit été obligé de s'éloigner à cause de son dévouement au duc *de Nemours*; toutefois il ne fut pas destitué de sa charge d'échevin, comme il le fut de celle de procureur général de la ville, et de celle de conseiller en la sénéchaussée dont il se démit. S.

de Chevrieres, si ladite ville avoit l'un ou l'autre pour agreable. » — Le Colonel *d'Ornano* dit aussi « qu'il s'estoit acheminé jusques en ceste ville, à deux fins, l'une pour fortifier les bons serviteurs que S. M. y avoit, et l'autre pour l'assister des forces de S. M. contre celles de Mgr *de Nemours* et du Marquis de *Saint-Sorlin*, comme il feroit; pour avoir trouvé ladite ville reduite de son propre mouvement, au service et obeyssance du Roy, son souverain, dont il louoit Dieu. » S.

1594. — *Février* 17. Les avocats, les procureurs, les notaires, etc., convoqués au palais de justice, prêtent serment de fidelité à *Henri IV*. Le lieutenant général en la sénéchaussée, *Balthazar de Villars*, prononce à cette occasion une harangue qui se termine ainsi :

«.... Nous nous sommes rangez soubs l'obeissance de nostre roy tres chrestien Henry quatre, sans quitter ny abandonner la religion de nos ancestres, pour laquelle nous debvons resouldre de sacrifier nos vies et quitter plustost le terre que le ciel. C'est maintenant que nous embrassons vrayement la concorde, que nous unissons nos volontez. C'est pourquoy le conseil a tresprudemment ordonné ceste ceremonie et cest acte solemnel auquel par ung serment nous sommes liez d'ung mesme cordaige, non poinct au prejudice de la relligion, mais pour la conserver; non poinct au profit d'ung prince estranger, mais pour la recognoissance de nostre vray et legitime roy; mais l'intention du Conseil passe plus avant, car elle veult et ordonne que la loy de l'amnistie proposée par Trasibulus aux Atheniens après leurs guerres civilles, soit publiée et observée, et que la memoire des injures, outrages et exces soufferts aux années passées soit effacée ou deracinée des cœurs d'ung chacun par la ligne d'oubliance pour rendre ferme, vraye et entière ceste concorde, et pour contenir tous les habitans de ceste prouince sous la reverence et puissance d'ung seul Dieu en l'unité des mesmes foy et creance, soubs l'obeissance de nostre roy, en l'observation d'une mesme loy. Le roy et la loy sont une mesme chose. Le roy sans la loy ne peult justement commander. C'est pourquoy en langue hebraïque ce mot de *malac* signifie regir et conseiller, Le conseil du prince est la loy. Si nous gardons et observons les loix de ce royaume, noos demeurerons fermes en l'obeissance de nostre roy, et, pour le dire en vng mot, nous serons bons François. L'obeissance et recognoissance de nostre roy legitime sera la collombe qui nous rapportera la branche d'olivier, c'est-à-dire, la paix tant desirée qui essuyera les larmes de nos yeulx, nous rendra toutes choses propices, nous fera oublier les maulx passez, et en un mot nous preservera du deluge de tant de malheurs que les guerres civiles nous ont apporté, et lors Dieu fera pleuvoir sur nous l'abondance de ses celestes benedictions, et, comme disoit le Psalmiste royal : *Rex lætabitur in Deo, laudabuntur omnes qui jurant in eo; quia obstructum est os loquentium iniqua* (LXII, 12). Mss. de la B. de Lyon; n.° 1459. Voyez l'*Alm. de Lyon* pour 1788; p. 303, et ci-après au 11 *novembre* 1595.

1594. — *Février* 18. Les Consuls de *St. Bonnet-le-Château* écrivent aux échevins de Lyon :

« Messieurs, aussitost que nous avons sçeu la sainte resolution qu'avez prise en la recognoissance de nostre tres-cher sire le roy, nous en avons rendu graces à la divine Majesté, et chanté le *Te Deum laudamus* avec le plus de ceremonie qu'il nous a esté possible; et tous ensemble, tant habitans que capitaines et soldats, d'un bon accord et mesme volonté, avons crié *vive le roy*, et pris ceste belle escharpe blanche, ancienne marque des bons François, resolus que nous sommes de mourir avec elle.... » L'abbé Sudan, *Recherch.*, p 32.

1594. — *Février* 19. Le Consulat au Pape *Clément VIII* :

«Très Sainct Pere, nous ne doublons point que Vostre Saincteté n'ait trouvé
mauvais qu'après tant de protestations que ceste ville a faictes de ne se
despartir jamais de la Saincte Union des catholiques ny de la couronne de
France, sonbs l'obeyssance de Mgr *de Mayenne*, elle se soit jettée en la
protection du roy, son prince souverain donné de Dieu, attendu que, pour
le rendre capable de la couronne, il l'a inspiré par son Sainct Esprit, d'abjurer toute heresie, et se rejetter au giron de la saincte Eglise, de laquelle
vous estes le très digne chef visible; mais quand Vostre Saincteté aura entendu
au vray l'occasion qui nous a meu d'embrasser ce party, sans toutesfois
nous distraire de ladite union catholique, et de l'obeyssance que nous debvons au S. Siege apostolique, nous nous asseurons tant de sa bonté et
clemence qu'elle nous aura pour excusez, et nous conservera en ses bonnes
graces, comme très fidelles enfants de l'eglise catholique, apostolique et
romaine que nous sommes; et, comme tels, supplions donc V. S. qu'il luy
plaise se remettre en memoyre, ce que, par noz precedentes, nous luy avons
faict entendre des cruaultez et inhumanitez plus que barbares que les trouppes
de Mgr *de Nemours*, commandées par Mgr *le Marquis*, son frere, ont exer-
cées ez environs de ceste ville, lesquelles nous esperions prendre fin, ou pour
le moings quelque sursoyance par la tresve et suspension d'armes que nous
avons contractée avec leurs excellences : mais, tant s'en faut que nous ayons
joui de ce benefice, que, au contraire, nous avons esté, durant ladite tresve,
aussi mal traictez qu'auparavant. De quoy nous estant plaincts par personnage
signalé envoyé exprès à Mgr *de Mayenne*, et supplié S. E. d'y pourvoir,
ou par ung amyable accord ou par la force des armes, nous n'avons peu
avoir aultre chose synon quelques promesses de recompenser lesdits seigneurs
de Nemours et *S. Sorlin* du gouvernement de la *Guyenne*. à la charge de
rendre les places qu'ilz tiennent ez environs de ceste ville ; mais lesdicts
seigneurs ne se sont peu resouldre d'accepter cest offre sous lesdictes charges,
ains au contraire, se sont preparez plus que jamais à la guerre, appelans
tous leurs serviteurs et amys à leur ayde. Nous, au contraire, destituez
de tout secours et de tous moyens de lever des forces pour nostre conservation, et pour empescher les ravages du plat pays, avons faict supplier
très humblement Leursdictes Excellences d'accepter lesdictes offres, et nous
remettre lesdictes places. par lesquelles ceste ville est bloquée de tous
costez; mais les ayant trouvez opiniastres à ne les demordre, pour par
icelles nous incommoder quand mondit Seigneur *de Nemours* sera en liberté,
nous avons esté contraincts de nous jetter entre les bras de S. M., sur
la promesse qu'elle nous a faicte par ses agens et deputez, que, en ceste
ville et tout le pays de Lyonnois, Forez et et Beaujollois, elle ne permettra jamais qu'il y ait exercice de la religion aultre que de la catholique,
apostolique et romaine. Car, sans ceste condition, nous eussions enduré
plus tost toutes incommoditez, voyre la mort mesme, quelque violente
qu'elle eust esté, avant que de prendre ledict party ; ce que nous supplions très humblement V. S. d'approuver, mettant en consideration que Dieu
ny sa religion saincte n'y sont offensez, et que ce que nous avons faict n'a esté
que pour conserver ung million d'ames très catholiques que noz très cruels
ennemys avoient projetté de massacrer, Cette consideration nous faict esperer toute faveur et benediction apostolique de la bonté et clemence de V. S.,
dont nous la supplions à joinctes mains, et de *commander* par son bref apostolique *à Messieurs du Clergé de ceste ville*. tant Jesuites que aultres, *de continuer leurs sermons et aultres fonctions*, pour obvier au scandale qui en
pourroit reussir, au mescontement de tout le peuple qui est très catholique,

et très devot de rendre à V. S. fidellité et obeyssance filiale, et de prier Dieu avec nous, très Sainct Père, vous donner en toute prosperité, très heureuse et très longue vye. De Lyon le 19 febvrier 1594. — De Votre Saincteté et de tout le Sainct Siege apostolique, les très-humbles, très-dévots et très obeissants serviteurs et subjects, les Consulz eschevins de Lyon. » S.

1594. — *Fevrier* 20. Lettre de *Henri IV*, portant pour adresse :

« A noz tres chers et bien amez les maire et eschevins, manans et habitans de nostre ville de Lyon,

« De par le Roy :

« Tres chers et bien amez, la resolution que vous avez faicte de vous tirer du mauvais party où vous vous estiez laissez allér, et de recognoistre l'obligation que vous avez à nostre service, non seulement parce qu'elle apporte beaucoup d'advancement et de reparation à noz affaires, mais aussy parce qu'elle nous ouvre le chemin de faire paroistre à nostre ville de Lyon, l'inclination que nous avons eue de tout temps de l'aimer : et que nous tenons meilleur compte de ce qu'elle a merité soubz noz predecesseurs, que de ce qu'elle peut avoir demerité contre nous despuys ces derniers troubles, dont nous rejettons toute la faulte sur les chefs et principaux de la faction de nos ennemys, aux artifices et aux violences desquels nous savons que les gens de bien des meilleures villes de ce royaulme ont esté contraincts de se laisser transporter. Or, nous vous exhortons et recommandons de perseverer toujours en ceste bonne et saincte resolution, et de prendre toute asseurance de nostre bienveillance envers vous tous, tant en general qu'en particulier, laquelle nous vous tesmoignerons par effect en tout ce que vous voudrez requerir de noz graces, et notamment au soin que nous aurons de reparer et remettre ce que la misere du temps pourroit avoir diminué de la grandeur et commodité de nostre dite ville de Lyon, à l'imitation de laquelle nous vous advisons que celle d'Orleans s'est reduicte en nostre obeyssance, avec la personne du sieur de la Chastre : qui nous donne toutte asseurance de celle de Bourges et de tout le reste des places du gouvernement de Berry. Et comme nous avons rendu louange et actions de graces publiques à Dieu de vostre reduction, aussy vous exhortons nous d'en faire de mesme de vostre part pour celle des villes susdites. Donné à Chartres, le 20e jour de febvrier 1594. Signé HENRY, et plus bas FORGET. L'abbé Sudan, *Recherch.*, p. 35.

1594. — *Février* 20. La ville de Lyon conclut avec le duc de *Savoie* un traité de neutralité et de commerce. J. MORIN, V, 442.

1594. — *Février* 21. Le Consulat au duc *de Mayenne* :

« Monseigneur, La consideration que nous avons eue de la continuation de ces guerres civiles qui ont causé tant d'iniures, tant de sacrileges, tant d'adulteres, tant de rapts, tant de forcements sur les corps chastes de tant de dames pudicques et honnestes, tant de ruynes de temples, bruslements de sepultures, demolitions d'edifices, ravages des champs, et de tant d'aultres malheurs, mizeres et calamitez qui luy sont compaignes ; et la consideration aussy de la conversion du Roy, seigneur et souuerain prince naturel à la religion de la saincte Esglise catholicque, apostolicque et romaine, estans aussy descheuz de toute esperance de secours humain contre les forces et violences de nos ennemys ; tout cela nous a poussez à recognoistre Sa Majesté, et à nous jecter avec toute soubmission de fidelle obeyssance entre ses bras et protection ; ce que nous croyons que tant s'en fault Vostre Excellence trouvera mauvais, que, au contraire, elle taschera d'apporter ung asseuré repos à ce royaulme par une paix que nous la supplions tres humblement nous procurer, attendu mesme que nostre religion (soubs le manteau de laquelle lesdictes guerres cruelles ont prins leur origine) n'y est offensée ny alterée; nous avons de sy longue main recogneu tant de bonté, clemence et humanité en Vostre Excellence, que nous croyons, voyre mesme nous asseurons que, pour cela, nous ne descherrons poinct de l'amytie et bienveillance dont elle nous a tousjours honorez, comme, de nostre part, nous luy rendrons tousjours tres humblement service de la mesme affection que nous prions Dieu vous donner, Monseigneur, en bonne santé et contentement, tres heureuse et tres longue vie. De Lyon, ce xxi febvrier 1594. » S.

1594. — *Février* 21. Le Consulat écrit aux *Prevôt des marchands et échevins de Paris*:

« Messieurs, avant que la présente vous soit rendue, vous aurez sceu la resolution que nous avons prise de recognoistre le roy pour nostre prince souverain donné de Dieu, puisqu'il a plu à sa divine Majesté de l'appeler par son Saint-Esprit de se jetter aux genoux de la Sainte Eglise catholique, apostolique et romaine : mais vous n'aurez peut-être pas sceu les justes occasions qui nous y ont poussez, lesquelles nous esperons de vous faire entendre bientost par noz deputez, cependant nous vous dirons que nous ne serions ni sages ni bien advisez, si, par les miseres et calamitez que nous avons constamment et vertueusement supportées, nous n'eussions pourveu à nostre sureté et conservation, destituez que nous estions de tout secours humain contre les forces et les violences de noz ennemys : joinct que la continuation des guerres civiles ne peut apporter que l'entiere ruyne et dissipation de la plus belle monarchie qui soit au monde : ce qui doit desiller les yeux à ceulx qui, pour quelque affection particuliere, les ont bandez, attendu mesme qu'il n'y va que du temporel, et non du salut de l'ame, puisque nostre saincte religion demeure en entier, sans estre alterée par schisme ou heresie. Cela vous doit mouvoir, Messieurs, de penser desormais à procurer une paix à ce royaulme, et la faire esclorre de vostre ville ; affin que de la mesme arche ou navire, dont l'origine de tous les malheurs que la guerre a enfantez, est provenue, la belle colombe en sorte aussy, qui y rapportera le rameau d'olive, qui est la paix..... Ce que vous pourrez aisément faire par sages remonstrances à Mgr de Mayenne, l'Excellence duquel tousjours se conformera à l'équité, comme très-chrestien qu'il est et très affectionné au bien de ce royaulme, duquel il ne voudroit voir la ruyne par une opiniastreté de guerre civile; les effets de laquelle vous doivent fleschir à nous accorder la requeste que nous vous faisons, et prier Dieu avec nous d'appaiser son ire.....; le suppliant de vous donner, Messieurs, en tout bonheur et contentement, très-longue vie. De Lyon, le 21 fevrier 1594.» L'abbé Sudan, *Recherch.*, p. 53.

1594. — *Février* 22. Le Consulat donne mandement à *Antoine Jacquet*, chevaucheur pour le Roy à Lyon, de 40 écus pour distribuer aux chevaucheurs tenant les postes de *la Tour*, *Tarare* et *l'Arbresle*, à cause des frais qu'ils ont à supporter à l'entretien des *postes*, qui ont naguères été dressées pour le service du roy et commodité de l'armée que le sieur Colonel (d'*Ornano*) a conduite pour led. service au pays de *Dombes*. S.

1594. — *Février* 22. Lettre d'Henry IV, à ses « tres chers et bien amez les Maire et Eschevins, manans et habitans de nostre ville de Lyon :

« De par le Roy :

« Tres chers et bien amez, la premiere nouvelle que nous avons eue de la bonne et louable resolution que vous avez faicte de nous recognoistre pour tel que Dieu a ordonné que nous soyons, a esté une despeche du sieur d'Ornano, que nous receumes le 13 de ce mois, qui ne contenoit que la simple certitude de l'execution d'icelle, nous remettant à aultre plus ample qu'il nous devoit faire bientost après, en laquelle nous verrions les particularitez de ce qui s'estoit passé par delà. Et sur l'opinion que nous avions que ladite seconde despesche nous arriveroit de jour à aultre , et que, par icelle, nous serions mieux informez de ce que nous aurions à vous mander pour ce regard , nous avons d'aultant différé de vous escripre pour nous resjouir avec vous du grand bien qui adviendra, et au general de noz affaires, et à vous en particulier de ceste vertueuse declaration que vous avez faicte en faveur de nous et de nostre service : ce que nous avons faict despuis peu de jonrs par une aultre nostre despesche, que nous n'estimons que vous n'aurez gueres plus tost que ceste-cy, que nous vous faisons par vostre depputé, qui nous a rendu la vostre du 14 de ce mois, en laquelle nous avons veu avec grand plaisir et contentement la continuation de vostre bonne volonté et affection à nostre service, qui augmente tousjours la nostre en vostre endroict. Nous avons aussi veu en vostredite despesche, et particulierement entendu par vostredit deputé, le bon ordre que vous avez commencé de donner à l'establissement des affaires de ladite ville, ayant procedé à l'eslection de nouveaux eschevins, au lieu de ceux qui vous estoyent suspects : qui estoit veritablemant par où il falloit commencer, et qu'il est necessaire de continuer à l'endroict de ceulx que l'on cognoist n'estre pas entierement nets et vuides de ceste mauvaise impression qui leur avoit esté donnée : n'y ayant rien tant à craindre en ung corps que ung ulcere couvert en quelque membre. Vous estes si prudents et si advisez, et traictez maintenant ung affaire qui est si agreable à Dieu, qu'il ne fault doubter que vous ne soyez assistez de sa grace , en touttes les resolutions que vous ferez pour ce regard : estant fort content de la resolution qui a esté prinse de remettre la conduite des affaires au Consulat de vostre ville, attendant que nous ayons faict resolution sur le gouvernement de la province : laquelle nostre volonté estoit bien de ne faire point que les depputez que nous sommes advertis que vous devez envoyer vers nous, ne fussent arrivez, et que nous ne les eussions particullierement ouys. Et demeurons encores plus fermes en ceste opinion , que nous voyons par vostredite lettre que c'est chose que vous desirez de nous, de qui, en cela et toute aultre occasion, vous devez attendre toute faveur et grace, comme nous sommes asseurez que la confiance que nous avons de vostre fidellité et bonne volonté, nous sera tousjours confirmée par les bons effets que nous en pourrons desirer. Nous avons, au reste, veu par l'extraict de vostre deliberation consulaire, l'ordre que vous desirez estre donné par les thresoriers generaulx de France, pour les vivres et autres despenses y contenues, pour les forces qu'il fault mettre en la campagne ; suivant laquelle nous leur mandons presentement d'y pourvoir en diligence, à quoy nous nous asseurons qu'ils ne fauldroyent de satisfaire : sur ce, nous reservant de vous escripre plus amplement, après que ladite seconde despesche dudit sieur Ornano nous sera arrivée, nous nous contenterons pour fin de ceste-cy, de vous exhorter de ne discontinuer vostre soing et voz veilles pour vostre conservation et de nostre dite ville, estant très certain que dedans et dehors les pratiques et desseings y multiplient tous les jours, dont Dieu vous preservera, s'il lui plaist, comme nous l'en prions de tout nostre cœur. Donné à Chartres, le 22ᵉ jour de febvrier 1594. Signé HENRY, et plus bas *Forget*. » L'abbé Sudan, *Recherch.*, p. 37.

1594. — *Février* 23. Lettre de M. *Revol*, secrétaire d'état , au Consulat :

« Messieurs, j'ay loué Dieu et me resjouys avec vous de la grace qu'il vous a faicte de conduire à bonne et heureuse fin la saincte resolution que vous avez prinse, de laquelle j'espere qu'il vous donnera, de jour à aultre plus de contentement, comme en ce qui despend du Roy, vous pouvez estre asseurez que vous le recepvrez tel que vous le sçaurez desirer, mesmes en ce dont vous luy avez escript,....... tant il desire vous faire cognoistre que nulle affection particuliere n'aura lieu, en ce qui vous touche, par dessus ce que vous lui ferez veoir estre du bien et repoz de vostre ville ; laquelle, combien que S. M. s'asseure que vous aurez assez de soing de conserver soubz son obeissance, et qu'elle ayt esté bien aise que les choses soyent passées sans violence ; si est-ce que, ayant entendu qu'il y en a qui ont assez faict cognoistre, en ceste occasion, ce qui leur reste encores de mauvaise volonté dans le cueur, et jugeant qu'il ne peult estre que très dangereux de les retenir parmy vous, pour les praticques et efforts qu'ilz pourroient faire sur vostre liberté et voz vies, elle desire que vous vous delivriez de ce soupçon, pour n'encourir ce mal, par les plus gracieulx moyens que vous sçaurez bien choisir, et particulierement pour le regard de voz *Suysses* dont le capitaine despend du plus grand ennemy de ceste couronne qui soit en la nation (1). Je vous remercie, Messieurs, de la confiance qu'il vous plaist monstrer avoir de mon affection à vous faire service, à quoy je vous supplie croyre que vous n'employerez jamais personne qui me surpasse en bonne volonté, en vostre endroict, etc. » S. — Voyez ci-après au 16 *mars.*

1594. — *Février* 28. Les sieurs eschevins à plein et duement informez de la suffisance, capacité, prudhommie et bonne diligence de Monsieur M⁰ *François Dufournel*, docteur en droict, avocat au parlement de Paris et seneschaussée de Lyon, ont commis et deputé par provision led. sieur *Dufournel* à l'estat de *procureur general* de lad. ville et communauté, pour icelluy estat tenir et exercer tant et si longuement qu'il plaira au Consulat ;.... laquelle charge led. sieur *Dufournel...* ayant acceptée, a presté serment sur les saincts Evangiles de Dieu, de bien et fidelement s'en rappeler au service de lad. ville, et de procurer de tout son pouvoir le profict, et eviter le dommage d'icelle, sans acception de personnes quelles quelles soient. S.

1594. *Février* ou *mars.*—Lettre de *Pierre d'Epinac* à M. *Lyvet*, secretaire de l'archeveché :

« Monsr Lyvet, je vous supplye prier M^rs de la ville de ma part de continuer l'entretenement de la compagnye de M. *de Chaseuil* sur le *Franc-Lyonnois*, comme il estoit, pour aultres quinze jours, d'aultant que le terme est expiré, et encores de faire donner argent à la compagnye du sieur *de Bayard*, que j'ay icy pour ma garde ; ce qu'ilz m'ont promis de faire, n'estant pas raisonnable que ceste pauvre ville les entretienne, ou que je demeure à l'abandon de mes ennemys. Dieu vous conserve ! Vostre affectionné amy : DEPINAC, archevesque de Lyon. » — Cette lettre sans lieu ni date, paroit ecrite de *Vimy*, aujourd'huy *Neuville.* S.

1594. — *Mars* 1. Le Consulat à l'archevêque de *Vienne* :

« Mgr, Vous avez sceu nostre reduction soubz l'obeissance de nostre roy très chrestien et très catholique, de laquelle aulcuns de nostre clergé semblent faire quelque scrupule ; avec lesquelz ayant conferé, avons recogneu que vostre bon advis les pourra reduire à rendre le debvoir à tout nostre peuple catholique par ce mesmement que vous vous estes trouvé en vostre bergerie en pareil *accessoire*, lorsque vostre ville de *Vienne* fut une foys reducte soubz l'obeissance de S. M., qui toutesfoys n'estoit catholique : et neant-

____

(1) Le colonel *Pfeffer*.

moings vous et vostre clergé ne cessastes de leur administrer tous les saincts sacrements ; dont depuis ayant esté dans *Rome*, vous scavez s'il a esté malpris par S. S. et par le Consistoire. Doncques, Mgr., vous plaise impartir aux nostres vostre sage conseil , lequel nous attendons devotieusement pour le soulas commung de tous noz concitoyens. Cependant, aprez vous avoir presenté noz humbles salutations, nous prions Dieu, Mgr, qu'il demeure en vous. De *Lyon*, le 1er jour de *mars* 1594.» S.

1594. — *Mars* 1. *Estienne Pasquier* écrit de *Melun* à son fils *Théodore* ; il lui apprend la réduction de Lyon , la prise et l'exécution de *Barriere,* etc. *Œuvres,* II, 455.

1594. — *Mars* 5. *Charles Boucher*, maitre des requêtes , est nommé par le duc *de Mayenne,* garde des sceaux, en remplacement de *Pierre d'Espinac,* lequel, avant son départ de *Paris,* avait fait la remise des sceaux audit *Charles Boucher.* DUCHESNE, *Hist. des Chanceliers,* édit. de 1680, p. 674-5.

1594. — *Dimanche 6 mars.* Les ouvriers imprimeurs parcourent la ville, en récitant publiquement les *plaisants devis du Seigneur de la Coquille.* Voyez ci-dessus au 6 *mars* 1593, et ci-après, *mai* 1610 et 14 *février* 1627.

1594. — *Mars* 7. Le sieur *Thomé* remplace, comme secretaire du Consulat, le sieur *du Troncy* dont la signature se trouve pour la derniere fois à la fin du procès-verbal de la séance consulaire du 6 *Mars.* — Le sieur *Bertrand Castel,* voyer de la ville, fut aussi destitué , et remplacé par *Jérôme Durand,* S.

1594. — *Mars* 9. *Séance consulaire.* Les sieurs *Pelletier* et *Mornieu* (échevins) sont députés pour aller aux *Jésuites,* leur faire entendre que messieurs les échevins ne permettront point que le P. *Bernardin* (1) et autres venans de Rome, entrent en cette ville, pour les causes qu'ils ont charge de leur dire. S. — Les *Jésuites* et les *Capucins* de *Paris* refusèrent de prêter serment de fidelité à *Henri IV*, croyant qu'il fallait attendre l'autorisation du pape (2). Quant aux *Jésuites* de Lyon, ils apportèrent pour raison de leur refus, l'absence du provincial et du recteur de leur collége, ne croyant pas devoir prendre un parti dans une affaire de cette importance, sans l'aveu de leurs supérieurs (voyez JOUVANCY. *Hist. Soc. Jesu,* t. 2, p. 45, et P. DE LUMINA, *Abrégé chronol..* p. 223). Les *Capucins* de Lyon imiterent [aussi les *Jésuites* (voyez ci-après au 13 de ce mois).

1594. — *Mars* 10. Le Consulat ordonne qu'en conséquence d'une précédente ordonnance sur ce fait, il sera signifié de nouveau par le lieutenant du guet de cette ville, au domicile de tous ceux qui ont été mis hors d'icelle depuis sa reduction, qu'ils ayent à soy retirer et esloigner à 5 lieues loin pour le moins de ceste ville, avec defenses d'en approcher sur peine d'être perturbateurs du repos public, etc. S.

1594. — « Le *Dimanche* 13 *mars* , sur les neuf heures du matin , nobles M.es *René Thomassin, Henry, Lorens, Pollaillon, Jacquet, Vize, Pelletier, Valentin* et *Collabaud* se sont assemblés en l'hôtel commun de lad. ville, et à l'instant sont partis en corps, vêtus de leurs robes violettes, assistés des mandeurs de la ville, et accompagnés des sieurs procureur , receveur et voyer d'icelle, et se sont acheminés pour aller en la grande église *S. Jean,* aux fins d'assister

---

(1) Le P. *Bernardin Castor* était allé à *Rome* avec le P. *Majorius.* Voyez ci-dessus au 21 *sept.* et au 30 *déc.* 1593.

(2) *L'Université de Paris* refusa aussi le serment à *Henry IV*, et ne voulut point assister à la procession générale qui eut lieu le 29 *mars,* jour de l'octave de la réduction de Paris.

à la *procession generale* de la reduction de cette ville sous l'obeissance du roi; à laquelle procession auroient assisté le sieur colonel *d'Ornano,* (suivi) du senechal de Lyon et de toute la noblesse, tant de cette ville que de la province, messieurs de la justice en corps, avec grand nombre de notables bourgeois et infini peuple. Et étant lad. procession de retour à lad. église *S. Jean,* après avoir passé par la rue *Juifverie* et entre les deux églises de *S. Paul,* etre revenue par la rue de *Flandres,* auroit été chanté dans le chœur de lad. église, par toutes les processions des églises collégiales, le *Te Deum laudamus,* et consecutivement la grande messe à haute voix; puis lesd. sieurs échevins ayant accompagné led. sieur *d'Ornano* en son logis, se seroient retirés aud. hôtel-de-ville. Et n'auroient les *frères Capucins* ni les *frères Minimes* assisté et accompagné lad. procession, ains seulement les quatre *mendians* qui sont les *frères Cordeliers* du couvent de l'*Observance* et de *St-Bonaventure,* les *Carmes,* les *Jacobins* et les *Augustins.*» —Il paroit que les *Capucins* se conformèrent quelque temps après. Le 21 *octobre,* le Consulat leur fit livrer en aumône, une charge d'huile d'olive. S.

—*Même jour.* Le Consulat charge deux échevins de faire entendre au sieur *Ponson Bernard* (ancien échevin) que, comme il ne lui avoit pas été defendu d'aller à la messe, lorsqu'il lui fut enjoint de soi contenir en sa maison, il n'etoit pas besoin lui octroyer pour cela aucune permission, comme il l'avoit fait requerir. S.

1594. — *Mars* 16. Le Consulat, en réponse à la lettre de M. *Revol,* secrétaire d'état, du 23 février précédeut :

« Mgr, les lettres qu'il vous a pleu nous escripre, par lesquelles nous avons cogncu combien noz premiers deportemens ont esté agréables au Roy, ont comblé de toute satisfaction le plaisir que nous receumes quand il pleust à Dieu nous rendre superieurs à noz ennemys intestins, et nous mettre en liberté de nous jecter entre les bras de S. M., de laquelle nous avons receu deux lettres tant pleines de benignité et de clemence, que nous serions honteux d'avoir si longuement differé à nous y resouldre, si les artifices de noz adversaires, et le pied qu'ils avoient pris sur nous et sur la pluspart des meilleurs François de ce royaulme ne nous servoit de legitime excuse envers ung roy très clement et très bening. Aussy la lecture desdites lettres que nous avons faicte en assemblée generale, à ces fins convoquée, a merveilleusement resjoui le peuple, comme il a tesmoigné par nouveaux feuz de joye et aultres allegresses, et que plus est, a convié la meilleure part de nostre clergé à faire la *procession generale,* et chanter le *Te Deum,* dont le contentement a esté d'aultant plus recogneu parmi les gens de bien, que, par les menées des mal affectionnez, nous ne l'avions peu obtenir jusqu'à ce jour. — Nous esperons que messieurs noz deputez s'achemineront par devers S. M., après avoir sceu sa responce....... nous vous remercions bien humblement des bons offres qu'il vous plaist nous faire par voz lettres.... et pour monstrer que nous les acceptons, nous vous requerons que votre bon plaisir soit de veiller à diverses personnes oultrecuidantes et deshontées qui s'en vont par devers le roy, pour obtenir de ses graces la confirmation de leurs offices, continuation de leurs charges, leur rappel en ceste ville, de laquelle ilz ont esté sortys meritoirement, et faire aultres semblables requestes ; à ce qu'il plaise à S. M. faire tout pour le bien et repoz de ceste patrie et de ses bons serviteurs, de ne les point oyr en telles demandes, lesquelles on luy fera cognoistre, si nous sommes contrainctz, estre d'aultant plus injustes que les demandeurs en sont indignes........ » S.

1594. — *Mars* 16. Le duc *de Nevers* au Consulat :

« Messieurs, je ne saurois vous exprimer le contentement que j'ay ressenty de l'honorable et valeureuse resolution correspondante à la fidellité de voz peres qu'avez faicte de vous ranger soubz l'auctorité de nostre roy très chrestien et catholique. C'est par là que vous avez faict paroistre que les choses passées sont provenues d'une esmotion faicte par un zèle chrestien, et non pour vous distraire de la Couronne de France. Par mesme moyen, vous vous estes garantys d'estre plongez en la plus cruelle tyrannie qu'on eust peu pratiquer contre vous, comme vous voyez bien qu'est l'intention des chefs de la ligue. Car, où ilz peuvent mettre les doigtz, ilz y establissent le glaive tranchant des deux costez, au dommage de ceulx qui les ont restaurez et supportez jusqu'à present. Les exemples vous en sont si cogneuz que je n'ay que faire de les desduire. Ains seullement je me resjouiray avec vous de ceste si louable resolution qu'avez faicte, laquelle je puis vous dire que, en mon particulier, elle m'oblige grandement à vous aymer et faire plaisir en tout ce qui sera en mon pouvoir, comme j'ay aultres foys desiré de faire, et l'ay faict quand les occasions se sont presentées : et suis prest encores de m'y employer, pour vous confirmer d'aultant plus ceste bonne correspondance de voysinage entre vous et moy : et s'il m'eust esté permis aller droict le chemin de vostre ville, j'eusse esté très ayse d'y passer, et vous tesmoigner avec ma presence ce que je vous escrips. Je vous prieray donc de me tenir au nombre des plus affectionnez amis et voysins que vous ayez ; et croyez, s'il vous plaist, que, quand vous aurez affaire de moy près S. M., que vous en finirez fort facilement; comme aussy des moyens que j'ay au *Nivernois* où la duchesse ma femme faict sa residence ordinaire, laquelle, je m'asseure, prendra très grand plaisir de vous gratiffier en tout ce que vous desirerez, et sera en nostre pouvoir. L'on m'a mandé de *Rome*, que M^{rs} les *jésuites* de vostre ville ont escrit à leur general pour sçavoir de S. S. s'ilz vous absouldront, vous estant remis en l'obeissance de nostre roy catholique ; ce que je veulx croyre provenir du bon zele qu'ilz ont ; neantmoins, il me semble que c'est chose qui ne merite point d'estre mise en dispute; car nostre roy n'est plus heretique, et le Pape ne peult le faire tel, S. M. n'ayant volonté de l'estre. D'aultre costé, si l'on veult doubter qu'il soit excommunié, il me semble que l'on a grand tort, parce que, en premier lieu, il a esté absoubz par le clergé de France, pour les raisons que vous verrez cy encloz ; d'aultre costé, il n'a tenu à S. M. rechercher du Pape plus ample absolution, si S. S. jugeoit qu'elle luy feust convenable; mais ne l'ayant voulu accorder, il ne s'ensuit pas que l'on doive estimer S. M. excommuniée, puisqu'il n'a tenu à luy de faire tout ce qui estoit requis pour le faire. Et si Messieurs les *jésuites* vouloient tenir ceste maxime de n'absouldre ceulx qui seroient serviteurs du roy, il sembleroit que ceulx de la Ligue, et les Espagnols et Savoyars eussent raison de faire ce qu'ilz font. De quoy je vous en ay bien voulu advertir, afin que vous puissiezy donner l'ordre que vous jugerez estre necessaire. Et en cest endroict, après m'estre recommandé bien affectueusement à voz bonnes graces, je supp ie le Createur vous donner, Messieurs, les siennes sainctes. D'*Isée sur le lac*, ce 16 mars 1594. Vostre tres affectionné et plus assuré amy et voysin Lodovico Gonzoalz (1). » — Le duc *de Nevers* écrivit aux échevins une seconde lettre datée de *Couere* (Coyre), le 25 *mars*, pour les prévenir qu'il avoit été adverty de fort bon lieu que l'on estoit à persuader le *roy d'Espagne* d'envoyer l'armée qu'il dresse au duché de *Milan*, autour de vostre ville, pour effectuer quelque entreprise secrette que l'on dict avoir esté proposée par aulcuns peu

(1) C'est ainsi que l'abbé Sudan a lu la signature de ce personnage officieux. *Ludovic de Gonzague* est le nom sous lequel il étoit alors connu en France.

affectionnez au bien et repoz de vostre ville ; ce que, pour vous dire vray, je trouve bien difficile.... Je suis arrivé aujourd'huy en ceste ville (*Coyre*), de laquelle je partiray demain , et espere d'estre à *Soleure* , jeudy pour le plus tard... » S.

1594. — *Mars* 16. Les habitants *St Symphorien le Château* , sur l'invitation que leur avait faite le Consulat de Lyon, font serment de vivre et de mourir sous l'autorité du roi. L'abbé Sudan, *Recherch.*, p. 31.

1594. — *Mars* 17. Le Consulat députe MM. *Henry* et *Jacquet* pour aller, demain matin, trouver M. le colonel d'*Ornano*, à *St Symphorien d'Ozon*, et le supplier de revenir en cette ville. S.

— *Même jour.* Le Consulat fait payer à *Laurent Severt*, la somme de 14 écus et 48 sous pour les voyages qu'il a faits, par commandement des échevins vers le colonel d'*Ornano*, depuis le 22 *février* jusqu'au 9 *mars*. S.

1594. — *Mars* 18. *Antoine Deschamps*, seigneur *du Tremblay*, bourgeois de Lyon, fonde à perpétuité par acte en date de ce jour , une messe basse qui devra être celebrée dans l'église des *Carmes* , tous les vendredis de chaque semaine , en memoire de la reduction de la ville à l'obéissance du roi. Le fondateur affecte à cette fondation une rente de quatre écus d'or de 60 sols pièce, qu'il hypothèque sur sa maison sise rue de la *Grenette* et place de *Cuiraterie*. Cochard , *Séjours d'Henri IV à Lyon* , p. 131.

1594. — *Mars* 19. Sur la requeste baillée par escrit et signée par M⁰ *Benoist du Troncy*, le Consulat ordonne que, faisant par ledit *du Troncy* apparoir de ce qu'il pretend avoir payé pour entrer en l'exercice de la charge de secretaire , il sera pourvu sur le remboursement par luy requis, si faire se doit ; et cependant luy seront ses gages et vacations payées pour le temps qu'il a exercé; et en suivant les statuts et louables coustumes de lad. ville, jouira led. *du Troncy*, sa vie durant, des mesmes privilleges, franchises et immunitez qu'il faisoit et faire pouvoit estant en l'exercice de lad. charge. S. Voyez ci-après au 15 *avril* et au 26 *août* 1595 , et au 13 *février* 1597.

1594. — *Mars* 22. « Le capitaine *Georges Renoard* écrit au Consulat qu'il a été averti qu'on a quelque soupçon de sa religion, sur quoi il déclare qu'il y a trente ans et plus qu'il a fait profession, et qu'il a vécu en la religion catholique, apostolique et romaine , en laquelle il désire et proteste vouloir vivre et mourir, sous l'obeissance du roi, comme ont fait ses predecesseurs. Il a cet honneur d'être extrait d'une des anciennes familles de Lyon, et y a vécu l'espace de 85 ans, ou peu s'en faut, en reputation d'homme d'honneur. Il seroit marri et il lui seroit mal séant, à cet âge-là, de vouloir changer de religion, etc. Signé Renoard. » S. Voyez ci-dessus au 5 *juin* 1561 et au 10 *septembre* 1572.

1594. — *Mars* 22. Lettre d'*Henri IV* (1) : « A nos tres-chers et bien aymez les Maire, Eschevins et officiers de nostre ville de Lyon ;

« Tres chers et bien aymez, Dieu par sa saincte grace continuant celles dont il lui a pleu nous assister durant ces troubles à la conservation de cest estat, et à la confusion de ceulx qui en vouloient chasser les vrays et légitimes héritiers pour s'en emparer, a tant favorisé nos vœux et bonnes intentions à l'endroict des habitans de ceste nostre bonne ville de *Paris* qu'avec le grand

---

(1) Cette lettre fut remise au Consulat, le 6 *avril*, par un gentilhomme envoyé exprès. S. Elle fut immédiatement imprimée par *G. Jullieron* et *Thibaud Ancelin*, in-8⁰ de 6 pages (B. de Lyon , tome 73 du n.⁰ 25201).

et signalé service que le sieur comte *de Brissac* y a rendu, nous y sommes aujourd'huy entrez paisibles et sans effusion de sang, ny qu'un seul bourgeois ayt receu incommodité en sa personne ny en ses biens, sinon trois ou quatre qui se sont faits tuer par leur obstination et desdaing de la grace qui leur estoit faicte de nostre part, s'estans par leurs armes voulu opposer non seulement à noz forces, mais aussy au consentement et desir presque général de leurs concitoyens de nous recognoistre, comme ilz ont temoigné, en venant au devant de nous, les bras estendus avec allegresse et grandes acclamations, crians Vive le Roy. Les estrangers qui estoient dans la ville se sont retirez en ung logis, et ont mis les armes bas, en leur accordans de nostre part, comme nous avons faict, de s'en aller vies et bagues sauves; et sont partiz dès ceste après disnée. La *Bastille* lient encore si peu fournie toutesfois d'hommes et de commoditez necessaires que nous en espérons la prinse dans peu de jours. Cependant nous vous avons bien voulu advertir de ce qui est succedé au surplus, attendant que vous en sçachiez les autres particularitez; à quoi nous adjouterons encores que, sur les huict heures, voyant tout le reste paisible, nous en avons esté rendre graces à Dieu dans la grande église de Nostre-Dame, où nous avons par mesme moyen ouy la messe. Desirant aussi que par processions et autres solemnitez, vous luy en fassiez rendre semblables graces, avec feux de joye, comme ce bon succès le merite, qui en peult retirer beaucoup d'aultres aprez luy par son exemple. Donné en nostre bonne ville de Paris, ce 22 jour de *mars* 1594. Signé Henry, plus bas Revol. M.— Voyez ci-dessus, 28 *septembre* 1593; 20 et 22 *février* 1594; ci-après 22 *avril* et 4 *mai* 1594; 17 *novembre* 1600.

1594. — *Mars* 23. Les échevins assemblés en l'hôtel commun; présens aussi M. le Colonel d'*Ornano*, M. *de Rochebonne*, M. *de Vic*, maître des requêtes, avec la plupart des notables, tant du clergé que de la justice, des finances, penons et bourgeois qui ont esté tenus pour assister de leur conseil les sieurs échevins, suivant l'acte consulaire du 19 du present; y étant ceux qui suivent: savoir, pour l'église, le sieur *de Chalmazel*, doyen; pour la justice, le sieur *de Villars*, lieutenant général, et le conseiller *Grollier*; pour les finances, les sieurs tresoriers généraux *Grollier de Servieres* et *Scarron*; des penons, le sieur conseiller *Vandel*; et des bourgeois, à la part de *Fourviere*, le sieur Président des élus; et, de la part de *l'Empire*, le sieur *Poculot*, épicier, et le sieur *Bernicaud*, outre lesquels notables retenus par led. acte, y estoient encore le sieur *de Chaslon*, official, et le sieur *du Coing*, bourgeois de cette ville; tous lesquels ayant pris leur place, savoir, lesd. sieurs échevins, à l'entour de la table, et les autres ez bancs des environs, à la manière accoutumée, a été procédé comme s'en suit:

Et premièrement a été dit et proposé par le sieur *de Montmartin*, premier échevin, qu'il a à remontrer à Messieurs les ecclésiastiques ci-presents, « que les sieurs eschevins ont grande occasion de se plaindre des *predicateurs* qui se licentient de parler adventureusement contre le debvoir, l'honneur du Roy et l'obeissance due à S. M., et repos de l'estat de ceste ville. »

Le sieur *de Chalmazel*, doyen, repond « qu'ilz ont tousjours prié les predicateurs de se comporter modestement, et qu'ilz sont bien marris s'il en est advenu autrement, et n'a pas sceu qu'aucun d'eux s'y soit mal porté, mesme celuy de *Ste Croix*, si ce n'est pour le regard de celuy de *St Paul*, en quoy il ne le veut pas *supporter*, s'il est vray qu'il ayt failly, comme l'on dit. »

Le sieur *Chaslon* ajoute « que pour le regard de celuy de *S. Nizier* où il a l'intendance, il n'y a personne qui se puisse plaindre qu'il y ayt mal versé; et quant à celuy de *S. Paul*, il a veritablement passé quelque chose qui n'agrée pas à ung chascun, en quoy quelques foys des predicateurs sont excusables, d'aultant que ce qu'ilz disent n'est pas chose qu'ilz portent par escrit, et que bien souvent il echappe quelque parole que l'on voudroit bien retenir. »

Le sieur *Scarron* remontre aud. sieur *Chaslon* « qu'ayant lesd. sieurs (eschevins) le gouvernement par le commandement du Roy, ilz l'ont appelé pour le prier de donner attention aux predications pour ce qui regarde à les regler, comme en ayant l'auctorité, et que les prieres qu'on luy en a desja faictes, le rendent responsable des faultes des predicateurs. »

Le sieur *Chaslon* replique « qu'il les a instruitz de prescher l'Evangile, et ne rien toucher à ce qui est de l'Estat, prescher l'obeissance aux superieurs, et la fidelité et bienveillance à la patrie et aux concitoyens. »

Le sieur de *Chalmazel* dit « que si on les recherche et presse de la façon, on les contraindra de ne point prescher, qui sera un bien plus grand scandale. »

Le sieur lieutenant de *Villars* dit : « qu'il en parla hier avec le sieur *Lorens* au predicateur de *S. Paul*, et luy en fit les remonstrances qui luy luy semblerent raisonnables : et toutesfoys il n'a laissé ce jourd'huy de continuer à parler de la mesme façon contre ; que c'est chose scandaleuse envers le peuple qui est ignorant et n'est pas capable de repliquer ; et que l'ignorance qui peult estre en ce predicateur n'est pas excusable, parce qu'il promit le jour d'hier de n'en plus parler, et traiter tant seulement *son Evangile.* »

Le sieur *Chaslon* l'excuse sur ce qu'il n'a dit cela de malice, et qu'il ne s'est pas bien sceu expliquer, et se fust à la verité bien passé d'entrer en ce discours.

Lors le sieur d'*Ornano* a dit « que s'il y retombe une aultre foys, ce sera la troisiesme, et qu'il l'en fauldra chastier. »

Et sur ce que led. sieur *Lorens* a dit aud. sieur *Chaslon* : « Si led. predicateur ou aultre y retombe, il ne trouvera mauvais que l'on en fasse justice par le bras seculier ? »

— Le sieur *Chaslon* a dit « que les ecclesiastiques ont leur justice ; que toutes foys, quand il y aura des cas privilegiez, ilz en feront suivant les ordonnances et saints decrets. »

Le sieur de *Servieres* remontre « qu'il y en a qui refusent la confession, et puisque l'assemblée est icy, que l'on regarde d'y pourvoir ; car non seulement les *Capuchins, Jhesuistes* et *Minimes* la refusent et l'administration du S. Sacrement, mais encore plusieurs autres prestres ez paroisses et eglises collegiales. »

Le sieur *Lorens*, conservateur, prie le sieur *Chaslon* et autres ecclesiastiques « de promettre qu'ilz admonesteront les ecclesiastiques de faire leur debvoir, et les y contraindront, affin que, se reposant sur luy, il n'en soit plus faict grand bruict. »

Le sieur de *Vic* dit « que les predicateurs, ainsi qu'il a ouy dire, se promettent de faire quelque grand cas, et desja l'on veoit qu'ilz commencent à jetter leurs feux, et que cela luy a esté rapporté par des particuliers habitans de ceste ville. »

Le sieur de *Chalmazel* dit « qu'ilz s'appliqueront tous à les redresser et admonester de leur debvoir, » — et led. sieur *Chaslon* « que l'on ne scauroit croyre la peine qu'ilz ont heue par le passé, de les joindre, soit pour les predications , soit pour les confessions, processions et autres actes. »

Le sieur *Vandel* dit que le sieur advocat du Roy luy a envoyé le greffier criminel, et l'a prié d'aller parler à *Mons. de Lyon*, et luy a dit « qu'il est « adverty qu'il y a des *Capuchins, Minimes, Jhesuistes* et *de Confort,* qui vont « par les rues parmy les familles, destruisans le service du Roy, et font estat « de *prescheurs des Princes.* à quoy il faut remedier pour le danger qu'il y a.» — Sur ce led. sieur *Vandel* est allé trouver led. *Sieur de Lyon,* auquel led. sieur advocat en a rapporté aultant ; mais led. *Sieur de Lyon* s'estant trouvé mal disposé, il n'y a faict aultre chose. Suppliant que l'on recherche tels subjectz qui sont vrays crimes de Lèze-majesté, en quoy il n'y a point de privileges, et les criminels doibvent estre punys sur le champ. L'*Archevesque de Pise* a autrefoys esté *pendu* pour semblable chose avec son habit, et plusieurs aultres; non point qu'il veuille rompre les privileges de l'eglise, car il est trop bon catholique..... *La justice de ceste ville à faict pendre plusieurs ecclesiastiques pour ung grand assassinat.....;* et que, puisque toute ame est subjecte au Roy, les crimes de lèze-majesté n'ont point de privileges, et que ceste cité sy notable estant seduite, le crime ne sçauroit estre plus grand. Il supplie que l'on y remedie, et l'on pourvoye à en esloigner les meschans qui tous veillent à nous perdre et desunir. »

Le sieur de *Montmartin* dit « que, puisque *Pasques* approche, et qu'il fault que chascun se prepare aux S. Sacremens, il supplie lesd. sieurs ecclesiastiques d'y donner ordre, parce que les *Jhesuistes,* les *Capuchins* et aultres refusent la confession et la communion, sur ce seul subject que les personnes qui ont crié *Vive le Roy!* et qui se disent serviteurs du Roy, sont par eulx tenus pour excommuniez, en cas si privilegié , qu'ilz disent qu'ilz ne les peuvent absoudre, qui est une *semence espagnolle.* »

Le sieur *Chaston* dit « que ces bonnes gens là craignant de mal faire ont feint telz scrupules par ung long temps; mais qu'il s'asseure que maintenant ils ne le feront pas, après avoir ouy parler les gens qui l'entendent, et y avoir mieulx pensé, et qu'il ne fault prendre de maulvaise part s'ilz ne s'y sont peu sitost resouldre, et qu'ilz ont tousjours attendu, et attendent encores d'avoir nouvelles de *Sa Saincteté* et de son *Legat d'Avignon,* à qui l'on a mandé avoir les permissions et provisions sur ce necessaires. »

Lors a esté unaniment remonstré par l'assemblée que si on ne se resoult de les y disposer, et qu'ilz administreront les Sacrements, l'on se resouldra de faire venir d'aultres religieux à leur place, comme a faict M on s *de Nevers,* en sa ville.

Le sieur de *Vic* remonstre « que si la provision de *Rome* ou d'*Avignon* ne vient conforme à nostre intention, quel expedient lon pourra apporter ; car les Sacrements demeureront sans administration , lesquels ne peuvent ny ne doibvent manquer aux festes de Pasques qui sont prochaines. »

Le sieur *Chaston* replique « que l'on a plus envoyé à S. S. et à son legat pour monstrer l'obeissance que pour s'attendre à une resolution ; car vienne ce qui vouldra , les eglises ordinaires ne le refuseront pas. »

Et sur les remonstrances dud. sieur *de Villars* que les festes sont proches, et qu'il y fault pourvoir, led. sieur de *Chalmazel* et led. sieur *Chaston* ont dit « que c'est ce à quoy plus ilz pensent que d'y pourveoir , veu la proximité des festes. » — Adjouste le sieur *Chaston* « que fist-on venir d'aultres religieulx , ilz ne pourront absouldre en vertu du seul caractere de prestrise. »

Le sieur *Vandel* a confirmé le contraire par ung exemple de l'histoyre de ceste ville mesme, ce que n'ont pas lesd. sieurs porté patiemment combien que ce fust sans raison ; mais qu'il ne scait sy nous serions si sages que noz predecesseurs.

Le sieur de *Servieres* remonstre « que l'on a bien chassé de ceste ville le *Pere Emond* (*Auger*), *Jhesuiste*, et le feu sieur *abbé de Valbenoiste*, et qu'il n'y aura pas tant de scrupule en ceste cy, sans raison ny apparence. »

Le sieur *de Chalmazel* dit « qu'il fault informer contre ceulx des ecclesiastiqnes qui firent les folies qui ont esté rapportées, et les chastier. »

Le sieur *de Villars* dit « que ung *Minime* disant la Messe, ne prioit pas tant seulement *de nous conserver des heretiques*, mais encores usant de ce mot *et Politiques*. »

Le sieur *de Chalmazel* répondant au sieur *de Villars* dit « que l'on prie tous les jours pour le Roy en leur eglise ; et que l'on aille se confesser, et que l'on ne sera pas refusé ; que l'on fera toutes les remonstrances que l'on pourra, mais qu'il espere de les gagner avec le temps ; qu'ilz n'ont pas tout le pouvoir qu'ilz voudroyent sur eulx ez choses surtout qui sont disputables. »

Le sieur d'*Ornano* dit « qu'il trouveroit bon de deputer de par lesd. sieurs Consulz pour parler à ceulx particulierement qui en usent mal, et parler à leurs gardiens, et leur faire les remonstrances pour ce necessaires. »

MM. de *Chaslon* et le tresorier *Scarron* sont commis et députés pour aller par devers les sieurs *Capuchins*.

Le sieur *de Montmartin* prie les sieurs *de Chalmazel* et *Chaslon* « de veoir s'il y a des armes chez les ecclesiastiques, et qu'il leur plaise les desarmer et retirer lesd. armes en leur possession. »

Le sieur *Chaslon* dit « que c'est chose mal seante aux ecclesiastiques d'avoir des armes offensives. Il n'est pas raisonnable qu'ilz en ayent, et ne sera que bien faire, s'ilz en ont, de les en dessaisir. »

Et sur ce que lesd. sieurs *Henry* et *Lorens* ont dit à la compagnye « que le premier article des *Memoyres* concerne l'exercice de la *Religion pretendue reformée*, où il estoit dit qu'il n'y en avoit aulcun à quinze lieues près, a esté corrigé, et que l'on a osté cela : et on l'a faict en termes generaulx, *disant qu'il n'y en aura poiut*. »

Le sieur *de Chalmazel* a dit « qu'il estoit meilleur de limiter par une contenue, parce que *le Gouvernement finit à la porte du Pont du Rhosne*, et que l'on pourroit veoir planter le presche la joignant, sans contrevenir à l'article, parce que cela est hors de Gouvernement. »

Et sur ce, toute l'assemblée a trouvé meilleur de ne mettre aulcune distance, parce que l'on croit que le Roy n'en veult point en tout ce royaulme, et aussi que led. article ne limite pas le lieu, et ne parle point que ce soit dehors ou dedans le Gouvernement, ainsen termes generaulx qu'il ne permettra point.

Le sieur de *Montmartin* remonstre davantage contre les *suspectz* qui sont dans la ville de pire qualité que ceulx qui en ont esté mis dehors, lesquelz tiennent des *dettes* en ceste ville ; qu'il est temps de marcher rondement en besogne, demandant s'il s'en trouve de ceste qualité, si l'assemblée ne trouve pas bien à propos en purger la ville pour la tenir en sureté.

Le sieur *de Chalmazel* prié d'en opiner, dit « que, par le passé, il y a esté

procedé, mais que si despuys il s'en est trouvé qui bien valablement deme-
ritent, il ne les fault point espargner, et non seulement les faire desarmer et
mettre hors, mais les chastier selon leur merite. »

Le sieur *Chaston* dit « que sy l'on estoit tousjours en ces peines et doubtes,
ce seroit chose miserable, mais qu'il ne fault pas y proceder par rigueur,
ascavoir fault-il chastier ceulx qui faillent; et prie que l'on y regarde exactement, sans croyre les passions, mais seullement sur les preuves, après lesquelles il les fauldra chasser et desarmer. »

Le sieur *de Rochebonne* : « qu'il est raisonnable que ceulx qui demeurent
icy fassent profession d'estre serviteurs du Roy; il fault qu'ilz le fassent
paroistre; et que, pour son regard, encores qu'il ait esté pour l'Union, toutesfois s'estant informé de la verité, il faict profession d'estre ce qu'il doibt
au Roy...., »

Le sieur *de Servieres* dit « que si l'on a osté de la ville les plus soupçonnez,
et que s'il y en a d'aultres que l'on ayt recogneus despuys, on ne les doibt pas
retenir et les envoyer seullement, mesmes ceulx qui ont tenu coup jusques au
bout pour la faction espagnolle, et ne sont venus joindre à nostre sire le Roy
que par force, on les doibt sortir sans leur faire aulcun mal, surtout ceulx
qui ont charges et offices, dont il y en a bien, parce qu'on luy a rapporté, qu'il ne cognoist point, et quelques ungs qu'il nommera en particullier..... »

Le thresorier *Scarron* dit « qu'il est de la mesme opinion que le sieur *de
Servieres*, et adjouste qu'il y a des personnes par la ville qui se prevallent de
leur qualité de capitaines penons, chose qui est dangereuse et les faict esperer
de rentrer bientost en leurs mesmes grades..... »

Le *President des esleuz* (1) est de la mesme opinion, et faict trois distinc-
tions, l'une des plus opiniatres et scandaleux, lesquelz il fauldra chastier, et ne
se pas contenter de les desarmer et sortir, l'aultre, de ceulx qui sont durs
à se ranger, il les fault mettre hors; et pour le regard de tous les aultres
qui sont soupçonnez, les fault desarmer et demettre entierement de leurs
charges. »

Le sieur *Bernicaud* dit « que les effects font veoir qu'il y a de maul-
vaises gens, et que pour asseurer la ville soubz l'obeissance du Roy,
il fault oster les membres pourris ,..... aultrement l'on joue à tout perdre..... »

Le sieur *Ducoing* dit « qu'il fault chastier ceulx qui *partent* aussi bien
que les aultres qui sont seditieux de faict, et quant aux aultres qui ne
sont pas affectionnez au Roy et à la ville, il les fault envoyer et exi-
ler..... »

Le sieur *Poculot* est de même advis que les préopinants, et dit «..... que
l'on doibt expulser les soupçonnez, et n'espargner personne de ceulx qui le
seroient, aultrement l'on ne se peult asseurer de rien. »

Le sieur *de Casault* dit « qu'il y a des grands qui peuvent faire quelque
chose qui sont expulsez, et que les autres petits restants *sont* en petit nombre;
et comme il n'est pas expedient que les expulsez reviennent, aussy n'est-il
pas bien seant d'en mettre davantage dehors; que, en son quartier, il y avoit
deux sergens sinceres et gentilz, lesquelz, combien qu'ilz fussent de l'Union,
maintenant ilz ont bien changé, et que l'ung est patissier et l'aultre paulmier,
lesquelz on a depossedez; dit qu'ilz sont gens de bien, et les cautionneroit
corps pour corps, et qu'ilz pourront plus, en un jour, faire de service que dix
sergens mis en leur lieu en feroient en ung an. »

______

(1) *François Musino*; il fut échevin en 1598 et 99.

Le sieur *Vandel* dit « que nous sommes reduictz au Roy fort courtoisement (?), et que, en attendant que les choses succedent en France, il se fault garder, et qu'il fault en expulser les soupçonnez, mesmes ceulx qui nagent entre deux eaux, et les fault desarmer ; et que, pour les cognoistre, fault assembler tous les capitaines, et, ayant prins d'eulx le serment, prendre d'eulx les rolles de ceulx qui sont justement soupçonnez, et puis apporter lesd. rolles au Consulat, et leur faire la justice, selon leurs qualitez et qu'ilz seront recogneuz pour nuire. »

Le sieur *de Villars* dit « que le salut du peuple est la souveraine loy ; qu'il fault neantmoings y apporter de la moderation, et que, comme l'on a bien commencé, il fault faire la distinction de ceulx qui ont tousjours esté de la Ligue et des aultres que l'on a recogneuz aultres despuys : et que de ceulx de qui on a preuve, mesmes de ceulx que l'on a soupçonné, c'est la raison de les chastier. Toutesfoys il fault proceder avec cognoissance de cause, et que sy les soupçonnez qui ont charge, n'ont esté desmis, et les aultres desarmez, il le fault faire, parce qu'ilz ne doibvent avoir aucunes offences ni deffences. Et quant à ceulx qui sement des maulvais bruictz, il leur fault faire leur procez ; et que sy on les denonce à la justice, ilz les en puniront comme il appartient. Et quant à plusieurs vagabonds qui ne servent de rien, il les fault faire sortir, comme sont ceulx qui n'ont rien en ceste ville, et qui n'y ont rien à faire, et sont inutiles et vicieux, mais qu'il fault ouyr tout le monde, et ne condamner personne, sans les ouyr en leurs justes deffenses, et que sy l'on se peult conserver avec une moindre rigueur que ceulx de la Ligue n'ont faict, ce sera le meilleur, car leurs fondements estant maulvais, il leur a esté force de bastir leur grandeur sur la tyrannie. Mais il ne fault pas faire comme eulx, d'aultant que l'estat des affaires presents est fondé selon Dieu et raison, pour l'obeissance due à nostre roy legitime, et qu'il ne vouldroit porter en cela son propre faict.

Le sieur *de Sercieres* adjouste que la cour du Parlement de *Tours* a reglé que ceulx qui ont persisté jusqu'au dernier moment contre le Roy fassent *un an de probation.*

Lecture faicte par le secretaire des *Articles* dressez pour faire publier, dont la teneur sera inserée (1), à ce que l'on regarde s'ilz sont raisonnables ; ce que toute l'assemblée a trouvé bon. Et a esté led. sieur *de Villars*, lieutenant general supplié, d'ordonner qu'ilz soyent imprimez et affichez aux portes des eglises et de la ville, et par les carrefours ; et de mesmes aux paroisses et villes de ce gouvernement ; ce qu'il a promis faire : et luy ont à l'instant lesd. *Articles* esté baillez à ces fins par led. secretaire de la ville. — Ce faict l'assemblée s'est levée et retirée hors du Consulat. S.

1594. — *Mars* 24 et 25. Les officiers, consuls et habitants de *Givors* et de *Bourg-Argental* prêtent serment pardevant les officiers de la sénéchaussée de Lyon de vivre et de mourir sous l'autorité du roi. L'abbé Sudan, *Recherch.* p. 31.

1594. — *Mars* 25. Les Consuls réunis en la maison du sieur de *Montmartin* (l'un d'eux), en présence de M. *de Vic*, arrêtent qu'ils se rendront de suite en corps, par devers M. le colonel *d'Ornano*, pour le supplier très instamment et le forcer, si faire se peut, à continuer la promesse qu'il leur a ci-devant faite de demeurer en cette ville, jusqu'à ce que les députés

____

(1) Ces *Articles* n'ont pas été insérés dans le registre des actes consulaires ; mais ils furent imprimés immédiatement. S.

qui vont par devers le roi ayent rapporté ou envoyé son commandement pour le regard de ce gouvernement, etc.

Il a été ordonné que pour obvier aux scandales qui pourroient advénir aux prochains jours saints et de devotion par le moyen des ecclesiastiques qui ne se sont pas encore bien rendus, et pourroient faire difficulté de confesser et administrer les saints sacrements, sur quoy les *suspects* se font ouir avoir quelque esperance de remuement, M. l'official *Chaslon* sera supplié par M. *Henry* (un des échevins) à ce prié et commis, de soy transporter chacun jour tant ez eglises paroissiales que ez couvents et monasteres, pour les admonester de leur devoir, et les y disposer de son autorité, etc.

Ordonné que les sieurs *Ponson Bernard* et *Louis de Berny*, anciens échevins démis, éliront la maison de quelque ami éloignée de la leur, au gré toutesfois desd. sieurs (nouveaux échevins) pour y être transportés et y demeurer sous leur garde, sans sortir dehors, excepté les jours de fêtes pour aller à la messe; et que les autres des anciens echevins démis demeureront aussi à la garde de ceux qui les ont, etc.

Ordonné que l'ordonnance faite contre les *suspects* pour être sortis de la ville, sera exactement observée, en ce qui peut rester à exécuter, et de plus que les soupçonnés seront aussi sortis de la ville, savoir le sieur *Jacques Hublet*, *Jérome Cornero*, couratier génois, et tous les domestiques, serviteurs et agents de Mess. *de Mayenne*, *de Nemours* et *de S. Sorlin*; ...... et pareillement que ceux à qui a été ordonné de soi contenir dans leurs maisons, y satisferont, et encores que le sieur *Jehan Pillehotte* sera resserré dans sa maison, etc. S.

1594. — *Mars 26*. Publication des *Articles de la treve accordée sous le bon plaisir de sa Majesté, pour la ville de Lyon, pays de Lyonnois, Forest, Beaujolois, Dombes et Dauphiné.* (Imprimés à Lyon, par *Guichard Jullieron* et *Thibaud Ancelin*, imprimeurs de Messieurs de la ville, in-8°, de 24 p. B. de Lyon, t. 72 du n°. 25201)· — Les articles de cette trève qui devoit durer six semaines, furent arrêtés à Lyon le 20 mars, et signés le même jour par *Charles de Savoye*, *Henry de Savoye*, *Alphonse d'Ornano*, *Gadaigne* (*Guillaume de*), *Miolans* (*Melchior Mitte de Chevrières*, comte *de*), et *Thomé*, ce dernier « par commandement des échevins de la ville de Lyon. » Voyez les *Archives du Rh.* XII, 167.

1594. — *Mars 26*. Le Consulat écrit au Roi pour lui recommander M. *Bagliony*, seigneur *de Saillans*. Sa lettre commence ainsi:

« Sire, maintenant qu'il a pleu à Dieu nous faire secouer le joug de l'ambitieuse et estrangere servitude, l'ung des moyens que nous jugeasmes plus convenable pour asseurer ceste ville soubz la liberté de vostre domination, fut d'y rappeler les bons catholiques voz serviteurs que la violence des conjurez à ceste tyrannie en avoit exilés. Nous advertîmes des premiers le sieur *de Bagliony*, seigneur *de Saillans*, bien informes que postposant vie et fortune au service qu'il debvoit à la couronne, il ne l'avoit jamais abandonné, tant soubz le feu roi *Henry* vostre predecesseur que Dieu absolve, que soubz V. M., jusqu'à ce que, ayant esté laschement faict prisonnier, et perdu ce qu'il avoit eschappé des mains des premiers seducteurs de ceste ville, il fut contrainct s'endebter d'une grosse rançon, et de bailler caution de grande somme au sieur duc *de Nemours*, qu'il se contiendroit inutile pour le service de V. M., tellement que de l'ung des aysez gentilzhommes de ce pays, en deniers, meubles et revenus, il ne luy reste que ce qui n'a peu estre employé à l'usage commun, ayant esté aussi maltraité, soit dedans, soit dehors, que nul aultre de noz concitoyens, etc.

Le Consulat supplie donc le Roy de vouloir bien avoir égard à ce sien témoi. gnage en la distribution des graces que le sieur de *Bagliony* pourra requerir de S. M. » S. Voyez ci-dessus au 1589.

1594. — *Mars* 26. L'archevêque de *Vienne* écrit au Consulat :

« Messieurs, je vous supplie me faire ceste faveur que le sieur *Pillehotte* continue librement son petit commerce delibrairie. C'est un bon simple homme qui n'a pas l'ame factieuse et turbulente, et qui n'a ni la volonté ni le moyen de troubler le repos public. Que s'il a imprimé des choses qui ne vous sont agreables, c'estoit par le commandement de ceulx auquelz il ne pouvoit desobeir, comme de mesme à present d'autres impriment tout ce qui leur est ordonné. Il a quelques envyeux, comme il advient tousjours en tous aultres mestiers; mais je veux croyre que maintenant, en vostre ville, les passions particulieres et deraisonnables n'ont pas le credit qu'elles souloient avoir. Je suis obligé de rendre ce bon office audit *Pillehotte*, parce qu'il me sert aux choses que je fais imprimer pour le debvoir de ma charge ; vous suppliant de rechef qu'il vous plaise luy rendre ceste mienne recommandation aultant proffitable que je desire vous aggreer et complaire en toutes les occasions qui se presenteront ; saluant humblement voz bonnes graces, et demeurant à tousjours, etc. P. *A. de Vienne*... De *Vienne*, le 26 *mars* 1594. » S. Voyez ci-dessus au 2 mars 1589.

1594. — *Mars* 31. *Séance consulaire.* Il est arrêté que demain 1er *avril*, M. *Henry* entrera en charge de *sergent-major*, au lieu du sieur *de Montmartin.* ...

Même séance. Entre *onze et douze*, sont arrivées les bonnes nouvelles de *l'entrée du Roy à Paris*, le 22 de ce mois, à 6 heures du matin « sans aultre « meurtre que de sept ou huict opiniastres, dont Messieurs (les échevins) ont « remercié et loué Dieu...... » S. Voyez ci-dessus au 22 *mars*.

« Leditjour *jeudi* 31 *Mars*, en l'hostel commun, y estans nobles M. *René de Thomassin*, *Jacques Vize*, *Pelletier*, *Valentin*, *Couvet*, *Mornieu* et *Collabaud*, consuls eschevins; y estant aussy le sieur colonel *d'Ornano* et le sieur seneschal de Lyon et de St-Chamond, avec les notables de tous les ordres, et aussy les penons, leurs lieutenans et enseignes mandez.... oultre lesquelz mandez, y est abondé une grande affluence d'aultres notables et du peuple. Et ayant lesdits sieurs eschevins pris leurs places accoustumées autour de la table ; les aultres plus notables ez bancs des environs, et le surplus, à l'entour d'iceulx confusement de tous costez, a esté procedé comme s'ensuit :

Et premierement M. *de Montmartin* a dit qu'il falloit attendre M. le president *de Langes*, et M. le lieutenant *de Villars* qui n'estoient encores venus; ce qui a esté trouvé bon..... Le S. *de Langes* estant arrivé, a dit que le S. *de Villars* ne pourroit venir, pour estre indisposé.

Le sieur *de Montmartin* a brievement faict entendre la cause de ceste assemblée qui est pour regarder aux moyens d'asseurer ceste ville sous l'obeissance du Roy et bon repos, à cause des murmuremens qui sont par icelle, et de plusieurs propos que l'on va semer ; et a prié led. S. *Henry* de dire à la compagnie ce qu'il en avoit entendu, et aussy declarer plus particulierement ce qui avoit meu le Consulat de faire venir les penons.

Lors le S. *Henry* reprenant le propos, a dit que, de toutes parts, l'on a nouvelles de se tenir sur ses gardes, et mesmes d'Italie, et que diverses personnes ont semé des paroles par ceste ville qui monstrent bien qu'il y a encore bon nombre de mal affectionnez, et que pour le desir que messieurs (les eschevins) ont d'apporter les remedes convenables, ilz ont prié ceste assemblée pour adviser......, et que, comme les principaulx murmures viennent des gens d'eglise, Messieurs du clergé cy-presens estoyent suppliez de les convertir et admonester; que s'il plaisoit à la compagnie d'entendre lecture d'une lettre que M. *de Nevers* avoit escrite auxd. sieurs, le secretaire en feroit lecture : et aussy..... des memoyres envoyés d'Italie sur le faict des soupçons estant en ceste ville.

Lecture a esté faicte de la lettre par le secretaire, et des memoyres par le sieur *Henry*, qui, par après, a supplié le sieur d'*Ornano* de nous secourir de son bon conseil en une si bonne occasion, comme il a tousjours faict par le passé ; que tous les capitaines penons estoient icy mandez et leurs lieutenans et enseignes, et sembloit qu'il n'en manquoit gueres ; qu'il y avoit aussi bon nombre de bourgeois, et que tous par ensemble pourroient prendre quelque bonne resolution.

Lors le sieur d'*Ornano* dit qu'il avoit heu ceste faveur du ciel, et cest honneur desd. sieurs eschevins et aultres affectionnez au service du Roy, de s'estre trouvé propre pour ayder à l'execution de la saincte resolution prinse de soy reduire soubz l'obeissance du Roy, et que lad. ville ayt faict comme ung navyre qui cherche les moyens d'entrer dedans ung port, et qui ayant trouvé ung petit trou, passe, et par mesme moyen faict ouverture à plusieurs aultres vaisseaulx grands et petits de toutes qualitez qui le suivent, comme il est advenu d'*Orléans, Paris, Bourges* et des aultres villes qui ont suivy celle-cy : en quoy il avoit apporté toute la diligence et bonne conduite qui luy avoit esté possible ; qu'il a tousjours heu tant de confiance à cested. ville, laquelle il a tousjours aymée et honorée ; qu'il se trouvera par escript, que, du temps qu'elle tenoit pour l'Union, il a offert d'y venir avec ung *page* ; qu'encores maintenant il se contenteroit à moings si faire se pouvoit. Il estime qu'il n'y a que les sieurs eschevins qui sachent la cause de son retour en ceste ville, et du sejour qu'il y faict ; parce qu'il y en a qui font courir des bruictz que les notables, les penons ny le peuple n'en sçayt rien, et n'en a jamais esté prié de leur part; qu'il voit tant de mouvemeuts parmy ceste ville, qu'il craint que bientost il n'y succede très mal, et plus tost peult estre que l'on ne pense ; que lesd. sieurs sont assez advisez pour y pourveoir; mais quant à luy, il est tres ayse de s'estre trouvé en ceste compagnie, pour donner à entendre son intention qui est que, après avoir participé à l'honneur de la reduction d'une ville telle et si importante que celle cy qui a baillé coup à tant d'autres; ce luy seroit un grand regret de la veoir perdre à sa barbe, et luy estant dedans ; et que, pour ce moyen, n'y pouvant demeurer avec son honneur, il est contrainct de s'en retirer : que si c'estoit pour la conserver, et que sa science et sa propre vie y peult apporter quelque chose, il la fournira tousjours pour cest effect; mais qu'il est icy seul, et n'y peult apporter que sa seule voix et ce que ung homme peult faire en une si grande ville, en laquelle tous les jours multiplient les divisions à son tres grand regret, pour estre lad. ville celle qu'il a plus aymé, chery et honoré que aultre que ce soit, et qu'il y est revenu à l'instante priere des sieurs Consulz eschevins, non pas par ambition ny pour aultre cause que pour l'ayder de son possible, et que l'on scait assez qu'il a des affaires ailleurs, ayant deux très beaux gouvernemens qu'il s'est acquis par l'espée, et par la liberalité des roys, et non par flatterie ny par ambition ; qu'enfin il desireroit soy retirer, puisqu'il voyt les choses estre pires, et que l'on pourvoyt assez froidement aux remedes, dont il proteste devant Dieu et les hommes de ne pouvoir estre repris. après la declaration qu'il faict d'y apporter sa presence, ses moyens et sa propre vie, s'il veoit que l'on s'evertue d'y pourveoir.

M. le general *Henry* respond au sieur d'*Ornano* qu'il luy a esté faict diverses foys prieres de demeurer avec nous; qu'il y a heu des assemblées generales esquelles il a esté diverses foys resolu de l'en prier ; que luy mesme fust deputé avec le sieur *Jacquet* pour l'aller prier à S. Symphorien d'Ozon ; despuis y fust encores envoyé une aultre foys pour le ramener ; a esté d'abondant prié, du consentement d'ung chascung, qu'il s'asseure qu'il n'y a icy personne qui ne le demande et l'en supplie : et a demandé à haulte voix que l'on ayt tous à dire ce qui en est.

Lors chascung, d'une mesme voix, et par acclamation, ont dit que oui, et l'en ont supplié, voulant vivre et mourir avec luy, et qu'il ne doibt point nous habandonner.

Le sieur *Vandel* a dit pour tous les penons pour lesquelz il parle comme le plus ancien, qu'ilz ne desirent rien tant qu'il demeure ; qu'ilz l'ont tousjours souhaité ; que la nouvelle de sa venue resjouit et confirme tout le monde en sa resolution de soy reduire en l'obeissance du Roy ; que son armée fut receue avec tout l'applaudissement que l'on sçauroit dire, que le progres de ses actions a esté louable, que chascun l'honore comme il merite, estant cavalier et seigneur d'autant de merite, que le Roy en aye point entre ses meilleurs serviteurs ; le supplie et le conjure de ne point laisser ung si bon œuvre imparfaict : et n'y a celluy desd. penons qui ne dict aultant que luy.

Ce que tous en general, comme aussy les notables et le peuple y estant, a tesmoigné d'une mesme voix et acclamation.

Ce faict, le sieur *Henry* a demandé au sieur d'*Ornano* s'il trouvoit bon que l'on feist lecture des articles dressez (voyez la séance du 23 *mars*). — Lecture ayant été faicte des articles par le secretaire, tous unanimement les ont trouvez bons.....

Le sieur d'*Ornano* a dict qu'il s'y peult adjouster, mais n'en est pas d'advis, tant ilz sont sains et raisonnables. — M. le President *de Langes* a dict de mesmes.

Le sieur *Henry* a prié la Compagnie de respondre chascun à part soy, s'il a quelque chose à dire, au subject desd. articles ;..... et si quelcung a de meilleurs moyens pour travailler à nostre conservation, il est supplié d'en faire ouverture.

Chascung d'une commune voix a dict que les articles sont très bons, qu'il n'y fault aultre chose que de les bien et diligemment faire observer.

Le sieur *Henry* prie les sieurs du Clergé de faire que les ecclesiastiques s'y joignent, et que, puisqu'il a pleu à Dieu (nous donner) aujourd'huy une si bonne nouvelle que la reddition de Paris soubz l'obeissance du Roy, *il fault que chascun parle françois*, et que les ecclesiastiques ne fassent pas difficulté.

Le sieur *Chaslon* dict qu'ilz y sont en general disposez, et s'il y en a quelcung qui ayt aultre scrupule en la conscience, il n'y a moyen de le lever soudain, car l'on n'est pas maistre de cela ; et mesmes tous les ordres religieux ne refuseront pas, si ce n'est quelques ungs. — Puis le sieur *Chaslon* a supplié le sieur d'*Ornano*, au nom du Clergé, de demeurer, et qu'il ne peult habandonner sans laisser tout en confusion une affaire de telle consequence que celle-cy.

Le sieur d'*Ornano* dict qu'il ne demande que de faire service au Roy, et en particulier à la ville, mais que d'estre tousjours en telles allarmes, il n'y a moyen, et que s'il se resoult d'y demeurer, à la priere des sieurs eschevins, des penons, du Clergé et de tout le peuple et gens de bien, ce sera à la charge que l'on execute roidement, sans flatterie ; que l'on purge la ville, et que on luy promette fidelité.....

Alors tous unanimement ont crié qu'ilz le serviront et exposeront leurs vies, et qu'il n'y a celuy qui ne luy assiste jusques (à la mort); le suppliant de demeurer. — Et cela ont reiteré diverses fois, levans la main, et l'adjurans de ce faire.

M. *le Seneschal*, pour la noblesse, le prie aussi, et de mesmes pour la Justice, avec beaucoup de vehemence, et deffinitivement luy declare que tout l'espoir et le repos d'ung chascung despend de luy.

Le sieur d'*Ornano* promet de vivre et mourir avecq nous jusques à ce qu'il ayt pleu au roy d'y pourveoir, et qu'il ne nous habandonnera point, à ceste charge que ce qui se resouldra presentement icy sera sur le champ executé, et que l'on voye de n'espargner personne pour asseurer la ville et les gens de bien, et que le traistre qui luy rodera autour, il pense de luy oster la vie, s'il peult, car il ne sçauroit avoir ung plus beau tombeau que pour une cause de telle conséquence.

Le sieur *de St. Chaulmont* dict qu'il y a icy des capitaines qui n'attendent que des quittances pour leurs payemens, mais que, pour monstrer exemple aux aultres de soy retirer et de vuider pour lever tous soupçons, il les va envoyer, et que l'on doibt bien veiller à la conservation de la ville, et le sieur d'*Ornano* s'y doibt ayder et continuer en ceste resolution d'y demeurer.

Le sieur *de Liergues*..... remercie pour la compagnie des Penons le sieur d'*Ornano*, disant que *ce n'est pas moindre vertu de conserver que d'acquerir* (1), et que l'on a bien obligation à luy qui s'est aydé à ramener ceste ville au service du roy, comme il sçeut, pour avoir assisté les deputez qui l'allarent prier de la part du Consulat : et que lors les choses estoient en bransle, et n'y en avoit que quelques ungs qui voulussent prendre l'escharpe blanche, led. seigneur print, luy sixiesme, resolution de venir et entrer en ceste ville nonobstant tout cela ; et y estant venu, ce fust la consommation de l'œuvre, tellement que ceulx qui *escouttoient* se resolurent, le voyant entrer, à faire leur declaration, et les mal affectionnez furent contrainctz à sa presence de baisser les armes et de se rendre ; tellement que la moytié de l'honneur, voyre les deux tiers luy appartiennent, et que ce n'est pas assez s'il ne luy plaist d'achever ce qu'il a si bien commencé, et que, s'il en mesadvenoit, il en auroit ung grand cresvecœur. Lors, puisqu'il l'a promis, il l'en remercie pour le corps des penons, et l'asseure que, après le corps des eschevins, ilz rechercheront son commandement, plustost que de nul aultre, le cognoissant affectionné serviteur du Roy, pour lequel et pour son service particulier, ilz exposeront vies et biens.

Le sieur d'*Ornano* persiste et dict qu'il ne nous abandonnera point, offrant tout son cœur et sa vie; mais il conclud tousjours à ce que l'on mette les ordres necessaires pour ne point laisser la ville en telles allarmes.

Le sieur *de Montmartin* demande à tous les assistants s'ilz trouvent bons les articles leus.

Tous ont levé la main, promis leur vie pour l'observation d'iceulx, et qu'ilz sont prests de les executer, et de faire ce qui leur sera commandé par lesd. sieurs eschevins.

Le sieur *de Liergues* dict qu'il fault faire sortir les suspectz....., sans acception de personne.

M. *Meslier*, advocat, du Roy, dict qu'il....., ne reste que de bien faire exe-

---

(1) Cette pensée appartient à Démósthène, et se trouve dans la 4e *Philippique*. Voyez le *Démosthéniana* (Lyon, 1843, in-8°), p. 51.

cuter les articles ; qu'il ne fault rien toucher à la religion catholique, parce que chascung en est d'accord, et que l'on voye quelz ennemys nous avons dedans, et *nous en* delivrer ; qu'il fault trancher net, et que tous ceulx qui sont icy fassent le serment de fidelité, entre les mains du sieur *Ornano*, pour le service et obeissance du Roy, et en soit faict acte solemnel.

M. *de Langes* dict que comme les anciens Romains periclitoient, ilz faisoient une congregation generale, et remettoient tout à un Consul, affin qu'il mist si bon ordre qu'il n'y eust point de peril, s'asseurant que les nostres y feront leur debvoir, et aussy seront-ilz bien obeys par tous les aultres. Il dict que la ville de *Bourges* estant reduicte au service du Roy, il fut faict un serment general, mesmes du Clergé, ce qui n'a esté faict icy encores, d'obeyr au Roy soulz la religion catholique, apostolique et romaine ; et que s'il y en a quelcung qui ne veuille faire de mesmes, il n'est pas bon françois ; il est suspect, il est ennemy, il est desobeyssant au Roy, et ne doibt demeurer avec nous, ou bien il le fault punir selon les loix faictes contre les rebelles.

M. *de Liergues* dict que le corps de la Justice a manqué en ce qu'il debvoit aller aux couvents et monasteres pour leur faire faire le serment, parce qu'ilz doibvent l'obeyssance comme les aultres, et que ceulx qui ne le vouldroyent faire, il ne les fault endurer. Dict aussy que les eschevins pourroyent bien faire un bien au general, en ce que le peuple ne sçachant pas la cause du refus faict par le *Pape*, il fauldroit faire que M. *de Nevers* envoyast la declaration dud. refus et des causes, parce que cela seroit une monstre que c'est plustost la passion que le debvoir ; et que l'on en doibt escrire au sieur *de Nevers*, et plustost luy despecher un homme exprès.

Le sieur *Chaslon* dict que le Pape n'a point faict de refus, et que le dire du sieur *de Liergues* est fondé sur une presupposition qui n'est pas, soubz la correction.

Le sieur *de Liergues* adjouste que l'on ne prie pas en l'esglise pour le Roy, comme aultrefoys.

M. le *Doyen* et le sieur *Chaslon* ont dict que sy, et que, à toutes les heures de l'eglise, il s'y prie pour le Roy.

M. *de Liergues* dict que la pluspart des couvents ne le font point, et qu'il le sçait bien, ne voulant toucher le general, mais les particuliers qui y manquent.

Le Commissaire *Poculot* dict que l'on a bien faict des prieres generales, et non particulieres pour le Roy ; ouy bien pour les *Princes de l'Union* que l'on nomme *Principes nostros*, qui bataillent pour le motif de l'Union, mais qu'il ne se parle point *de Rege nostro Henrico christianissimo qui in tua (miseratione) suscepit regni gubernacula*; et que, du commencement que la ville destourna le peuple de la recognoissance du feu Roy, on ne parla plus de prier pour luy, tellement qu'il fust incontinent rendu odieux ; et de mesme l'on veult faire presentement..... et se souvient que le P. *Edmond* fust rendu odieux, parce qu'il prioit pour le Roy, et prescha qu'il le falloit faire.

M. *le Doyen* dict qu'il ne le fist jamais à l'instigation de ses compagnons.

M. *Poculot* dict que puisque l'on prie particulierement pour les princes, seigneurs et peuple, à plus forte raison le doibt on faire pour le Roy.

Le sieur *de Liergues* dict qu'il n'en a jamais ouy parler à predicateur que au sieur, *Chaslon* et que led. *Chaslon* a dict que M. *de Bulo* a parlé deux foys fort à propos et bien advant.

Le sieur d'*Ornano* et tous generalement ont dict qu'il fault prier pour nostre Roy *Henry quatriesme*, et le nommer tout à nu , ou nous ne serions pas bons françois.

M. *de Vandel* dict que tout le mal procede des *Jhesuistes*, des *Capucins* et *Minimes* les nouveaulx parvenus qui sont des *boutefeux*, lesquelz, pour dire verité, il ayme et favorise en tant que prestres, mais, puisqu'ilz sont sedi-tieux, il leur fauldra faire parler françois ; que l'on a veu ce que l'advocat *David* a escrit de la source de la Ligue, qui monstre bien les advertissemens que l'on leur a faictz de corrompre le peuple es confessions et predications; par le moyen de quoy il vault mieux qu'ilz ne preschent ny confessent, et qu'il les fault forcer de faire declaration ouverte en recognoissance du Roy, et que l'on y depute des commissaires pour y porter ceste parole, ou bien les faire mettre hors la ville, en *l'Hospital Sainct Laurent*, où l'on les nourrira en attendant la venue du Roy.

Les sieurs *Henry* et *Claude Seve* disent que ez *Heures* que nous avons pour la Sepmaine Saincte , le nom du Roy y est par exprès, et pour-quoy doncques aux prieres qu'ilz font, il n'est pas nommé, et que, priant pour le Roy , l'on peult entendre d'ung aultre que de celuy que nous recognoissons.

Le sieur d'*Ornano* prie aussi Messieurs du Clergé de s'en resouldre eu-tr'eux.

Le sieur *Doyen* dict n'avoir jamais voulu faire faire prieres publiques, en at-tendant la volonté de S. S., non pas que l'on ayt cessé les prieres particulieres, de mesme ilz ont voulu attendre ; mais quand ilz voyront les rescriptz du Pape, ilz s'y resouldront, et passeront oultre.

Le sieur d'*Ornano* dict que tant de villes catholiques qui tiennent pour le Roy le font bien, et pourquoy on ne feroit comme eulx ?

Le sieur *Doyen* dict que ce n'est point difficulté qu'ilz y fassent prieres par-ticulieres, et pour aultre occasion que ce qu'il a dict.

Le sieur d'*Ornano* luy remonstre que ce sont raisons que le peuple n'en-tend pas, et ne servent de rien en ce faict, et que despuis que le Roy a faict profession devant les prélatz , et envoyé la plus honorable am-bassade qui se pouvoit faire à S. S. (1) et que si le *grand Turc* se pre-sentoit au *Pape*, il ne le refuzeroit point, et auroit refuzé le *filz ayné de l'esglise.*

Le sieur *de Servieres* dict qu'il a esté en la pluspart des villes que le Roy tient, comme à *Tours , Rennes , Nantes* et à *Chartres*, et que là où il y a des evesques, on y a tousjours prié ouvertement pour le Roy ; et pourquoy doncques il ne sera de mesme icy, et que la sepmaine passée on pria à S. Paul, *Domine, salvum fac regem*, et ceste sepmaine ilz ont cessé ?

Le sieur *Chaston* dict qu'il ne pense qu'ilz ayent cessé , car ilz n'en ont point de nouveau subject, et qu'il les a luy mesme entendu prier de la façon.

Le sieur *de Servieres* remonstre que les penons, lieutenans et enseignes doibvent faire le serment entre les mains des sieurs eschevins, et puis chas-cung en leur quartier, assisté des eschevins, fera faire le serment. — Ce qui a esté trouvé bon par le sieur d'*Ornano.*

Le sieur *Vandel* dict qu'il fault que tous les penons se mettent en debvoir et rang, et que deux de Messieurs les eschevins montent à cheval, et fassent faire le serment à tous de penonage en penonage.

(1) Un lyonnois, *Séraphin Olivier*, dont nous parlerons plus tard.

A esté ordonné que presentement tous les capitaines penons, les lieutenans et enseignes feront le serment, sitost que le sieur d'*Ornano* et les autres Messieurs de ladicte qualité seront sortys; ce qui a esté faict par ceulx qui se sont trouvez presents, etc. » S.

1594. — *Mars* 31. Lettre d'*Henry IV* à ses tres-chers et bien aymez les Consulz eschevins, manans et habitans de sa bonne ville de Lyon, sur la reduction des villes de *Rouen, Havre de Grace* et autres. — Imprimée; Lyon, *G. Jullieron* et *T. Ancelin*, In 8° de 8 p. (B. de Lyon, t. 3 du n° 23405).

1594. — *Mars* (Fin). Le Consulat écrit à Messieurs de la ville *du Puy* pour les exhorter à se rendre au roi. «..... Nous vous supplions, leur dit-il, comme noz freres et meilleurs voysins et amys, à suivre nostre condition, laquelle vous doibt estre d'aultant plus volontiers acceptable, que vous voyez Mgr nostre *archevesque*, le pivot sur lequel tous les affaires de la Ligue ont sy longuement tournoyé, y estre gaillardement entré..... C'estoit une grande heresie de s'estre armé contre nostre Roy *Henry* 3e, le plus catholique prince d'entre les catholiques de l'Europe, dont nous ne demandasmes point de permission à S. S., et despuis nous n'en avons pas envoyé demander l'absolution à *Rome*. Pourquoy donc chercherons-nous plus de ceremonye à nous resouldre soubz l'obeissance de cestuy-cy, qui est aultant catholique que jamais aultre fust, que nous n'y en avons apporté quand nous nous voulusmes *seduire* de l'aultre?.... »

1594. — *Avril*... Le sieur *Jacques Robin* fut chargé par le Consulat de *visiter* toutes les *lettres* qui arrivoient à Lyon, depuis l'epoque de la reduction jusqu'à ce que S. M. eut établi gouverneur M. *de La Guiche*. S.

1594. —*Ordonnances* ou *Articles* concluds et arrestez en l'assemblée generale tenue au Consulat de la ville de Lyon, les 23 et dernier jour du mois de *Mars* et 2 d'*Avril* 1594. Publiez les 21., 1. et 2. jours des mois et fin susdicts. A Lyon, par *Guichard Jullieron* et *Thibaud Ancelin*, imprimeurs de Messieurs de la ville. M. D. XCIIII. In-8° de 32 p. (B. de Lyon, tome 73 du n° 25201).

Les Articles XIX et XX de l'Ordonnance du 31 *mars* sont ainsi conçus :

XIX. L'on a veu qu'en plusieurs endroicts de cestedicte ville les placards qui ont esté affichez cy-devant, de par le Roy sont arrachez et lacerez par certaines personnes nourries à la rebellion, qui a regné par le moyen des mauvais mesnagers de l'honneur et loyauté des bons François, qui avait esté en singuliere religion à noz predecesseurs : A ces causes, expresses inhibitions et defenses sont faictes à toutes personnes de biffer, lacerer ou arracher les placards et affiches de ladicte qualité, soubs les peynes indictes contre les rebelles au Roy. Et à ce que les delinquans puissent estre descouverts et apprehendez, lesdits sieurs Consuls Eschevins recognoistront, et recompenseront ceux qui les reveleront, de la somme de cent escus : et, au contraire, s'ils sont trouvez en avoir sceu quelque chose, et ne l'avoir revelé, ils seront punis comme coulpables de la mesme faute.

XX. Et de mesmes ayant esté apperceu, que, soit par l'ignorance de certains imprimeurs, ou par la malice d'aucuns particuliers, il s'imprime et vend publiquement des *livrels*, lesquels, soubs un beau et honneste tiltre, contiennent quelques fois des parolles injurieuses et mal seantes à la modestie requise en une ville bien policée, pour ceste cause est aussi deffendu à tous imprimeurs d'imprimer, et à tous libraires de vendre ou faire vendre desormais aucuns livres ou escrits qui n'ayent esté veuz et censurez, et sans la permission et auctorité des Magistrats, soubs les peynes de l'Ordonnance. Et pareilles deffenses à ceux qui crient et portent vendre lesdictes impressions par la ville, de desguiser en les criant le tiltre d'icelles, et moings y adjouster parolles piquantes, injurieuses et deshonnestes contre l'honneur des grands, et en cas de contravention seront emprisonnez et punis au corps, selon la le qualité du delict.

1594. — *Dimanche 3 avril.* Fust chanté à *Saint-Jean*, le *Te Deum laudamus* pour l'entrée du Roy dedans *Paris*, où estoyent, en robes violettes, MM. *de Montmartin, Henry, Jacquet, Vize, Valentin* et *Collabaud ; M. le Colonel,* M. *Seneschal,* M. *de St Chaumont,* et aultres de leur suite. S.

1594. — *Avril 4.* M. *de Malezieu* étoit un des principaux citoyens que le Consulat avoit exilés de la ville. Il paroit que ce n'étoit point comme ennemi du Roi, mais comme ayant intrigué pour faire obtenir le gouvernement de Lyon à quelque personnage qui n'est pas nommé. M. *Vize,* échevin, lui signifia de la part de M. le Colonel d'*Ornano* qu'il eût à sortir de Lyon au plus vite. Il sortit précipitamment, et se retira à *St Didier.* De là il écrivit le 4 *avril* au Consulat une lettre par laquelle il se plaignoit d'un semblable procédé contre un serviteur du Roi, et qui en avoit donné de bonnes preuves. Il demande qu'on lui nomme ses ennemis et ses calomniateurs, offrant de se rendre en prison pour subir la peine qu'il aura méritée, s'il est reconnu coupable.... Outré de la sévérité du Consulat, M. *de Malezieu* voulut s'en aller plaindre au Roi : M. *de Bellievre* et M. *de Vic* lui conseillèrent de n'en rien faire, et d'attendre que le Roi vint à Lyon ; mais le voyage du Roi etant toujours retardé, il renouvela sa plainte aux ministres. Le Consulat en ayant été informé, écrivit, le 15 *août,* à M. *de Revol,* secrétaire, pour le prier d'interposer sa bienveillance pour la ville, et la justifier où il seroit besoin contre les griefs allégués par M. *de Malezieu.* S. Voyez ci-dessus au 9 *mars* 1589. Voyez aussi les *Mélanges* de M. Bréghot, t. 1, p. 118 et 384, t. 2, p. 444.

1594. — *Avril 5.* Au Consulat où se trouvoient aussi M. le *Colonel,* le *Seneschal,* le sieur de *Rochebonne,* le baron *de Joux,* et encore Messieurs *Vandel, de Liergues, Allard, Rullioud,* etc., les capitaines penons mandez :

Sur la requeste presentée par le sieur de *Veyssiere,* capitaine penon, et *Jean Giraud,* sergent, d'une insulte faicte par *André de Lygonet,* orfevre dud. penonage ; ayant tous esté ouys et confrontez ; par l'advis desd. sieurs Colonel, Seneschal et aultres, a esté dict que led. sieur *de Lygonet,* pour reparation de la faulte par luy commise, sera conduict par le lieutenant du guet, en la place du Change, mesme lieu où l'excès a esté commis, et là, en presence de son capitaine penon, tout le penonage y estant en armes, l'enseigne desployée, et le tambour battant, il declarera à haulte voix, et la teste nue, que temerairement et comme mal advisé, il a desobey et manqué au devoir à luy commandé d'accompagner la patrouille, la nuict de samedy dernier, et d'avoir le lendemain, de propos déliberé, agressé led. sergent *Giraud* en lad. place, et luy dementi et frappé sur la joue, et degayné son poignard sur luy indirectement, et avec trop de temerité, dont il demande pardon au Roy, au Consulat, à ses chefs et capitaines, et particulierement aud. sergent *Giraud,* lequel il tient et repute pour son sergent, qui a pouvoir de luy commander, et qu'il reconnoit tel et de telle valeur, que s'il ne l'eust pris à son avantage, ou que s'il eust voulu en tirer raison sur le champ, il le pouvoit faire. Ce faict, il sera ramené et conduit en prison, pour y estre detenu l'espace de 8 jours consecutifs, et defense de plus recidiver, sous peine de vie (1).—*Même séance*. Sur la plainte du sieur *Jacquet*, maistre de poste, aussi penon, pour une rixe entre le sergent de son penonage et aultres, ceux-cy ont esté renvoyez pardevant la justice, comme pour faict passé hors le service; et cependant on arreste de faire proclamer à son de trompe, defense de se donner des dementis en public, à peine d'estre mis hors de la ville pour six mois, et de frapper sur la joue.... avec la main, à peine de *trois coups d'estrapade*; et que ceux qui mettroient les armes à la main pour offenser un autre, auroient le poing coupé, suivant les ordonnances faictes pour la discipline militaire. S.

1594. — *Avril*. 6. Un sauf-conduit est accordé par le Consulat à *François Bernardin Bozon*, pour demeurer en sa grange de *Poleymieu*, nonobstant l'ordonnance du premier *avril*, en laquelle il n'est pas compris. — De même à *Pompée Porro*, de demeurer en sa grange de *Bresse*, quoique non distant de la ville de 5 lieues. S.

1594. — *Avril 6. Henry IV* accorde le titre d'imprimeurs du roi à *Guichard Jullieron* et à *Thibaud Ancelin* qui avaient contribué à faire rentrer la ville de Lyon sous l'obéissance royale. *Biogr. lyonn.*

1594. — *Avril 7.* Le Consulat à M. *de St-Paul*, prescheur de *St-Chaumont* :

« Monsieur, la rénommée de vostre bonne doctrine, et le sainct zele que vous faictes paroistre, par voz doctes et salutaires prédications, avoir à l'agrandissement de nostre saincte religion catholique, apostolique et romaine, sous le regne de nostre roy très chrestien et catholique, estant parvenue jusqu'à nous, il y a desja longtemps, nous avions tousjours heu intention de vous supplier venir en ceste ville, pour nous ayder avec voz bonnes exhortations à en esclaircir l'aveuglement qui est encores en quelques ungs de ceulx qui plus facillement se sont laissez transporter aux artifiices des ennemys de cest estat. Mais ayant sceu le profit que vous faisiez au public, en la chaire qui vous a esté donnée pour tout le caresme, nous avons mieulx aymé passer avec noz predicateurs accoustumez, que de vous destourner d'ung si bon œuvre, nous reservant tousjours de vous presenter la très humble requeste que nous vous faisons maintenant d'y venir après les festes, le plustost qu'il vous sera possible. Quoy faisant, oultre l'obligation que nous vous avons en nostre particulier, et l'honneur et bon traictement que vous recepvrez de nous, vous ferez chose meritoire envers Dieu, proffitable au public, et louable pour tout le monde. Sur ce, après vous avoir presenté noz bien humbles recommandations, nous prions Dieu, Monsieur, vous tenir en saincte et digne garde, etc. »

M. *de St-Paul* répondit le même jour au Consulat :

« ...... Je vous iray faire la reverence, et prendre resolution de voz bonnes intentions pour le dimanche de *Quasimodo*, auquel jour je ne seray avec vous, sans travailler en l'esglise la plus capable de peuple qu'il plaira à voz prudences de me choisir. Et si le jugez à propoz, aux fins que cest œuvre divin soit rendu plus communicable au peuple, et qu'il en puisse d'heure

(1) Le 18 *avril*, à la requête d'un frère servant de la compagnie des *Jésuites*, le Consulat, de l'avis de M. *d'Ornano*, et de l'agrement des Penons et instance du sieur *Veyssière*, penon, et du sergent *Giraud*, ordonna que le sieur *de Lygonet* serait élargi, après avoir fait la declaration et la reparation portées par la sentence du 5 *avril*; ce qu'il a fait nu tête et avec toute humilité. Alors lui et le sergent *Giraud* se sont accolés, et mutuellement pardonnés, juré et promis de demeurer unis. En consequence, le Consulat ordonne que les presentes ni le jugement ne seront expediées jusqu'à nouvel ordre. S.

estre adverty, fauldroit que ces festes, M⁰ le curez d'icelle esglise et des circonvoysines en advertissent le peuple... Cela fera cognoistre les sinistres bruictz qu'on a faict courir de vostre chrestienne ville de Lyon contre la manutention de la saincte religion en icelle (qui ont esté très grands et tres pernicieux), estre faulx, et à plaisir faicts par les artifices des ennemys de cest estat... et ayant leu, dix ans continuellement, aux plus celebres chaires de l'Université de *Paris*, et passé par tous les honneurs d'icelle, mesmes par le premier qui est le rectorat, et presché, dix et huict ans, aux chaires les plus celebres de France, je vous en dedieray les fruictz, puisque vous les avez desirez avec tant d'honneur, et seray bien marry si ilz ne se trouvent si dignes de vous que vous les desirerez. Pour le moings, ilz seront, suivant voz louables intentions, à la conservation de nostre saincte foy catholique, apostolique et romaine, du tout rondement, comme ilz en ont tousjours esté, graces à Dieu, et à la recommandation de nostre legitime roy, puisque Dieu lui a faict, et à nous, une grace si grande qu'il soit catholique si affectionné, comme chacun nous faict entendre qu'il est. Ung chascun doibt embrasser de cœur et loner Dieu de ceste conversion qui n'est moindre pour nous que celle de *St-Paul* pour l'esglise universelle, veu le bien qu'elle rapportera à la conservation de la foy, et a deslivrer les villes et les provinces de tant de tyrans et tyranneaux qui les vexent et tyrannisent. Je fus le premier prestre en nostre province, deputé et esleu par la court de parlement de *Grenoble*, qui en fit à Dieu les actions de graces publiques devant ceste court, etc. De vostre *estude de Sainct Chamond*, ce 7 d'avril 1594. Vostre tres humble serviteur et orateur en J. C. SAINT PAUL. »

Vers le même temps, le Consulat écrivit aussi à M. *de Chavagnac*, predicateur célèbre, pour l'engager à venir prêcher à Lyon. M. *de Chavagnac* répondit de *Clermont*, le 17 *avril*, qu'étant obligé de se rendre, à la St-Jean, près du S. M., il auroit trop peu de temps à rester à Lyon, et que, si on tenoit à ce qu'il y vint, il faudroit lui envoyer des *asseurances*, et même un passeport de Mgr *de Sainct Sorlin*. S.

1594. — *Avril 8. Séance consulaire.* Est comparu le sieur *de Servières*, tresorier de France, lequel pour et au nom des confreres de N. D. *des Confalons*, penitents en la ville de Lyon, a exhibé et remis l'acte de serment faict par lesdits sieurs confreres pour le service et obeissance du Roy, le 5 du present mois, lequel il a requis estre enregistré ez actes consulaires ; ce qui a été ordonné.

1594. — *Avril 8.* Le Consulat écrit au Roy :

« Sire,..... Nous attendions de rendre graces publiques à Dieu de l'heureux succès de *Paris*, sur l'asseurance que nous avions d'en recepvoir vostre commandement exprès ; mais il fut besoing de prevenir de trois jours son arrivée qui n'a esté que le *sixieme* de ce mois, pour lever au peuple le doubte qu'il en concevoit par là remise de ceste demonstration ; et, entre deux, nous n'oubliasmes rien de ce qui se faisoit pour nostre conservation ; ayant, par le conseil de M. le Colonel *d'Ornano*, faict une *seconde purgation* de quelques ungs des plus remarquez de noz concitoyens, et de tous les aultres glissez dans la ville, qui nous y pourroient nuyre ; asseuré vostre arsenal par une bonne garde ; et, en attendant l'exécution de meilleur ordre que nous y avons mis, comme nos deleguez tesmoigneront de vive voix à V. M., nous avons fortifié noz advenues par des compagnies françoises jettées dans les fauxbourgs et dans noz fortz qui tiennent noz portes en asseurance avec la garde des *Suisses* que nous avions desja ; moyennant quoy, et la présence du Colonel *d'Ornano* qui s'est resolu de demeurer avec nous, luy ayant faict cognoistre qu'il ne pouvoit nous rendre service plus signalé, nous esperons que Dieu nous fera la grace de bien conserver le dedans; et à vous, Sire, de bien remédier au mal qui nous presse par le dehors, en sorte que noz concitoyens ne peuvent s'esloigner de 200 pas, et noz compatriotes sortir de leurs petits fortz, qu'ils ne se voyent, sçavoir les impuissants de payer rançon, tous couvertz de coups de coutelas, et les aultres emprisonnez et traittez si cruellement que ce nous feroit horreur de le referer, sy l'horreur mesme de leurs barbares cruaultez ne s'estoit tournée en habitude et patience accoustumée de longue main. *La plus spacieuse prison qu'ilz nous donnent est ung coffre ou ung tonneau*, et le plus grand moyen de veoir et respirer, est l'embouchure du tonneau, et le trou de la serrure du coffre. Il en meurt tous les jours entre leurs mains, et n'y a pas trois jours qu'*ung notayre de Beaujollois*, ayant esté mené à *Thoissey en Dombes*, et detenu quelque temps fermé dans un coffre, la face pressée sur les genoux, il les rongea jusqu'aux os, et fut trouvé mort en ce miserable desespoir. V. M. jugera donc, s'il luy plaist, combien nous avons occasion de recourir à elle, pour impetrer le secours qui ne peult venir d'ailleurs, après Dieu, que de sa bonté et clemence paternelle.... » S.

1594. — *Avril* 12. Le Consulat convoque une assemblée générale où se trouvèrent le Colonel d'*Ornano*, le *Sénéchal*, M. *Chaslon*, official, le president de *Langes*, M. *de Villars*, etc., etc.

« .... M. *de Montmartin* propose la cause de l'assemblée, qui est des nouvelles et advertissemens venus de toutes parts pour les mefiances que l'on a des *Suisses* qui ont la garde de ceste ville... . et encores par le *billet* de M. de *Nemours*.....

M. le *Colonel* allegue les lettres du Roy, les advis d'*Italie* et de *Paris*, et opine que l'on se doibt, avant que sortir d'icy, esclairer de la volonté des *Suisses*, et en cas qu'ilz ne fassent le serment, les faire battre aux champs, et le faire sur le champ.

M. *de Bothéon* (Sénéchal) dit de mesmes.

M. le General *Henry* lit la lettre de M. de *Nemours* dont la teneur sera inserée, et aussi du *billet en chiffres* qui a esté deschiffré.....; il rapporte la division qui est entre les *Suisses* au *Pays*, selon ce que ceulx d'icy luy ont dict. et encores la proposition faicte par le sieur d'*Albigny* au *Conestable de Castille*, en *Milanais*, dont il faict aussy lecture, et qui sera inserée.

Sur la requisition faicte par M. *de Montmartin* que les ecclesiastiques doivent faire le serment de fidelité au Roy, ce qui n'a encores esté faict; — M. *Chaslon* a dict que quant aux ecclesiastiques des cathedrales, collegiales et paroisses, ilz ne font difficulté de le faire; qu'il y a quelques religieux qu'il estime qu'ilz ne feront pas difficulté de jurer de se despartir de toutes ligues contre le Roy: et, pour son regard, a juré au mesme instant de vivre et mourir en la religion catholique, apostolique et romaine, soubz l'obeyssance de *Henry IV*, roy de France et de Navarre; et, combien qu'il n'ayt jamais participé à aulcune ligue, neantmoings jure de s'en despartir en tant que besoing seroit, et que jamais il n'y participera.

Les sieurs *de Grimo* et *Teste*, penons, rapportent *qu'on leur a* dict hier, à *la Guillotiere* que l'on auroit beau faire, et que, devant qu'il fust longtemps, l'on verroit tant de gens autour de ceste ville que l'on n'y en veit jamais tant, qui feront bien changer de langage.

Le sieur *de Liergues* rapporte que le sieur President *Masino* luy a dict que M. *le Marquis* luy avoit asseuré qu'il avoit envoyé au Connestable de Castille pour avoir des hommes et des moyens, affin de reduyre la ville de

Lyon en son debvoir, et qu'il esperoit que Dieu luy en feroit la grace, etc., etc.

M. *de Villars*..... seroit d'advis de sçavoir ce qui est deub aux *Suisses*; leur en faire une obligation, et les faire retirer aux fauxbourgs sur le champ; et quand l'on auroit de l'argent comptant, il ne leur en fauldroit pas bailler, parce qu'ilz se retireront au *Pays*, auquel cas, s'ilz ne se disposent à faire service contraire, on les payera; mais s'ilz s'accaparent à noz ennemys, l'on aura de quoy leur retirer leur paye....

M. *de Vandel*, pour le regard de M. *de Nemours*, dict qu'il fault prendre garde à ceux qui le gardent... et quant aux *Suisses*,... soit qu'ilz prestent ou non serment, il fault les renvoyer dès aujourd'huy, fors les capitaines.....

M. *de Liergues* est d'advis..... que l'on fasse un nouveau rolle de ceux que l'on ne trouvera pas francs au collier,... qu'il a esté adverty par ung religieux, bon serviteur du Roy, qu'il y a des pratiques dans les couvents, et qu'il y a des gens stipendiés pour gagner des personnes contre le service du Roy; que des gens de son penonage, ayant faict leur dernière confession aux *Carmes*, ceux cy, après l'absolution, leur avoient demandé s'ilz avoient crié *Vive le Roy* ! (sur leur reponse affirmative) on leur dict : *L'absolution que je vous ay donnée ne vault rien, si vous l'avez faict de bon cœur*. Il luy semble que, aujourd'huy, Messieurs de la Justice devroient aller aux couvents; et les prendre ung à ung, et leur faire faire le serment, et chasser ceulx qui ne le vouldroient; et en faire venir d'aultres qui garderoient leurs revenus. M. *de Nemours* qui est très bon catholique en a ainsi usé; n'estant point chose qui altère la Religion de changer les Religieux; mais c'est alterer la Religion de souffrir les Religieulx qui se doibvent ayder à conserver l'estat, et font le contraire.

M. *Allard* dict que la perfidie de M. *de Nemours* est trop evidente, et se fault premierement asseurer la ville; fault envoyer les *Suisses* parce qu'ilz n'ont point faict de serment au Roy; et s'asseurer que les penons y feront leur debvoir, et..... est d'advis que, dès aujourd'huy, on les mette aux portes.

M. *Bullioud* dict que la necessité est urgente, et conclud avec M. *le Colonel*. Il dict qu'il ne se doibt aulcun respect à M. *de Nemours*, et que l'on luy doibt oster ses serviteurs, et ne luy bailler que des gens affidez, le resserrer, le retrancher, et ne luy permettre liberté de parler et d'escrire.

M. *Allard* adjouste que, estant en *Dombes*, ung homme d'honneur leur donna advis que les *Suisses* avoient envoyé en leur pays, pour sçavoir s'il importoit à l'honneur de leur nation de rendre une ville qui se *fie* de leur garde et service pour la religion catholique.

M. le Capitaine *de Masso* dict qu'il les fault mettre hors, et que le plustost sera le meilleur.

M. *Pinet* est de mesme advis pour les *Suisses*, et pour le faict de M. *de Nemours*, qu'il fault envoyer les lettres et memoyres au Roy.

M. *Regnauld* dict de mesme pour les *Suisses*.

M. *de Bourges*, IDEM; et pour le regard de M. *de Nemours*, qu'il luy fault oster ses domestiques, et bien garder qu'il ne puisse escrire ny conferer.

M. *Chaslon* : que, puisque le pretexte de la religion cesse, il fault que l'on se rallie au service du Roy qui est de nostre religion, a renié et abjuré toutes choses contraires. Pourquoy fault regarder que rien n'altere nostre resolution dedans ny dehors ; et que si les *Suisses* n'ont le cueur porté à ce party, les fault renvoyer, mais qu'il ne les fault aigrir..... Comme l'on en peult avoir à faire à l'advenir, il les fauldra congedier avec toute doulceur. — Pour le regard du dedans de la ville, qu'il est allé à l'improviste chez les predicateurs où il n'a rien trouvé, et y a mené avec luy des personnes de qui on se peult fier, mais qu'il y peult bien avoir des menées;.... qu'il *leur* fault faire faire ung serment tres estroict de se despartir de toutes ligues. Si en general ou particulier, on decouvre ensuite quelcung qui passe plus oultre à se mesler des affaires, on en usera comme la justice le requiert ; et fault considérer que les occasions des menées sont passées, puisque les confessions le sont. Pour le regard de M. *de Nemours*, il n'y a nul moyen de s'y fier.

M. *de Serviere* conclud avec les autres qu'il fault envoyer les *Suisses* sans les requerir du serment ; car il ne fauldra pas faire estat de s'en servir jusques à ce que en general le *Pays* soit rentré ez anciennes alliances ; et que l'on a juste soupçon d'eulx et de leurs supérieurs ; et que, depuis 4 jours en ça, ung personnage d'honneur qu'il ne peult nommer luy a dict que l'on eust à se prendre garde, parce que les menées sont plus grandes qu'elles n'ont esté.

M. *de la Chalut* remonstre que quand les *Suisses* se distrairent du serment qu'ilz avoient faict au Roy, aux premières barricades, ilz n'attendirent pas des nouvelles de leurs superieurs, combien que on ne leur eust pas ainsy faict ; car on les a attendus deux mois, et on n'a point de bonne explication ; au contraire l'on veoit les justes soupçons. Partant, il les fault envoyer.

M. le thresorier *Scarron* dict avoir communiqué à Messieurs (les eschevins) infinis advis d'envoyer les *Suisses*, et le plustost que l'on pourra ; n'y voyant asseurance aulcune tandis qu'ilz seront icy : et leur dire nettement que l'on ne se veult plus servir d'estrangers, et que les moyens n'y sont plus. — Pour le regard de M. *de Nemours*, qu'il y a des femmes aussy dangereuses que les hommes ; que les serviteurs domestiques dudit sieur vont et viennent, et que l'on doibt les sortir tous d'auprès de luy, et les confiner en une bonne prison....

M. *de Musino*, president des esleus : que l'on envoye diligemment les *Suisses*, et que l'on ne les doibt pas presser de prester le serment... — Pour le regard de M. *de Nemours*, qu'il y aura assez de temps d'y pourvoir après, et se fault oster promptement le soin des *Suisses*.

M. *Poculot* : qu'il fault promptement envoyer les *Suisses*, mais qu'il le fault faire le plus doulcement que faire se pourra, selon l'advis de M. le colonel. — Pour le regard de M. *de Nemours*, envoyer au Roy les lettres, memoyres et chiffres, et plustost personne propre ; que l'on retrecisse ledt. sieur *de Nemours*, et ne luy laisser personne des siens.

M. *de Serracin* : que l'on ne se peult fier ez *Suisses* qu'il fault licentier au plustost, et veiller à M. *de Nemours*, et le resserrer plus que jamais.

M. *du Coing* : que les serviteurs, voyre les accusez eux mesmes, sont par les rues et se promenent ; qu'il faut entierement racler la ville, pour oster au sieur *de Nemours* toute esperance ; luy lever ses domestiques, papier et encre ; car il est irreconciliable pour la vengeance qu'il a jurée ; que c'est le moyen de les mettre tous en confusion ; qu'il fault purger tout ce qui se trouvera dans la ville de soupçonneux. — Pour le regard des *Suisses*, qu'il fault les envoyer doulcement soubs le pretexte du commandement du Roy....

M. *de Grimo* et M. *Bernico* sont du mesme advis que M. *du Coing*.

M. *Jacquet*, maistre de la poste, dict que les Cantons de *Lucerne* et de

Frybourg sont fort peu affectionnez au Roy;… qu'il luy semble qu'il faut au plustost congedier les *Suisses* et les mettre hors ; que leurs *panaches blancs* sont fort suspects. — Qu'il fault mettre hors tous ceulx de M. *de Nemours*, mesmes ung *Figaret*.

M. *de Veyssiere*, IDEM pour le regard des *Suisses* et de M. *de Nemours*.

Fr. Laurent, lieutenant de M. *Pelletier*, IDEM.

Fr. Bernard, pour le regard des *Suisses*, IDEM, et de M. *de Nemours* qu'il ne luy fault laisser personne de sa maison, jusques à son cuisinier.….

Le Champenois, comme les aultres.

Le sieur *Guyn* a dict qu'il s'en rapporte à tous ces Messieurs qui ont très sagement pourveu et dévisé ; et pour le regard de M. *de Nemours*, que nul ne luy doibt aller parler ; et que ce n'est assez de luy oster le papier et l'encre, parce qu'il en peult dire plus en un quart d'heure qu'il n'en escrira en deux heures.

Tous les autres presents, d'une voix, ont esté de mesme advis.….

L'assemblée arreste que le sieur D… ira presentement à *Pierre-Scize*, advertir le capitaine *Lafonte* de se renforcer d'hommes, et que le sieur *Mornieu* ira quant et quant ; et sont partis au mesme instant avec ung billet de creance signé de M. *Henry* et du secretaire, affin de faire sortir du chasteau tous les *Suisses* y estant, et que l'on fasse entrer les capitaines suisses au Consulat pour les congedier sur le champ.

Mandez et faictz entrer les lieutenants, enseignes et aultres membres estant en ceste ville avec leur truchement, et aussi le capitaine *Nicolas Bourch*; M. *de Montmartin* leur a remonstré que la volonté du Roy est qu'ilz se retirent, en quoy il y a d'aultant plus de raison qu'ilz n'ont point faict estat d'avoir de leurs quartiers la resolution sur leurs serments. — Lesquelz ont prié que l'on leur permette de conferer quatre paroles ensemble ; ce qu'ilz ont faict, et se sont retirez dans la plate-forme sur le devant de la chambre consulaire, regardant en la rue. — Puys rentrez, le Capitaine *Nicolas Wilh* a dict qu'ilz supplioient que l'on attende aultres nouvelles de leurs capitaines, et qu'ilz ont heu bonnes nouvelles des dernieres ; que l'on les asseure qu'ilz ne manqueront d'avoir bien tost nouvelles au contentement de ceulx de ceste ville. Toutesfoys que puisqu'il plaist ainsy, ilz sont prets ; les priant qu'on mette dans leurs passeports qu'ilz ont fidellement servi, et que on leur fasse asseurance de leur deub ; et que l'on donne moyen aux soldatz de se retirer jusques au *Pays*, ce qui ne peult estre moings que de la paye d'ung mois.

Leur a esté repliqué par le sieur *Henry*, que les Capitaines demeureront icy pour faire les comptes; et leur sera faict une obligation pour leur seureté, car on les veult contenter, et l'on ne leur veult rien faire perdre ; leur seront baillez telz passeports qu'ilz vouldront, et on les prie de se retirer dans les fauxbourgs quant aux soldats, et les capitaines dans la ville, en leurs logis. — Ce qu'ilz ont accepté et dict que, si on eust attendu encores cinq ou six jours, ilz eussent donné tout contentement; que toutefoys, pour suivre la volonté du Roy et celle desd. sieurs, ilz obeyront ; priant qu'on leur baille quelque argent pour les soldatz ; et leur a esté accordé que les compagnies françoyses qui sont en faulxbourg entreront en la ville, à mesure qu'ilz sortiront des portes; et ont promis de faire sortir leurs soldats suisses qui sont dans *Pierre-Scize* et aussy des boulevards *St Jehan* et *St Clair*. — Et sur le champ, en leur presence, a esté faict le despartement de ceulx qui entreront en leurs gardes, comme s'ensuit :

A la porte de *St Sebastien* entrera la compagnie du Capitaine *Laforge*, en présence de M. *Henry*, et en sortiront les *Suisses*, à l'approche de lad. Compagnie qui sera mise dans les boulevards de *St Jehan* et de *S. Clair*.

A la porte du *Pont du Rhosne*, entrera la compagnie du capitaine *Rochemont*, en présence de M. *Jacquet*, et se retireront les *Suisses* a leur approche.

A l'*Arsenal* et aux chaisnes d'*Esnay*, le capitaine *Parya*.

A la porte *St Just*, entrera la moitié de la compagnie du capitaine *Combet*, en présence de M. *Colhabaud*, et les *Suisses* se retireront en *Vaize*.

A la porte *St George*, le capitaine *Gonin*, penon du quartier, y envoyera une (compagnie).

A la porte de *Pierre-Scize*, entrera l'aultre moitié de la compagnie du capitaine *Combet*, en présence de M. *Vize*, et se retireront les *Suisses* du faulxbourg de *Vaize*.

Sera renforcée la garde du chasteau de *Pierre-Scize* de 20 hommes que prendra le Capitaine *Lafonte*, à son choix, et se retireront les *Suisses* y estant, chascun en sa Compagnie;

Et au mesme instant les billets desd. despartementz ont esté faictz, signez et délivrez par le secretaire auxd. sieurs *Henry, Jacquet, Vize* et *Colhabaud*, au Capitaine *Gonyn*, au lieutenant du capitaine *Parya*, lesquelz sont partis avec lesd. capitaines suisses pour l'execution de ce que dessus, sans divertir à aultre acte. S.

1594. — *Avril* 14. Les échevins, après avoir traité tous les *Capitaines suisses* licenciés, le 12 de ce mois, au diner par eux donné dans l'Hôtel de Ville, en compagnie du Colonel d'*Ornano*, de M. le Senechal, de M. le lieutenant-general *de Villars*, de plusieurs tresoriers generaux et autres principaux de cette ville, ont compté avec lesd. Capitaines, et se sont obligés à chacun des chefs des cinq compagnies, selon qu'il est porté par les contracts passés devant M⁰ *André Accarie*, notaire royal, etc. Ce fait, les capitaines *suisses* ont pris leur congé et se sont retirés du Consulat. S.

1594. — *Avril* 15. Reiglemens ordonnez en execution des edicts du Roy contre ceux de la religion pretendue reformée, et aussi pour la garde et conservation de ceste ville de *Lyon*, arrestez au Consulat tenu en ladicte ville, le 15 jour d'avril 1594, et publiez le 16 dudict. A Lyon, par *Guichard Jullieron*, et *Thibaud Ancelin*, M. D. XCIIII. In 8° de 16 pages (B. de Lyon, tome 73 du n° 25201).

L'article 1ᵉʳ de ces *Reiglemens* porte que tous ceux « qui s'estoyent retirez hors le Royaume pour estre de la nouvelle opinion et religion pretendue reformée, et qui sont rentrez en ceste ville sans passeport ou avec passeport…, seront tenus, scavoir, ceux qui sont en ceste dicte ville, dans trois jours, et les autres dans l'estendue de ce gouvernement, dans huict jours,… soy retirer hors ladicte ville et gouvernement… »

L'article 2ᵉ : «… Injonction est faicte à toutes personnes… de vivre catholicquement… »

L'art. 3ᵉ « Et à ce que les contrevenans puissent estre cogneuz, il est ordonné aux capitaines penons d'en faire la recherche exacte, en chacun de leurs quartiers, et mesme de s'informer des desportemens de ceux qu'ils ont suspects de mal sentir de nostre foy et religion catholicque, apostolicque et romaine, et particulierement si aux festes de *Pasques* dernieres, ils ont faict leur devoir de soy confesser et communier, selon l'obligation qu'ils y ont… »

L'art. 3e : « Vuideront par le jour de ladicte ville tous les officiers, agens, serviteurs et domestiques des sieurs ducs *de Mayenne* et *de Nemours*, et du sieur Marquis *de St Sorlin..... »*

L'art. 7e : «... Deffences à toutes personnes...de se provocquer à injure;... sur peine pour le regard de celuy qui donnera en public une simple dementie, d'estre sur le champ mis hors ladicte ville pour six mois, Et si quelqu'un s'advantageoit de tant que de frapper un autre sur la joue ou autrement de la main, il sera puni de trois coups *d'estrapade.* Et celuy qui seroit si mal advisé que de mettre les armes nues en la main en intention d'offenser quelqu'autre, il aura le poing couppé sur le champ, le tout sans autre forme ni figure de procès, et sans esperance d'aucune diminution des dictes peines. »

L'art. 8e : «..... Si aucun estoit si temeraire que de soy rendre desobeissant à celuy qui a le pouvoir de luy commander pour le faict de la garde de ceste ville, et, pour raison de ce, prendre et attaquer à luy par injures et armes ouvertes, comme il est advenu ces jours passez en certains endroicts de cestedicte ville, il sera sur le champ puni de mort, selon la rigueur des ordonnances du Roy faictes sur le faict de la discipline militaire. »

L'art. 10e «..... Il est expressement deffendu de tenir aucun marché de poissonnerie, harangerie ou autre denrée quelconque dans la place de l'*Herberie* et entre les barrieres faictes ès *trois advenues* d'icelle pour la seurté du corps de garde y estably...... à peine de dix escus d'amende et de confiscation des marchandises et denrées qui seront à l'instant appliquées au benefice des pauvres de l'Hostel de Dieu du pont du Rosne. » — Le texte de cette ordonnance ne se trouve pas dans le registre des actes consulaires. J. Monin, V, 440.

1594. — *Dimanche* 17 *avril.* Les eschevins accompagnez des sieurs procureur (1), receveur et voyer, se sont rendus en la maison du sieur *Valentin,* l'un d'eux, et de là, vestus de leurs robbes violettes et conduits par les mandeurs, sont allez en l'esglise de *St Jehan,* de laquelle la *procession generale* des *quatre mendians* de lad. esglise et des aultres collegiales de *St Just, St Nizier* et *St Paul* assemblez aud. lieu à la requeste desd. sieurs, après le *refus de s'y trouver par les autres couvents,* est partie, accompagnée des sieurs de la Justice en corps, et de M. le Colonel *d'Ornano,* M. *le Seneschal,* et plusieurs seigneurs et gentilz hommes de leur suite, et très grande affluence de peuple, est allée au Couvent des *Jacobins de N. D. de Confort,* où la grande messe a esté dicte, et la predication faicte en actions de graces de la reduction de *Paris* et de la ville de *Rouen* et aultres de la province de *Normandie* soubz l'obeyssance du Roy qui avoit escript et commandé de ce faire, par ses *lettres du dernier jour de Mars,* reçues le 15 du present. Puis la *procession de l'esglise de St Jehan seule,* accompagnée des sieurs Consulz eschevins, des sieurs de la Justice, dud. Sr *le Colonel* et aultres de sa suite, est revenue au mesme ordre. *Dieu veuille avoir les prieres agreables !* S.

1594. — *Avril* 18. Viennent au Consulat M. *Jehan Millet,* lieutenant au penonage de *Gourguillon* et M. *Charretier,* son enseigne, avec leurs sergens. Led. sieur *Millet* dict que, satisfaisant à l'Ordonnance publiée samedy dernier contre ceulx des suspects de la Religion pretendue reformée, qui n'auroient faictes leurs Pasques à ces festes dernieres, ilz ont icy amené *Jacques Ferrier,* *apothicaire,* demeurant aud. penonage, lequel ne leur a sceu justifier qu'il se

---

(1) Ce fut *Jean Goujon,* avocat à Lyon ; qui succéda dans la charge de procureur-général de la ville et communauté de Lyon à *Claude de Rubys.*

soit confessé ni communié à ces Pasques dernieres : au contraire s'en estant informez du vicaire de *Saincte-Croix*, par les mains duquel a dict avoir esté communié, led. vicaire ne l'a sceu recognoistre. Sur quoy, ouy led. *Ferrier*, qui, entre les mains de M. *Jehan Vandel*, conseiller au Siege presidial, qui s'est trouvé present, a promis et juré de dire verité, et enquis de sa creance, l'a faicte et rapportée comme ung vray catholique doibt faire, et justifié avoir faict profession de foy, il y a environ 8 ans par-devant M. *de Bolo*, *predicateur Jacobin* de ceste ville, ainsi qu'il appert par son certificat; et oultre ce a promis de soy confesser, luy et sa femme, Dimanche prochain pour oster toute l'opinion maulvaise, que l'on pourroit avoir conceue contre luy. Luy a esté enjoinct de ce faire, et de vivre catholi-quement et selon les sainctz decrets de l'esglise catholique, apostolique et romaine, soubz les peines ordonnées par les edicts du Roy, et a esté renvoyé en sa maison, et a signé : *Ferrier*. S.

1594. — *Avril 22.* Lettre d'*Henry IV* :

« A noz très chers et bien amez les Maire et eschevins de nostre ville de Lyon.

« De par le Roy, Très chers et bien amez, nous avons entendu avec grand contentement la resolution que vous avez prise et effectuée de vous deschar-ger des *suisses* qui estoient en vostre ville; leur demeure nous y ayant tous-jours esté fort suspecte depuis vostre reduction. Nous avons aussi veu les Ordonnances qui ont par vous esté faictes de l'expulsion d'aulcungs de lad. ville qui vous estoient suspectz, que nous avons trouvées fort bonnes, et plei-nes de grande prevoyance ; vous exhortant de continuer de veiller soigneuse-ment à vostre conservation qui est envyée de plusieurs de ceulx de dedans et dehors ce royaulme, qui font toutes les menées et pratiques qu'ilz peuvent pour y pouvoir entreprendre ; à quoy nous esperons pour le bon soing que nous voyons que vous y apportez, que tous leurs desseings demeureront inu-tiles ; et faictes effort de redoubler voz gardes, et de veiller et travailler en-cores et extraordinairement pour quelque temps; et vous asseurez que bien-tost vous serez soulagez de ceste peine. faisant estat de partir dans 20 jours au plus tard, pour m'acheminer devers vous. avec de bonnes forces que nous faisons dez ceste heure tenir prestes sur le chemin que nous devons prendre, affin que nous facions plus diligemment ce voyage, lequel nous eussions entre-pris dez ceste heure si nostre santé l'eust peu permettre, pour la conservation de laquelle nous sommes conseillez de faire une petite diette que nous n'a-vons peu differer, pour ne perdre la saison en laquelle elle nous est plus propre. Nous la commenceons demain, et la continuerons au plus que quinze jours, lesquelz finiz nous repartirons aussitost pour ledict voyage, pour lequel nous faisons cependant preparer ce qui nous y est le plus necessaire, n'y ayant rien, Dieu mercy, que nostredicte santé qui nous peult retarder; ce que nous faisons, estant plustost une precaution que remede necessaire à aulcun mal present. Nous sommes bien offensez que les forces que l'on dict qui descendent d'*Italie* et de *Piedmont* ne se retrouveront pas plustost en la plaine que nouz ferons. ny en meilleure volonté de combattre, si l'occasion s'en presente, qui est le meilleur pris que nous attendons et desirons de nos-tredict voïage. Nous estimons que voz depputez qui sont icy vous auront ad-vertiz comme nous les avons ouys; et depuis ayant faict veoir leurs cahiers en nostre Conseil, et ayant entendu la substance d'iceulx, nous y avons faict les meilleures et plus favorables responces qu'il nous a esté possible. Nous nous asseurons que vous les recevrez de bonne part, et jugerez par le tesmoi-gnage que vous y verrez de nostre bonne volonté, que vous en debvez attendre tous bons et plus grands effectz quand la commodité le nous pourra permettre;

ainsy que nous recognoissons que vous vous en rendez dignes tous les jours de plus en plus. En quoy nous vous exhortons de perseverer, et vous asseurer cependant d'avoir toute la part en nostre bonne grace que vous sçauriez desirer. Donné à *Paris*, le 22 jour d'*avril* 1594. Signé HENRY, plus bas FORGET. » — Cette lettre fut reçue le 5 *mai*, par le laquais de M. le *Colonel*. S Voyez au 22 *mars*.

1594. *Mai* 4. Lettre d'*Henry IV* au Consulat :

« De par le Roy. Très chers et bien amez, nous avons veu par voz lettres du 26 du passé qui nous ont esté rendues par le prevost *Thomé*, present porteur, et encores plus particullierement par les memoyres et instructions qu'il a apportez, et aussy par sa creance, les grandes raisons et apparens indices que vous avez d'apprehender et craindre les praticques et menées qui se dressent à vostre ruyne et à la surprinse de nostre ville de *Lyon*, mesmes de la part du duc *de Mayenne*, et du Marquis *de S. Sorlin*, son frere : à quoy s'accorde bien la negociation qu'ilz ont nagueres faict faire par *Albigny*, vers le *duc de Savoye* et le gouverneur de *Milan*, et le grand amas de forces qui s'est depuis par eulx faict pour entrer en ce royaulme. Mais nous esperons arriver par delà assez à temps, et sy bien accompagnez, que s'ilz descendent en la plaine, il nous y trouveront pour les y recepvoir. Ce que vous avez cependant à faire, est de continuer de faire tousjours bonne garde, et rechercher curieusement les pratiques qui se peuvent faire dans lad. ville, car celles de dedans sont beaucoup plus à craindre que celles de dehors. Nous donnerons ordre de nostre part que le sieur d'*Ornano* continuera de vous assister, et demeurera près de vous, estant bien content de la congnoissance que nous voyons que vous avez de son merite, et de la confiance que vous prenez de luy. Car ceste mutuelle bonne creance qui est de ceulx qui sont gouvernez envers ceulx qui gouvernent est la meilleure force qui peult estre pour la conservation de noz villes et provinces. Quant à la charge du gouvernement nous vous promettons bien que quand nous serons en estat de nous en debvoir resouldre, que nous aurons bonne consideration à ce que vous desirez de nous pour ce regard, comme personnellement nous pourvoirons dans peu de temps à vous descharger de la garde du duc *de Nemours*, que nous cognoissons bien vous estre de grande peine et occupation; mais il fault y continuer encores pour quelque peu de temps, dans lequel nous en ferons prendre la charge, et vous en deschargerons, et de la peyne et de la despense. Nous faisons au reste estat de vous renvoyer dans peu de jours voz depputez, leurs cahiers ayant esté icy entierement resoluz. Et sans que nous sommes contrainctz de faire un voyage sur la frontiere de *Picardie*, pour aller faire lever le siege qui a esté mys par les ennemys estrangers devant le fort de la *Cappelle*, nous serions mesmes partiz dans 4 jours pour vous aller veoir; mais nous esperons que nostre voyage ne sera pour cela differé plus de quinze jours, et que lesd. ennemys se leveront sans nous donner la peyne d'aller jusques à eulx. Qui est ce que nous vous dirons pour ceste foys, sinon pour vous asseurer de la continuation de la prosperité de noz affaires, qui ne se renouvelle point sans nous souvenir que vostre bon exemple en a esté une des meilleures et premieres causes. Donné à *St Germain en Laye*, le 3e jour de *mars* 1594. Signé HENRY, plus bas FORGET. Adresse : « A noz très chers et bien amez les Consuls eschevins, manans et habitans de nostre ville de Lyon. « — Cette lettre fut reçue le 14 *may* par le sieur Prevost *Thomé*. S. Voyez ci-dessus au 22 *avril*.

1594. — *Mai* 8. Les deputés de la ville de Lyon écrivent, de Paris, au Consulat :

« ..... Voz Capitaines du *Chasteau* et aultres qui meritent recompense ne seront point oubliez par S. M., et recevront honnestes appointemens , dont nous vous ferons tenir les provisions, sy nous mesmes n'en sommes les porteurs..... Il y a des personnes de par de cà qui demandent, et aultres par devers vous qui envoyent demander recompenses , lesquelz ont plustost demerité. Partant, envoyez au plustost ung *rolle* de ceulx que vous jugez meriter, sans port ni faveur. Car il s'est veu icy ung *rolle* qui n'a esté gueres approuvé, et a donné occasion, au contraire, de nous commander vous advertir que ne mettiez trop en avant les *suspectz*, et surtout que voz capitaines de ville soient establiz non suspectz..... Nous obmettons à vous advertir que ne laissiez entrer dans la ville pour quelque temps l'advocat *du Verdier*, qui a esté icy recogneu vous avoir mys en trouble et monopole contre le deub de sa charge et service du roy, duquel il se dict officier... »

N. Le 15 *juillet* suivant, le Consulat écrivit à M. *Ysambert*, son avocat à *Paris*, pour le charger de défendre la ville dans l'affaire qu'elle avoit avec le sieur *Antoine du Verdier*, sieur *de Vauprivas*, lequel, avant la réduction de la ville sous l'obéissance de S. M., pour subvenir aux affaires qui s'offroient journellement, avoit été cotisé à certaine somme raisonnable, par forme d'emprunt ; et quoique ce fut peu de chose, eu égard à ses facultés, et qu'il fut moins imposé que plusieurs autres, néanmoins, au lieu d'y satisfaire, il etoit entré en convices et injures contre quelques uns des échevins d'alors, d'où se seroit ensuivie sentence portant *réparation honorable* ; à quoi le sieur *du Verdier* s'étoit rendu demandeur en revocation d'exécution, pour avoir été envoyé, de la part du corps de ville, des soldats en sa maison, jusqu'à ce qu'il eût satisfait audit emprunt; mais ne les ayant nourris, ils avoient emporté ses meubles et les avoient donnés en gage à un hôtelier qui en étoit saisi jusqu'au payement de la depense. Le sieur *du Verdier* avoit fait évoquer la cause à *Paris*. Le Consulat charge M. *Ysambert* de prendre soin de faire soutenir le bien jugé pour la *reparation honorable* ; car la *sentence n'est que trop douce*. Pour la révocation de l'exécution, cela seroit plus douteux, si de tout temps cela n'avoit été pratiqué aux urgentes affaires publiques. D'ailleurs S. M., par son édit de reduction, approuve implicitement tout ce qui a été fait, levé, pris et exigé de l'autorité du corps de ville, pendant les troubles, etc. S. Voyez ci-dessus au 15 *janvier*, et ci-après au 19 *avril* 1595.

1594. *Mai 9. Domenico d'Ornano*, fils du Colonel, écrit de *Septème* , au Consulat pour l'instruire des excursions que les ennemis avoient faites aux environs de *Bourgoin*, ilz avoient pris à la *Côte St André* 20 chevaux de la Compagnie de son père, lesquels étoient là sur l'assurance de la trève... « le voyage de ces Messieurs avoit été pour conduire 60 ou 80 mille écus que, au nom du *roi d'Espagne*, on avoit délivrés dans *Milan* pour le Marquis *de St Sorlin*..... »

1594. — *Mai* 11. Lettre du *Roy* au Consulat :

« De par le Roy :

« Tres chers et bien amez , d'aultant que nous sommes contrainctz de differer encores ung mois ou six sepmaines le voiage que nous avons deliberé de faire par delà, pour pourvoir tant au gouvernement que aux aultres occurences et affaires de nostre ville de Lyon , et qu'il est à craindre que les forces que noz ennemis rassemblent , n'entreprennent cependant quelque chose au prejudice de nostre service , si elles trouvent nostredite ville et la province desgarnies d'hommes de nostre commandement , nous avons estimé très necessaire d'ordonner quelque personne de bonne qualité et suffisance requise pour avoir le commandement et auctorité principale sur toutes les forces qui sont aud. païs, et qui y seront cy-après envoiées. A quoy ayant trouvé très propre le sieur *Alphonse d'Ornano*, tant par la valeur, experience et fidellité qui est en luy, que pour le jugement que nous faisons que vous l'aurez plus agreable que nul aultre, parce qu'il nous a heureusement et utillement assistez à l'execution de la bonne resolution que vous avez prise de vous affranchir de la servitude de la Ligue et vous reduire en nostre obeissance, joinct que nous considerons qu'estant nostre lieutenant general en *Dauphiné*, il aura tousjours moyen d'en tirer de bonnes forces pour vostre deffense. Nous avons resolu de luy commettre ceste charge, et lui en envoions presentement le pouvoir. Vous ayant bien voulu par mesme moyen escrire ceste lettre pour vous recommander de le recognoistre et luy obeir en tout ce qui concernera laditte charge comme à nous-mesmes, l'assistant et aydant de tout vostre pouvoir à l'effect d'icelle, comme chose qui n'a aultre but et objet que vostre propre bien et repos : et nous asseurant que vous n'y vouldrez faillir, nous ne vous ferons ceste-cy plus longue. Donné à *St-Germain en Laye*, le 11e jour de *may* 1594. Signé HENRY, plus bas *Forget.* »

— N. Cette lettre fut remise au Consulat par le *Colonel*, le 30 *mai*. S.

— *Même jour* 11 *mai*, le *Roi* écrit au Consulat :

« De par le Roy :

« Très chers et bien amez, avant que de partir de ce lieu pour nous acheminer en *Picardie*, nous avons voulu revoir voz depputez, et leur tesmoigner de bouche nostre affection et bonne volonté en vostre endroict, affin qu'estans de retour par de là, ilz vous en puissent asseurer. Pour ce qui reste à respondre aux articles et remonstrances qu'ilz nous ont donnez de vostre part, nous avons ordonné à nostre Conseil d'en prendre la charge, et d'y satisfaire, de façon que vous aiez aultant de subiet d'en demeurer contens, que la qualité du tems et de noz affaires le pourra permettre : à quoy nous nous asseurons qu'il n'y aura point de faulte. Et si, oultre ce que vous rapporteront voz depputez, vous desirez encores de nous quelque gratification, nous nous reservons à la vous faire, lorsque nous serons par de là, qui sera bien le plustost qu'il nous sera possible. Cependant nous vous exhortons et recommandons de perseverer tousjours au zele et devotion que vous avez vouée à nostre service : et nous remettant à vozditz depputez des nouvelles et occurrences de deçà, nous ne vous en ferons ceste-cy plus longue. Donné à *St-Germain en Laye*, le 11e jour de *may* 1594. Signé HENRY, et plus bas *Forget.* » S.

— *Même jour* 11 *mai*. Lettre du *Roy* au Consulat :

« De par le Roy :

« Tres chers et bien amez, s'en allant le sieur *de Trappes*, conseiller en ma court de Parlement, à *Lyon*, nous luy avons permis de veoir le sieur duc *de Nemours*, et conferer avec luy pour certaines affaires qui peuvent apporter du bien à mon service. A ceste occasion vous ne ferez aulcune difficulté de luy permettre de parler aud. duc *de Nemours* : et aurons bien agreable, au reste, que vous donniez aud. sieur *de Trappes* toute la faveur dont il vous requerra. Donné à *St-Germain en Laye*, le 11 *may* 1594. Signé HENRY, plus bas *Forget.* » S.

1594. — *Mai* 12. Lettres patentes du roi qui nomment *Alphonse d'Ornano*, chef et général de toutes les forces qui sont et seront dans la ville de Lyon et aux pays de Lyonnois, Forez et Beaujolois, jusqu'à ce qu'il ait été pourvu à la nomination d'un gouverneur (en remplacement du duc *de Nemours*). — Ces lettres furent enregistrées à la sénéchaussée de Lyon le 12 *juin* suivant (B. de Lyon, rec. vert. t. 73)

1594. — *Mai* 15. La ville de *Mâcon* conclut sa reddition au roi. « On y cria *Vive le Roy !* avec grands applaudissements du pauvre peuple, qui, de longtemps, en avoit bonne volonté, mais estoit retenu par les chefs militaires qui vouloient traiter de leur composition.» L'abbé SUDAN, *Recherch.*, p. 31; *Arch. du Rh.* XII, 168.

1594. — *Mai* 20. Le sieur *Julio Guidy*, florentin, habitant et marchand à Lyon, depuis 20 ans, marié en cette ville, y demeuroit avec son beau-père. Son frere *Annibal*, cornette de la compagnie du marquis *de Fortunas*, s'étoit retiré du service depuis un an. Le Consulat leur fit signifier, la veille des *Rameaux*, qu'ils eussent à quitter la ville. *Julio* étoit à ce moment, dans la *chapelle des Pénitents* dont il étoit membre, à essayer avec d'autres *ung passio en musique*. Il se retira aussitôt avec son frere *Annibal* au lieu de *Roche*, appartenant sieur *Alexandre Capponi*, chez un de ses bons seigneurs et amis. Il écrivit au Consulat le 20 *mai*, qu'il seroit demeuré paisiblement dans cette retraite, s'il n'étoit tourmenté par les affaires de son commerce et par des procès très importants pour lui. Il se seroit même, sans ces raisons, retiré dans sa patrie, et même à Florence, où on ne peut croire, d'après cette infortune, qu'il n'ait fait chose contraire à l'intention du grand duc de Toscane et à son devoir. Il supplie donc le Consulat, en reconnoissant son innocence de lui permettre de rentrer à Lyon pour mettre ordre à ses affaires..... Le Consulat, ajoute-t-il, peut se rappeler de son autre frère *le Docteur*, qui fut contraint de sortir de Lyon, lorsque la ville prit les armes la première fois; que les *marchands florentins* furent, pendant ces derniers troubles, traités comme *bigarrez ;* que le sieur *de Rubys* l'avoit fait sentir à sa maison en particulier, ayant fait vendre son bien à l'encan sur la *place des Changes,* pour levée d'argent de la maison *Guidy,* quoique leur nation en fût exempte, etc. — Le 7 décembre suivant, le sieur *Combet,* commandant à *Givors,* informa le Consulat que, d'apres son ordre, il a mis de suite en liberté le sieur *Julio Guidy* avec ses chevaux, armes et bagage. S.

1594. — *Mai* 21 Publication à la Sénéchaussée et siège présidial de Lyon des *Lettres du Roy* sur la convocation du ban et arriere ban de la gendarmerie. (Impr. Lyon, *Jullieron et Ancelin,* in-8°. — B. de Lyon, t. 73 du n° 25201).

1594. — *Mai* 24. Le Parlement de *Paris* enregistre l'édit du roi sur la réduction de Lyon. — Nous reproduirons le texte de cet édit en tête de la huitième partie de nos *Notes et documents,* et nous terminerons ici la septième, persuadé que nos lecteurs la recevront avec la bienveillance qu'ils ont accordée aux précédentes.

ERRATA.

Page 56, ligne 30, au lieu de Carthaginensis, lisez *Carthaginiensis.*

Page 223, ligne 1 de la note, au lieu de ce fut Jean Goujon, etc., lisez : Ce fut *François Dufournel,* etc. Voyez ci-après au 5 *Octobre* 1600.

Page 226, ligne 35, au lieu de fils du colonel, lisez : cousin du colonel.